轮机管理

主　编　蒋德志　史绍华
副主编　李　斌

大连海事大学出版社

图书在版编目(CIP)数据

轮机管理 / 蒋德志，史绍华主编 . —大连 : 大连海事大学出版社，2014. 7(2025. 1 重印)
ISBN 978-7-5632-3039-6

Ⅰ.①轮… Ⅱ.①蒋…②史… Ⅲ.①轮机管理—高等职业教育—教材 Ⅳ.①U676.4

中国版本图书馆 CIP 数据核字(2014)第 167872 号

大连海事大学出版社出版

地址：大连市黄浦路523号 邮编：116026 电话：0411-84729665(营销部) 84729480(总编室)

http://press.dlmu.edu.cn E-mail:dmupress@dlmu.edu.cn

大连永盛印业有限公司印装	大连海事大学出版社发行
2014 年 7 月第 1 版	2025 年 1 月第 5 次印刷
幅面尺寸：185 mm×260 mm	印张：20.25
字数：502 千	印数：4501～5500 册

出版人：刘明凯

责任编辑：沈荣欣	责任校对：任芳芳
封面设计：王　艳	版式设计：解瑶瑶

ISBN 978-7-5632-3039-6　　定价：39.00 元

内容简介

本书内容包含了油料管理、备件与物料管理、轮机档案与技术资料的管理、船机维修过程、船机零件的常用修复工艺、船机零件无损检验与轮机故障诊断技术、修船管理、船舶营运经济性管理、节能减排、轮机部安全操作管理、应急工况处理、机舱应急设备的使用和管理等十二个项目。本书供航海类职业院校轮机工程技术专业学生使用,也可作为船舶机务管理人员、轮机员业务学习和培训的参考资料。

前 言

进入新世纪以来，我国职业教育取得了长足发展，但是与经济和社会发展的要求相比还有很大的差距，在整个教育事业中还处于相对薄弱的环节。高职教育的人才培养目标为高素质技术技能型人才，它不强求理论知识的系统性、科学性和完整性，只要能够满足岗位需求与操作技能的需要即可。符合高职教育特点的工学结合优质教材必须要体现出实践性要求，具有很强的岗位针对性，重在职业能力的培养和训练。因此，基于工作过程导向，融“教、学、做”为一体的工学结合教材是高职院校提高教学质量的保证，也是真正实现高职教育人才培养目标所亟需的。

目前，我国航海职业院校的教材大多为“学科系统化”教材，课程内容多是本科课程广度和深度的简化，内容的选取和组织按照学科知识逻辑排列，系统性和完整性强，但是这样的课程内容安排不符合航海职业的工作逻辑，学生学习的内容与将要工作的内容不一致，导致人才培养目标与企业需求不一致，学生听不懂，教师教不会，双方都没有积极性。因此，开发理论讲述够用、案例生动、通俗易懂、操作性强、具有鲜明时代性和较强实用性的工学结合教材迫在眉睫。

通过企业调研和专家论证，明确了本专业的典型工作岗位。按照“课程设置基于岗位能力、课程标准基于职业标准、课程内容基于工作任务、课程教学基于教学做一体化”的建设思路，设置了基于典型岗位能力的专业课程，确定了基于轮机管理工作任务的课程内容。为了满足“理实一体化”教学和学生未来从事工作岗位的需要，我们与青岛远洋运输有限公司合作，共同编写了本书。本书内容取材于典型工作任务，既涵盖完成实际工作任务所需的知识，也可训练学生的动手能力，把学生应用能力培养及岗位工作标准融汇于教材之中，同时考虑到学生日后工作的实际需要，本书设计了油料管理、备件与物料管理、轮机档案与技术资料的管理、船机维修过程、船机零件的常用修复工艺、船机零件无损检验与轮机故障诊断技术、修船管理、船舶营运经济性管理、节能减排、轮机部安全操作管理、应急工况处理、机舱应急设备的使用和管理等十二个项目。每个项目根据内容的不同，又设计了若干任务。本书的“项目”结构为“知识目标—技能目标—必备知识—课后作业—工作任务”，通过分析实际工作任务的实施流程，“任务”的结构设计为“工作目标—材料用具—工作过程—考核内容与评分标准”。

全书由青岛远洋船员职业学院蒋德志教授、青岛远洋运输有限公司史绍华高级轮机长共同主编。本书共有十二个项目，项目二、项目十由蒋德志教授编写，项目八由史绍华高级轮机长编写,项目一、项目五由李斌轮机长编写,项目九由青岛港湾职业技术学院孙增华副教授编写,项目十一由李福海副教授编写,项目三由丁立勋副教授编写,项目六由李成福轮机长编写,项目七由张刚轮机长编写,项目四由杨永建轮机长编写,项目十二由孙福春讲师编写。

本书在编写过程中得到了青岛远洋运输有限公司孙文军轮机长、李照锋轮机长、刘春江轮机长、燕广斌高级轮机长、管京波轮机长的大力支持,有关专家对本书提出了许多中肯的意见和建议。在此,向所有关心、帮助本书出版的专家、老师表示衷心的感谢!

由于编者学识水平有限,书中难免有不当之处,恳请各位专家、读者批评指正。

编　者

2014年5月

目 录

项目一　油料管理

【知识目标】

通过学习，掌握燃油、润滑油性能指标及其分类知识；掌握船舶动力装置燃油、润滑油系统的构成及其管理技术；掌握燃油加装操作技术；明确高黏度劣质燃料油的使用与管理技术；掌握船舶燃油、润滑油的日常使用与管理技术。

【技能目标】

通过学习，合理选择船舶动力装置使用的燃油、润滑油种类；能够按操作程序正确进行燃油加装作业；对燃油（特别是高黏度劣质燃料油）、润滑油进行正确的管理与使用。

【必备知识】

一、燃油性能指标

燃油的物理化学性能指标分别从不同方面反映燃油的品质。根据其对柴油机工作的影响，大致可以分成三类：

(1)与燃烧性能有关：十六烷值、馏程、黏度、密度、热值。

(2)与燃烧产物成分有关：硫分、灰分、钒和钠的含量、残炭、沥青质、胶质。

(3)与燃油管理工作有关：浊点、凝点、倾点、闪点、自燃点、机械杂质、水分等。

1. 十六烷值(Cetane number)

十六烷值是评定燃油自燃性能的指标。其定义为在标准的四冲程柴油机上，将所试柴油的自燃性（通常以滞燃期长短计量）同正十六烷（十六烷值定为100）与 α 甲基萘（十六烷值定为0）的混合液相比较，当两者相同时，混合液中的正十六烷的容积百分比，即为所试验燃料的十六烷值。

十六烷值是评定燃油自燃性能（柴油机发火）的指标。燃油的十六烷值越高，自燃性能越好，在燃烧前需要的物理、化学准备时间（滞燃期）越短。以烷烃组成的燃油，发火快，燃烧压力升高速度相对比较平稳。以芳香烃组成的燃油，着火延迟期长，由于滞燃期内积累已分裂和汽化的燃料较多，一旦燃烧起来，压力急剧升高，且最大爆发压力也高，柴油机运行时相对比较粗暴。

2. 计算碳芳香度指数(CCAI)

计算碳芳香度指数(CCAI)是SHELL公司提出用来测定燃料油发火性能的指标,它是根据燃料油的密度和黏度来确定的,可以用图表或下式来确定:

$$CCAI = \rho - 140.7\lg\lg(\nu + 0.85) - 80.6$$

式中:ρ——15 ℃时的密度(kg/m^3);

ν——50 ℃时的黏度(mm^2/s)。

计算出的CCAI值小于850时可以得到满意的发火性能,如果超过860则认为燃油的综合性能差。若CCAI值大于875时,燃油难以发火,柴油机运行时出现下列问题:

①柴油机启动困难。

②柴油机运行粗暴。

③燃烧室部件脏污。

3. 黏度(Viscosity)

黏度是对液体内分子摩擦的量度,表示液体流动时分子间的内阻力,作为评定燃油流动性的指标。它是石油产品最重要的性能指标。

燃油的黏度对驳运、净化、雾化和燃烧等都有很大影响。黏度在很大程度上决定雾化的形状和颗粒大小。当黏度过高时,由于燃油的流动性差,分散较困难,燃油形成的油雾颗粒大,雾化锥体瘦而长,与空气混合不均匀,导致燃烧不完全;当黏度过低时,雾化锥体粗而短,向四周扩散,没有达到设计规定的距离,造成局部混合浓度不良,同样不利于燃烧,同时会使高压油泵的柱塞和套筒偶件及喷油器的针阀偶件因润滑不良而过度磨损。

由于各国对燃油黏度采用不同的计量方法,因此就有不同的黏度单位。燃油的黏度计量主要有绝对黏度和条件黏度(或相对黏度)两种方法。绝对黏度表示内摩擦系数的绝对值,相对黏度是在一定条件下测得的相对值,并因测定仪器而异。属于绝对黏度的有:动力黏度和运动黏度;属于相对黏度的有:恩氏黏度、赛氏黏度和雷氏黏度。

(1)动力黏度:动力黏度是两个相距1 cm,面积各为1 cm^2的液体层相对运动速度为1 cm/s时所产生的阻力。工程单位制为g/cm·s(克/厘米·秒:泊),国际单位制为Pa·s(帕·秒),1 Pa·s =10 g/cm·s。

(2)运动黏度:运动黏度是动力黏度与同温度下该液体的密度之比。国际单位制为m^2/s(平方米每秒:斯)或mm^2/s(平方毫米每秒),通常使用工程单位cSt(厘斯),1 cSt =1 mm^2/s。

(3)恩氏黏度(Engler):在特定温度(如:50 ℃、80 ℃、100 ℃)下,200 cm^3液体从恩氏黏度计流出所需时间与同等体积蒸馏水在20 ℃流出所需时间之比。是一个无因次量,符号是°E。俄罗斯采用恩氏黏度(Engler)。

(4)赛氏黏度(saybolt):在特定温度(如37.8 ℃,即100 ℉)下从赛氏黏度计流出60 cm^3所需的时间,以“s(秒)”为单位。赛氏黏度又分为赛氏通用黏度(Saybolt Universal,常用SSU表示)和赛氏重油黏度(即赛氏弗罗(Saybolt Furol)黏度,常用SSF表示)两种,其差别在于所用黏度计的测量孔径,前者较小,后者较大。一般地,当以赛氏通用黏度计测得流出时间超过2 000 s时,则改用赛氏重油黏度计测量,在数值上,SSF约等于SSU的10倍。美国采用赛氏通用黏度(Saybolt Universal:SSU)。

(5)雷氏黏度(Redwood):在特定温度(如37.8 ℃,即100 ℉)下,从雷氏黏度计流出

50 cm^3 所需的时间,以“s(秒)”为单位。雷氏黏度又分为雷氏 1 号(Redwood No. 1,RⅠ表示)和雷氏 2 号(Redwood No. 2,RⅡ表示)两种。英国采用雷氏黏度(Redwood)。

各种黏度表示法的换算关系:

恩氏黏度(°E)= 0.132×运动黏度(mm^2/s);

赛氏黏度(s)= 4.62×运动黏度(mm^2/s);

雷氏黏度(s)= 4.05×运动黏度(mm^2/s)。

国际标准化组织(ISO)规定,以 50 ℃时的运动黏度(Kinematic viscosity)作为世界各国通用的标准黏度单位,国际单位制的计量单位是 mm^2/s,以往较通用的单位是 cSt。

4. 密度与相对密度(习惯上称比重,Specific gravity)

燃油在温度 t(℃)时单位体积的质量称为密度,单位 kg/m^3 或 g/cm^3。在 20 ℃时的密度称为标准密度 ρ_{20}。燃油在 20 ℃(国外为 15.6 ℃)时的密度与 4 ℃(国外为 15.6 ℃)时纯水的密度比值称为相对密度。

密度对燃油的使用管理有很大的意义。根据密度和油舱容积可以计算出燃油的装载量(应该按装油温度进行修正);应该根据燃油密度的变化正确选择分油机的比重环;喷油泵的喷油量是以容积为基础的,更换不同密度的燃油时,油量调节机构不变而喷油泵的循环供油量不同,柴油机的转速将相应变化。

5. 热值(Calorific value)

1 kg 燃油完全燃烧时所放出的热量称为燃油的热值或发热量。其国际单位是 kJ/kg,工程单位是 kcal/kg。热值又有高热值和低热值之分。不计入燃烧产物中水蒸气的汽化潜热的热值称为低热值,用“H_u”表示。实际使用中,在内燃机和锅炉的工作条件下,燃油的燃烧产物中水蒸气的汽化潜热不能被利用,所以都以低热值计算。

燃油的热值与相对密度有关。轻柴油的基准低热值为 $H_u = 42\ 700$ kJ/kg,重油的基准低热值为 $H_u = 42\ 000$ kJ/kg,ISO 规定的基准低热值为 $H_u = 42\ 707$ kJ/kg。

6. 硫分(Sulphur content)

燃油中所含硫的质量百分比称为硫分,又称含硫量。

燃料中含硫是十分有害的。硫在燃油中主要以硫化物存在,酸性的硫化氢(H_2S)和硫醇(RSH),在液态下对燃油系统的管道、容器、油泵和喷油器等设备会产生腐蚀。硫在燃烧后产生二氧化硫(SO_2)和三氧化硫(SO_3),在温度较低时容易与水蒸气结合成亚硫酸(H_2SO_3)和硫酸(H_2SO_4),使设备发生腐蚀。由于一般硫酸在低温处存积,因此也叫低温腐蚀。另外,硫的燃烧产物使碳氢化合物加速聚合,致使气缸中结炭又多又硬,并且还促使润滑油氧化变质,致使气缸壁和活塞环加速磨损。低水平的硫含量可能导致十字头式柴油机会有碱性沉淀物形成的危险。然而,高硫含量兼低负荷,低温和潮湿废气,会导致腐蚀。

研究表明,这与二氧化硫、三氧化硫和水形成硫酸的露点有关。如果气缸壁的温度高于硫酸的露点,这些燃烧产物不会凝结成硫酸,并随排气到大气中,不会产生上述危害。如果气缸壁温度低于硫酸的露点,则二氧化硫和水就凝结成硫酸和亚硫酸,附在气缸壁上。硫酸对金属有强烈的腐蚀作用,而亚硫酸危害相对较小。由于露点温度随压力变化而变化,当压力升高时,露点温度也升高,在使用同样高硫分重油时,平均有效压力高的柴油机被硫酸腐蚀的可能性更大。在露点以下的腐蚀区中存在最大的腐蚀点,即硫酸的凝结量最大,这大致在露点以下 30 ℃左右的范围内出现,因此在实际运行中应该尽力避开。虽然气缸壁的工作温度在露点之上,但燃油燃烧生成的二氧化硫附在气缸壁上,会使润滑油的品质恶化。由于润滑油加速氧化变质,在活塞环活动区域生成较硬的结炭,引起气缸套腐蚀磨损加速。因此,柴油机使用高硫分燃油时,除了正常的摩擦磨损外,还伴有腐蚀磨损和炭化颗粒的摩擦磨损。在 20 世纪 50 年代柴油机使用燃料油的初期,发生过活塞环活动区域严重积炭和脏污,气缸套和活塞环过度磨损,并出现各种故障。20 世纪 50 年代末,发展了高碱性气缸油和有一定碱值的曲轴箱润滑油(系统油),不仅有效地防止了硫的腐蚀磨损,并能清洗去除活塞环活动区域生成的结炭和脏污,气缸套和活塞环的磨损率得以降低。具有碱性添加剂润滑油的出现,为在柴油机中使用重质燃油创造了良好的条件。

因此,燃油含硫的危害,可以通过提高气缸套冷却水温度,使用高碱性气缸油和碱性润滑油等措施,予以减轻或消除。

近年来为了防止大气污染、酸雨等危害,控制船舶的 SO_X 排放,国际海事组织对船用燃料的含硫量进行了严格的限制。MARPOL 公约附则Ⅵ——防止船舶造成大气污染规则对燃油的含硫量做出了限制。IMO 海洋环境保护委员会 MEPC(Marine Environment Protection Committee)于 2008 年 10 月 6 日到 10 日召开的第 58 次会议要求:在全球范围内,2012 年 1 月 1 日船用燃油的硫含量从 4.5%减到 3.5%,到 2020 年 1 月 1 日进一步减到 0.5%;在硫排放控制区域 SECA(Sulphur Emission Control Area)内,2010 年 7 月 1 日船用燃油的硫含量从 1.5%减到 1.0%,到 2015 年 1 月 1 日进一步减到 0.1%。航行于国际航线船舶的轮机管理人员,要具有使用含硫燃料的相关知识。

7. 灰分及其钒含量、钠含量(Ash,Vanadium,Sodium content)

灰分是在规定条件下燃油完全燃烧后剩余残留物的重量百分比,主要包括某些金属盐类和固体物。灰分中常含有钾、钠、钙、镁、铁、硅、钒等。灰分是油溶性的,无法用分油机净化处理,因为分油机只能除去燃油中的机械杂质、淤渣和水分。灰分属于磨料,从数量上说,在燃料油中含量小于 0.03%,但它的存在会加剧气缸的磨粒磨损(参见图 1-2)。

灰分中钒和钠燃烧后生成五氧化二钒和氧化钠,它们和一些有机化合物及某些共熔混合物,都具有低熔点或软化点。例如,钒和钠燃烧后生成的化合物 $Na_2O \cdot V_2O_4 \cdot 5V_2O_5$ 熔点为 625 ℃,$5Na_2O \cdot V_2O_4 \cdot 11V_2O_5$ 熔点为 535 ℃,当 V_2O_5 与 Na_2SO_4 形成的共熔混合物,二者比例为 4∶6 时,熔点更低,仅为 300 ℃。

钢铁在较高温度下会发生氧化。氧化后在表面上生成一层 Fe_2O_3 或 Fe_3O_4 保护膜,使基体不再继续氧化腐蚀。当钒、钠低熔点化合物附着在金属表面时,会破坏氧化铁保护膜,使金属裸露,并迅速发生氧化还原反应而遭受腐蚀。这种腐蚀主要发生在排气阀或废气涡轮喷嘴环上,形成腐蚀凹坑,并向纵深发展,造成零件变形,继而崩碎脱落。由于这种腐蚀发生在高温区域,所以称为高温腐蚀。柴油机防止高温腐蚀的措施是:加强冷却,控制排气阀温度低于 550 ℃,以及在燃油中加入某些添加剂,防止低熔点混合物产生。钠的主要来源是海水漏入燃油中,因此应防止海水对燃油的污染。

8. Al+Si 的含量

Al+Si(主要是 Al_2O_3 和 SiO_2)是催化颗粒,它们硬度很高(参见图 1-1),可能导致磨粒磨损(参见图 1-2)。如果 Al+Si 的数量超过 60 ppm 就必须采取措施。即使它们的含量在 ISO8217:2005 燃料指标的许可范围内,可是有些催化颗粒的体积微小,经过催化分解后,依然在燃料内保留较高浓度。这些颗粒磨损腐蚀性非常高,迅速擦损气缸和高压燃料系统组件,除非它们能在燃料处理前用分油机有效地去除。

图 1-1　Al+Si 硬度极大

(a) 磨粒磨损导致缸套拉缸

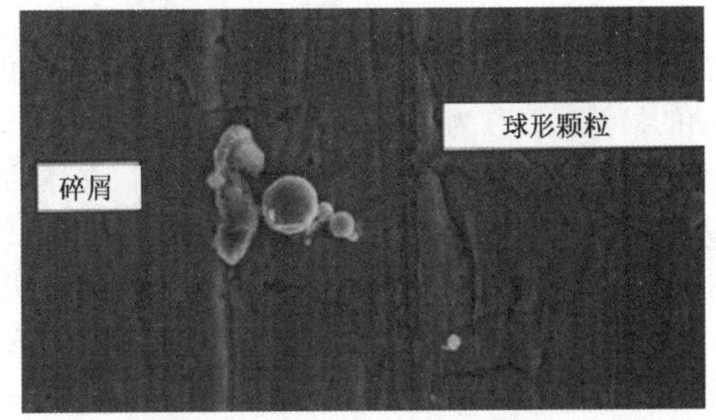

(b) 燃烧产生的金属颗粒附着在缸套上

图 1-2　磨粒磨损

9. 残炭、沥青分(Carbon residue, Hard asphalt)

燃油在隔绝空气条件下加热蒸发,使之干馏,最后在坩锅底部剩下一部分鳞片状焦炭剩余物,这就是残炭。它占整个试验油重量的百分比,称为残炭值。残炭值表示燃油在燃烧的过程中形成结炭结焦的倾向(并不等于结炭值)。残炭的组成物主要是一些不易挥发的、受热时易分解随后缩合的成分,如稠环芳香烃、胶质、沥青质等。这些碳氢比较高的化合物,在燃烧过程中往往会发生不完全燃烧,变成游离碳,在柴油机的活塞环、活塞顶、排气阀等处存积。其危害是:增加热阻引起过热,加剧磨损,使喷油器喷孔堵塞,气阀卡住,污染润滑油等(参见图 1-3)。

图 1-3　劣质燃油燃烧产物

由于产地的不同,燃料油中的残炭值可能高达 12%~14%,在使用中当然希望残炭值低些为好。润滑油可以用残炭值来判定润滑油的精炼的深度。这是一个重要的控制指标。

沥青分表示沥青占燃油重量的百分比。它主要用来判定原油的成分和残油内的沥青含量，便于有目的地提炼和利用。它的含量在原油中可能多达30%~40%，少的也有百分之几。

沥青和胶质都是石油中的多环大分子量芳香烃，悬浮在油中成胶状。胶质在一定的条件下会转化成沥青。胶质是黏稠的深黄或棕色物质。沥青是深褐色的非晶态物质，不溶于石油醚，而溶于苯，其分子量为3 000~5 000。石油中的沥青全部集中在残油中。

沥青很难燃烧，容易在气缸中及喷油器喷孔外形成积炭，使雾化变差，导致滞燃期变长，产生后燃，致使排气冒黑烟。同时在正常分油温度下，沥青悬浮于油中不易分离。

10. 浊点、倾点、凝点（Cloud point, Pour point, Freezing point）

浊点、倾点、凝点都是表示燃油低温流动性和泵送性的一个重要指标。

在规定的试验条件下，燃油降低温度后，开始析出石蜡结晶体并变混浊时的温度，称为浊点。

在规定的试验条件下，燃油温度继续下降，析出的石蜡结晶体不断增加，燃油仍然能倾倒和流动的最低温度称为倾点，又称为流动点。

温度下降到析出的石蜡结晶体形成网状、立体的结晶骨架，将其余的油质包围起来，整体油料开始停止流动，这时的温度称为凝点。

我国是用凝点来划分柴油规格的，国外则较多使用倾点。通常，燃油的浊点高于凝点5~10 ℃，倾点高于凝点3~5 ℃，倾点和凝点的温度差约为2.8 ℃。它们是燃油的重要指标，在油料运输、储存、收发和在机械或仪器中使用时，都是一个重要的性能指标。燃油的温度低于浊点时将使滤器堵塞，供油中断；燃油温度低于凝点时将无法泵送。从使用观点看，浊点是比凝点更重要的指标，燃油的使用温度至少应高于浊点3~5 ℃。

11. 闪点、自燃点（Flash point, Fire point）

考察燃油的挥发性成分可能发生爆炸、火灾危险程度的指标有两个：闪点和自燃点。

在规定的加热条件下，燃油的蒸馏气体和周围空气形成可燃混合气，当火焰接近时发出不能持续的闪火的最低温度，称为闪点。根据测定方法和仪器的不同，闪点可以分为开口闪点和闭口闪点两种。在开口的容器内（常压）加热测定闪点的温度，称为开口闪点；在封闭容器内（加压）加热测定闪点的温度，称为闭口闪点。显然闭口闪点比开口闪点温度要低，因为这时油气不容易逸出。

闪点的实质是油蒸气和空气的混合气遇火焰后发生迅速的氧化反应。油蒸气数量微小时，产生闪火；混合气数量较大时，反应生成热，使气体迅速膨胀，发生爆炸。这种爆炸有个浓度范围，即爆炸极限（上限和下限），也就是说需要有一定的油气比例。

SOLAS公约规定燃油的闪点不得低于60 ℃。

将油品加热到很高温度，然后使之和空气接触，但并不给它引火，油品发生剧烈氧化的火焰，并能自行燃烧的最低温度，称为自燃点。通常，油品的闪点越低，自燃点就越高。因此汽油适用于点燃式发动机。反之，闪点越高，自燃点就越低。因此柴油和燃料油适用于压缩式发动机。

12. 机械杂质、水分（Mechanical impurities, Water content）

燃油中所含不溶于汽油或苯的固体颗粒或沉淀物的质量百分数称为机械杂质。轻柴油以上等级的燃油不允许含有机械杂质，重柴油以下等级的燃油允许含有少量机械杂质。精炼的润滑油不能含有机械杂质，一般等级的润滑油和含有添加剂的润滑油允许含有少量的机械杂质。

原油中几乎没有机械杂质存在。机械杂质是在运输、储存以及加工过程中混入的非油溶性固体物而产生的,而且用泵每驳运一次,机械杂质的数量就会增加一次。燃油中的机械杂质不能燃烧,容易造成供油管路、滤器和喷油器喷孔堵塞,并使喷油泵和喷油器产生严重磨损,也会使气缸异常磨损(参见图 1-4、1-5)。

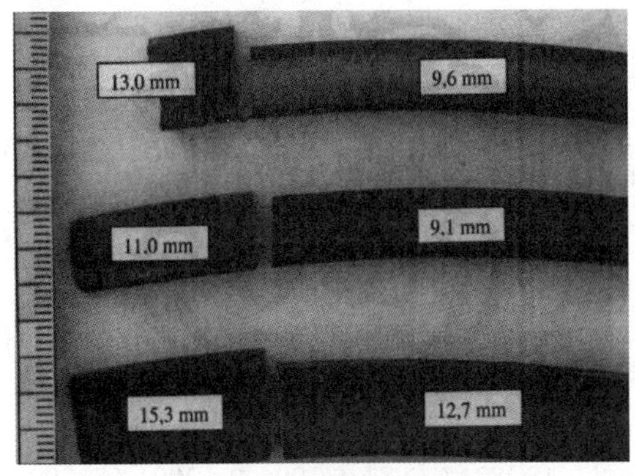

图 1-4　活塞环异常磨损

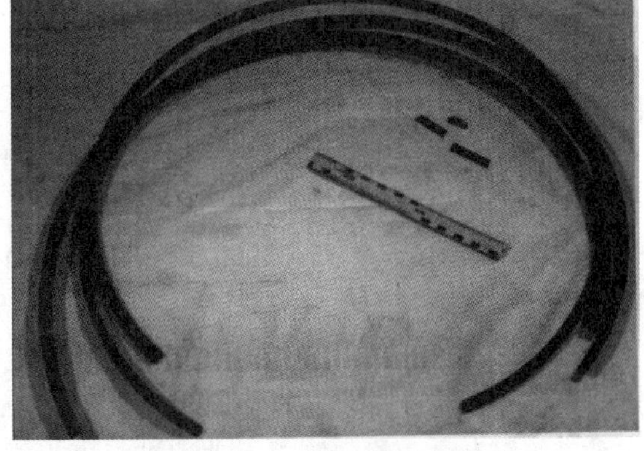
图 1-5　活塞环磨损导致失去弹性

水分在未开采的原油中几乎是不存在的,从宏观来看,油水应该是分层的。但是从微观来看,确实存在极为微小的水颗粒溶于油中。这些水颗粒从物理性质来说是无法分离的。燃油中含有较多的水分(指明水),会降低热值(汽化潜热损失),并容易分层,破坏正常发火。如果海水混入油中,会将水溶性盐类带入气缸,增加腐蚀,导致喷油泵及喷油嘴有黏着物,并会产生沉淀物附在气缸和增压器涡轮机上。但少量的、均匀分布的、直径在 10 μm 以下的水,会帮助油雾细化,提高燃烧热效率。

燃油中的机械杂质是有害物质,一般用沉淀、过滤和离心分离法去除。水分(指明水)通常也是有害的,在这种情况下最好是让水分先沉淀,然后使用分油机来分离水分。

二、燃油分类

1. 国产柴油机燃油的规格

我国的柴油机燃油分为轻柴油、重柴油、内燃机燃料油和重油四类。

(1)轻柴油

国产轻柴油是由直馏(常压蒸馏)柴油馏分及二次加工的柴油馏分所制成的。其主要性能及质量指标取决于原油品质与炼制方法。轻柴油以其凝点数值作为柴油的牌号,分为 10 号、0 号、-10 号、-20 号和-35 号五个规格。轻柴油是质量最好、价格最贵的柴油机燃料,在船舶上用作高速柴油主机、高速柴油发电机组、应急设备柴油机和救生艇柴油机等使用的燃油。

(2)重柴油

国产重柴油由石蜡基原油炼制而成,凝点相应较高,按凝点数值分为 10 号、20 号和 30 号三个牌号。重柴油主要用于中低速柴油主机、发电柴油机等。

(3)内燃机燃料油

国产内燃机燃料油由渣油、重油与重柴油调制而成,供船舶低速柴油机使用,目前尚无国家标准,一般执行炼油厂与有关单位商定的协议标准。

(4)重油(燃料油)

重油按 80 ℃时的运动黏度分为 20、60、100 及 200 四个牌号,可供船舶锅炉使用。

2. 国外柴油机燃油的规格与选用

长期以来,习惯用来表达燃料油性能的唯一准则是黏度。国外船用燃油基本上分为四类,主要包括:

①轻柴油(Marine Gas Oil,简称 MGO),常用于救生艇柴油机和应急发电柴油机。

②船用柴油(Marine Diesel Oil,简称 MDO),常用作发电柴油机和柴油机主机机动操纵时的燃料。

③中间燃料油(Intermediate Fuel Oil,简称 IFO),是渣油与柴油调制而成的掺和油,可用于各类大功率中速及低速柴油机。

④船用燃料油(Marine Fuel Oil,简称 MFO),也叫 C 级燃油,主要用于锅炉,也可用于最新型的大功率中速及大型低速柴油机。

国际标准化组织(ISO)在 1987 年 9 月制定了船用燃油标准,即 ISO8217。ISO8217 将船用燃油分为 DM(Marine Distillate Fuel)级、RM(Marine residual Fuel)级两个大的等级。这一修订在黏度等级和含硫量限制方面普遍被海事组织认可。ISO8217 分别在 1996 年、2001 年、2005 年和 2010 年进行了 4 次修订,现在执行的是 2010 年修订的标准。

DM 级是指蒸馏燃油,也称直馏油或船用柴油。在 ISO8217 船用燃油标准中,将该类燃油分为四种规格,即 DMX、DMA、DMZ 和 DMB。2010 年修订版与 2005 年版在 DM 级油上的主要不同在于增加了 DMZ 级油而将 DMC 级油降级为 RMA10 级油,同时增加了对硫化氢、氧化稳定性和润滑性的要求。

(1)DMX 为船用应急柴油,该类柴油的十六烷值较高,且浊点最高为-16 ℃,因此,在环境温度低至-15 ℃时,也无须对其进行预热处理。此油品适用于救生艇发动机、应急设备柴油机和高度自动化燃油锅炉。

(2)DMA 为船用轻柴油,通常称之为轻柴油,LDO(Light Diesel Oil)或 MGO(Marine Gas Oil),这是一种高品质蒸馏燃油,不含渣油成分,其主要性能指标(密度、黏度、倾点、水分)明显好于船用柴油 DMB 和船用重柴油 DMC,此油品适用于中、高速柴油机和生活用炉灶。DMZ 级油与 DMA 级油基本相同,只是最低黏度稍高。

(3)DMB 为通用柴油,习惯称之为船用柴油 MDO(Marin E Diesel Oil),此油品含有极少的渣油成分,其黏度与倾点的允许值已分别达 11.0 cSt/40 ℃和 6 ℃/夏季,因此,该油品在环境温度较低时,需要进行预热处理,并采取沉淀、过滤、分离等方法,除去油品中的水分和机械杂质,减少危害程度。

(4)RM 级是指残渣燃料油,也称船用渣油或重油。其中 RMA10 是以前的 DMC 级油,为船用重柴油,也称掺和(船用)柴油。该油品的主要成分仍然是直馏油,但含有一定比例的燃料油。其他 RM 级燃料油的主要成分有:①蜡(Wax);②沥青质(Asphaltenes);③树脂(Resins);④油(Oil)。ISO8217,2010 年修订版对 RMF、RMG、RMH、RMK 级的燃料油进行了重新分级,定为 RMG 和 RMK 两级,RMG 级油的密度为 991 kg/m^3,RMK 级油的密度为 1 010 kg/m^3,对于这两级燃油的黏度进行了细化。船用燃料油主要用于低、中速柴油机和辅助锅炉。

RM 级燃油中的硫分应符合有关法规如 MARPOL 公约附则 VI 的要求,所以在 ISO8217 中不再提及,但为了保护小型高速柴油机,仍然给出了 DM 级燃油的硫分要求。

三、燃油系统组成

燃油系统是船舶机舱重要的动力系统之一。该系统通常有加装、储存、驳运、净化和供给五个基本环节组成，根据各环节之间的关系，又可分为燃油的加装和测量、燃油的驳运和净化以及燃油的供给三个基本单元。

加油站（Bunker Station）一般位于船舶主甲板，由燃油注入法兰、集油盘和燃油输送管系组成。每舷注入法兰分重油和轻油各一个，两舷功能相同，各舷均可以将轻、重油直接注入各舱。

加装的燃油储存在燃油舱柜中，燃油舱一般有多个，油舱分为双层底和深舱（边舱）。双层底油舱位于船舶双层底中，其高度一般小于 2 m，但自由面一般较大；深舱一般位于船舶两侧，自由面较小，但是一般较深。对于重油舱，都装设加热盘管以加热重油，保持流动性便于驳运。

燃油的驳运环节主要由调驳阀箱、驳运泵和相应管路构成，主要是将燃油从油舱驳运到燃油净化环节，也可实现各油舱柜之间的燃油驳运操作。

燃油净化通常采用沉淀、分离和滤清，在专用的沉淀柜中至少沉淀 12 h 并预热至 50~60 ℃，定期放残。净化处理环节主要是离心分离，由分油机完成。滤清由多个粗、细滤器完成。

燃油供给单元主要由燃油供给泵、燃油循环泵、燃油混合桶、雾化加热器（含黏度控制和温度控制环节）以及燃油滤清器等组成，主要是向柴油机提供黏度和温度符合要求的燃油以保证喷射和雾化良好，促进完全燃烧。

四、润滑作用与分类

1. 润滑和润滑剂

润滑是一种可减少摩擦力的程序或是技术，润滑会出现在两个彼此相当接近，而且有相对运动的表面上，其做法是在两个表面加入润滑剂，以减少相对运动时产生的摩擦力。润滑剂可以是粉状固体，如石墨、MoS_2、固体/液体的分散系、液体、液体/液体的分散系（润滑脂），偶尔也会用气体作为润滑剂。有关摩擦力、润滑及磨损的科学称为摩擦学或磨润学。

由摩擦理论可知，当一个物体表面在另一个物体表面上滑动或滚动时，其运动必然受到两表面间摩擦力的阻碍，伴随着摩擦同时产生热量。在无任何润滑条件下的摩擦（称为干摩擦）必然引起表面严重破坏和擦伤。对设备而言，良好的润滑可以使设备平顺的连续作业，只有轻微的磨损，也不会带给轴承额外的应力。若没有润滑，金属或其他设备可能会互相磨损，带来热损坏甚至是失效。

在许多机械设备中都需要润滑，例如活塞、泵、凸轮、轴承、涡轮、切削工具等。若没有润滑的话，两设备表面之间会因摩擦产生热，造成表面破坏，变得比较粗糙，甚至会因为高热而造成设备的卡死。

润滑剂是介入两运动物体表面，从而达到提高效率，减少摩擦力以及磨损的物质的目的，通常为液体。最常见的即为润滑油。

柴油机所使用的润滑剂根据使用要求有不同品种和规格，如气缸油、曲轴箱油、汽轮润滑油、齿轮箱油、液压油以及各种润滑油脂等。

近年来,由于柴油机技术的发展(高强化程度、劣质燃料的使用等)以及化学工业的迅速发展,在柴油机中普遍采用以石油精炼而得的馏分矿物油为基础油与各种功能的添加剂混合的润滑油。基础油的组成与黏度以及所含添加剂的类型与浓度基本上决定了润滑油的使用性能。

2. 润滑作用

在柴油机中,润滑油有以下作用:

(1)减磨作用:在相互运动表面保持一层油膜以减小摩擦和磨损,这是润滑的主要作用。

(2)冷却作用:带走两运动表面因摩擦而产生的热量以及外界传来的热量,保证工作表面的适当温度。

(3)清洁作用:冲洗运动表面的污物和金属磨粒以保持工作表面清洁。

(4)密封作用:产生的油膜同时可起到密封作用。如活塞与缸套间的油膜除起到润滑作用外,还有助于密封燃烧室空间。

(5)防腐作用:形成的油膜覆盖在金属表面使空气不能与金属表面接触,防止金属锈蚀。

(6)减轻噪声作用:形成的油膜可起到缓冲作用,避免两表面直接接触,减轻振动与噪声。

(7)传递动力作用:如推力轴承中推力盘与推力块之间的动力油压。

3. 润滑分类

(1)边界润滑

两运动表面被一种具有分层结构和润滑性能的薄油膜所分开,这层薄油膜厚度通常在 0.1 μm 以下,称边界膜。在边界润滑中,其界面的润滑性能主要取决于薄油膜的性质,其摩擦系数只取决于摩擦表面的性质和边界膜的结构形式,而与滑油的黏度无关。

(2)液体润滑

两运动表面被一层一定厚度的滑油液膜完全隔开,由液膜的压力平衡外载荷。此时两运动表面不直接接触,摩擦只发生在液膜界内的滑油膜内,使表面间的干摩擦变成液体摩擦。其润滑性能完全取决于液膜流体的黏度,而与两表面的材料无关。这种润滑的摩擦阻力低,磨损少,可显著延长零件的使用寿命。这是一种理想的润滑状态。

(3)混合润滑

摩擦表面上同时存在着液体润滑和边界润滑(称为半液体润滑)或同时存在着干摩擦和边界润滑(称为半干摩擦)都叫混合润滑。在柴油机中多指前者,如气缸润滑即属此类。

五、润滑油的性能指标及润滑油添加剂

(一)性能指标

润滑油的性能指标主要有黏度、黏度指数、闪点、凝点、残炭、灰分、酸值(总酸值与强酸值)、腐蚀性、抗氧化安定性、热氧化安定性、总碱值、抗乳化度、机械杂质和水分等十余种。这些指标均按国家规定的试验方法进行测定。它们基本上反映出滑油品质的优劣,在选择和使用滑油时有着重要作用。

上述指标中有些与燃油性能指标相同,以下仅介绍滑油特有的一些指标。

1. 黏度和黏度指数(VI)

黏度是滑油最重要的指标。一般来说,滑油黏度大,摩擦阻力增加,机械效率降低,柴油机起动较困难。但黏度小,在较高温度下难以在金属表面形成可靠的油膜,以致磨损增大。因

此，柴油机滑油的黏度过大、过小都是不适宜的。它在很大程度上决定着两摩擦表面间楔形油膜的形成。

滑油的黏度随温度的升高而降低，这种性能称为滑油的黏温特性。

对于航行在不同季节和不同纬度的船舶，柴油机在冷车起动和正常运转时，滑油的工作温度不同，其黏度的大小也不相同，这对保证可靠的润滑影响极大。因而仅以测定某一温度下的黏度来判断滑油的品质是不够的，还必须注意黏度随温度的变化规律。研究表明，不同滑油的黏温特性是不同的，如有的滑油温度每升高 10 ℃，黏度能减小 3/4，有的滑油则减小不到一半。若滑油的黏度随温度变化程度小，它就能在比较大的温度范围内满足使用要求，这种滑油的黏温特性就好。

在国外，通常用黏度指数（VI）来说明滑油的黏温特性。黏度指数的物理意义表明，黏度指数大者，温度变化时其黏度变化小。一般，黏度指数在 80 以上者称为高黏度指数，小于 35 者为低黏度指数，介于 35~80 之间者称为中间黏度指数。最好的石蜡烃油黏度指数可达 124，加入增黏剂（后述）后可高达 200 以上。

我国曾用黏度比来评定黏温特性。它是该滑油在 50 ℃和 100 ℃时的运动黏度的比值。黏度比小，表示它在规定温度范围内黏度变化小，品质好。如已知滑油的黏度比，可用曲线法求出相应的黏度指数。

2. 酸值和水溶性酸或碱

滑油中的酸可分为有机酸和无机酸两种。新鲜滑油中的有机酸来源有：原存于石油中的精制时没有全部除去的酸；有意识加入的呈酸性的抗氧、抗腐蚀添加剂。使用中滑油的有机酸主要来自自身氧化而产生的有机酸。当有机酸含量少时，对金属无多大腐蚀作用，反而能增加滑油的油性以保持较好的边界润滑性能；当其含量较多时，它就会对一些轴承材料（有色金属及其合金，特别是铅）产生腐蚀作用。无机酸指硫酸，它对金属有强烈腐蚀作用，滑油中一般不允许有硫酸存在。新鲜滑油中可能含有的硫酸是在精制过程中经酸洗和中和后残留下来的，使用中的滑油由于含硫燃油的燃烧产物漏入曲轴箱而可能形成硫酸。

我国用“酸值”表示滑油中的有机酸含量，用“水溶性酸或碱”表示无机酸或强碱的有无。“酸值”用中和 1 g 滑油中的酸所需要的氢氧化钾毫克数来表示，单位为 mgKOH/g。“水溶性酸”指能溶于水的无机酸（强酸）及低分子有机酸，这种酸几乎对所有金属都有腐蚀作用。“水溶性碱”是在油品加工时的碱洗剩余物或贮存中污染而生成的，它对铝有腐蚀作用。“水溶性酸或碱”只说明油品呈酸性或碱性，仅用于定性检查。

国外用总酸值 TAN（Total Acid Number）表示有机酸和无机酸的总和，用强酸值 SAN（Strong Acid Number）单独表示无机酸的含量，单位均为 mgKOH/g。

3. 抗乳化度

海水或淡水漏入滑油中经搅拌后使滑油形成乳浊液并生成泡沫，这个过程叫乳化。乳浊液影响润滑性能（乳化液和水分使轴承中的油膜承载能力大大降低，因此容易引起轴承损坏），加速滑油变质（乳化油还会加速氧化，以及引起细菌繁殖，使油过早变质），并在两相界面上吸附机械杂质，污损摩擦表面，加剧部件磨损。滑油的抗乳化度系指滑油在乳化后自动分层（油层和水层）所需的时间（以分钟计），即滑油的破乳化时间。破乳化时间短，抗乳化度就好，反之则差。

4. 热氧化安定性和抗氧化安定性

这两个指标都用来衡量滑油在使用条件下抵抗空气氧化的能力。

5. 腐蚀度

腐蚀度用来衡量高温条件下工作的滑油在与氧气充分接触时,对金属(铅)腐蚀的程度。它是柴油机润滑油的一个重要指标。现代柴油机中的铜铅等合金轴承材料对腐蚀十分敏感,只要滑油中有少量酸就能严重腐蚀轴承。

6. 总碱值

总碱值 TBN(Total Base Number)表示滑油中碱性的高低。它的单位与酸值相同,也用 mgKOH/g 表示,但意义相反。总碱值表示 1 g 滑油中所含碱性物质相当于氢氧化钾的毫克数。天然矿物本身无碱性,只有加入碱性添加剂才呈现碱性。在使用过程中,由于添加剂的损耗,总碱值会逐渐降低。

7. 浮游性

浮游性表示含添加剂的滑油清洗零件表面胶质炭渣,使之分散为小颗粒而悬浮携带的能力。

8. 抗泡沫性

抗泡沫性表示在规定试验仪器内以专用泡沫头并通入一定数量的空气测量试验油的起泡体积和消泡时间。滑油在运转时受激烈搅动,使空气混入油中形成泡沫。泡沫过多,除损失滑油外,还会使油泵和轴承引起空泡腐蚀,润滑效能降低,造成轴承烧毁。

(二)润滑油添加剂

随着柴油机强化程度的提高和劣质燃油的使用,滑油的工作条件越来越差,直链纯矿物油不再能满足柴油机的工作需要。近几十年来随着化学工业的发展,多种添加剂被加入到纯矿物油(基础油)中,形成了一种由基础油和添加剂组成的新型油品。石油添加剂的种类很多,用途也很广泛。其主要作用是:

(1)减少发动机部件上有害沉积物的形成和聚积。

(2)中和酸性物质,减少其对设备的腐蚀。

(3)防止设备及部件受到锈蚀。

(4)减少设备及部件的摩擦和磨损,延长设备及部件的使用寿命。

(5)延缓润滑剂的氧化和热分解,延长其使用寿命。

(6)改变润滑剂的物理性质,如提高其黏度指数,改善黏温特性;降低其倾点,改善低温使用性能;减少泡沫形成等。

目前常用的添加剂按其使用性能大体分为如下几类:

1. 清净分散剂(清净浮游添加剂)

在柴油机中由于工作条件恶劣,即使采用热氧化安定性很好的滑油也难免在活塞、气缸上形成积炭、漆膜等沉积物。清净分散剂有两个方面的作用,一方面,由于它具有增溶作用和抑凝分散作用,因此能阻止润滑油和燃油的氧化产物进一步缩合形成漆膜、积炭、油泥,同时能将已形成的积炭、漆膜等从零件表面洗涤下来,分散成小颗粒而悬浮在油中,保持零件的清洁。另一方面,由于它具有碱性,能中和含硫燃油燃烧后生成的硫酸及润滑油氧化产生的有机酸。由于清净分散剂对提高润滑油使用性能有很好的效果,因此,它在内燃机润滑油中得到了广泛应用。

防止高温时生成漆膜的添加剂称为清净性添加剂；防止低温时生成油泥沉淀物的添加剂称为分散剂。在我国统称为清净分散剂。它的作用有二：其一是洗涤作用，能够使沉积在部件上的炭烟颗粒和沥青树脂状物呈分散悬浮状态，降低积炭和油泥，保持部件清洁和防止系统堵塞；其二是中和酸性物质，这种添加剂为碱性，既可以控制油因氧化而形成的有机酸，又可中和进入曲轴箱的燃烧产物形成的无机酸，起到锈蚀抑制剂的作用。它是气缸油的重要添加剂。

2. 油性剂、极压剂（抗磨剂）

油性剂和极压剂都能在边界润滑的条件下，起到减磨作用。但油性剂只能在金属表面生成物理吸附膜或化学吸附膜，只能在较低温度下起作用。极压剂则能生成反应膜，摩擦面上的金属与极压剂所含的硫、磷等元素在较高温度下能相互作用生成低熔点合金，从而在苛刻条件下仍能防止金属表面擦伤、熔焊（熔着磨损）。

油性剂、极压剂都能在边界条件下起到减磨作用，但它们的作用机理不同。油性剂是带有极性基团的活性物质，它能定向地吸附在金属表面上形成不易破坏的边界吸附薄膜，以降低磨损；极压剂能在高温和高负荷下分解产生活性化合物，在金属表面生成低熔点化合物，形成反应薄膜，有减少摩擦、防止擦伤、降低磨损、加强油膜承载能力的作用。

3. 黏度指数改进剂和增黏剂

有的发动机润滑油添加了增黏剂。增黏剂的作用主要是改善滑油的黏温性能。稠化润滑油低温时黏度不会太高，使柴油机低温时仍能起动；高温时黏度不会太低，保证正常运行时气缸润滑可靠。这类添加剂可提高基础油的黏度，并改善其黏温特性，提高其黏度指数。加入这类添加剂的滑油称为稠化润滑油。对于户外使用的柴油机（如救生艇用）冬季起动温度为 −30 ℃，正常运转后气缸温度可达 200 ℃。稠化润滑油在低温时可使黏度增加不多，而在高温时变稠，以满足柴油机冬夏两季的不同需要。增黏剂不仅起到改进润滑剂的流体力学特性的作用，还用来改进润滑剂的吸附能力。

4. 消泡剂

消泡剂可以降低泡沫的表面张力，抑制泡沫的发生并使形成的气泡破裂和消失，防止生成稳定的泡沫。

5. 降凝剂（降倾剂）

降凝剂并不改变石蜡析出的温度，只改变石蜡结构。它吸附在油中石蜡结晶表面上，使之仅能生成微小结晶，防止形成结晶网，从而改变低温流动性，降低油品的凝点。

6. 防锈添加剂和抗腐蚀剂

防锈剂的作用是依靠其自身具有的极性，吸附在金属和油的界面上形成保护层，防止水与金属接触生锈。抗腐蚀剂保护有色金属如轴承合金表面，使其不受油氧化和燃气产生的酸的腐蚀，并能中和这些酸。

六、润滑油的质量等级

如何评定润滑油的提炼工艺与理化性能，在不同国家有不同的标准。目前世界上主流标准有三个：美国石油协会（API）的标准，欧洲标准 ACEA 和国际标准化组织 ISO 标准。

（1）API 分类：比较通用的是美国 SAE、ASTM 和 API 三方联合公布的一种质量分类方法，称为 API 分类法。API（美国石油学会）将发动机润滑油分为 S 级（汽油润滑油）和 C 级（柴油润滑油）。柴油润滑油规格从最初的 CA 发展到现在最高档的 CI- 4。分别是 CA、CB、CC、CD、

CD-Ⅱ、CE、CF、CF-Ⅱ、CF-4、CG-4、CH-4、CI-4，其中 CD-Ⅱ、CF-Ⅱ是二冲程柴油润滑油。

CA 柴油润滑油：1945 年制定。用于使用优质（低含硫）燃料，中低负荷下运行的自然吸气柴油机，有时也用于运行条件温和的汽油机。具有一定的高温清静性和抗氧抗腐性。现已被废除。

CB 柴油润滑油：1949 年制定。用于使用较低质量（中含硫）燃料，中低负荷下运行的自然吸气柴油机，有时也用于运行条件温和的汽油机。具有控制发动机高温沉积物和轴承腐蚀的性能。现已被废除。

CC 柴油润滑油：1961 年制定。用于中高负荷下运行的非增压、低增压柴油机，及一些重负荷下工作的汽油机。在低增压柴油机中使用，有控制高温沉积物和轴承腐蚀的性能，对于汽油机具有防止锈蚀、腐蚀和高、低温沉积物的性能，并可替代 CA、CB 级油。

CD 柴油润滑油：1965 年制定。用于重负荷下运行的增压柴油机，及使用包括高硫燃料非增压、低增压及增压式柴油机。具有控制高温沉积物和轴承腐蚀的性能，并可替代 CC 级油。

CD-Ⅱ柴油润滑油：1988 年制定。用于要求严格控制磨损和沉积物的重负荷二冲程柴油机。油品符合 API 分类的 CD 级使用性能要求。

CE 柴油润滑油：1987 年制定。用于 1983 年后生产的低速、重负荷和高速、重负荷工况条件下的增压或高增压重负荷柴油机。无论在高速、高负荷或高温状况下，使用何种燃料，均能够提供比 CD 级更佳的低油耗及磨损、腐蚀、沉淀保护性能。

CF 柴油润滑油：1994 年制定。从 CD 级直接开发的产品，可用于使用高含硫燃料（含硫量 0.5%）的重负荷非增压、低增压及增压式柴油机。具有控制高温沉积物和含铜轴承磨损和腐蚀的性能。

CF-Ⅱ柴油润滑油：1994 年制定。用于要求更严格控制磨损和沉积物的重负荷二冲程柴油机。

CF-4 柴油润滑油：1991 年制定。用于 1990 年后生产的高速四冲程柴油机。在油耗和活塞沉积物控制方面性能优于 CE，并可替代 CE。此种油品特别适用于高速公路行驶的重负荷卡车。

CG-4 柴油润滑油：1995 年制定。1994 年后，柴油机采用高压直喷，柴油喷入量增加，如果雾化不好或空气混合不均匀都会造成柴油燃烧不完全，产生的烟灰有的进入排气系统，有的进入润滑油，使油变黑，黏度增大，堵塞过滤器和增加凸轮磨损，并缩短换油期。CG-4 柴油润滑油可以更加有效地控制高温活塞沉积物、磨损、腐蚀、泡沫、氧化稳定性和积炭聚集。但是 CG-4 只适用于低硫柴油（含硫量低于 0.05%），因为该级润滑油的碱值比较低（为 7-8），不适用于含硫柴油（含硫量低于 0.5%），用途受到限制。为了弥补 CG-4 油不适合用含硫柴油的缺陷，开发出了 CH-4 级柴油润滑油。

CH-4 柴油润滑油：1998 年制定。CH-4 柴油润滑油所适用的直喷柴油机，比功率和燃料喷入量更大，燃烧室的温度更高。因此，CH-4 柴油润滑油比 CG-4 具有更好的高温抗氧性能、清洁性能及良好的分散性能。

CI-4 柴油润滑油：2002 年制定。针对新一代高速、四冲行程重型柴油机的保护需求，及符合即将执行的 2002/4 美国环保法规而设计发展的 CI-4 柴油润滑油，满足美国环保署关于柴油机排放的规定。关键点是改进了尾气再循环系统 EGR，其配方组成采用低灰分添加剂，改善了油品的碱保持性，油品具有更好的分散性和耐积炭磨损能力。

此外,船用气缸油和大功率中速机润滑油仍由各油公司自行研制,自行评定,尚无统一规格标准。

(2)SAE 分类:不同种类和性能的机器需要不同黏度的润滑油。长期以来,美国汽车工程师协会(SAE)依润滑油黏度特性的不同,制定润滑油的黏度级数标准。黏度级数包括 0, 5, 10, 15, 20, 25, 30, 40, 50 或 60 等,共 11 级,数字越大表示黏度越高。

单级润滑油:单级润滑油指的是黏度指数为 85~105 的润滑油,因此各种不同黏度级数的单级润滑油具有非常接近的黏度—温度变化曲线。SAE J300 标准定义了 11 级的黏度等级,其中 6 级是针对冬季使用的黏度等级(冬季级别),分级后的数字后会加上英文字母 W。11 级的黏度特性分别为 0W, 5W, 10W, 15W, 20W, 25W, 20, 30, 40, 50, 60。对于环境温度变化不大的应用,使用单级润滑油即可。

多级润滑油:润滑油也有可能应用在温度变化很大(从低温到高温)的环境下。一般润滑油在低温时黏度会上升,造成低温时的流动性不佳,而当温度到达发动机运转温度时,黏度会下降,使得高温时的润滑效果不佳。一般单级润滑油在高温及低温时,黏度的差异很大。为了缩小高低温时黏度的差异,润滑油中会加入一些称为黏度指数提升剂的聚合物,这类润滑油就称为多级润滑油,不过有些润滑油使用高黏度指数的基础油,不需添加黏度指数提升剂就可以达到多级润滑油的规格。

多级润滑油即黏度指数明显高于 100 的润滑油,多级润滑油标明的两种黏度等级,例如 10W30 是一种常用的多级润滑油,低温时黏度等级为 10W,高温时黏度等级为 30。前一个是在低温可达到的黏度等级,后一个则是在高温可达到的黏度等级,因此这类的润滑油在高低温差大的环境下较为适用。多级润滑油的黏度仍然会随温度而变化,只是变化率较小而已。此变化率会依基础油本身特性及所加入黏度指数提升剂的比例而不同。

(3)ISO 分类:ISO 把滑油按 40 ℃时的运动黏度 cSt(mm^2/s)的数值分成 18 个等级,ISO-VG(Viscosity Grade)。

七、润滑系统组成

柴油机的润滑系统通常由曲轴箱油强制润滑系统、曲轴箱油净化系统和废气涡轮增压器润滑等系统以及独立的气缸润滑系统组成。

1. 曲轴箱油强制润滑系统

曲轴箱油强制润滑系统组成形式依柴油机结构不同分为湿油底壳式和干油底壳式滑油系统。

湿油底壳式滑油系统的滑油存放在柴油润滑油底壳中,柴油机正常运转时,由其所带滑油泵抽吸油底壳滑油,经滑油冷却器送至各要求润滑部位,润滑后流回油底壳,构成独立的润滑系统。这种滑油系统的特点是组成简单,柴油机自带滑油泵,管路依附在机体上,油底壳存油量少。但该系统的缺点是油底壳中的滑油将经常受到燃烧室漏泄的高温燃气的污染,容易变质,故滑油使用寿命短。这种系统常用于小型柴油机动力装置。

干油底壳式滑油系统的滑油存放在单独设置的滑油循环舱(柜)中,又分为单泵系统和双泵系统。单泵系统的滑油循环舱(柜)设置于柴油润滑油底壳之下,滑油泵自其内吸油,经滑油冷却器冷却后送至各润滑部件,润滑后借助重力流回柴油机底部,最后流回滑油循环舱(柜)中。双泵系统有两台滑油泵:一台具有单泵系统中的吸油和泵送功能;另一台则专门用于抽吸柴油润滑油底壳中的滑油，将油泵至循环舱（柜）中。该系统的循环舱（柜）与管路布置不受柴油机位置限制，滑油不存于油底壳中，改善了滑油工作条件，延长了使用寿命，但需增加一台滑油泵。在柴油机滑油系统中以单泵干油底壳式滑油系统居多，其特点是储油量大，滑油沉淀与净化处理方便，冷却充分和滑油使用寿命长。但其所占位置较大，管路较为复杂。此种系统适用于大中型柴油机动力装置。

2. 曲轴箱油净化系统

曲轴箱油净化系统在柴油机运转中可连续对滑油循环柜中的曲轴箱油进行分离净化处理，排除曲轴箱油使用中混入的各种杂质和氧化沉淀物。大型柴油机的曲轴箱油净化系统运行时，滑油分油机经污油吸入管从滑油循环柜中吸入曲轴箱油，经加热器预热后送至分油机进行净化处理，净油重新返回循环柜。对直链纯矿物曲轴箱油，其净化速率应能保证在一天内净化油量为循环柜贮油量的2~3倍，对清净型曲轴箱油应为2~5倍为宜。

3. 涡轮增压器润滑系统

由于工作条件不同，增压器需使用汽轮润滑油润滑。其润滑系统通常有两种方式：自身封闭式润滑（不需另设润滑系统）；重力—强制混合循环润滑系统，在此润滑系统中，设高置式重力涡轮油柜，由重力油柜向增压器供油，重力油柜上装设低油位警报器和溢油管，当供油中断时，此重力油柜可保证向增压器短时供油并发出警报。

4. 气缸润滑系统

柴油机气缸润滑是一个复杂而重要的问题。在大型十字头式柴油机中，气缸润滑是一个独立的润滑系统，其润滑设备、滑油品质以及运转管理均需特殊考虑。在当代柴油机高强化、燃油劣质化的发展中，对气缸润滑提出了更加苛刻的要求。

（1）气缸润滑的工作条件

气缸润滑的特殊性首先在于高的工作温度。通常，气缸套上部表面温度为180~220 ℃，气缸套下部表面温度为90~120 ℃，活塞环槽表面温度根据测量点位置和活塞顶的设计在100~200 ℃之间。高温会降低滑油黏度，加快滑油氧化变质速度，并使缸壁上的部分油膜蒸发。其次，活塞在往复运动时的速度在行程中部最大，在上、下止点处为零。因此只有在活塞行程中部才有可能实现液体动压润滑，而在上、下止点处则不可能。特别在上止点处，气缸中的温度最高，活塞环对缸壁的径向压力最大，即使滑油能承受这样的高温，也只能保证边界润滑条件。

柴油机使用劣质燃油后给气缸润滑带来了新的问题。这主要是由于劣质油的高硫分、高灰分、高残炭值和高沥青值引起的。如前所述，此时会对气缸造成低温腐蚀、固体颗粒磨损、结炭增多以致引起活塞环黏着和气口堵塞等故障。另外，活塞顶与环带部分变形也使气缸润滑的难度增加。

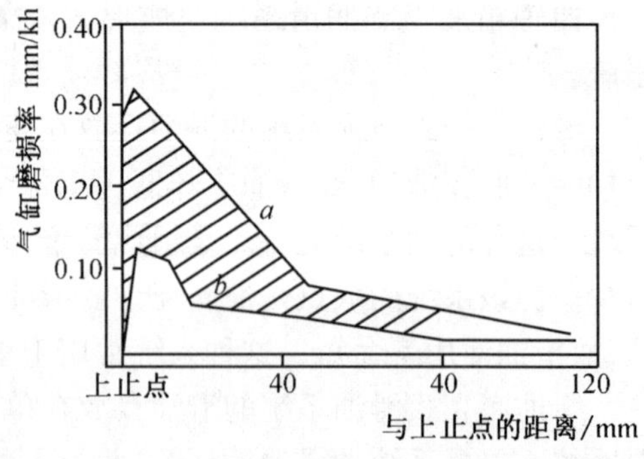

图 1-6　气缸套磨损量随行程变化规律

由于上述原因，气缸套特别是其上部，很难形成连续完整的油膜，因而一般在气缸套的上部第一道活塞环上止点对应的位置磨损特别严重。图1-6所示为一台二冲程直流扫气柴油机的气缸套磨损量随行程变化的规律。该柴油机使用劣质含硫燃油。上限曲线表示使用低碱性气缸油，下限曲线表示使用高碱性气缸油。由图可见,气缸套最大磨损量均发生在缸套上部。采用高碱性气缸油可大大降低缸套腐蚀量,上、下限曲线间的影线部分可认为系由酸性腐蚀所引起的磨损。

(2)气缸润滑的作用和润滑方式

通过气缸润滑,可以实现:减少摩擦损失和防止气缸套及活塞的过度磨损;带走燃烧残留物和金属磨粒等杂质;帮助密封燃烧室空间;在金属表面形成油膜,可防止燃气与金属接触,以免产生腐蚀;减轻噪声。

气缸润滑一般可分为飞溅润滑和气缸注油润滑两种方式。

飞溅润滑靠从连杆大端甩出并飞溅到气缸壁上的滑油来润滑,一般不需要专门的润滑装置。气缸滑油与曲轴箱滑油属同一油品且循环使用,在活塞裙部需装设刮油环以便把飞溅到缸壁上的多余滑油刮回曲轴箱。这种润滑方式适用于筒形活塞式柴油机。

气缸注油润滑使用专用的润滑系统及设备(气缸注油器、注油接头),把专用气缸油经缸壁上的注油孔喷注到气缸壁表面进行润滑。其注油量可控,喷注的气缸油不予回收,国外称为"Once Through"。这种润滑方式能保证可靠的气缸润滑,而且可选择不同质量的气缸油以满足缸内润滑的不同要求。目前在十字头式柴油机(均装设横隔板)中均使用此种润滑方式。在某些中速筒形活塞式柴油机中,气缸润滑除采用飞溅润滑方式,还采用注油润滑作为气缸润滑的辅助措施。

(3)气缸油的种类

根据机型和运转状态的不同要求,有如下几种:

①SAE50 黏度等级,此类气缸油使用广泛,总碱值可覆盖 10~100。燃用不同硫分的燃油应选用不同总碱值的气缸油,如表 1-1 所示。现在低速机均是直流扫气的机型,各柴油机公司都推荐采用 SAE50 黏度等级的气缸油。

表 1-1　气缸油总碱值的选用范围

机型 / 选用值	B&W				SULZER					FIAT			
含硫质量分数(%)	<0.8	1~2	2~3	>3	<0.5	0.5~1.0	1.0~1.5	1.5~2.5	>2.5	<1.0	1.0~1.8	1.8~2.5	>2.5
TBN　mgKOH/g	5~7	10~40	40~70	70	5	5~10	10~20	20~40	40~70	<11	11~25	35~50	>50

②SAE40 黏度等级,总碱值为 40。原先弯流扫气的机型一般是使用 SAE40 黏度等级的气缸油,主要是考虑防止扫排气口中沉积物过快堆积。

③黏度等级大于 50,总碱值有 70、85、100,用于长冲程高负荷柴油机。

④不含添加剂的 SAE50 高黏度气缸油,也称为纯矿物油,用于新发动机及换新缸套磨合使用。

【课后作业】

1. 燃油各性能指标的含义;燃油分类及选择使用;燃油系统的组成。

2. 滑油各性能指标的含义;滑油质量等级及选择使用;船舶动力装置曲轴箱油系统与气缸润滑系统的构成。

3. 调查某船舶所使用的燃油、滑油种类,并且画出该船燃油系统图、曲轴箱滑油系统图、气缸油润滑系统图。

【工作任务】

任务一 燃油管理

一、工作目标

1. 能够正确进行燃油的日常测量、计算与填写日报表等业务。
2. 会根据燃油种类选择合适的净化预热、雾化加热等各环节温度。
3. 会按照操作程序进行正确的燃油驳运与净化操作。
4. 能够根据主机工况正确独立地完成换油操作。
5. 能够识别燃油管理过程的风险,掌握安全操作的技能。

二、材料用具

教学资料、船舶图纸(燃油系统图);任务书、评价表;多媒体、黑板、计算机;轮机模拟器、自动化机舱等实训场地。

三、工作过程

(一)作业前准备

1. 安全作业评估:针对已经认定的各种操作风险(失火、溢油污染、人身伤害等),选择合适的操作工具以及安全保护用品。

2. 熟悉各个设备及系统的安全操作规程。

(二)船舶燃油日常管理

船舶管理人员在燃油日常使用上要以降本增效为前提,除了做好常规的加温、驳运、防跑油、防泄漏等工作以外,还要对以下使用和管理问题引起注意:

1. 燃油的储存

轮机长负责监督指导二管轮对燃油的正确使用及储存工作,杜绝出现不合理用油或发生混油引起燃油变质的现象。

对于低质燃料,轮机长应注意采取预热等必要措施,以改善其储存、驳运和使用性能。同时保证预热设备处于良好状态。

二管轮应确保对在航行中使用的燃油舱适当加温,一般吸口处应保持在 40 ℃左右,航行在寒冷区域的船舶要注意给将要使用的油舱提前加温。

燃油沉淀柜、日用柜至少每 5 年进行一次彻底清洁(一般安排在进厂厂修时进行),防止柜内积聚的油泥太厚影响油柜正常使用。

2. 燃油使用、测量与计算

新加装的燃油必须在一周内试烧,发现问题应及时报告公司主管部门(船舶总管、航运部燃油业务主管)及租家。

轮机长应根据供油公司的建议，视情况合理在燃料中添加化学添加剂，以改善低质燃油的性质；根据设备说明书要求，指导主管轮机员，合理提高柴油机冷却水温度，保证气缸壁的温度超过燃油产物的露点（特别是起动、低负荷和机动操纵时），阻止硫酸的形成。

二管轮更换使用的油舱时要通知大副；在抵、离港前应对油舱进行测量，核对燃油存量和消耗量是否相符；航行途中每 7~10 天测量一次船存油量，记录“燃、润油测量记录本”。轮机长应对测量结果进行检查确认并将抵、离港时的燃油存量报船长。

二管轮将船舶每天的燃油消耗量记入“轮机日志”，误差不大于 0.5%（有流量表的每天中午记录流量表的读数）；在航行中，每日将昨日正午至今日正午的实际燃油耗存量填入“机舱正午报告”报告二副；交班时要实际测量燃油舱柜核实存量，并在“燃、润油测量记录本”上签字确认。

航次结束 24 h 内，轮机长应及时填报“船舶燃油、润滑油航次消耗报告”，存油误差不得大于 3%。

船舶在用油中，如由于船舶污底导致燃油消耗超标时，船舶要及时书面报航运部及船舶总管。

船舶期租期间，要严格监督租家所定油品规格是否符合合同规定，执行标准参见 ISO8217:2005，对于不符合规定的油品要拒绝接收，并报告航运部及船舶总管，按公司的指令处理。

（1）燃油存量的计算

船舶燃油消耗和存量都以吨为计量单位，但船舶舱容表和流量计的读数全是以体积（m^3）为单位，在使用“舱容表”计算燃油舱、柜存量时，应首先确定燃油的密度。一般船舶加油得到的燃油密度（或实验室化验单提供的燃油密度）都是 15 ℃时的密度，而不同舱的燃油温度不同，计算时必须分别对密度进行修正。密度 ρ 的修正值由下式获得：

$$\rho = \rho_{15} - A(t - 15) \tag{1-1}$$

式中：t——燃油温度；

ρ^{15}——燃油在 15 ℃时的密度；

A——燃油密度/温度修正系数，如表 1-2 所示。

表 1-2　燃油密度/温度修正系数

ρ_{15}	A	ρ_{15}	A
0.990~0.999	0.000 61	0.870~0.879	0.000 66
0.980~0.989	0.000 62	0.860~0.869	0.000 66
0.970~0.979	0.000 62	0.850~0.859	0.000 66
0.960~0.969	0.000 62	0.840~0.849	0.000 67
0.950~0.959	0.000 62	0.830　0.839	0.000 68
0.940~0.949	0.000 62	0.820~0.829	0.000 69
0.930~0.939	0.000 62	0.810~0.819	0.000 70
0.920~0.929	0.000 62	0.800~0.809	0.000 72
0.910~0.919	0.000 63	0.790~0.799	0.000 73
0.900~0.909	0.000 64	0.780~0.789	0.000 74
0.890~0.899	0.000 65	0.770~0.779	0.000 75
0.880~0.889	0.000 65	0.760~0.769	0.000 76

由于船舶燃油舱柜的自由液面面积比较大,各部分的液体测深(自由液面到舱底的深度)随船舶的不同方向的倾斜而不同,在查取舱容表前应对测深值进行修正。一般船舶舱容表含有两方面的修正关系,即:船舶前后吃水差(Trim)修正值 T 和船舶左右偏斜(Heel)修正值 H。就是说在测量出燃油舱的测深 $S_{测量}$ 后,应首先确定 T 和 H,T 和 H 可从各自的修正表查得。燃油舱的测深修正值 $S_{修正}$ 可由下式计算得出:

$$S_{修正} = S_{测量} + (T + H) \tag{1-2}$$

式中:T——船舶前后吃水差代数值;

H——船舶左右偏斜代数值。

经过式(1-2)修正后的 S 值,可通过船舶舱容表查得该油舱燃油体积,再通过经式(1-1)修正的燃油测量温度下的密度计算出燃油的质量(吨)。

如果燃油的体积是通过流量表读出的,可直接通过经式(1-1)修正的燃油测量温度下的密度计算出燃油的质量(吨)。由于船舶各燃油舱柜的加热温度不同,为精确求得船舶机舱各燃油舱的存油量,也应按式(1-1)进行分别修正计算。

(2)舱容表的使用方法

目前船舶舱容表基本上有两种:一种是用油舱深度舱容表;另一种是用油液的空当舱容表。实践中应根据船舶具体情况选择采用哪种表来进行测量与计算。量油过程就是测量完成后采用舱容表进行修正计算,最终换算油舱深度或空当高度。

由于船舶在海上,受到各种因素的影响,很难处于正浮状态,基本上前后方向都存在吃水差,如果艉吃水大于艏吃水,称之为艉倾,此时,油舱液位测量值不能反映正浮时的数值。同理,如果船舶在左右方向上存在不平衡因素的影响,同样会影响油位的测量,船舶倾斜对油位测量的影响,如图 1-7 及 1-8 所示。

图 1-7　船舶纵倾状态

图 1-8　船舶横倾状态

因为在海上船舶很难保持正浮状态,所以船舶测量油深后,必须利用船舶舱容表对油深进行修正,才能得到船舶正浮时的真正油深。根据中华人民共和国交通行业标准 JT/T7-2008《船舶液货舱容积测量与计算》的规定,舱容倾斜修正的方法是:用量油管测得船舱在倾斜某一角度状态下的液面高度 H',然后求得该倾斜时的高度修正量 Δh_1、Δh_2,则正浮状态下真实油舱深度为:

$$H_0 = H' + \Delta h_1 + \Delta h_2 \tag{1-3}$$

式中:H_0——船舶正浮状态时,量油管测得的液面高度,mm;

H'——船舶倾斜状态时（包括纵倾、横倾），量油管测得的液面高度，mm；

Δh_1、Δh_2——纵倾修正量及横倾修正量，mm。

在实船上，纵倾与横倾的修正量需要从油舱测量表的纵倾、横倾修正表（参见表1-4、1-5）查得。但是，上述修正表格不能精确到任意状态的任意油深，因此，在有些情况下需要轮机员根据表格，结合已有数据进行必要的推导，纵倾修正的推导公式如下：

$$\Delta h_1 = \Delta h_3 + (\Delta h_4 - \Delta h_3) \times \frac{(d - d_1)}{(d_2 - d_1)} \tag{1-4}$$

式中：Δh_1——船舶纵倾或横倾的修正值，mm；

Δh_3——船舶纵倾吃水差为 d_1 时的纵倾修正量，mm；

Δh_4——船舶纵倾吃水差为 d_2 时的纵倾修正量，mm；

d——船舶的实际吃水差，m；

d_1——纵倾修正表上距离实际吃水差最近的上限数值，m；

d_2——纵倾修正表上距离实际吃水差最近的下限数值，m。

需要说明的是，上述推导公式对于横倾修正同样适用，因此横倾修正公式不再列举说明。

下面，以某船一号燃油舱左舱为例，介绍油舱油深的修正计算过程如下：

①定义：

a. 吃水差=艉吃水-艏吃水；

艉吃水大于艏吃水时，吃水差为正值；

艉吃水小于艏吃水时，吃水差为负值。

b. 船舶横倾=船中右舷吃水-船中左舷吃水；

船舶右倾时，横倾值为正；

船舶左倾时，横倾值为负。

②假定船的初始状态如下：

a. 船舶尾倾 2.520 m；

b. 右倾 0.6 m，对照表1-3，查得右倾 0.86°；

c. 在此状态下一号燃油舱（左）的燃油测量深度为 2.250 m。

③所测量油深的修正：

a. 纵倾修正（参见表1-4）

测量深度为 2.00 m 时：

$$T_1 = (-47) + [(-70) - (-47)] \times \frac{(2.52 - 2.00)}{(3.00 - 2.00)} = -59\ (\text{mm})$$

测量深度为 2.50 m 时：

$$T_2 = (-46) + [(-68) - (-46)] \times \frac{(2.52 - 2.00)}{(3.00 - 2.00)} = -57\ (\text{mm})$$

测量深度为 2.25 m 时：

$$T_3 = (-59) + [(-57) - (-59)] \times \frac{(2.25 - 2.00)}{(2.50 - 2.00)} = -58\ (\text{mm})$$

b. 横倾修正（参见表1-5）

测量深度为 2.00 m 时：

$$H_1 = (0) + [(49) - (0)] \times \frac{(0.86 - 0.00)}{(1.00 - 0.00)} = 42\ (\text{mm})$$

测量深度为 2. 50 m 时：

$$H_2 = (0) + [(51) - (0)] \times \frac{(0.86 - 0.00)}{(1.00 - 0.00)} = 44\ (\text{mm})$$

测量深度为 2. 25 m 时：

$$H_3 = (42) + [(44) - (42)] \times \frac{(2.25 - 2.00)}{(2.50 - 2.00)} = 43\ (\text{mm})$$

c. 测量油深最终修正

S=2. 250−0. 058+0. 043=2. 235（mm）

d. 最终舱内油量容积数量的计算(参见表 1-6)

$$V = 106.5 + (107.0 - 106.5) \times \frac{(2.235 - 2.30)}{(2.240 - 2.230)} = 106.75\ (\text{m}^3)$$

如果要计算油舱的质量存量,需要根据本章公式 1-1 和表 1-2 进行比重修正后进行计算。

表 1-3　某船舱容表——横倾吃水偏差与船舶横倾角度对应表(节选)

横倾吃水偏差/m	横倾角度/(°)	横倾吃水偏差/m	横倾角度/(°)	横倾吃水偏差/m	横倾角度/(°)
0. 000	0. 00	0. 230	0. 33	0. 460	0. 66
0. 010	0. 01	0. 240	0. 35	0. 470	0. 68
0. 020	0. 03	0. 250	0. 36	0. 480	0. 69
0. 030	0. 04	0. 260	0. 37	0. 490	0. 71
0. 040	0. 06	0. 270	0. 39	0. 500	0. 72
0. 050	0. 07	0. 280	0. 40	0. 510	0. 73
0. 060	0. 09	0. 290	0. 42	0. 520	0. 75
0. 070	0. 10	0. 300	0. 43	0. 530	0. 76
0. 080	0. 12	0. 310	0. 45	0. 540	0. 78
0. 090	0. 13	0. 320	0. 46	0. 550	0. 79
0. 100	0. 14	0. 330	0. 48	0. 560	0. 81
0. 110	0. 16	0. 340	0. 49	0. 570	0. 82
0. 120	0. 17	0. 350	0. 50	0. 580	0. 83
0. 130	0. 19	0. 360	0. 52	0. 590	0. 85
0. 140	0. 20	0. 370	0. 53	0. 600	0. 86
0. 150	0. 22	0. 380	0. 55	0. 610	0. 88
0. 160	0. 23	0. 390	0. 56	0. 620	0. 89
0. 170	0. 24	0. 400	0. 58	0. 630	0. 91
0. 180	0. 26	0. 410	0. 59	0. 640	0. 92
0. 190	0. 27	0. 420	0. 60	0. 650	0. 94
0. 200	0. 29	0. 430	0. 62	0. 660	0. 95
0. 210	0. 30	0. 440	0. 63	0. 670	0. 96
0. 220	0. 32	0. 450	0. 65	0. 680	0. 98

表 1-4　No. 1 燃油舱(左)舱容纵倾修正表(节选)

油深修正/mm 纵倾/m 测量油深/m	-2	-1	0	1	2	3	4	5	6
0. 000	47	23	0	–	–	–	–	–	–
0. 500	46	23	0	-26	-51	-77	-102	-127	-152
1. 000	45	23	0	-25	-50	-74	-99	-123	-147
1. 500	45	22	0	-24	-48	-72	-96	-119	-143
2. 000	44	22	0	-24	-47	-70	-93	-116	-139
2. 500	43	21	0	-23	-46	-68	-91	-113	-136
3. 000	65	32	0	-22	-45	-67	-89	-111	-132
3. 500	41	21	0	-19	-39	-58	-77	-96	-114
4. 000	41	20	0	-22	-44	-66	-87	-109	-130
4. 500	40	20	0	-21	-43	-64	-85	-106	-127
5. 000	39	19	0	-21	-42	-62	-83	-104	-124
5. 500	38	19	0	-21	-41	-61	-81	-101	-121
6. 000	46	23	0	-20	-40	-60	-79	-99	-118
6. 500	37	18	0	-13	-26	-38	-52	-67	-88
7. 000	36	18	0	-20	-40	-59	-79	-98	-117
7. 500	36	18	0	-19	-39	-58	-77	-96	-115
8. 000	35	18	0	-19	-38	-57	-75	-94	-112
8. 500	35	17	0	-19	-37	-55	-73	-92	-109
9. 000	34	17	0	-18	-36	-54	-72	-90	-107
9. 500	29	18	0	-18	-35	-53	-70	-88	-105
说明：船舶处于艉倾状态。									

表 1-5　No. 1 燃油舱(左)舱容横倾修正表(节选)

油深修正/mm 横倾/(°) 测量油深/m	-4	-3	-2	-1	0	1	2	3	4
0. 000	–	–	–	–	0	43	85	128	171
0. 500	-198	-148	-99	-49	0	44	88	132	176
1. 000	-201	-151	-100	-50	0	45	91	136	182
1. 500	-205	-154	-103	-51	0	47	94	141	188
2. 000	-211	-158	-105	-53	0	49	98	146	195
2. 500	-217	-163	-109	-54	0	51	101	152	203
3. 000	-225	-168	-112	-56	0	77	116	141	165

续表

测量油深/m \ 油深修正/mm \ 横倾/(°)	-4	-3	-2	-1	0	1	2	3	4
3. 500	-136	-83	-54	-27	0	28	57	86	114
4. 000	-133	-100	-67	-33	0	30	61	92	122
4. 500	-141	-106	-71	-35	0	33	65	98	131
5. 000	-149	-112	-75	-37	0	35	69	104	139
5. 500	-158	-119	-79	-40	0	37	74	111	149
6. 000	-167	-126	-84	-42	0	48	96	141	173
6. 500	-114	-68	-29	-11	0	16	32	48	65
7. 000	-79	-59	-40	-20	0	18	36	55	73
7. 500	-88	-67	-44	-22	0	20	41	62	83
8. 000	-98	-74	-49	-25	0	23	46	69	92
8. 500	-108	-81	-54	-27	0	25	51	76	102
9. 000	-118	-89	-59	-30	0	28	55	83	111
9. 500	-128	-96	-64	-32	0	21	35	50	64
说明：船舶左倾，修正值为负（-）；船舶右倾，修正值为正（+）。									

表 1-6　No. 1 燃油舱（左）舱容表（正浮，节选）

油深/m	容积/m^3	空当/m
2. 070	97. 5	20. 347
2. 080	98. 1	20. 337
2. 090	98. 6	20. 327
2. 100	99. 2	20. 317
2. 110	99. 7	20. 307
2. 120	100. 3	20. 297
2. 130	100. 8	20. 287
2. 140	101. 4	20. 277
2. 150	102. 0	20. 267
2. 160	102. 5	20. 257
2. 170	103. 1	20. 247
2. 180	103. 6	20. 237
2. 190	104. 2	20. 227
2. 200	104. 8	20. 217
2. 210	105. 3	20. 207
2. 220	105. 9	20. 197
2. 230	106. 5	20. 187
2. 240	107. 0	20. 177
2. 250	107. 6	20. 167
2. 260	108. 2	20. 157
说明：1. 测量重油油深时一般测量空当高度，此时油深＝舱深值-空当值。		

(3)日常油账管理

航行中,“机舱正午报告”应填写昨日中午至今天中午的实际燃油消耗量。认真做好燃油消耗报告。建立燃油使用记录簿,详细记录各油舱柜的存油量。经常测量计算燃油存量,认真填报燃滑油航次报告表,要求账物基本相符,但因油舱舱容表上吃水差计算的限制、各舱温度和密度不同、船舶摇晃等因素引起的误差也是难免的,但误差不要大于3%(船舶公司惯例)。船舶私设油料“小金库”危害严重,首先易使公司蒙受损失。船舶中途出租,一些“聪明”的租家经常采取起租时以账面油为准不量油,完租后实测计算停租,造成“小金库”油料被租家无偿使用。其次易发生跑油引起污染事故。

燃油的储存量应在每次进港和离港前分别测量和计算一次,如两港之间航程较长,还应在中途测量和计算。抵港前,轮机长应向船长报告燃油存量,还应报告各种润滑油和液压油的存量。离港前,轮机长应向船长报告燃油存量,开航后船长应将船存燃油量电告公司。航次结束后,轮机长根据各主管轮机员测量和计算结果填写燃润油消耗报表、耗存航次报表报公司。报告表中的燃润油耗存量应与轮机日志的记载一致,并与实际数基本相符,抵港后应再核实。

3. 燃油加热温度选择

对燃油(尤其是重油)进行加热是一项十分重要的工作,海船上大多采用蒸汽加热,为确保安全,规定使用饱和蒸汽。加热温度随燃油的使用黏度要求而异,一般采用分段加热法。为便于燃油的驳运和确保油管出口附近燃油的流动性,一般油舱加热至15~20 ℃,泵吸口附近为35~40 ℃。对驳入沉淀柜的低质燃油要加温预热至70~80 ℃(要比闪点低一定温度),应有充分的沉淀时间并及时将沉淀下来的水和杂质放掉。为了提高分油机净化效果,分油温度不能太低,也不能太高,对于重油一般加热至98 ℃。在日用油柜中,重油温度应保持在70~80 ℃。为使喷入气缸中的燃油有合适的黏度以确保燃烧质量,对喷油泵前的燃油加热十分重要。对中低速柴油机而言,雾化加热器的加热温度应使重油黏度降至12~25 mm^2/s。考虑到压力增高会使黏度增大,以及经管路到喷油器有温度降,加热温度应再提高10~15 ℃,一般加热到100~150 ℃。以上各处的加热温度可通过加热蒸汽量来调节。

燃油的黏度决定燃料离心分离和喷射之前的预加热温度。如果船舶不能提供加热,那么有可能造成喷油嘴堵塞的现象,使喷出的油不雾化影响燃料的燃烧性,同时也影响发动机的性能。导致柴油机运行期间出现下列问题:雾化不良、热负荷较高;燃油喷射系统的压力过高。

4. 燃油驳运与净化

在燃油的分离、净化过程中,应注意流量和加温温度的调整,分油机流量至1/3额定值左右,原则上分油量与消耗量基本持平,应始终保持燃油日用柜处于满柜状态。380 cSt的燃油加温温度应调整到95~98 ℃以保证分离、净化效果;保证燃油进机黏度达到设备说明书的要求。

从燃油舱柜中驳出的燃油在进机使用前必须经过净化处理系统净化。燃油的净化处理系统包括燃油的加热、沉淀、过滤和离心分离环节,其核心环节是离心分离。图1-9示出了目前大多数船舶使用的燃油净化系统。

从图中可以看出,通过调驳阀箱1,燃油被驳运泵从油舱送入沉淀油柜5,每次驳油量限制在液位传感器3与3′之间。自动调节蒸汽流量的加热系统,将燃油加热至适当的温度,加速油的沉淀分离,并且可使沉淀油柜提供给供油泵7的燃油油温变化幅度很小。供油泵后设气动恒压阀9和流量控制阀9′,以确保平稳地向分油机输送燃油,有利于提高净化质量。燃油进入

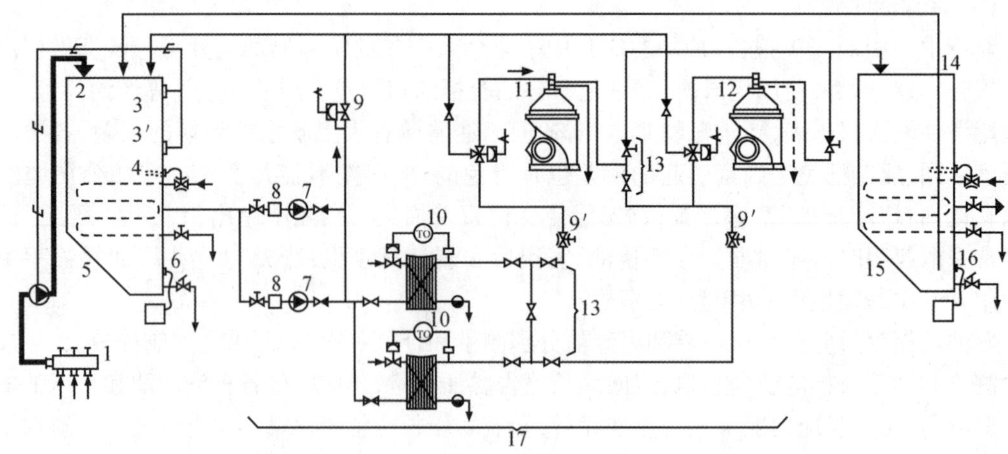

图 1-9　燃油净化系统

1—调驳阀箱;2—沉淀油柜燃油进口;3—高位报警器;3′—低位报警器;4—温度传感器;5—沉淀油柜;6、16—水位传感器;7—供油泵;8—滤器;9—气动恒压阀;9′—流量控制阀;10—温度控制器;11、12—分油机;13—连接管;14—日用油柜溢流管;15—日用油柜

分油机前,通过分油机加热器加温,加热温度由温度控制器 10 控制,使进入分油机的燃油温度几乎保持恒定。经分油机离心分离后的净油进入日用油柜 15,日用油柜设溢流管 14。在船舶正常航行中,分油机的分油量将比柴油机燃油的消耗量稍大一些,故在吸入口接近日用油柜底部设有溢流管,可使日用油柜底部温度较低、杂质和含水量较多的燃油引回沉淀柜,既实现了循环分离提高了分离效果,又使分油机起停次数减少,延长了分油机使用寿命。沉淀油柜和日用油柜都设有水位传感器 6、16,以提醒值班人员及时放出残水。

在船舶营运期间,应定期对沉淀柜、日用油柜和燃油循环柜(集油柜)进行排污放水,定期清洗燃油滤器。特别是风浪天时,要增加放残和燃油滤器清洗次数。根据燃油滤器前后压力差判断滤器的工作情况:若压差增大超过正常值,表明滤器已脏堵,需立即清洗;若无压差或压差变小,则表明滤网破损或滤芯装配不当,需立即拆卸检查。

目前,燃油的预处理还应当重点关注下面几个方面:

(1)加强净化处理。由于原油提炼技术的提高,经过催化、裂化和减黏处理后的燃油质量发生变化,有害成分明显提高,因此要求根据燃油的规格提高预热温度和分离温度,分离量控制在略大于消耗量即可,不要大流量循环分油。要定期检查温度计和黏度计的精确程度,以保证加热到最佳雾化黏度,以利于主辅机正常运转,避免造成其他损失。

(2)合理安排燃油使用。燃油舱的使用要依据船舶的稳性合理安排。首先,要优先使用新加装的燃油,确认燃油质量好坏;其次,对同规格不同产地混装的燃油要尽早使用,虽然说相同规格不同产地的燃油混装后出现问题的概率只有千分之几,但要避免燃油不相容产生沉淀而造成损失;再次,原来的存油也不能长期不用。另外也要防止水污染,尤其海水污染。在试烧时一旦发现燃油质量差,应该立即通报公司,并停止使用。如化验结果满足 ISO8217 标准,在使用余下的燃油时应注意以下事项:

①提高沉淀柜加热温度,加强放残水;

②降低分油机分离量;两台分油机并联运转。通过对燃油分油机前后取样进行分析,发现分油机后的重金属含量明显降低,最多可以达 75%左右(参见表 1-7),所以正确操作分油机是

很好的选择；

表 1-7　分油机净化效果对比

指标	分油机前	分油机后
含铝质量分数	20 ppm	11 ppm
含硅质量分数	31 ppm	15 ppm
含铁质量分数	19 ppm	14 ppm
含钙质量分数	4 ppm	3 ppm
含水体积分数	0.1%	低于 0.1%
含铝加硅质量分数	51 ppm	26 ppm

③检查燃油管路的伴热蒸汽系统,保持通畅,从而保证燃油的进机温度；

④增加分油机的排渣次数；

⑤修船期间可安排对燃油油舱进行清洗；

⑥根据燃油中硫含量的大小,适当调整气缸油供油率。

(3)燃油中铝和硅的含量。一般来说,燃油中含有的铝和硅大部分呈球形,尺寸为 5～150 μm,硬度比钢大。燃油中铝和硅偏高会导致主机的燃油喷射系统的偶件(喷油泵中柱塞套筒、喷油器中针阀偶件等)和活塞环、气缸套产生过度磨损。而且,它们还会对填料函密封圈造成过度磨损,引起填料函漏泄加重。一般要求铝和硅总量在加油时应小于 30 ppm,在进入气缸前应降低到 10 ppm 以下。如果加油时它们的总量超过 40 ppm,一般认为此次加油含有较高的铝和硅的含量。

如果发现船舶已经加装了此类燃油,一般应采取以下措施:

①提高气缸油注油率；

②降低缸套冷却水温度;(如:从 85 ℃降到 75 ℃)

③尽可能降低扫气温度；

④加强燃油沉淀柜和日用柜放残频率,最好放残回流到专用油舱,并供给锅炉使用；

⑤起动全部分油机并联运行,缩短排渣周期；

⑥如果燃油系统安装了细滤器,不要使其旁通；

⑦当燃油日用柜有高和低两个吸口时,使用高位吸口。

如果发现过度磨损已经发生,应尽可能降低主机的负荷,如果有条件应更换硬度更高的活塞。实际上,去除燃油中铝和硅的最有效方法是在燃油系统中安装自动反冲洗细滤器(5～10 μm)。

(4)分油机的选择与使用

正确净化 HFO,必须做到以下几点:

①燃油进入分油机的油温正确;HFO 的分离温度应保持在 98 ℃,以确保在有限的时间内分油机通过离心力使燃油中重的杂质分离出来；

②分油机的燃油处理量正确；

③HFO 的密度与分油机规格规定的一致；

④正确保养分油机。如操作正确,分油机可以接近 100% 的去除 5 μm 以上的催化剂微

粒,但不能完全去除分油机中 5 μm 以下的催化剂微粒。

根据 ISO8217 和 CIMAC 的规定,装船燃油允许的最大含水体积分数为 0.5%。燃油中的水通常含有盐分,分离水主要是为了分离水中的盐分。催化剂微粒具有亲水性,燃油中的水分会吸收催化剂微粒。因此分离燃油中的水分很有必要。

分油机应并联使用,除非在离心装置后面串联手动操作的离心机,作为净油机后的澄清器使用。为达到最大净化效率,建议将所有 HFO 分油机并联,以统一的燃油进给量运行。这样分油机可以持续有效地去除催化微粒。

如果燃油密度超过 991 kg/m^3,但是水分不超过 0.5%,铝加硅的质量分数不高过 45 ppm,在一般情况下分油机是应该能把铝和硅分离掉,不会对柴油机造成损坏。

如果密度超过 991 kg/m^3,而水分超过 0.7%,铝加硅的质量分数超过 50 ppm,加上分油机不是较新型式,那就会有损坏柴油机的可能性。这是因为一般的分油机在超过 991 kg/m^3 的密度情况下就不能顺利地把水、铁质和矿物质分离,使得高成分的铝和硅直接输送到柴油机损坏喷油嘴和活塞环。在这种情况下最好是先让水分沉淀,然后再用慢速度、小流量来分离铝和硅。

如果分油机是新型号的,只要按照设备的说明书操作是可以把水、铝和硅分离掉的。

燃油分油机工作不良时大量铝和硅微粒进入主机,会对部件造成磨料磨损。正确操作和保养分油机是非常重要的。磨料磨损的主要原因是分油机不能有效去除燃油中有催化作用的铝和硅的氧化物微粒。铁锈、沙和灰尘也可由分油机分离,不过通常这些物质的含量很少。根据 ISO8217:2005 规定,装船燃油中铝和硅等催化微粒的质量分数不得超过 80 ppm。有效分离净化燃油以降低杂质含量是非常重要的。如装船燃油中催化微粒的质量分数是规定的最大值 80 ppm,则进入发动机的燃油要将微粒含量降到 15 ppm。当装船燃油中催化微粒含量更低时,净化后的微粒含量也要成比例的降低。

风平浪静的时候 HFO 中催化微粒等大比重成分会沉淀在油舱底部,当船遇到大风浪时这些沉淀物会被抛起进入分油机,沉淀物的浓度就会超过 80 ppm。这种情况会影响燃油预处理系统的效率,导致大量催化微粒进入发动机,因此定期排出杂质和保养油舱非常重要。

5. 系统放气

燃油系统中容易积气,气体往往聚集在系统的高处。系统积气后,将造成供油压力波动,甚至造成气阻无法供油而停车。燃油系统中的气体通常是在清洗滤器、更换喷油器和维修管路时进入的,因此清洗完滤器、更换喷油器和维修管路后应注意做好充油驱气工作。

6. 换油时的正确操作

燃油系统的核心是燃油供给系统。图 1-10 为现代船舶广泛采用的一种燃油供给系统的原理图。日用油柜中的燃油通过燃油供给系统送入主、副柴油机。近年来由于高黏度劣质燃油的使用,其雾化预热温度大大提高,为了避免在使用高黏度重油时因预热温度过高而汽化,在日用油柜与燃油循环油路之间增设循环(加压)泵,以保证柴油机喷油泵进口处的燃油压力为 800 kPa(循环泵出口压力为 1 MPa),循环回油管路中压力为 400 kPa,防止燃油系统在高预热温度时发生汽化和空泡现象。为简化管系,主、副机燃用同一种重油,共用轻、重油日用柜,共用重油输送泵、加压泵、雾化加热器和加压回油柜(放气筒)自动放气阀等设备,即由主机供油系统提供燃油,副机用燃料油也流入主机回油管路。此种系统管理方便,维护工作量大大减少,运转可靠性提高。该系统可实现主、副机同时燃用轻油或重油,或主机燃用重油,副机燃用轻油,或部分副机燃用重油,部分燃用轻油,或在港停泊检修主机喷油设备时副机用重油运转(此时应开溢流阀前的截止阀,使回油流经旁通管路,而将主机的进、回油管路的截止阀关闭)。

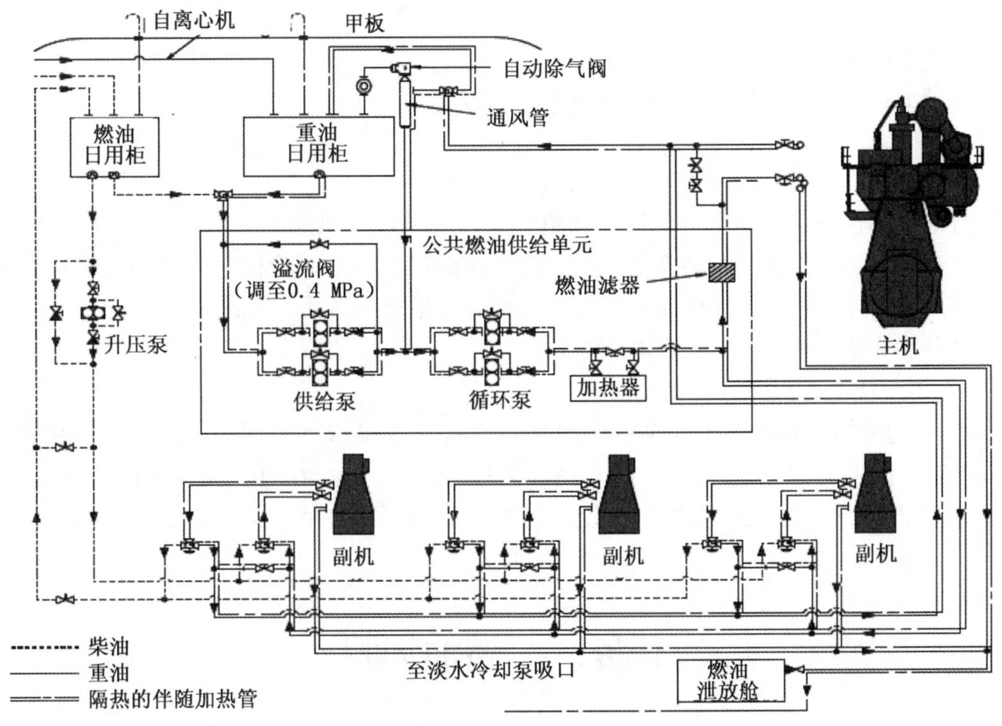

图 1-10　燃油供给系统原理图

当船舶需要较长时间的停泊或燃油管系中某些设备需要拆卸时,应在柴油机停车前换用轻油,以便把管系和设备中的重油冲净。此外,当柴油机处于机动操纵状态时,为保证柴油机的机动性能(特别是起动性能),最好也使用轻油。船舶进入定速正常航行后应使用重油,以提高经济性。这种在柴油机运行中进行的轻、重油转换操作称为换油操作。换油操作的基本原则是防止油温突变,以避免喷油泵柱塞卡紧或咬死。由重油换为轻油时,首先关闭燃油雾化加热器的加热蒸汽进口阀,停止燃油黏度计工作,然后接通轻油,切断重油,在燃油循环柜(集油柜)出口管路中,使原来的重油与轻油逐步混合稀释,最后使燃油供给系统充满轻油,以供下次起动。由轻油换为重油时,首先必须将重油日用柜加热至使用状态,同时略为开启燃油雾化加热器蒸汽进口阀使轻油温度上升至 40 ℃以上,随后接通重油,切断轻油,启用燃油黏度计。

近年来推出的船用中、低速柴油机,在燃油系统中都采用了能够使燃油经过喷油泵、喷油器循环流动的设计。在正常使用中,厂家要求使用重油这一种单一燃料,除非柴油机预计停车时间较长,否则不必换用轻油。

船舶进入 SO_X 排放控制区域前,须提前更换低硫燃油,确保在船舶进入控制区域时,主、副机燃油系统已经使用低硫燃油。换油时间和船位等情况记入“轮机日志”、“航海日志”和“船舶燃油硫分记录簿”。若港口当局对船舶燃油含硫量有特殊要求,船舶也应满足其规定。

四、考核内容与评分标准

（一）考核内容

1. 相关知识

（1）燃油净化系统、供给系统的构成。

（2）燃油测量、加热、驳运与净化、换油操作程序。

2. 操作技能

（1）完成燃油日常测量与填写相关报表。

（2）根据燃油种类设定合适的净化预热温度、雾化加热温度。

（3）通过驳运泵按照操作程序正确完成燃油舱到沉淀柜、油舱柜相互之间以及驳出到岸上设备的驳油操作；通过分油机完成燃油沉淀柜到日用柜的净化环节操作。

（4）分别完成主机靠、离港工况的换油操作。

（二）评分标准

该任务的成绩由相关知识成绩（40%）和操作技能成绩（60%）两部分构成。在相关知识部分，燃油净化系统、供给系统的构成和燃油测量、加热、驳运与净化、换油操作程序占40%；在操作技能部分，燃油测量与报表、燃油温度选择、燃油驳运与净化操作、换油操作各占15%。

任务二　燃油加装

一、工作目标

1. 能够正确进行加油作业操作。
2. 能够明确加油作业中的安全注意事项并遵守。
3. 会依据舱容表计算加油量并且进行修正。
4. 会正确填写油类记录簿。

二、材料用具

教学资料、船舶图纸（燃油系统图）；任务书、评价表；多媒体、黑板、计算机；轮机模拟器、自动化机舱等实训场地。

三、工作过程

船舶加装燃、润油工作的总负责人是轮机长。任何加油文件、单据、油样等应交轮机长确认。船长应将加油港口的有关防污染规定及加油要求，及时通知轮机长。航运公司业务科负责审核船舶燃油添加申请，安排燃油的订购和供船。船技处热工科负责指导、监督船舶燃油的使用和管理。船舶负责提出燃油的添加申请，对供船燃油进行验证，对燃油的使用进行管理。

做好加油全过程管理。在此期间各部门应将加油作业作为全船工作，通力合作，加强值班责任心，防止发生油污染事故。

原则上加油工作须在白天完成，若必须夜晚加油，则应增加值班人员和准备充足的照明设备。加油工作应符合公司管理制度要求(参见附录)。

美国海岸警卫队(USCG)对防油污检查严格,要求加油管线必须进行液体压力试验,否则将会给船上出具一份证明,将导致延误加油或不能加油。该压力试验可以由船员自行进行,也可以在修船时由厂方进行并出具证明,管线上要有标志,有效期1年。燃油管线液体压力试验要求压力为1.5倍的最大工作压力,每年度进行一次,记录到“轮机日志”和“航海日志”中,有效期1年。

(一)加油前准备

1. 加油申请

(1)船长会同轮机长根据航次任务,计算本航次燃油消耗量、备用油量和油舱、油柜内的存油量,按公司(机务管理部门)规定的燃油规格,拟定加油计划(参见附表1),并向公司(或租家)提出加油申请。

加油数量的确定,轮机长根据下列因素考虑加油数量:

①船舶燃油日耗量;

②航次任务,即到下次加油的航行时间;

③船上加油时的实际存油;

④预留5天的裕量(短航次预留3天裕量);

⑤油舱的内部不能驳运的死油。

举例来说,某船日消耗燃油50 t;到下次加油需要航行25天;船舶加油时油舱的剩余存油为200 t;油舱的死油数量为25 t,那么轮机长需要申请的加油数量为:

$$Q = 50 \times 25 + 5 \times 25 + 25 - 200 = 1\ 200(\mathrm{t})$$

加油数量定妥后,原则上不允许退油,以免发生额外费用。

(2)船长接到公司(或租家)指定加油的港口及油品的规格、数量,并经轮机长确认后,船舶应及时回电确认。若对确定的燃油规格、数量、加油港口有异议,应及时报告公司(或租家)。

(3)船长应在船舶抵港前通过代理与油商联系并商定具体的加油时间和地点,并及时通知轮机长。届时轮机长及主管轮机员应留船等候。如有变动,应尽早通知代理,并应得到供油公司的同意,避免发生装驳费、空驶费等。

2. 加油前的准备工作

轮机长和主管轮机员根据加油数量及船舶储油情况,做好“加油计划书”,具体格式可以参照SMS文件的相关附表,内容应当明确加油品种牌号、加油数量和船舶存油等情况,确定预装油舱残油量、拟加入数量(每舱不超过85%舱容)、加油速度、测深和加装顺序等。此计划最终与船长和大副商讨后执行。

(1)加油前,根据公司的安全管理体系(SMS)文件,轮机长应组织召开由轮机部全体成员和大副、水手长参加的加油准备会议,对加油相关人员进行安全与防污染方面的培训,并在培训记录上签名确认。同时报告大副将培训的时间、地点、内容、与会者的职务及姓名记录在“航海日志”上。在美国水域加油,还要制订船舶应变计划(VRP, Vessel Response Plan)。加油培训会议应包括以下内容:

①通报“详细受油计划书”;

②进行相关法律法规的学习及防污染操作教育;

③根据加油港的具体情况，明确各自的职责和分工；

(2)轮机长根据受油计划，书面通知大副加油的油舱及各油舱的加油量，以配合装货和水尺调整。

(3)主管轮机员进行加油方面的风险评估(Risk Assessment)，并由轮机长签署风险评估报告。主管轮机员在加油前对油舱高位警报和溢流柜高位警报进行试验并在“轮机日志”中做记录。大管轮负责安排好受油中的使用工具、通信工具、警告牌、防火器材、清洁油污材料(木屑、棉纱及化学药剂)、试水膏及其他用品，并逐一检查确认无误。

(4)租家/船东因油价等原因，可能会要求船舶加到最大的油舱容积，此时船舶要合理进行并舱；如果不可避免混舱，应按照在 3 : 7 的范围内调驳。并舱时，应遵循下述原则：

①最多混合一个油舱；

②成分不要超过两种(两个产地)；

③在开航后立即使用，将使用情况报告公司。

如果超过一个油舱以上混油才能满足租家要求，轮机长应当立即报告公司。

主管轮机员在油船到来前负责检查并打开受油舱的甲板透气管活瓣并确认透气管、测量管的溢油池旋塞可靠关闭(参见图 1-11)。

图 1-11　关闭溢油池旋塞

图 1-12　堵塞甲板疏水孔

(5)大副负责安排于油气可能扩散到的区域悬挂“禁止吸烟”的警告牌并备妥消防器材，严禁明火作业。

(6)在船靠妥油码头或油驳靠妥本船装油前，值班驾驶员应根据港口的规定转挂指示标志。如白天悬挂“B”信号旗，夜间开亮桅杆红灯等。

(7)木匠或水手长负责加油前堵塞甲板疏水孔(图 1-12)。

(8)如加油被供方延误，造成我方直接或间接损失，船长应即通知代理向供方提交滞期损失索赔通知，同时书面上报公司。

(二)加油过程

1. 做好装油前准备(图 1-13、1-14)。加油前尽最大可能调驳油舱腾出空舱加油，验明吃水差，测量并计算各舱存储量。对于没有安装流量表的供油驳船，最好与其协商，一同先检查好受油船各舱存油量后，再去供油驳船上检查测量所有油舱温度、密度和存储量并做记录，即便是空舱或是满舱以及不是直接用来加油的油舱也应统统测量，确认油舱深度是否与舱容对照表一致，查阅供油驳船的舱室布置和舱容对照表修订日期以及修正者签名，这样有利于最后计算。对于装有流量表的供油驳船,加油前也要与供方协商坚持上油驳测量舱容,以证实流量表的精确性能。加完油后供受双方一起测量,油尺上要涂拭水膏,计算时要注意温度修正系数,确认无误后在加油收据上签字。防止供油商在流量表上做文章。有些港口的加油驳船通过流量表加油,最常见的是流量表数量与实际数量不符。主要原因:首先是流量表未做年度检验修正或流量表自身有问题;其次是加油过程中采用油气并进的办法所致。在加油过程中多上供油驳船查看,就能发现流量表在换舱或为了抽空某舱时转得非常快,一旦发现这种情况就要提出警告、据理力争,挽回损失。

图 1-13　加油现场

图 1-14　连接加油管路

2. 正式开泵加油前,主管轮机员到加油船与其主管人员共同量油,确认对方每个油舱油量记录流量计读数;填写供油作业安全检查表(两份,加油船和受油船,参见附表 2),确定双方联络方法、作业程序、泵压、泵速等并切实执行;填写加油申请确认表,核对燃油种类、牌号、数量等信息正确;索取燃料油化验报告单,根据 MARPOL 公约附则 VI 核实燃油含硫量;索取燃油化学品安全数据说明书(MSDS, Material Safety Data Sheet);索取填写油样瓶标签(参见图 1-15)。

图 1-15　油样瓶及封条

3. 严格遵守取样程序。燃油的取样应使用专用的全程点滴取样器进行。如图 1-16,为一符合要求的 DNV 燃油取样器。该取样器主要由三部分组成,连接法兰、调节阀、取样瓶。连接法兰内有不锈钢穿孔的探针,针孔应沿法兰直径均匀分布;调节阀可调节取样油滴的滴落速度,全程的点滴取样速度一致,取样量满足在加油结束时刚好充满取样瓶为最佳。取样器的前两部分一般由供油方提供,取样瓶由船方提供。应将取样器的连接法兰安装在船舶加油总管上,安装前应检查取样器中的取样孔是否有堵塞情况,调节阀是否工作正常。要使用油样提取装置(参见图 1-18),全过程点滴取样,最后摇匀分装在四个(如果聘请公证员,则应取五瓶,见

图 1-17)标准样瓶中封口(参见图 1-15),双方在标签上签字贴在样瓶上,双方各一瓶留存,一瓶送实验室化验,一瓶作为 MARPOL 油样保存。这样可避免某些缺乏诚信的供油商调换油样,同时也可作为船舶因使用此油发生问题而向油公司退换或索赔的法律依据。船舶油样保存位置一般为船舶油漆间,以达到防火等的要求。油样保存时间为一年。其中需要注意的是,MARPOL 油样要求必须在受油船加油站取样,防止驳船造假,参见图 1-19。如果驳船不能正确取样,受油船船长需要单独签署油样取样的抗议声明 LOP(Letter of Protest)发给公司机务管理部门。

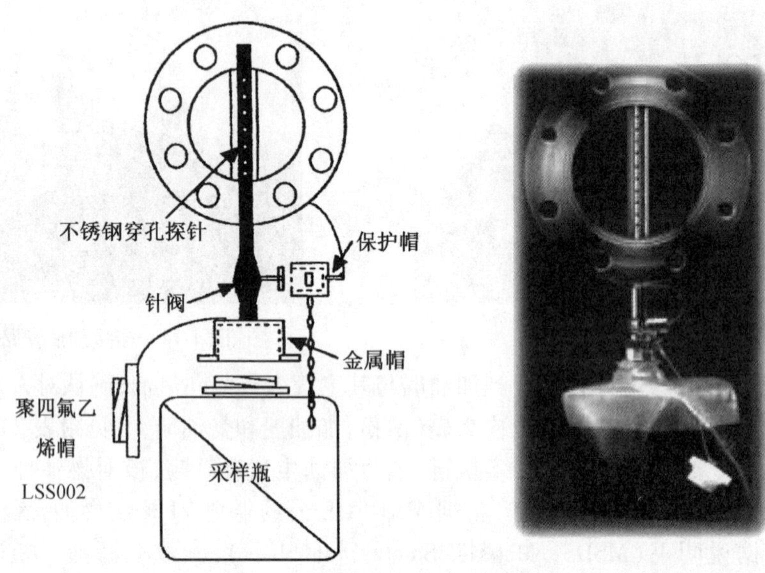

图 1-16　DNV 燃油取样器

4. 加轻、重油使用同一管系时,应先装轻油,后装重油。如果管系中原存有重油,应在装轻油的开始阶段让少量轻油冲洗管壁注入重油柜,燃油才能装入轻油柜。

5. 加油过程中,各处人员坚守岗位,严格执行操作规程,掌握加油进度,防止跑、冒、漏,如有异常情况发生必须立即通知供油方停止泵油。

6. 及时测量各舱,确认油已经进入预定舱位,控制油舱注入阀开度以保持合适流量,防止加装过快透气孔不畅引起溢油;确认各舱、油柜、泵阀、管路、透气孔、测量孔等处无泄漏。

(三)加油后

1. 加油完毕

待油舱中的油气稳定后(正常情况下,1~2 h 可消除 90%以上的气泡),轮机长和主管轮机员与供方代表一起测量并记录装毕后供方油驳所有油舱或油罐的油尺、油温和密度,并结合船舶装油后船舶的吃水差及左右倾斜角,计算得出剩余油量;核对并记录流量计的读数和停泵的时间(如果有流量计)。双方确认一致后,轮机长在供油方提供的加油收据(BDN,Bunker Delivery Note)上签字。一般情况下,受油数字可以供油方的计算为准,如果有误,轮机长应与供油方代表交涉解决。解决不成应报告船长,在受油单上批注受油的实际数字,同时书面报告公司,必要时,委托公证行上船进行检验,重新测量,最终以公证行数据为准。协调不成,船长签署抗议声明 LOP 发给公司机务管理部门。

图 1-17　加油时油样索取要求

图 1-18　加油取样

图 1-19　MARPOL 加油取样点

2. 加油工作报告

加油工作结束后，轮机长应向船长汇报在港加油量（准确到小数点后三位）、规格、存油量及加油过程中的问题。船长应在离港电报中将加油的规格及数量（准确到小数点后三位）上报公司。如加油中出现争执，轮机长应及时将争执的起因、过程及处理情况写出详细的书面报告连同有关的日志摘要寄往公司。同时，轮机长应及时将装油时间、地点、数量等情况详细记入"轮机日志"、"油类记录簿"，将船存及化验油样（与 BDN 的封条号码一致）记入"船舶燃油含硫量记录簿"（或者"油样记录表"）。

3. 新加装燃油的使用

船舶加油后应及时试用新补充的油。要注意有效投诉期。按惯例质量投诉有效期为 30

天,最少时间为7天,因此补充油后要在一周内试用该油。如有问题立即停止使用该油,同时向公司燃料主管部门报告,以便公司燃料主管部门在有效期内进行取证、分析和索赔等工作。这样,可减少危害程度,缩短危害时间。即便过了投诉期,如发现问题也要如实向公司主管部门报告,发现问题及时上报是一个很好的举措,有利于公司掌握情况和与油公司或油驳公司交涉或拒绝后续交易。否则,将会给公司造成更大损失。如果船舶在使用中发现燃润油的质量问题,应立即报告公司。如化验结果证明确有质量问题,主管部门负责向供应商索赔损失。另外,一些公司要求新加装燃油先送交指定的实验室化验,根据实验室的化验结果确定是否使用及如何使用。这样,待加装燃油结束后,应及时将符合要求的油样委托船舶代理送达或寄送实验室,以免耽误新加装燃油的使用。

四、考核内容与评分标准

(一)考核内容

1. 相关知识

(1)加油前的准备事项。

(2)加油作业的安全措施。

2. 操作技能

(1)加油作业模拟操作。

(2)识别加油作业违规事项。

(二)评分标准

该任务的成绩由相关知识成绩(40%)和操作技能成绩(60%)两部分构成。在相关知识部分,加油前准备和加油的安全措施各占20%;在操作技能部分,加油模拟操作和识别加油作业中的违规之处各占30%。

附录　某航运公司的燃油加装作业制度

1　受油前准备

1.1　轮机长为总负责人,具体负责加油作业,提前做好计划,测量油舱现存油量,记录现场加油操作者和协助人员名单,以及现场操作过程;操作工为加油操作者。

1.2　报告海事部门船舶所在港口泊位,说明要加装的燃、润油料品种、数量及预定时间、挂危险信号标志。

1.3　将甲板落水孔、加油管下方油槽封堵。

1.4　通知甲板给油船带缆,并备好棉纱、油桶等清除油污物品。

1.5　供受双方要核对油料,确定供油量、泵速、联系信号、防溢油措施,共同检定供油船开泵前储油的尺码、油温、流量表读数,认真填好"加油检查联系单",轮机长应把上述情况记入"轮机日志"或专用的"燃油记录簿"中,双方如有不同意见应协商解决。

1.6　受油船舶派妥值班人员,至少二人值班,由值班轮机员负责,值班人员应备对讲机,以便迅速正确地进行上下联系,作业前及时通知值班驾驶员。

1.7　认真检查管路、阀门、加油舱容及系统,是否使之处于良好状态。

2　受油中

2.1　受油方值班人员应在现场，正确操作，并进行巡回检查，注意严禁烟火。

2.2　通知供油方起动油泵时压力要低些，装毕前也要提前减低泵压力，防止溢油。

2.3　供受油双方应积极配合，互相合作，密切联系，受油时要勤观察、测量，调舱时应先开启空舱阀，后关满舱阀，防止溢油发生。

2.4　如发现输油管路、阀门、舱容及有关设备有故障或有疑问时，应立即通知供方停泵检查，待排除故障或消除疑问后才能续装。

3　受油完毕

3.1　受油完毕等 20 min 后测量供油船舶储油舱和本船受油舱，测算出实际装油量。

3.2　使用适当压力扫气或倒抽，卸下加油管后应先用盲板封住管口，防止在收回过程中有残油滴落。

3.3　关闭所属阀门，巡回检查一遍，确认是否正常。

3.4　船方应向供方索取油样，必要时可现场取样（不少于 500 mL）及油质化验报告，并留船保存 12 个月。

3.5　作业完毕，轮机长将作业时间、地点、加入油舱柜、数量等情况记入“油类记录簿”，及时通知值班驾驶员作业结束。

4　发生溢油事故时

4.1　发生溢油事故时，立即按“船上油污应急计划”执行。

4.2　供受油双方应及时记录溢油时间，应立即发出溢油报警信号，共同测量双方油舱，测算出实际供、受油量及溢油量。

4.3　双方应积极采取措施，组织人员收回溢油，防止污染扩散。

4.4　当事船舶应立即用电话、VHF、电报、电传、传真等报告公司及当地海事部门，并向公司递交事故报告书。驳油前提前加热被驳油舱、柜。

附表 1

加　油　计　划

BUNKERING　PLAN

<table>
<tr><td colspan="2">船名
NAME OF SHIP</td><td colspan="2"></td><td colspan="2">加油船名
NAME OF OILBARGE</td><td></td></tr>
<tr><td colspan="2">加油港口 / 日期
BUNKERING PORT / DATE</td><td colspan="5"></td></tr>
<tr><td colspan="2">加油数量:
BUNKERING
QTY</td><td colspan="2">燃油（F/O）__________
柴油（D/O）__________
滑油（L/O）__________</td><td>装油速率
PUMP SPEED</td><td colspan="2">F/O__________
D/O__________
L/O__________</td></tr>
<tr><td colspan="2">油舱序号
OIL TANK No.</td><td>装油前油位 / 存量
BEFORE
SOUNDING / QTY
M / T</td><td>预装油量
BUNKERING
M / T</td><td>装油顺序
BUNKERING
PROCEDURE</td><td colspan="2">装油后油位 / 存量
AFTER
SOUNDING / QTY
M / T</td></tr>
<tr><td rowspan="2">D/O</td><td>P</td><td></td><td></td><td></td><td colspan="2"></td></tr>
<tr><td>S</td><td></td><td></td><td></td><td colspan="2"></td></tr>
<tr><td rowspan="2">F/O　No.1</td><td>P</td><td></td><td></td><td></td><td colspan="2"></td></tr>
<tr><td>S</td><td></td><td></td><td></td><td colspan="2"></td></tr>
<tr><td rowspan="2">F/O　No.2</td><td>P</td><td></td><td></td><td></td><td colspan="2"></td></tr>
<tr><td>S</td><td></td><td></td><td></td><td colspan="2"></td></tr>
<tr><td rowspan="2">F/O　No.3</td><td>P</td><td></td><td></td><td></td><td colspan="2"></td></tr>
<tr><td>S</td><td></td><td></td><td></td><td colspan="2"></td></tr>
<tr><td rowspan="2">L/O</td><td>M/E 储存柜
STORE T.K</td><td></td><td></td><td></td><td colspan="2"></td></tr>
<tr><td>G/E 储存柜
STORE T.K</td><td></td><td></td><td></td><td colspan="2"></td></tr>
</table>

填表人:　　　　　　　　　　　　　　　　轮机长审核签字:

附表 2

加油检查联系单

	编 号	检　查　内　容	检 查
与供油方确认	1	确认加油品种和数量	
	2	与加油方建立双向联系渠道，双方约定好联络的方式、手势等	
	3	双方商议妥紧急停油的方式、程序	
	4	双方确认油料的测量、计量方式、标准	
	5	双方确认加装时的顺序、速率（起始、持续、临近结束）	
	6	其他	
本轮检查项目	1	在装油前一天通知轮机员	
	2	装油时通知值班驾驶员	
	3	所有甲板上泄水孔严密堵塞	
	4	所有溢油承油箱放空，堵塞放油孔	
	5	透气防火罩完好, 在船上无明火作业	
	6	禁止吸烟和有否张贴警示标记	
	7	阅读装油须知、港口注意事项，悬挂或显示相应信号	
	8	在装油处放置消防器材备好破布、棉纱或其他物品防止溢油发生	
	9	装油期间机舱、驾驶台有专人守位, 检查系缆和安排监护人员	
	10	检查装油管连接情况，确认油舱各阀的操作	
其他			
二管轮/日期：		轮机长：	

任务三　柴油机曲轴箱润滑油日常管理

一、工作目标

1. 会正确选择曲轴箱润滑油品种。

2. 能够根据柴油机工况正确调整滑油工作压力与温度、检查滑油循环柜油位并会补油至正常油位。

3. 会通过分油机对曲轴箱润滑油进行净化、暖车等。

4. 会正确检查、调整和清洗滑油滤器和冷却器。

5. 能够正确取样送检,看懂化验单各项目以判断系统滑油品质决定是否更换并会更换。

二、材料用具

教学资料、船舶技术资料(滑油系统图等);任务书、评价表;多媒体、黑板、计算机;轮机模拟器、自动化机舱等实训场地。

三、工作过程

(一)对曲轴箱油的要求

曲轴箱油又称柴油润滑油或系统油,按使用条件不同有十字头式和筒形活塞式柴油机曲轴箱油两种。

1. 十字头式柴油机对曲轴箱油的要求

在十字头式柴油机中的曲轴箱与气缸是隔开的,曲轴箱油用来润滑轴承冷却活塞,所以曲轴箱油的工作条件比较缓和。其正常消耗率为 0.1~0.3 g/(kW·h)。对这种油的要求如下:

(1)黏度和黏温性能:曲轴箱油必须具有适宜的黏度,以保证油膜的建立。由于船用柴油机经常在变工况下工作,环境温度变化也较大,所以要求它能在较宽的温度范围内可靠工作,即具有较好的黏温特性。根据使用经验,这种油的黏度应采用 100 ℃时为 11~14 mm^2/s(相当于 SAE30)、黏度指数 80~95 为宜。

(2)抗腐蚀性能:抗腐蚀性能对轴瓦有重要意义。抗腐蚀性能差,可能引起轴承合金腐蚀或铅锡和铅铟等镀层剥落。曲轴箱油必须加有抗氧抗腐添加剂。

(3)清净分散性:具有清净分散性的油品能使炭粒或各种颗粒油泥等分散成微小粒子并悬浮在油中,以便滤掉。防止活塞冷却腔积炭,减少油泥沉积。

(4)抗氧化安定性:曲轴箱油应具有在较高温度下抗氧化性能(冷却活塞),轴承润滑用曲轴箱油与空气接触机会多易氧化变质,要求抗氧化安定性好。通常应控制滑油温度不超过 82 ℃,以控制氧化速度。

(5)其他:如抗乳化性能、抗泡沫性能、闪点等等。

2. 筒形活塞式柴油机对曲轴箱油的要求

筒形活塞式柴油机曲轴箱油除了润滑曲轴箱内各轴承外,还要兼作气缸润滑油使用,故其工作条件较十字头式柴油机曲轴箱油恶劣。其正常消耗率为 1.07~1.6 g/(kW·h)。它除应

满足对十字头式柴油机曲轴箱油的全部要求外,还应满足以下要求:

(1)高温工作时的清净分散性。在高温下能保证各种沉淀物不黏附在机件上而应悬浮在油中。

(2)热氧化安定性好。

(3)足够的碱性。要求能中和劣质燃油燃烧后生成的硫酸。一般要求 TBN 在 22~34 mg KOH/g。

(4)黏度要求高。根据不同使用条件应分别具有相当于 SAE20、SAE30、SAE40 等级的滑油的黏度。

综上所述,十字头式和筒形活塞式柴油机由于工作条件不同,曲轴箱油要求的质量等级也不相同。

(二)曲轴箱润滑油系统的日常维护管理要点

1. 二冲程柴油机系统油使用和管理

系统油是可以循环使用的,管理的好坏直接影响机械设备的性能和使用寿命。航运公司船舶所用的系统油,每一条船都有技术档案(定期的滑油化验)。随时监控使用参数。根据化验结果,反应主机存在的问题(包括磨损、漏气、漏油、漏水、灰尘等)。就像医生一样,对设备进行诊断。及时提醒现场管理人员注意。

2. 副机润滑油使用和管理

大部分船舶副机燃用 380 cSt 燃料油,和主机一样,但是由于设计原因,副机润滑油被污染的机会多于主机,像瓦锡兰副机运转 500~700 h 后,黏度、杂质等指标接近极限,尽管分离,效果也很差。一般需要部分换新或全部换新。

(三)曲轴箱润滑油系统的管理实践

1. 正确选用滑油

根据要求合理地选用润滑油,并把质量合格的润滑油输送到各需润滑的部件,保证其正常运转。

2. 确保滑油的工作压力

滑油的工作压力应按说明书规定进行调节。一般应保持在 0. 15~0. 4 MPa。滑油的压力应高于海水和淡水压力,以防止泄漏时冷却液漏入滑油中。滑油的压力可由滑油泵的旁通阀来调节。

滑油压力过高时,滑油会向四处飞溅,接合面易漏油,在曲轴箱中容易受热氧化变质,也增加了滑油的消耗。滑油压力过低时,将会因轴承供油不足而使机件磨损增强,严重时会发生重大机损事故和安全事故。

3. 确保滑油的工作温度

滑油温度过低,则黏度增大,摩擦阻力损失增大,同时滑油泵耗功增加;滑油温度过高,则黏度降低,润滑性能变差,零部件磨损增大,同时滑油易氧化变质。

通常,滑油进机温度应保持在 40~55 ℃(中高速机取上限);最高温度不允许超过 65 ℃(中高速机为 70~90 ℃);进出口温差一般为 10~15 ℃。滑油的温度一般可通过滑油冷却器的旁通阀来调节。

4. 保持正常的工作油位

经常检查循环柜油位,保持正常油位。油位过低,滑油温度将会升高,容易使滑油在曲轴箱中挥发。另外,单位时间滑油的循环次数过多,油中杂质无法在循环油柜中充分沉淀,均会加速滑油氧化变质,严重时将会有断油危险。油位过高,将可能造成溢油危险。

运转中油位突然降低,可能是油底壳或管系泄漏引起的;油位突然升高,则可能是冷却系统中的水漏入所致。

5. 备车和停车时的管理

(1)备车时应对滑油循环柜加温,使滑油温度预热至 38 ℃左右,以便杂质分离和防止油泥沉淀在管壁上,并可减轻滑油泵的负荷。加热后即可开动滑油泵,使滑油在系统中循环,防止柴油机起动时干摩擦。

(2)停车后,应继续让系统运转 20 min 左右,使发动机各润滑表面继续得到冷却。

6. 定期检查和清洗滑油滤器和冷却器

检查滑油冷却器的冷却水管,防止其被海水腐蚀,清洗冷却器以提高其冷却效果。通常壳管式冷却器使用三氯乙烯溶液进行清洗;板式冷却器则用人工清洗。

在日常巡回检查中应经常检查滑油滤器的进出口压差,以防影响柴油机的正常运转。清洗滤器时可采用清洗剂或柴油浸泡、软刷清除污垢和压缩空气吹净等,切勿损伤其零件。对于自动反冲洗滤器应按说明书要求拆装和用专用工具清洗。

7. 做好润滑油的净化分离工作

(1)滑油分油机的分离温度应保持在 85~90 ℃;根据滑油化验报告的要求,可以适当提高分油温度至 90 ℃以上。

(2)大型低速柴油机的滑油分油机的分离量为额定流量的 1/4,中速筒形活塞式柴油机为 1/5。

(3)有比重环的分油机应选择合适的比重环,保持油水分离界面在分离盘架的外边缘;无比重环的分油机应确保水传感器的工作精度,保证可靠的排水。

(4)停泊期间,如果停泊时间不长(一周左右),应使滑油分油机连续工作;如果停泊时间较长(十天以上),可考虑适当地停止滑油分油机一段时间。

8. 滑油检验

为了能及时掌握滑油变质规律以便相应采取有效的措施,需对曲轴箱油进行定期检验。

通常有以下几种方法:

(1)经验法

根据轮机人员的使用经验,通过对曲轴箱油的直观检查,如摸(黏性)、嗅(气味)、看(颜色)以及检查滑油分油机中的沉积油泥,观察溅在曲轴箱壁面上的滑油颜色和活塞冷却腔内的积炭等,可大致定性判断滑油的变质情况。

(2)油渍试验法(Oil Spot Tests)

这种方法是把待检滑油滴在特殊试纸上,等该油滴干燥后,根据其扩散状况和颜色的变化与提供的标准图像(或新油的扩散和颜色)比较,可大致判断滑油的变质情况。如油渍中心黑点较小,颜色较浅,四周黄色油渍较大,则表明滑油仍可使用;如黑色较大,且黑褐色均匀无颗粒,则表示滑油已变质。

(3)化验法

化验法可对滑油进行定量分析。根据使用要求可分为船上简易化验和实验室化验两种。船上简易化验可在船舶现场进行现场化验,所使用的化验设备均由油品供应商提供。应根据其规定的方法进行化验,可得到诸如黏度、水分、盐分、碱值、强酸值、不溶物等性能指标的数值。从而可较准确、及时地判断滑油的变质情况。实验室化验参见第9条说明。

9. 润滑油的化验

实验室化验应由轮机人员在船舶上取样,送交陆地实验室(通常为油品供应商)进行定量化验分析,轮机人员可根据化验分析单进行综合分析并决定处理措施。通常,化验分析单上已有对滑油的分析结论及相应的处理措施。曲轴箱油所取油样应有代表性,一般应在柴油机正在运转、油热态时取样。其最好时间是进港前,若分油机在工作应在分油机前取样,若分油机停止工作,可从循环管系的滤器前取样,但不可在循环油柜或集油柜中取样。取样应使用专用取样瓶并放掉2倍于取样旋塞管路中的存油,以消除旋塞管路中杂质。取样瓶应加以密封并注意填写标签。标签中有特殊化验要求时应注明。

(1)滑油化验指标。目前,化验项目及各指标允许限值还没有统一标准,一般由各油公司拟定。主要化验的内容如下:

①性能指标:包括(黏度、黏度指数、污染指数、闪点、水分、碱值)。

②光谱分离的内容:磨损方面(铁、铬、钼、铜、铅、银、锡、铝)。

③污染方面(镍、钒、硅、硼、钠、镁、锌等)。

(2)化验项目和允许各指标变化限值大致为:

①黏度:使用中的滑油黏度可能降低(混入柴油)或增高(混入重油或自身氧化)。一般认为,滑油黏度变化不得超过初始值的20%~25%。

②总酸值:滑油自身氧化和燃烧产物中的酸性产物漏入均使总酸值增高。总酸值的变化速度比其绝对值更为重要,因为它可以说明滑油是否有迅速恶化以及产生沉淀物和变黑的倾向。总酸值有一个缓变时期,缓变后期总酸值可能增加很快。通常,若总酸值变化迅速增快,则此值不允许超过2.5 mg KOH/g。若总酸值变化缓慢,则可允许高达4 mg KOH/g。但若出现强酸值,则只允许总酸值达到2.5 mg KOH/g。

③强酸值:燃烧产物中的酸性物质漏入将造成强酸值增加。正常使用的滑油不允许出现强酸值。若出现强酸值,应引起足够重视,立即查明原因,采取有效措施(如水洗等)。

④碱值:滑油在使用中,随着碱性添加剂的消耗,碱值逐渐减小。不允许碱值为零或出现强酸值。

⑤水分:滑油中的水分系由冷却系统漏泄引起的。当水分超过0.5%时,应查明原因,同时用滑油分油机予以处理。

⑥盐分:海水漏入滑油会出现盐分,盐分具有腐蚀作用。如出现此种情况应查明原因,采取处理措施。水洗法可排除盐分,但应考虑滑油中的添加剂是否溶于水。

⑦沉积不溶物:滑油中的沉积不溶物包括燃烧产物、磨屑、铁锈和氧化物等。这些污染物会使滑油黏度增加并生成泥渣。使用含低添加剂滑油并具有连续分离净化设备的十字头式柴油机,沉积不溶物一般不超过0.5%,若超过1%则说明滑油污染严重。使用含添加剂滑油的筒形活塞式柴油机,其滑油的沉积不溶物允许高达3%,因为此种滑油具有悬浮携带固体微粒的能力。沉积不溶物中的氧化物溶于苯而不溶于正庚烷,因而分别用正庚烷和苯测量沉积不溶物的数量,其差值即为氧化物重量。一般沉积物多指正庚烷不溶物。

⑧闪点:燃油漏入将降低滑油闪点。一般,当闪点降低40 ℃或更多时,应查明原因。

(3)化验结果分析:在分析以上化验指标时,应综合分析各指标的变化,不应只强调某一指标的变化。表 1-8 为新润滑油性能指标的主要参数。表 1-9 为各项指标及其意义。

表 1-8 新润滑油性能指标的主要参数

油品	密度	黏度	闪点	碱值	黏度指数
气缸油	940 kg/m^3	20 mm^2/s	>220 ℃	70 mg KOH/g	50 SAE
系统油	895 kg/m^3	11.5 mm^2/s	>220 ℃	5 mg KOH/g	30 SAE
副机润滑油	900 kg/m^3	12 mm^2/s	>220 ℃	14 mg KOH/g	30 SAE

表 1-9 光谱分析金属含量意义

金属名称	英文对照	来源自机械运动部件的可能位置
铜	Copper	轴承、齿轮、冷却器、管道、活塞杆填料函
铅、锡、银	Lead,Tin,Silver	轴承
铝	Aluminum	活塞、轴承、齿轮、轴承座、燃油
铁	Iron	气缸、活塞令、旋转轴、齿轮
钼	Molybdenum	活塞令
铬	Chromium	活塞环、液压传动气缸
锰	Manganese	气缸
镍	Nickel	轴承、阀、齿轮镀层、燃油
钒	Vanadium	燃油
硅	Silicon	灰尘、燃油
钠	Sodium	海水、冷却水、燃油
锌	Zinc	添加剂

(4)润滑油的取样

①一般船舶具有一套专用的滑油取样器具,包括:取样瓶、取样标签、邮寄用包装物等,随润滑油添加一同订购。在公司的文件中包括各种标签填写说明及要求。

②公司的文件中规定了各种润滑油的取样周期,主要包括:主机润滑油每 3 个月取样化验一次。副机润滑油每 500 h 取样一次,并根据化验结果,对油底壳检查或更换滑油。艉轴油油样每半年取样一次。合成透平油的船舶,每 500 h 取样一次。其他甲板机械,每半年取样一次。

③取样点的选择应能代表使用中的润滑油情况,每次选择同一地点取样。

④取样应在机器运行期间,首先放掉足够的油量,以保证取样的代表性。

⑤取样标签应至少注明:船名、船舶 IMO 编号、公司名、取样港口、取样日期、设备运行时间、滑油牌号、油样邮寄日期及港口等。

(5)化验报告的结论

①正常:可以继续使用。

②注意:采取一些措施。

③异常:单项或多项指标超标,必须采取措施。

(6)化验报告的存档

为了保持连续性,润滑油油样化验报告分类存档,设立专门卷,作为轮机长交接内容之一;如果取样后,没有及时收到化验报告,请及时与主管联系,采取补救措施,便于港口国检查。

(7)预防滑油性能变化的办法

①主机曲轴箱滑油黏度超标(升高):原因是混入了气缸油或滑油,因此,就要采取有针对性的措施来预防。如:保持填料箱刮油令工作正常、保持填料箱泄防系统畅通。保持主机高压油泵工作可靠,对单独凸轮轴润滑系统的滑油使用后,不再驳入曲轴箱继续使用。

②主机曲轴箱含水量超标:分离处理存在问题或分油机功能存在问题。停泊时,由于曲轴箱滑油温度低,辅锅炉压力过低,导致滑油分油机加温达不到要求。主管轮机员对滑油分油机不闻不问,导致分离效果不佳。

③艉轴滑油含水量超标:经常释放艉轴里的水分和乳化的滑油。

10. 其他注意事项

(1)对于筒形活塞式柴油机,每一年对滑油循环柜进行一次清洁,每两年对滑油储存柜进行一次清洁。对于十字头式柴油机,可适当加长清洁时间间隔。

(2)对于筒形活塞式柴油机,应按说明书的要求定期更换系统润滑油。

(3)当检测发现定期的滑油化验单反映出润滑油的部分指标变化异常或超标时,应及时采取措施,并尽快取得公司的技术支持。

(4)更换或报废主机系统润滑油必须得到公司的批准。

四、考核内容与评分标准

(一)考核内容

1. 相关知识

(1)对曲轴箱润滑油的指标要求。

(2)曲轴箱润滑油进行日常维护管理的事项。

2. 操作技能

(1)正确选择曲轴箱润滑油品种。

(2)根据柴油机工况正确调整滑油工作压力与温度、检查滑油循环柜油位并会补油至正常油位。

(3)通过分油机对曲轴箱润滑油进行净化。

(4)正确检查、调整和清洗滑油滤器和冷却器。

(5)正确取样送检并能够看懂化验单各项目以判断系统滑油品质是否需要更换。

(二)评分标准

该任务的成绩由相关知识成绩(40%)和操作技能成绩(60%)两部分构成。在相关知识部分,对曲轴箱润滑油的指标要求和日常维护管理事项各占20%;在操作技能部分,正确选择曲轴箱润滑油品种;正确调整滑油工作压力与温度;检查滑油循环柜油位并会补油;通过分油机对曲轴箱润滑油进行净化;正确检查、调整和清洗滑油滤器和冷却器;正确取样送检并能够看懂化验单各占12%。

任务四　柴油机气缸油管理

一、工作目标

1. 会正确选择气缸油品种。

2. 能够根据柴油机工况正确调整气缸油注油定时和注油率。

二、材料用具

教学资料、船舶技术资料(滑油系统图等);任务书、评价表;多媒体、黑板、计算机;轮机模拟器、自动化机舱等实训场地。

三、工作过程

(一)对气缸油的要求

气缸润滑的特点:气缸润滑是一次通过。气缸油被注入气缸,并由往复运动的活塞带动分布到气缸套的表面。完成润滑后,部分气缸油被烧掉,部分被刮落到缸套底部从泄油道排出。良好的气缸油应具有以下性能:

1. 润滑性:气缸油必须在活塞与气缸壁之间形成适当厚度的油膜,并能良好地润滑金属,以减少滑动摩擦和磨损。鉴于气缸润滑处于边界润滑条件,因而要求气缸油应具有良好的油性、极压抗磨性。

2. 黏度及黏度指数:气缸油在较高温度下应有适当的黏度,并能迅速分布到整个工作表面,而在起动时黏度又不致太高,即要求气缸油应有适当的黏度(通常在 100 ℃时为 14~20 mm^2/s)和较高的黏度指数(75~95)。

3. 清净分散性:气缸油应能抑制在活塞和活塞环上形成漆膜和沉积物;具有良好的蔓延扩散性;具有能使炭渣变为微小颗粒悬浮在油中的能力。

4. 中和性能:气缸油应能中和燃用劣质高硫燃料时生成的硫酸。要求气缸油具有一定的碱值(TBN 约为 40~100 mg KOH/g)。把气缸套、活塞环的主要磨损——腐蚀磨损减至容许值。

5. 蔓延扩散性:气缸油每次注油量是很少的,为了在整个气缸壁表面形成完整的油膜,气缸油应具有良好的蔓延扩散性。这对于长冲程的柴油机更为重要。蔓延扩散性的优劣还影响到中和性和注油量。蔓延扩散性好,油膜的中和作用就发挥好,油本身的碱值可以低些,注油量也可减少。

6. 抗氧化性:气缸油应在气缸内高温下有良好的抗氧化性,防止生成积炭沉积物,使活塞环区及气口处沉积物减至最少,使缸壁上的油膜得以保持。

7. 其他:气缸油燃烧后生成的灰分应尽可能少,且不属于硬颗粒的磨料物质,应具有良好的密封性和贮存稳定性等等。

从上述要求可见,纯矿物油无法完全满足这些要求。近代的气缸油都是选用优质的矿物润滑油作为基础油,再加入各种效能的添加剂制成的。在各种添加剂中碱性添加剂占有最重要的地位,从某种意义上讲,劣质燃油能否使用,在很大程度上取决于这种添加剂的效能。近代使用的碱性添加剂均属于油溶性的物质,具有良好的贮存稳定性。

(二)气缸油的日常管理

1. 气缸油的选择

在选择气缸油时,一般应根据所使用燃油的硫分来选择气缸油的总碱值,碱值越高,气缸油的费用也越高。碱值与燃油的含硫量有关,远洋船舶大多是全球航线,所加的燃油含硫量也不同,一般在 1.5%~4.0%之间。气缸油的碱用来中和酸性的燃烧产物。气缸油还具有清洁活塞环、环槽、活塞头的能力。

根据使用经验,使用高硫分(含硫质量分数>2.5%)的燃油,气缸油的 TBN 应为 65~70;含硫质量分数<2.5%者,TBN 约为 40;使用含硫质量分数小于 0.5%的燃油时,TBN 约为 10~14。近代有些工作条件严酷的柴油机已采用 TBN 为 100 的气缸油。一些柴油机制造厂曾根据燃油的硫分,推导出理论上的气缸油总碱值,但这种匹配关系在实践中却不易执行。其主要原因在于远洋船舶需要在世界不同港口加装燃油,在决定加装燃油时,习惯上均以黏度等级为准,而相同黏度等级的燃油硫分随产地不同又有较大差别。对这种差别船上事先无法获得有关数据,无法根据燃油硫分的变化来改变气缸油的总碱值。在多数情况下,船上只备有某一总碱值的气缸油。因而在实践中总碱值与燃油硫分的匹配比较粗糙。只是在长期使用低硫分燃油时才酌情选用总碱值低(10~14)的气缸油。如此时仍使用高碱值气缸油,则可能在缸内出现由大量碱性添加剂所形成的大量灰白色沉积物(通常为含钙盐类,参见图 1-20)。

为了检查运转中柴油机使用的气缸油碱值是否足够,可以对从气缸中刮下的残油(在活塞杆填料函处取样)进行化学分析,若残油仍呈现一定碱性(TBN 大于 10),则说明气缸壁上的油膜有足够的碱性储备。此外,还可以用直观法加以判断。一般地由于活塞的往复运动,注入气缸的滑油油滴容易迅速分布到注油孔上、下部的狭窄表面上,而沿圆周方向的扩散速度较低。因此若气缸油碱性较低,则在各注油点之间的缸套表面上会出现漆状沉积物,如图 1-21 所示,使铸铁缸套表面被腐蚀而发暗(镀铬缸套则出现白斑)。

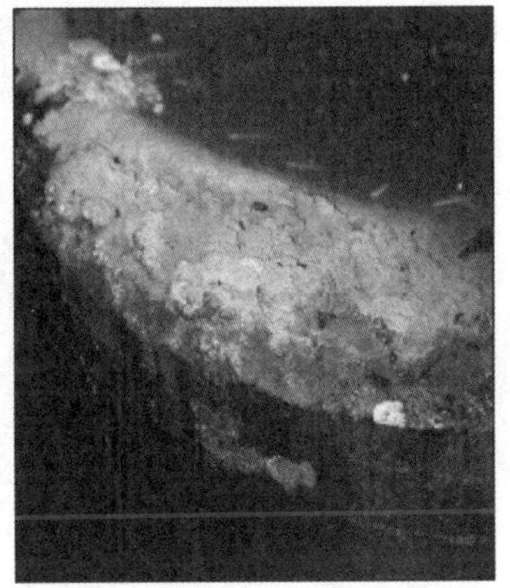

图 1-20　活塞头白色沉积物

2. 气缸注油孔的数量和位置

气缸注油孔的数量与油孔两侧人字形布油槽的形状对注油润滑有很大影响。在正常情况下,气缸注油孔(8~10 个)沿缸套圆周均匀分布。如油孔数太多易引起各注油孔注油不稳定。

气缸注油孔的位置随机型而异。通常,大型柴油机注油孔多在缸套中上部(高位注油孔),而四冲程筒状活塞式柴油机的辅助注油孔多分布在缸套的下部(低位注油孔)。

3. 注油定时选择

通常认为注油定时应选择在活塞上行使注油点位于第一、二道活塞环之间时向缸内注油。但实践证明,现有的注油设备难以做到准确地定时向气缸注油。实验研究表明,只有气缸内压力低于注油管中的油压时,气缸油才会注入缸内。在短活塞柴油机曲轴回转一转中,这种机会一般有两次:一次是活塞上行到上止点附近,活塞的下边缘打开注油孔;另一次是活塞在下止点附近,缸内正在扫气时。注油器向注油接头注油次数随机型而异,通常 2~4 个活塞行程注油一次。

4. 注油率的选择

(1)气缸油的使用和管理

航运公司气缸油每年的用量约占全部润滑油用量的65%~70%,气缸油的油价在所有润滑油中最高。根据制造厂家的推荐,主机气缸油的供油率是0.7~1.3 g/(kW·h)。如果采取技术改革措施(例如安装电子注油器),加大对气缸油的管理,可以实现船舶供油率低于1.0 g/(kW·h),节省滑油费用。

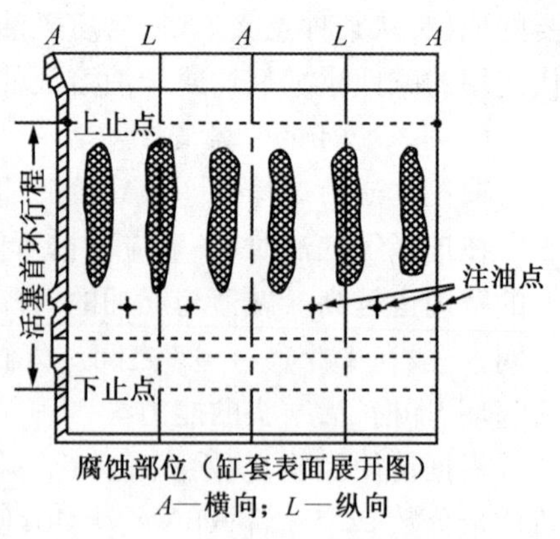

腐蚀部位(缸套表面展开图)
A—横向;L—纵向

图1-21 气缸腐蚀部位

气缸油的注油率应当适宜。注油率太高,不但浪费而且会使活塞顶面、环带区、气口和排气阀处的沉积物增多,引起活塞环和排气阀黏着,使气流通道部分堵塞。同时多余的气缸油还会沉积在活塞下部空间、扫气箱和定压增压排气管中,导致扫气箱着火。注油率太小,则难以形成完整的油膜,而使活塞环与缸套磨损加剧和漏气增多,漏泄的燃气又会破坏缸壁上的油膜导致发生拉缸事故,因而存在一个最佳注油率。

直流扫气柴油机的气缸油分布特性与弯流扫气者不同(由气体的流动形式和活塞裙长度不同引起),因而弯流扫气柴油机的最佳注油率一般较直流者为大。新型柴油机的推荐注油率较老型机为大。表1-10所示为有关厂家推荐的最佳注油率。在实际应用中,一般的趋势是注油率过大,这主要是由管理者的主观因素造成的。不同类型的柴油机的注油率在不同工况下各不相同,最适宜的注油率应根据推荐的注油率并综合考虑活塞环的状态、缸套磨损率的大小以及柴油机部件的拆检周期来确定。如缸套内壁表面湿润、干净,首环半干半湿,其余环湿润,活塞在环槽内活动灵活,环外圆表面光亮,棱边无毛刺,则气缸注油率适中。一般说来,燃用劣质燃油、长冲程的柴油机注油率大一些;柴油机在起动、机动操纵、负荷变化大的工况下,注油率应加大;通常运行时,应按柴油机实际负荷调整,与 p_e 成正比;持续低负荷运行时,注油率不能低于某一定量。

表1-10 气缸注油率

制造厂	机 型	气缸注油率/[g/(kW·h)]	
		制造厂推荐值	实际使用经验值
SULZER	RD	0.95	1.0~1.36
	RND	1.22	1.0~1.36
	RTA	0.8	1.0~1.36
B&W	VT2BF	0.54	0.54~0.68
	KEF	0.68	0.8~0.95
MAN	KZ	0.80	1.09~1.90
	KSZ	1.09	1.09~1.90
MAN B&W	MC/MCE	0.8	
三菱重工	UEC85/160C	0.55~0.80	1.09~1.77
沪东	ESDZ43/82B	0.68	0.68~1.09

（三）气缸油电子注油器

1. 新型电子注油器节省了船公司润滑油费用

低速二冲程柴油机，采用专用的气缸注油润滑，其注油量可控，注出的气缸油不予回收。MAN B&W 传统上采用转速控制方式控制气缸油率，WARTSILA 和 RTA 采用负荷控制方式控制气缸油注油率。这两种控制方式都存在两个问题：一是注油率难以精确控制，数量太大，造成浪费，而且活塞积炭严重，反而造成缸套、活塞环等燃烧室部件磨损严重，数量太小，达不到润滑要求，特别是第一道活塞环及其上止点对应的气缸套磨损会非常严重，甚至引起拉缸、咬缸等严重故障。二是注油定时不可控制，造成一些不必要的浪费。对低速二冲程柴油机来说，气缸油的地位是非常重要的，同时，气缸油在整个柴油机的管理费用中，占了一个很大的比重，MAN B&W 公司的统计数据参见表 1-11。

表 1-11　7S80MC Mk VI. 型柴油机气缸油管理费用明细表

7S80MC Mk VI	注油率					
	0. 88 g/(kW · h)		1. 03 g/(kW · h)		0. 6 g/(kW · h)	
每年气缸油消耗/t	285		333		190	
年度气缸油费用 /美元	438 480	90%	511 560	94%	292 320	79%
缸套磨损量（mm/1 000 h)	0. 08		0. 06		0. 12	
最大磨损量(0. 6%)/mm	5		5		5	
气缸套寿命 /年	9		12		6	
每年气缸套费用 /美元	25 490	5%	19 117	4%	38 235	10%
活塞保养人工费用 /美元	3 000		3 000		3 000	
吊缸周期 /h	12 000		24 000		8 000	
吊缸人工费用/美元	11 375	2%	5 688	1%	17 063	5%
吊缸备件费用/美元	2 466		2 466		2 466	
年度备件费用/美元	9 351	2%	4 675	1%	14 026	4%
活塞头费用 /美元	4 675	1%	2 338	0	7 013	2%
年度总费用 /美元	489 371	100%	543 378	100%	368 657	100%

根据表格的数据分析，当气缸油注油率控制在 1. 03 g/(kW · h)时，柴油机一年消耗 333 t 气缸油；当注油率控制在 0. 6 g/(kW · h)时，气缸油的消耗量是 190 t。综合各方面因素考虑，两者一年的费用相差 174 721 美元，按一条船全寿命期为 30 年计算，数据竟然是 5 241 630 美元，如果一家船东拥有多条此类船型，费用将是惊人的。当然，传统气缸油注油方式，由于其固有缺陷，气缸油注油率多数船舶都保持在高位上。如果采用电子喷射注油，气缸油的注油率可以设定在 0. 4~0. 6 g/(kW · h)，根据分析，电子注油器的经济性能是非常好的。

2. 气缸油电子注油器的工作原理

目前，低速二冲程柴油机引进了气缸油电子注油器。研究表明，应选择在活塞上行时注油点位于第一和第二道活塞环之间时向气缸内注油。但是传统的机械式注油器很难按照准确的定时向气缸注油,只能是随机的,即只有当气缸中的气体压力低于注油管中的油压时,气缸油才能注入气缸中,为了维持润滑,实际注油率都大于理论注油率,既造成浪费,润滑效果也不能在最佳状态。电子注油器的突出优点是具有精确的供油量,准确的供油定时,灵活的供油频率,解决了传统注油器的弊端,气缸套、活塞的运行状态大为改善,同时,气缸油的消耗量也大大减少,船东的管理成本也降低了很多。

新型气缸油电子注油器工作过程基于先进的传感器技术和计算软件,即曲轴位置传感器、角度编码器,监测计算活塞的位置,当活塞运行到特定位置后,电子控制系统发出激活信号,打开注油器,把由注油泵产生的一定压力的气缸油注入气缸壁上,从而控制注油定时。同时,利用计算机软件,计算并控制注油率(由负荷即油量传感器和转速传感器测定的参数进行综合计算)。新型电子注油器实现了注油定时和注油率的精确控制。资料显示,RT-flex 柴油机电子注油器在活塞上行时,注油器把气缸油以脉冲方式注入气缸,80%注到活塞环层,20%注到活塞裙上,由此,新型注油器完全克服了老式机械注油器的固有缺陷,降低了柴油机维护管理的费用,提高了柴油机的可靠性。

3. 气缸油电子注油器改善了柴油机工况

缸套的润滑状况决定着缸套的状态、燃烧室部件检修的时间以及柴油机维护管理的费用,在柴油机的使用管理中占据重要的地位。专业机构研究发现在柴油机缸套的低负荷区域,润滑油膜的厚度与注油率的关系很大,注油率越高,润滑油膜厚度越大;但是,在气缸套的高负荷区域,气缸油注油率从 2 g/(kW · h)到 0. 60 g/(kW · h)的区间内,气缸壁油膜的厚度维持在 1 μm,尽管注油率变化,但油膜厚度维持恒定,而且这个厚度对维持缸套的润滑是安全可靠的。因此,采用电子注油器后,气缸油注油率和注油定时可以精确控制,这样大大降低了润滑油的消耗,所以尽管现在油价显著上升,但是由于电子注油器的开发使用大大降低了柴油机的管理成本。下面的材料,是实船进行扫气口检查的照片,图 1-22 是一台 MAN B&W 7S60ME 采用电子注油器柴油机进行扫气口检查的照片,图 1-23 是采用传统方式机械式注油器的型号为 MAN B&W 6S70MC 的柴油机检查照片。表 1-12 的相关数据信息是实船吊缸测量所得。

表 1-12　两种气缸油注油方式的对比

	MAN B&W 7S60ME	MAN B&W 6S70MC
吊缸后运转时间/h	10 934	7 093
扫气箱积炭	无	非常多
活塞环(第一道)磨损量/h	0. 25	0. 65
活塞环磨损率/(mm/1 000 h)	0. 025	0. 09
气缸套磨损率/(mm/1 000 h)	0. 016	0. 089
气缸油注油率/(g/bhph)	1. 03	1. 31

对比图片和表格,经过实践检验,可以得出如下结论:采用气缸油电子注油器,气缸油的消耗显著降低,但是,润滑效果明显提升,扫气通道非常洁净,活塞环和气缸套的磨损率大大降低,提高了柴油机零部件的寿命,延长了检修周期,同时提高了柴油机的可靠性,可见,电子注油器是低速二冲程柴油机技术的一大进步。

图 1-22　智能机扫气口活塞检查

图 1-23　传统机扫气口活塞检查

四、考核内容与评分标准

(一)考核内容

1. 相关知识

(1)对气缸油的指标要求。

(2)对气缸油的日常管理事项。

2. 操作技能

(1)正确选择气缸油品种。

(2)根据柴油机工况正确调整气缸油注油定时和注油率。

(3)计算气缸油注油率。

(二)评分标准

该任务的成绩由相关知识成绩(40%)和操作技能成绩(60%)两部分构成。在相关知识部分,对气缸油的指标要求和日常维护管理事项各占 20%;在操作技能部分,正确选择气缸油品种;根据柴油机工况正确调整气缸油注油定时和注油率;计算气缸油注油率各占 20%。

任务五　其他润滑油的管理

一、工作目标

1. 能够正确进行润滑油加油作业操作。
2. 明确船舶小品种润滑油的使用与管理事项。
3. 会填写油类记录簿。
4. 掌握船舶润滑油管理中的安全注意事项。

二、材料用具

教学资料、船舶技术资料(滑油系统图等);任务书、评价表;多媒体、黑板、计算机;轮机模拟器、自动化机舱等实训场地。

三、工作过程

(一)船舶润滑油的加装

1. 船舶加装滑油工作的总负责人是轮机长,轮机长应向船长了解加油港口的有关防污染规定及加油要求,做好加油的准备工作。

2. 润滑油的采购

(1)船用的润滑油品种在世界范围内的大部分港口可以买到。但是由于港口的不同,润滑油的价格也不同。较大的港口润滑油的价格便宜且没有其他的附加费用,较小的港口不但油的价格较高,而且受供应方式的限制品种也不全。因此,轮机长必须跟踪船舶动态,掌握船舶润滑油的库存和日耗量,争取在比较好的港口把油补足。

(2)限制和约束:由于政治的因素,在少数几个国家不能安排加油,如古巴、智利、伊朗、伊拉克、印尼和部分俄罗斯港口。轮机长需要提前掌握相关信息,及时与公司机务管理部门联系。较小的港口,需要提前 15 天通知油公司备货,并考虑当地海关、运输、时差等因素。

3. 加油流程及注意事项:润滑油的加装流程与燃油的加装流程类似,请参照加装燃油任务流程。注意如果加装桶装润滑油时,应当及时入库,防止在海上航行期间风浪的影响导致不必要的损失。

(二)小品种润滑油在船舶的应用

小品种润滑油在船上主要应用于:透平油、液压油、齿轮油、空压机润滑油、制冷压缩机润滑油、油脂等。一般公司选定供应商后,会把船舶机械的信息发给滑油供应商,供应商根据此信息,编制本船润滑油使用清单及使用指南,并提供使用指南和滑油化学品安全数据说明书(MSDS, Material Safety Data Sheet),同时提供滑油化验油样瓶及油样瓶标签(含填写指南),船舶轮机员根据上述信息选用船舶小品种润滑油。

1. 液压油

液压油广泛用于液压控制和动力传送系统中。图 1-24 列出了其在船舶上的应用情况。液压油除了在传动动力时候受压力、剪切等作用外,还具有对机件的润滑、冷却、密封、防锈等功能。对液压油的要求如下:

(1)良好的黏温性。液压设备在船舶分布广泛,从机舱到甲板,温度变化范围较大,要求其黏温指数在 90 以上,特种液压油则要求高达 200 以上。

(2)良好的抗氧化安定性。

(3)良好的抗磨性。液压油在工作中频繁地受剪切作用,并保持液压部件密封,因此要求具有良好的抗磨性,且在传递动力时本身不受压缩。

(4)不得含有易气化或产生气体的杂质。

(5)有良好的抗乳化性和抗泡沫性能。

(6)凝固点要低。

另外,选用液压油黏度应依工作油压而定,一般油压高时,黏度应大些,防止漏泄。环境温度低时,凝固点也应低。部件运动的速度越高,黏度应越低,以减少能量损失。

2. 透平油

透平油也称汽轮机油,在船舶上主要用于主、副机增压器轴承、废气涡轮机等。

对透平油的主要要求是:

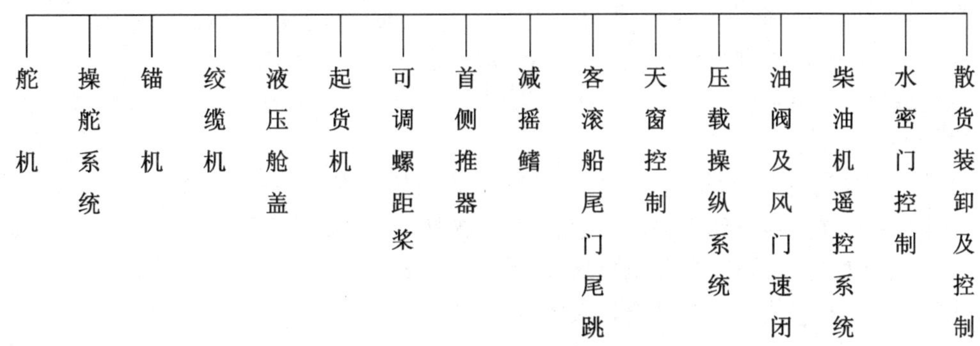

图 1-24　液压油在船舶上的应用范围

(1)具有良好的抗氧化安定性。由于涡轮的转速高,其轴承对油质变化敏感,因此要求透平油能不被氧化分解以确保轴承能形成足够的油膜。

(2)抗泡沫性能好。泡沫影响传热和润滑,要求透平油中产生的泡沫能迅速消失。

(3)防锈防腐性能好,以防轴承和机件腐蚀。

(4)抗乳化性好,以便使进入系统的水或蒸汽在使油乳化后能较快地从油中分离出来。

(5)黏度要合适。

3. 冷冻机油

冷冻机油又称冰机油,用于润滑和冷却制冷压缩机的气缸、活塞、曲轴等部件,并在气缸和活塞环间起密封作用。由于现在专业冷藏运输船、冷藏集装箱、冷藏舱的出现,冰机油的使用也越来越广泛。

(1)冷冻机油的工作特点

①接触冷剂。如果油中溶入冷剂,不仅黏度会大大降低,而且油中所含石蜡的溶解性也下降,将在比凝点高的温度下析出。

②温度变化较大。曲轴箱中的油温一般不高于 70 ℃,冷剂被压缩时的温度可升至 150 ℃(以 F22 为冷剂时),而在蒸发器中冷剂蒸发时,温度又急剧降至-20~-30 ℃,甚至达-50 ℃。

③密封式或半密封式制冷压缩机的电动机浸入油中,要求冷冻机油有良好的绝缘性。

(2)冷冻机油的要求

①具有良好的抗氧化安定性,以便有较长的使用寿命。

②油品特性与制冷剂相适应,当油和冷剂互溶时,油不应变质。

③具有低的凝点,冷冻机油的凝点应比制冷装置蒸发温度至少低 5 ℃,以免在较低温度时析出石蜡和产生沉淀,从而堵塞系统。

④不含水分,以免腐蚀元件和造成冰塞。水分也会降低绝缘性。

⑤电绝缘性能好。

4. 齿轮油

齿轮油分为闭式齿轮油与开式齿轮油两种。闭式齿轮油通常都是液态的,而开式齿轮油多半是用黏度高的油品或润滑脂。对齿轮油的要求如下:

(1)抗极压抗磨损性能。齿轮油是诸多油品中抗极压抗磨损要求最高的。原因在于齿轮润滑是对一对啮合和几对啮合齿面间完成的,传送功率集中而且交变,在极小的润滑油膜范围需要承受周期性断续地滑动与滚动的应力作用。由于接触面积小,要求油膜具有良好载荷性能，齿轮齿面啮合时不能挤碎油膜，要求齿轮油有极佳的抗极压抗磨损性。如果出现油膜破坏，金属与金属将直接接触，会导致齿面金属剥落和齿面深度金属咬伤。

(2)抗氧化、抗腐蚀稳定性。在受到极压作用和金属接触氧化时不产生分解、沉淀，不会堵塞润滑油路。

(3)具有较高的抗泡沫、抗乳化性能。由于闭式齿轮润滑中，一般油位浸至传动齿轮一定部位，或由于油被强烈喷射到传动齿啮合点，容易被搅动、混入空气而产生泡沫，故要求油品具有良好的抗泡沫性能。另外，受环境影响也容易混入淡水、海水，要求油品具有一定的抗乳化性能，以避免油压波动使润滑油膜遭到破坏。

5. 压缩机润滑油

压缩机通常是空气压缩机的简称，也称空压机。主要用来满足起动和操纵主机、副机及各种设备仪表控制系统所需气源要求。一般使用要求如下：

(1)选择具有良好黏温性能的润滑油。压缩机随着输出压力的提高，其本身温度也不断提高，可能会导致空气中的某些气体液化并渗入油中，会对润滑油的黏度产生破坏作用，所以要求油品本身具有良好的黏温特性，不易被所压气体侵蚀而始终保持一定黏度。

(2)压缩机油油膜长期凝结在阀片和阀口处易沉淀结垢，同时在控制系统中，存在许多精度细小的控制孔、控制膜片等，要求油品具有良好的清洁性，防止在系统中沉积结垢。

(3)在使用中应定期检测和更换压缩机润滑油，保持油品的黏度变化不大于 10%，杂质和水分不大于 0.1%。在更换油品时要注意清洁油底壳。

6. 应急设备润滑油

目前船用应急设备(应急发电机、救生艇、救助艇、应急消防泵等)的原动机大多是中高速柴油机。其润滑油的要求基本一致，即：驱动这些设备的原动机能根据需求在任何环境下，随时可以起动并投入正常运转，并要求设备工作可靠、有良好机动性能。

所有应急设备一般位于机舱之外，工作条件受环境影响较大，一般应选用多级黏度指数的 10W-30、15W-40 油品作为润滑油，以便于随时可以起动，保证良好的机动性和可靠性。

7. 润滑脂

润滑脂又称“牛油”、“黄油”、“黄干油”。它是一种常温下呈膏状的可塑性润滑剂。润滑脂种类繁多，应用范围广泛，其使用历史比润滑油还长，按其成分和性能的不同，可达数百种之多。在选择润滑脂时，通常应考虑以下几方面：

(1)耐高温润滑脂

目前工业及船舶要求耐高温的润滑脂，其温度通常可达 150 ℃，对于燃气轮机及锅炉部位要求能够达到 200 ℃，甚至 260 ℃。在这些高温部位要求润滑脂能适应热负荷高、散热条件不好等环境要求，同时要求具有挥发性小、热稳定性好、抗疲劳载荷等特点。

(2)耐低温润滑脂

选择低温润滑脂主要用于冰机及空调设备，对于船舶甲板机械使用的润滑脂，由于要满足寒带地区航行的要求，因此要求润滑脂能在-40 ℃甚至更低时应能保持良好的润滑性能。

(3)抵抗各种污染的润滑脂

润滑脂虽然本身就具有一定密封性，但由于润滑脂是定期填充的，其数量相对较少而且又不能循环，其散热条件差、易氧化。因此在使用中易遭受污染的途径较多，事实上，润滑脂在应用中易遭受污染而加速氧化，造成润滑性能降低或失去润滑性能，而导致工作设备噪声增大、加剧磨损甚至损坏。

（三）小品种润滑油的日常管理注意事项

1. 小品种润滑油的日常管理负责人一般为大管轮。

2. 根据船舶公司的管理体系要求，负责人需定期盘点船舶库存，登记造册，上报给轮机长。

3. 轮机长根据船舶库存、消耗及航次任务，合理申请备品。

4. 液压油需要根据公司管理体系要求定期化验，取油样时注意保证油样的代表性，取样要求请参照普通润滑油的取样标准及流程。

5. 小品种润滑油的存放地点必须符合消防要求。

四、考核内容与评分标准

（一）考核内容

1. 相关知识

（1）对小品种润滑油的指标要求。

（2）对小品种润滑油的日常管理事项。

2. 操作技能

（1）正确选择润滑油品种。

（2）掌握液压油的取样及化验流程。

（3）正确填写滑油化验申请单。

（4）正确分析滑油化验结果。

（二）评分标准

该任务的成绩由相关知识成绩（40%）和操作技能成绩（60%）两部分构成。在相关知识部分，对小品种油的指标要求和日常维护管理事项各占20%；在操作技能部分，正确选择小品种润滑油品种；对液压油正确取样；正确填写滑油化验申请单；正确分析滑油化验结果各占15%。

项目二　备件与物料管理

【知识目标】

通过学习,掌握备件管理系统及备件管理制度;掌握船舶物料的分类及管理制度;掌握船用化学品的分类及管理制度。

【技能目标】

通过学习,具备船舶备件、物料和船用化学品的订购、接收和在船管理的能力,适时为船舶提供适量的备件、物料和船用化学品,达到及时采购、降低采购成本、控制消耗的目的,为船舶安全生产提供可靠的保证。

【必备知识】

一、备件管理

(一)备件管理系统

为了管理好船上的备件,必须建立一个备件管理系统,它包括备件管理、备件编号、备件标签、备件卡片、资料表格、备件存放位置、确定备件最大数量和最小数量、交货时间、订货单、定期记录等。

1. 对备件管理系统的要求

一个合适的备件管理系统应满足下列要求:

(1)完善的库房和备件货架;

(2)备件的良好库存,包括分类编号、标签、卡片等;

(3)备件的及时订购和修复;

(4)完整的备件订货资料,包括备件编号册、规格说明书等;

(5)各供应厂家的资料。

2. 人工备件管理系统

人工备件管理系统适用于分散管理的船舶,也适用于集中管理的船舶。在分散管理的船舶上,往往由轮机长负责备件管理的各项事务,如购置和收货,各类备件订货和备件控制,档案文件管理。这种系统适用于长时间与岸上人员机构缺乏联系的船舶。

所有备件的资料都可在备件表里查到。如备件存放位置、订货资料(正常库存、订货时间、订货数量等)、技术规格和备件名称。

每个设备应按分类编码给出编号。在各备件表格中应填写备件库存量,记录备件的消耗和订购。每个月轮机长应在相应表格中记录备件的收货和消耗情况。

3. 计算机备件管理系统

对于集中经营几个船队的庞大船舶公司,采用计算机备件管理系统是更有效的;不仅易于管理,而且备件资料也能互相补充。计算机既可用于船上,也可用于公司,或者两个地方都用,这取决于通信设备的能力。

计算机备件管理系统既能用于备件管理,又能用于维修保养系统,以便利用共同的技术资料。这种系统应具有备件供应的各种功用,如掌握整个船队的备件数据;控制备件的订货、接收和发送,当备件到了最小库存量时,计算机具有自动订购的能力;计算机打印出船上和仓库里现有的备件和应订购的数量,以及消耗和费用情况。

计算机备件管理系统的主要优点是:

(1)易于得到所有有关的备件技术资料。

(2)便于备件的成本控制(对资金影响较大的特殊备件的消耗数据)。

(3)有利于备件标签的打印。

(4)具有备件自动订购系统。

(5)可进行备件消耗的预测。

二、物料管理

船舶物料种类繁多,一般可分为:

1. 燃润料及水,包括各种燃油、润滑油、润滑脂和蒸馏水。

2. 黑白金属,包括各种型钢、钢板、无缝钢管、焊接钢管、镀锌钢管、优质碳素钢材、合金钢材。

3. 有色金属,包括有色金属原材及合金、紫铜材、黄铜材、青铜材和铅、铝、锌材等。

4. 金属制品,包括各种阀门、管接头、螺栓、螺母、垫圈、开口销、焊接材料和其他金属制品。

5. 化学品,各种化学原料、添加剂、试剂、油漆、清洁剂等。

6. 电工材料。

7. 各种工具。

8. 仪器仪表。

9. 安全设备、劳保用品。

10. 垫料、橡胶及纤维品。

11. 各种杂品。

三、船用化学品管理

船用化学品种类繁多,一般可分为:

1. 冷却水处理化学品(船用主机、发电机),包括:Bioguard 25 ltr 海水系统微生物控制剂、Cooltreat AL 高级开式冷却水处理剂、Dieselguard NB 粉状冷却水抑制剂、Rocor NB liquid 液体冷却水腐蚀抑制剂。

2. 锅炉水处理剂,包括 Alkalinity control 浓缩碱性锅炉水处理剂、Autotreat 3 MPa 压力锅炉的综合水处理剂、Boiler coagulant 锅炉水淤泥调节剂、Cat. sulphite liquid 除氧剂、Combitreat 粉状综合锅炉处理剂、Condensate control 冷凝水处理剂、Hardness control 锅炉硬度调节剂、Liquitreat 液态综合锅炉处理剂、Oxygen control 除去锅炉内氧的联氨处理液、Oxygen scavenger plus 除去锅炉内氧的催化 DEHA 处理液。

3. 燃油添加剂,包括 Dual Purpose Plus 210 ltr 燃油燃烧催化剂、Dual Purpose Plus 25 ltr 燃油燃烧催化剂、Fuelcare 210 ltr 燃油调节剂、Fuelcare 25 ltr 燃油调节剂、Soot Remover 25 kg 烟灰积垢消散剂、Soot Remover Liquid 25 ltr 烟灰积垢消散剂(液体)、Valvecare 25 ltr 燃油灰分改良剂。

4. 清洁与维护保养用化学品,包括 ACC Plus 空冷器清洗剂、Air cooler cleaner 空冷器清洗剂、Aquabreak PX 210 ltr 通用水基去油污剂、Aquabreak PX 25 ltr 通用水基去油污剂、Aquatuff 210 ltr 通用强碱型清洁剂、Aquatuff 25 ltr 通用强碱型清洁剂、Carbon remover 除炭剂、Carbonclean LT 低毒环保除炭剂、Coldwash HD 万能去油剂、Commissioning cleaner 系统试运行前处理剂、Descalex 除水垢和铁锈的酸性粉剂、Descaling liquid 除水垢和铁锈的酸性处理液、Disclean 分离盘清洁剂、Electrosolv-E 电器清洁剂、Enviroclean 210 ltr 环保型通用清洁剂、Enviroclean 25 ltr 环保型通用清洁剂、Foam-agent 3 x 5 ltr 发泡剂、Fore & Aft 25 ltr 可生物降解多功能处理剂、H. P. Wash 高压清洗机通用清洁剂、Metal Brite 铁锈和金属膜去除剂、Metal Brite HD 25 ltr 铁锈和金属膜去除剂、Metal Brite HD 210 ltr 铁锈和金属膜去除剂、Natural handcleaner 环保洗手用清洁膏、Unitor USC 超声波清洗液、Uni-Wash 通用清洁剂。

5. 微生物处理化学品,包括 Gamazyme 700FN 微生物处理剂船舶污水处理剂、Gamazyme BTC 浴洗室生物清洁剂、Gamazyme DPC 下水管道生物清洁剂、Gamazyme MSC 多功能表面清洁剂、Gamazyme Toilet Descaler 厕所除垢剂。

【课后作业】

1. 船上库存备件的数量从哪几方面来考虑?
2. 物料一般分为哪几类?
3. 船用化学品一般分为哪几类?

【工作任务】

任务一　备件管理

一、工作目标

1. 掌握船舶备件的订购、接收和在船管理。
2. 防止不合格备件入库。
3. 适时为船舶提供适量的备件。

4. 为船舶安全生产提供可靠的保证。

二、材料用具

教学资料、任务书、评价表、多媒体、黑板、计算机备件管理系统。

三、工作过程

1. 备件申请

(1)船舶备件申请必须由主管轮机员提出,经大管轮确认,轮机长审批后报公司,特急备件可以以 EMAIL 或传真的形式申请。备件申请计划中必须准确地填报下述内容:

①所属设备的制造国家、厂家、机型、出厂号。

②备件名称、备件号或图号、规格及有关各技术参数等。

③申请数量和船存量。

④需要供船时间。

⑤大件的申请要注明申请理由。

(2)对修船时要更换的备件,应提前 3~6 个月报公司安技部船技处主管机务监督员。

(3)对船舶营运中因临时故障急需的备件,要电告安技部船技处申请紧急供船。

2. 备件订购

(1)船舶备件的订购一般由公司负责。可以从备件系统(设备说明书)里找到备件编码和设备号码,将要订购的备件编码和数量填进订购单。如订购 Sulzer 6RTA48 型柴油机的备件,订购单如表 2-1 所示;如订购 MAN B&W 6S60 MC 柴油机排气阀上的某些备件,订购单如表 2-2 所示。订购备件必须填写连续的订货号码,还要告知供应厂家要求的交货时间、交货地点等。当公司收到供应厂的备件供应的具体时间、地点后,应及时通知船舶,以便船舶做好备件的接收工作。

表 2-1　Sulzer 柴油机备件订购单

ITEM	CODE No.	Name of Parts	Quantity	Unit
1	T 34101	Piston-crown	1	pc
2	T 34121	Piston skirt	1	pc
3	T 34025	O-ring for piston rod T 34201	4	pc
4	T 34026	O-ring for piston rod T 34201	4	pc
5	T 27720	Indicator valve, complete	2	set
…	…	…	…	…

(2)对于应急的备件需求,在获得公司的批准后,船舶可通过船舶当地代理直接向备件供应厂家订购备件。一般由轮机长在船上填写 4 份备件订单。将订单分送给供货厂家(原件)和船公司(副本);船上的 1 份副本放在已订购文件夹内,待收到备件后再送给船公司;船上的另 1 份副本存入“已订购”文件夹内长期存查。

表 2-2 MAN B&W 柴油机备件订购单

Item No.	零件名称	Parts Description	B&W Standard No.
277	排气阀	Valve spindle	
324	排气阀座	Valve seat	
300	螺钉	Stop screw for valve seat	EN 63 P 820
639	气阀导套	Spindle guide	
…	…	…	

3. 备件的接收

(1)备件到船时,各主管轮机员要认真验收。验收项目应包括:备件号的核实、备件数量核实、备件质量的检查等,对任何有问题的备件进行登记,并及时报告轮机长。

(2)轮机长对有问题(备件号、数量、质量等问题)的备件,如果时间允许要及时报告公司船技处,并按公司船技处指示进行处理。

(3)如果因船期紧张,来不及验收而先入库时,应对备件做出明确标志,并做好记录,以便发现不符合规定要求时能够退回,未经验收的备件不允许使用。

(4)在所有的送船备件被核实后,轮机长应在签收单上签字,签收的备件签收单应随船舶月报表寄往公司,一般还应加盖船章。

(5)船上收妥备件后,各主管轮机员应及时登记备件清册。

4. 备件的保管

(1)各主管轮机员负责分管设备备件的保管工作。轮机长要经常检查、督导保管工作的执行情况;主管机务监督员应定期在船岸信息管理系统中和在上船时检查、督导船舶备件的管理工作。

(2)各种备件要按所属设备分类整齐地存放在固定处所,不同设备和备件要标识清楚,不得混放。

(3)各种备件,尤其是大的、重的、精密的重要备件应妥善放置,做好衬垫、绑扎工作,防止翻倒、振动、碰撞。

(4)各种备件要挂标志牌(包括设备名称、型号、备件编号),以便准确地判明其名称、规格和所属设备。

(5)凡使用过的仍可继续使用的零部件,除识别牌号外,还应记载如下内容:

①更换下来的原因;

②更换之前已累计使用的时间;

③若已经过加工,加工的时间和项目;

④目前的质量和规格(尺寸等情况);

⑤今后在使用时应注意的问题。

(6)非正常损坏的零部件,应尽可能原样保存好,以便日后分析研究损坏原因,避免重复损坏。

(7)没有安装船岸信息管理系统的船舶要建立备件册,一式两份,一份由轮机长保管填写;一份交主管轮机员填写保存,记载各自主管设备的备件账目;安装船岸信息管理系统的船舶要按照船岸信息管理系统的管理要求及时更新备件库存管理；船技处应建立备件数据库，册、库数据要及时更新，保持一致。船上要保证账、物、卡相符。

(8)没有安装船岸信息管理系统的船舶要将船存备件数量每季度填写备件季度报表报主管机务监督员，主管机务监督员根据船上备件供船和消耗数量及时更正对应船舶备件数据库；安装船岸信息管理系统的船舶按照船岸信息管理系统的管理要求定期向公司传送。

(9)对尚可使用的旧件、二手件和翻新件，在备件册和标志牌中要注明新旧程度。

(10)对需要翻新的旧件(如主机活塞、排气阀座等)，船舶需要在抵港前提前向船技处主管机务监督员提出申请，主管机务监督员与主管备件人员联系，选择合适的港口进行安排，并通知船上安排情况。

(11)对船舶大备件的使用：船舶需要对整体设备换新，需要提出申请，并附有说明，报主管机务监督员。监督员报船技处经理同意后，让备件物料采购报价，按照审批程序报机务科经理、船技处经理、安技部和监督部批准。船舶更换主机缸套、活塞、排气阀、轴承、涡轮转子等备件应得到公司船技处批准。特别紧急时，事后应书面说明和报告，换下需要报废的整体设备和大备件，应书面向公司申请。残值 3 000 元人民币以下的，船技处经理批准，3 000 元以上安技部领导批准，船上要按照公司船技处的要求执行。

5. 备件出、入库管理

(1)备件出、入库情况应在“备件出、入库登记本”上进行登录，轮机长应每季度进行审阅签署。

(2)每个备件箱中应有明细表，标明箱中是何设备的哪种备件及规格、数量；各种备件应有明细卡，以便准确地判明其名称、规格和所属设备。每次备件出、入库应对明细表进行更改记录。

(3)每次备件出、入库时还应及时登记备件清册，轮机长负责督促、检查各主管人员按要求填写并在每季度末进行签署。

四、考核内容与评分标准

(一)考核内容

1. 相关知识

(1)备件的申请与订购；

(2)备件的接收；

(3)备件的保管；

(4)备件出、入库管理。

2. 操作技能

(1)根据需要，正确合理地填写备件订购单；

(2)会使用计算机备件管理系统；

(3)做好备件的管理。

(二)评分标准

该任务的成绩由相关知识成绩(40%)和操作技能成绩(60%)两部分构成。在相关知识部分，备件的申请与订购、备件的接收、备件的保管以及备件出、入库管理各占 10%；在操作技能部分，正确合理地填写订购单、使用计算机备件管理系统、做好备件的管理各占 20%。

任务二　物料管理

一、工作目标

1. 掌握船舶物料的订购、接收和在船管理。
2. 防止不合格产品的进入。
3. 适时为船舶提供适量的物料。
4. 为船舶安全生产提供可靠的保证。

二、材料用具

教学资料、任务书、评价表、多媒体、黑板、物料订购单。

三、工作过程

1. 物料申请

(1)根据年度单船计划费用指标和实际需要,由大管轮填写物料申请单,经轮机长审查后向公司船技处报半年或一个季度的物料申请单。

(2)如果船舶在营运过程中出现需求,应向公司船技处进行书面申请。

(3)原则上控制外购物料的申请和审批,备件物料经理和船舶应充分考虑航线和航次情况,尽可能在国内把物料安排充足。

(4)船舶物料申请单,应填清物料的名称、规格、型号和数量,经轮机长审核批准、船长同意签章后报船技处。

2. 物料订购

主管机务监督员负责审批船舶物料订购单(如表2-3所示),审批后交船技处物料主管人员安排购供。

表2-3　物料订购单

<table>
<tr><td colspan="9">船舶物资申请单
APPLY LIST of STORE</td></tr>
<tr><td>物资类别</td><td colspan="6"></td><td>编号:</td><td></td></tr>
<tr><td>船 名</td><td></td><td>部 门</td><td colspan="2"></td><td>申请人</td><td></td><td>填写日期</td><td></td></tr>
<tr><td rowspan="2">公司代码</td><td rowspan="2">品 名</td><td rowspan="2">规 格</td><td rowspan="2">计量单位(升)</td><td colspan="4">数 量</td><td rowspan="2">备注</td></tr>
<tr><td>船存</td><td>申领</td><td>核发</td><td>实发</td></tr>
<tr><td></td><td></td><td></td><td></td><td></td><td></td><td></td><td></td><td></td></tr>
<tr><td></td><td></td><td></td><td></td><td></td><td></td><td></td><td></td><td></td></tr>
<tr><td></td><td></td><td></td><td></td><td></td><td></td><td></td><td></td><td></td></tr>
<tr><td>部门长:</td><td colspan="3"></td><td></td><td colspan="2">船长:</td><td colspan="2"></td></tr>
<tr><td>物料主管:</td><td colspan="3"></td><td></td><td colspan="2">物料业务经理:</td><td colspan="2"></td></tr>
</table>

3. 物料的接收

(1)供船重要物料要配齐相应的产品证书、规格、名称和质量证明。

(2)物料供船时,船上主管轮机员要认真验证,确认型号、规格、数量、质量及合格资料无误,并向公司报告验收情况。

(3)验收和使用过程中发现质量问题要及时向公司船技处反馈。

(4)船上收妥物料后,主管人员应及时登记物料册。

4. 物料的保管

(1)船上要设专人保管物料,并建立物料册,对所有物料进行清点登记,并定期向公司船技处报船舶物料报表。

(2)对消防救生、钢丝、缆绳等重要的物料要建立档案,严格掌握有效日期并及时更换。

(3)船舶物料要妥善存放,不同种类的物品不能混放。物料存放架(柜)要悬挂标志牌,标明物料名称、规格。需要报废的缆绳、钢丝等,需要向船技处书面申请,按照要求进行处理。

(4)对重要的生产物料如大缆、钢丝绳,要挂标志牌标明所属设备、规格、供船日期,物料册内注明存放地点。

(5)对常消耗性物料还要记录下列内容:

①同类物料的不同供船日期;

②氧气、乙炔、冷剂和油漆的使用状态(满瓶、空瓶和目前瓶内存量)。

(6)建立进出库账册,物料进出库应及时更改物料册。

5. 废旧物料的管理

(1)船舶废旧物料报废须经公司主管部门批准;

(2)船舶废旧物料的回收须经公司主管部门的审核、批准,未经公司主管部门批准,任何单位、船舶及个人均无权擅自经营回收船舶物料。

四、考核内容与评分标准

(一)考核内容

1. 相关知识

(1)物料的申请与订购;

(2)物料的接收;

(3)物料的保管;

(4)废旧物料的管理。

2. 操作技能

(1)根据需要,正确合理地填写物料申请单;

(2)做好物料的管理。

(二)评分标准

该任务的成绩由相关知识成绩(40%)和操作技能成绩(60%)两部分构成。在相关知识部分,物料的申请与订购、物料的接收、物料的保管以及废旧物料的管理各占10%;在操作技能部分,正确合理地填写物料申请单、做好物料的管理各占30%。

任务三 船用化学品管理

一、工作目标

1. 规范化学品的运输、装卸、贮存、使用、废弃及处理。

2. 适时为船舶提供适量的船用化学品。

3. 为船舶安全生产提供可靠的保证，避免对环境造成影响和对人员造成伤害。

二、材料用具

教学资料、任务书、评价表、多媒体、黑板。

三、工作过程

1. 船用化学品的供应，每年集中供应1~2次。由船上写申请单，至少申请半年的用量，公司物资库安排供应。

2. 每次申请时要考虑所有品种的需要，严禁多次申请。

3. 根据公司的规定按期填报存量及消耗量。

4. 船上化学品是昂贵的物料，按说明书要求使用，避免浪费，注意存放，妥善保管，严防变质。

5. 化学品是港口国检查物料，应严格造册登记。

6. 用完的废液应集中存放，禁止倒入舱底和入海，应由岸上接收处理。

四、考核内容与评分标准

（一）考核内容

1. 相关知识

（1）船用化学品的申请与订购；

（2）船用化学品的保管与存放。

2. 操作技能

（1）根据需要，正确合理地填写船用化学品申请单；

（2）做好船用化学品的管理。

（二）评分标准

该任务的成绩由相关知识成绩（40%）和操作技能成绩（60%）两部分构成。在相关知识部分，船用化学品的申请与订购、船用化学品的保管与存放各占20%；在操作技能部分，正确合理地填写船用化学品申请单、做好船用化学品的管理各占30%。

项目三　轮机档案与技术资料的管理

【知识目标】

通过学习，掌握档案和资料的概念、性质、分类、特点及之间的内在联系，掌握归档立卷的原则和要求以及轮机归档的内容等管理性基本知识。

【技能目标】

通过学习，具有对轮机档案和技术资料辨识、标识、归档并保持其有效性的管理能力。

【必备知识】

一、档案的概念及特点

(一)档案的定义

档案的定义依据国度、文化观念、时期以及需要的不同而多种多样，按照我国档案法的规定，档案是指过去和现在的国家机构、社会组织以及个人从事政治、军事、经济、技术、文化、宗教等活动直接形成的对国家和社会有保存价值的各种文字、图表、声像等不同形式的历史记录。简便表述为：档案是人们在社会活动中形成的保存起来以备查考的文件。档案来源广泛，内容丰富，形式多样。

(二)档案的特点

档案是由文件有条件地转化而来的，直接形成与社会实践活动的原始的记录。基本含义如下：

1. 档案是直接形成的历史记录。“直接形成”说明档案继承了文件的原始性，“历史记录”说明档案在继承文件原始性的同时，也继承了文件的记录性，是再现历史真实面貌的原始文献。所以档案具有凭证价值的重要属性。

2. 档案来源于文件。档案是由文件有条件地转化而来的。转化条件有三：

(1)办理完毕的文件才能成为档案，可以说“文件是档案的前身，档案是文件的归宿”。

(2)具有一定查考利用价值的文件，才能成为档案。可以说“文件是档案的基础，档案是文件的精华”。

（3）按照一定的规律保存起来的文件，才能最后成为档案，可以说“文件是档案的因素，档案是文件的组合”。

二、文件、档案和资料的内在联系

（一）文件与资料的联系与区别

广义上讲的文件，是由文字、图表、声像等形式形成的各种材料。通俗地说，文件是比较正式，用于存进档案的，必须遵照执行的条文，具有强制性。而资料多指需要查到某样东西所需要的素材，可供参考作为根据的材料。资料是用于辅助处理文件的，具有参考作用。

ISM 规则第 11 条，明确要求公司应当建立并保持有关程序，以便控制与安全管理体系有关的所有文件和资料，并保证：

（1）各有关部门均能够获得有效的文件；

（2）文件的更改应由经授权的人审查批准；

（3）被废止的文件应及时清除。

文件应当以最有效的方式予以保存，而且要求每艘船舶均应配备与之相关的全部文件。

（二）档案与文件的联系与区别

档案和文件是同一事物在不同价值阶段的不同形态，两者具有同源性和阶段性的共性，也具有实效、功用、离合等个性差异。档案是有价值并经过归档保存的文件材料的集合体。也就是说：文件是档案的前身，档案是文件的归宿；文件是档案的基础，档案是文件的精华；文件是档案的素材，档案是文件的组合。

（三）档案与资料的联系与区别

档案和资料都是知识的载体，都是社会生产实践活动不可缺少的资源条件，在一定条件下两者可以相互转化。两者的区别在于：

1. 同本单位实践活动关系不同

凡是直接记述和反映本单位活动并应归档保存的属档案；资料则是为了工作参考的目的而收集购买来的材料。

2. 对本单位所发挥的作用不同

档案是本单位活动的直接记录，因此它具有历史的查考作用和凭证作用。而资料则是收集或利用各种手段索取来的材料，对本单位的活动不具有凭证作用。

三、档案的种类、归档要求和轮机档案的归档范围

（一）档案的种类

档案的种类划分较多，有公务档案与私人档案，有历史档案与现行档案，而我国档案界及社会上应用最为普遍的是分为三大类：文书档案、科技档案和专门档案。

文书档案实际上是指行政管理档案，如请示、批复、决定、决议，法规、法律等；科技档案是指人们在科技、生产活动中形成的由纯业务性的科技文件材料转化而成的档案，如图纸、维修计划、检验报告等；专门档案是指除文书和科技档案之外的在专门活动中形成的档案，如人事档案、诉讼档案、密件等。

船舶设备技术资料是科技档案的一部分，是船舶档案的主体，是保证船舶修理工作顺利进行和船舶安全运转的必要条件。而文书档案和专门档案在船舶上也存在，其中专门档案须由

专人负责,轮机部分的专门档案一般由轮机长亲自负责管理。

(二)档案的归档要求

1. 保管期限

文件和资料的保管期限分为永久、长期(15~56年)和短期(5~15年)三种。具体要遵照SMS文件规定的保管期限。

2. 整理原则

文书档案遵循文件的形成规律,保持文件之间的有机联系,区分不同价值,便于保管和利用。科技档案按各自的规律特点进行整理,以利于保持各自的有机联系,有利于保管,便于为利用者提供服务。专门档案须由专人负责,遵循专门档案形成的规律和特点,保持各自的有机联系,便于保管和利用。

3. 整理方法

(1)装订:归档文件应按件装订。装订时,正本在前,定稿在后;正文在前,附件在后;原件在前,复印件在后;转发文在前,被转发文在后;来文与复文作为一件时,复文在前,来文在后。

(2)分类:归档文件应采用科学、便捷、有效的分类原则进行分类。

(3)排列:归档文件应按事由结合时间、重要程度等排列。会议文件、统计报表等成套性文件可集中排列。

(4)编号:归档文件应依分类方案和排列顺序逐件编号,在文件首页加一个封面,封面内容包括目录编号、名称、年度、保管期限、页数等项。

(5)装盒:将归档文件按编号顺序装入档案盒,并填写档案盒封面、盒脊等项目。如图3-1所示。

图3-1　档案盒及编号

(6)案卷质量要求:归档文件应齐全完整,已破损的文件应予以修整,字迹模糊或易褪色的文件应予以复制。

(三)船舶轮机档案的归档范围

1. 轮机文书档案归档范围

(1)轮机部与岸基间联系形成的请示、批复、决定、决议、规划、计划、统计、总结、合同、协议等文件;

(2)安全管理体系内部文件;

(3)公约、法规、通函、条例、法律等外来文件;

(4)照片、影像等。

2. 科技档案归档范围

(1)法定记录簿

轮机部的法定记录簿主要有轮机日志、副机日志、电机日志、车钟记录簿、油类记录簿等。如图 3-2 所示的油类记录簿和轮机日志都属于法定记录簿。

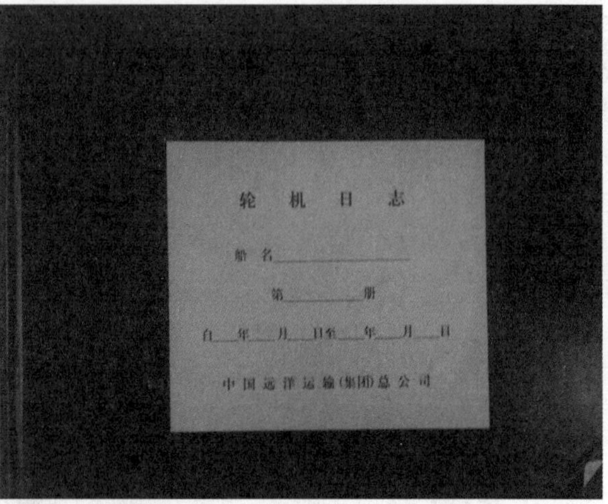

图 3-2 油类记录簿和轮机日志

(2)各类记录与报表

按照安全管理体系(SMS)、设备说明书、《钢质海船入级规范》、CWBT 或 PMS 等产生的记录与报表。主要有:

①维护保养方面:船舶年度、季度、月度维护保养计划,轮机设备检修记录簿,轮机员检修记录簿,船舶电气设备绝缘记录簿,电气设备检修记录簿,船舶应急设备试验、检查、修理记录簿等;

②船舶修理方面:船舶年度、季度、月度修理计划,船舶修理单、完工单,系泊试验、航行试验报告,各种测量修理记录等;

③燃、润料方面:船舶燃油硫分记录簿,船舶燃、润油加装记录簿,燃、润油测量记录,船舶燃、润油记录,船舶滑油取样、化验记录,船舶航次燃、润油消耗报告等;

④备件、物料方面:备件、物料记录簿,船舶备件申请单,船舶物料申请单,船舶备件季度报表,船舶物料报表;

⑤节能管理方面:主机运行时间统计表,副机运行时间统计表,船舶柴油机工况报表,炉水化验及处理月度报表,冷却水处理记录月度报表等。

⑥SMS 相关记录:新聘/转岗人员熟悉培训记录,船舶应急演习记录,应急演习评价表,船

岸联合应急演习计划表,不符合规定情况报告,事故/险情报告,船舶年度内部审核计划,船舶内部审核报告,船舶安全管理评价报告等;

⑦安全活动方面:安全活动记录簿,航次计划,抵港前检查表,离港前检查表,船舶明火作业申请表,船舶安全自查报告,船舶安全检查记录簿,PSC 检查报告,船舶抵港前 PSC 自查缺陷报告表,船舶接受 PSC 检查报告表等。

3. 专门档案归档范围

轮机部人员考核表,诉讼档案,密件,机损事故,污染事故等。

【课后作业】

1. 档案的特点及定义是什么?
2. 档案与资料的区别与内在联系是什么?
3. 档案的分类及归档要求是什么?
4. 船舶轮机档案与技术资料的归档内容有哪些?

【工作任务】

任务一　轮机档案管理

一、工作目标

1. 辨识档案的归档内容。
2. 轮机档案的分管。
3. 确保档案的追溯性。
4. 确保档案的有效性。

二、材料用具

教学资料、任务书、评价表、多媒体、黑板、计算机、书架。

三、工作过程

(一)轮机档案的内容

轮机档案主要包括以下内容:

1. 设备证书(主要指法定证书,包括制造厂的保证书);
2. 规章制度(包含适用于本船自订的补充规章制度);
3. 函件(包括通知、指示)、电传、传真等复印件;
4. 各类修船计划、修理单、工程单及完工单;
5. 工作总结、航次报告、各项报告;
6. 备件的申报、报销等单据发票;
7. 物料和属具的申领单;

8. SMS 文件，包括内部文件（安全管理手册、程序文件和安全须知等）和外部文件（公约、法规、通函等）；

9. 其他有关轮机部的书籍资料、船内联系报表、单据等。

（二）轮机档案的保管

1. 轮机长保管的档案有：设备证书，规章制度，函件、电报，各类检修计划、修船计划、总结、航次报告、各项报告，船舶 SMS 安全管理手册及相关资料，轮机部的有关书籍等。

2. 大管轮保管的档案有：备件、物料等计划申领单，报销单据、发票，修理单及其他发票、报表、单据等。

3. 二管轮保管的档案有：燃油方面的相关单据等。

4. 各轮机员、电子电气员分别保管按分工与之有关的报表、单据等。

5. 轮机部分的密件、案件等专门档案须由轮机长亲自负责保管。一般于专门的档案柜中分类存放保管。如图 3-3 所示为轮机档案柜。

图 3-3　文件和资料档案柜

（三）轮机档案的管理原则

1. 轮机长是轮机部档案的汇集、建档和保管者，并负责按 SMS 文件要求建立档案目录。

2. 按船公司 SMS 文件要求建档立册，分类立卷，并附目录在卷首，注明入卷文件的文题、编号及内容摘要。

3. 按船公司 SMS 文件要求将新的外部文件和内部文件及时建档，失效的文件及时撤销，确保其最新有效性，并及时将最新的轮机档案清单报送船公司。

4. 不论发出文件的底稿或收入文件，均需由轮机长审阅签署注明日期，并在处理完毕后方能入卷。文件指明办理的人员或轮机长签署交办的人员也应在办理完毕之前在文件上注明“业已处理”等字样并签字。

5. 所有密件均须设立专卷并由轮机长亲自保管，移交时按卷内目录逐件点交并签署。

6. 轮机档案一般不外借，必要时按船公司 SMS 文件要求，保管人员必须取得借条并负责收回。

7. 轮机档案中的设备证书、规章制度、函件、电传、传真等复印件及各类修船计划、修理单、工程单及完工单应长期保存；其他轮机档案文件一般存船 5 年，若 SMS 文件有明确期限应遵照执行。如无需要，送公司保存，或按公司规定销毁。

8. 轮机长及轮机员（包括电子电气员）卸任时按船公司 SMS 文件规定进行移交。

9. 船公司主管部门应认真监督、指导船舶轮机部做好档案管理工作。

（四）轮机档案管理的注意事项

1. 船上对轮机档案应该单独保管，不能与档案无关文件混存。

2. 轮机档案的保管要坚持做好防火、防光、防盗、防潮、防尘、防污染、防虫、防鼠等“八防”工作，船舶设备技术资料的存放处，要远离易燃、易爆、易污染的场所。对其安全情况，应定期检查，并做出记录。

3. 对于破损、褪色或缺少的档案，要及时采取措施进行修复或复制。

4. 要建立借阅制度，借用者对档案应负安全、保密之责。借用者不得将档案遗失、损坏，并严禁擅自在档案上填注、涂抹、改字、加字、圈点、抽取或拆散等。

四、考核内容与评分标准

（一）考核内容

1. 相关知识

（1）轮机档案的内容；

（2）轮机档案的保管与责任。

2. 操作技能

（1）轮机档案的管理原则；

（2）轮机档案管理的注意事项。

（二）评分标准

该任务的成绩由相关知识成绩（40%）和操作技能成绩（60%）两部分构成。在相关知识部分，轮机档案的内容和轮机档案的保管各占 20%；在操作技能部分，轮机档案的管理原则和轮机档案管理的注意事项各占 30%。

任务二　轮机技术资料管理

一、工作目标

1. 辨识轮机技术资料的来源。
2. 规范轮机技术资料的分管。
3. 确保轮机技术资料的完整性。
4. 确保轮机技术资料的有效性。

二、材料用具

教学资料、任务书、评价表、多媒体、黑板、计算机、书架。

三、工作过程

（一）轮机技术资料的内容

轮机技术资料主要包括以下内容：

1. 船舶资料簿；
2. 各种技术图纸；
3. 设备说明书；
4. 验船师检验报告；
5. 试验报告和化验报告；
6. 检修及测量记录等。

（二）轮机技术资料的保管

技术资料的保管由轮机长负总责，具体可按分工由各轮机员、电子电气员分别负责，规定如下：

1. 验船师检验报告和各种技术图纸由轮机长亲自保管，如图 3-4 所示。
2. 各种设备说明书由轮机长负责保管并编制全部说明书的清单。

图 3-4　轮机技术资料

3. 试验报告、化验报告、检修及测量记录等在取得或制成后应先送轮机长审阅，然后由轮机长决定留存或分送有关人员保管。

（三）轮机技术资料的管理原则

1. 船舶设备技术资料必须归入科技档案统一管理，船公司主管部门应认真监督、指导船舶轮机部做好技术资料的管理工作。技术资料一般应长期保存。

2. 轮机长应领导所属船员做好各种机件的测量和检修记录并负责核对，以保证技术资料的正确性。

3. 新接船首任船员应按船公司 SMS 文件要求在接船之后尽快清点原有的技术资料并制作清单。

4. 技术资料应保持完整和清洁,不得擅自外借。必要时按船公司 SMS 文件要求进行借阅登记并及时索回。

5. 技术资料保管人员在卸任时均应按 SMS 要求依据清单向接替人逐件点交。

(四)轮机技术资料管理的注意事项

1. 轮机技术资料的保管要坚持做好防火、防光、防盗、防潮、防尘、防污染、防虫、防鼠等“八防”工作,船舶设备技术资料的存放处,要远离易燃、爆炸、污染的场所。对其安全情况,应定期检查,并做出记录。

2. 对于破损、褪色或残缺的轮机技术资料,要及时采取措施进行修复或复制。

3. 移交技术资料时,倘若清单中的某些项目与实际有出入时,移交人应在清单上注明发生差别的原因。

4. 要建立借阅制度,借用技术资料者,不得遗失、损坏,严禁擅自在资料上填注、涂抹、改字、加字、圈点、抽取或拆散等。

四、考核内容与评分标准

(一)考核内容

1. 相关知识

(1)轮机技术资料的内容;

(2)轮机技术资料的保管与责任。

2. 操作技能

(1)轮机技术资料的管理原则;

(2)轮机技术资料管理的注意事项。

(二)评分标准

该任务的成绩由相关知识成绩(40%)和操作技能成绩(60%)两部分构成。在相关知识部分,技术资料的内容和技术资料的保管各占 20%;在操作技能部分,技术资料的管理原则和技术资料管理的注意事项各占 30%。

项目四 船机维修过程

【知识目标】

通过学习,掌握船机拆卸和检测的基本方法和技术要领以及拆卸过程中的注意事项,掌握船机零件机械清洗和化学清洗的常用方法,管系清洗的方法,掌握船机装配的方法和注意事项。

【技能目标】

通过学习,具备正确使用工具、按正确方法拆卸和检测船舶机械的能力;选择合适的方法和清洗剂清洗船机零件的能力;按要求装配船舶机器的能力;具有识别维修过程中各种风险的能力。

【必备知识】

一、船机拆检

拆卸和检测是船舶机械设备修理过程的开始阶段。拆卸和检测工作关系到维修时间和维修费用,以及维修质量。所以,不论是船员自修还是船舶厂修,在船舶机械设备维修前,均应做好修前的拆卸及检测工作。

(一)船机拆卸

拆卸就是把机器的运动部件从其固定件上拆下来,将机器进行局部或全部解体。拆卸是任何机器修理之前必须进行的工作。拆卸过程中维修人员可以根据零部件表面的油污、积炭、水迹等线索对机器的技术状况和所存在的故障进行调查研究。例如喷油器、喷油定时的故障情况,可以根据燃烧室组成零件的积炭情况进行调查了解。

拆卸中若遇到拆不下来的零件,不能硬拆,以免零件受损或机器无法装复。所以,为了保证零件完好和能正确装复机器,拆卸工作必须按照一定的原则和顺序正确进行。例如,要保证艉轴、螺旋桨拆下后能再安装到原位,在拆卸前就必须预先测量它们原来的相对位置,如图4-1中a与A值的测量,应该依此安装,否则难以复位。

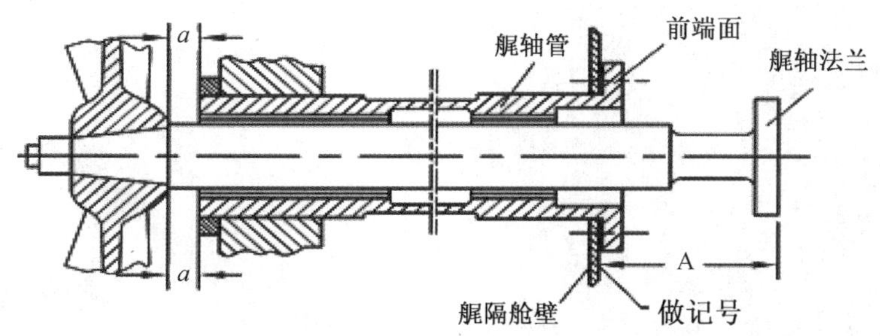

图 4-1　艉轴和螺旋桨的轴向相对位置

A—艉轴法兰端面至艉隔舱壁的距离；a—螺旋桨前端面至艉轴管后端面的距离

1. 常用拆卸方法

(1)击卸法

击卸法是利用锤子或其他重物在敲击或撞击零件时产生的冲击能量，把零件拆下，如图 4-2 所示。它是拆卸工作中最常用的一种方法，具有操作简单、灵活方便和适用范围广等优点，如果拆卸方法不正确容易损坏零件。

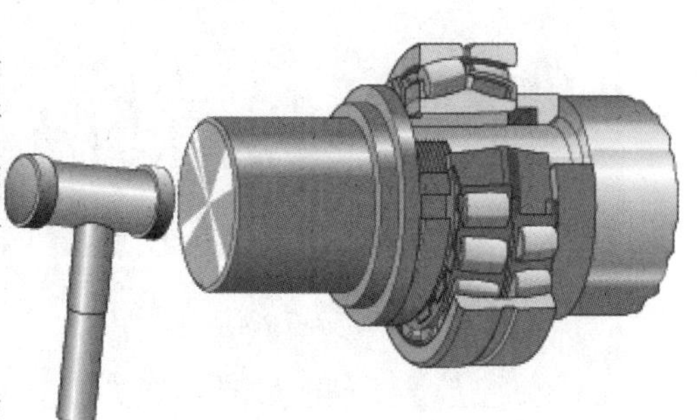

图 4-2　击卸法

(2)拉(压)卸法

拉(压)卸法是采用专用拉(压)卸器把零件拆卸下来的一种静力或冲击力不大的拆卸方法，如图 4-3 所示。它具有拆卸比较安全和不易损坏零件等优点，适用于拆卸精度较高的零件和无法敲击的零件。

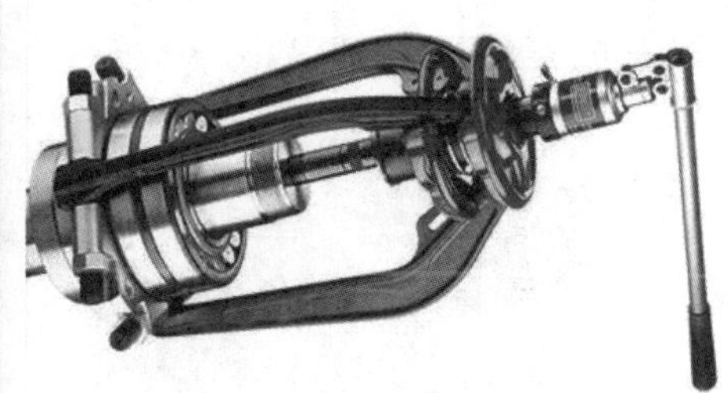

图 4-3　拉(压)卸法

(3)顶压法

顶压法是一种静力拆卸的方法，适用于拆卸形状简单的过盈配合件。常利用螺旋 C 形夹头、机械式压力机、油压机或千斤顶等工具和设备进行拆卸，如图 4-4 和 4-5 所示。

(4)温差法

温差法是利用材料热胀冷缩的性能，加热包容件或冷却被包容件，使配合件拆卸的方法。常用于拆卸尺寸较大、过盈量较大或热装的零件，如图 4-6 和 4-7 所示。

图 4-4 顶压法

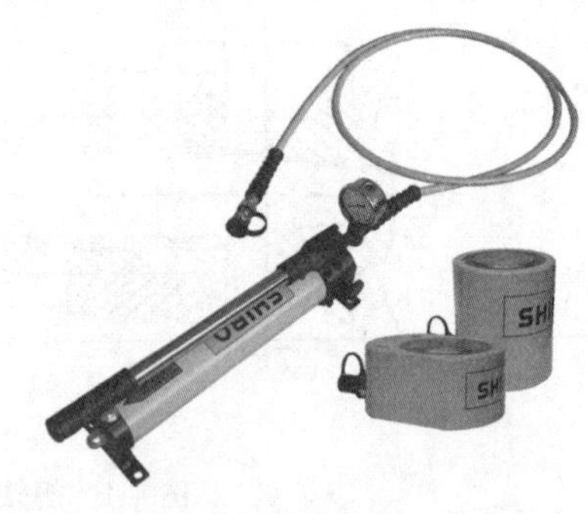

图 4-5 顶压设备

图 4-6 温差法(热胀)

图 4-7 温差法(冷缩)

(5)破坏法

破坏法拆卸是拆卸中应用最少的一种方法,只有在拆卸焊接、铆接、密封连接等固定连接件和相互咬死的配合件时才不得已采用保存主件而破坏副件的措施。一般采用车、铣、锯、錾、钻、气割等方法进行破坏性拆卸,如图 4-8 和 4-9 所示。

图 4-8 破坏法

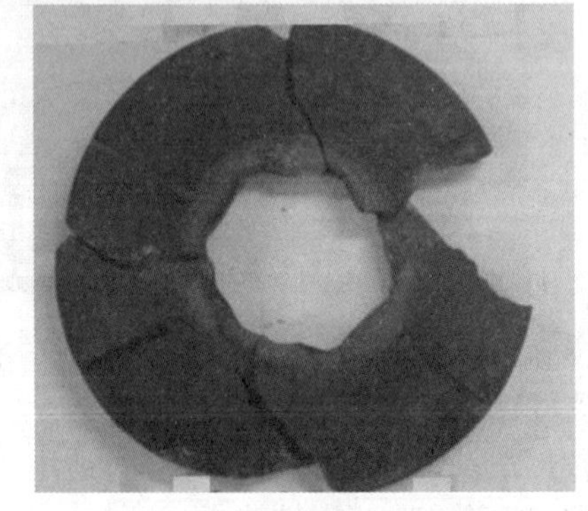

图 4-9 破坏法拆除的零件

2. 拆卸技术要领

为了保证正确地拆卸机器,以便船机检修工作的顺利完成,应掌握以下几项常遇到的问题处理方法。

(1)做记号和系标签

拆卸过程中,应对拆下的零件系标签,在标签上注明其所属部件、次序和相对位置等,以免混淆或丢失。做记号和系标签是一项非常重要的工作。在柴油机运转过程中,各个缸的磨损程度均有一定的差别,所以应当标明拆下的零件是第几缸的,如图 4-10 所示。

图 4-10　做记号

给零件做记号时应注意以下几个问题:

①做记号前,先检查在零部件的相对位置处有无记号,如果没有记号或者记号不清晰的话则应重新做记号;对于旧机器的零部件来说多数已经做过记号,不应重复做记号以免造成混淆。

②可在零件连接处用标记笔、油漆、点冲、号码冲或钢印等方式做记号,不可随意乱打,在零件的精加工面上不能做任何记号。

③对不熟悉或不了解的船舶机械设备,可采用画图、拍照片、录像等方法记录零部件的配合关系。

④当船舶机械设备的检修期较长时,应妥善保管拆下的零件并注意保护好已做好的记号。

(2)拆下的零件和机器拆开部位的保护

拆卸中应妥善放置与保管从船舶机械设备上拆下的仪表、管子、附件和零部件等,应分别做好标签,切不可乱放。仪表、精密零件和偶件的精密配合表面尤其应慎重放置与重点保护。

船舶机械设备拆卸后,固定件上裸露的孔口、管系的管口应用木板、纸板、布或塑料膜等堵塞或包扎,以防止异物落入造成堵塞、损伤和破坏,同时避免引起磨损和后患,如图 4-11 所示。

图 4-11　保护措施

(3)过盈配合件的拆卸

船舶机械设备上有很多过盈配合的配合件,例如齿轮与轴,柴油机上的气阀导管与导管孔,活塞销与销座等。拆卸这些过盈配合件时应尽量使用随机专用工具、专用工具或采用适当的加热和冷却等方法来完成拆卸工作,如图 4-12 所示,避免损伤零件,切勿硬打硬砸。

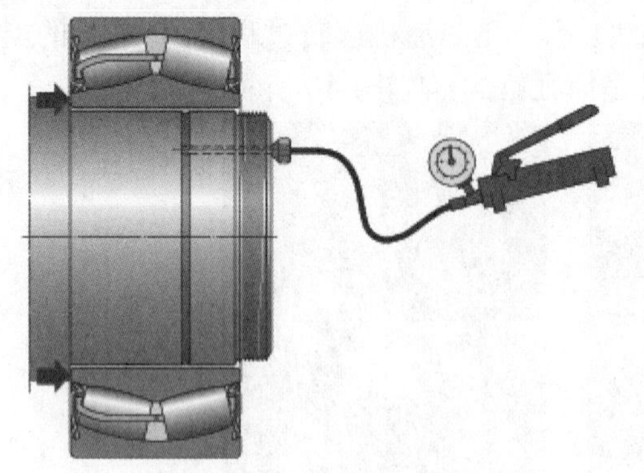

图 4-12 过盈配合件的拆卸

图 4-13 双头螺栓

(4)螺栓的拆卸

船舶机械设备拆卸时,会有大量的螺母、螺栓、销子和垫圈等零件的拆卸工作。一般来说,这些零件的拆卸并不是很困难,但应注意以下问题:

①柴油机气缸盖螺栓、主轴承螺栓和排气阀螺栓等双头螺栓,如图 4-13 所示,一般螺栓仅有一端旋入机体。拆卸时,不需将双头螺栓整体从机体上拆下,如图 4-14 所示。

②拆下来的螺母、螺栓等应套装于原位,以防丢失或螺纹破坏等造成安装困难。

图 4-14 双头螺栓的拆卸

图 4-15 松锈剂浸泡

③如果有生锈螺母拆不下时,可采用以下方法:

a. 先将螺母上紧 1/4 圈,然后反向旋出;

b. 轻轻敲击振动生锈螺母周边,除掉部分锈蚀后再旋出;

c. 在螺母和螺栓之间灌入煤油或喷松锈剂,浸泡 20~30 min 后旋出,如图 4-15 所示;

d. 用喷灯或焊枪等加热设备均匀加热螺母,使之受热膨胀后旋出;

e. 以上诸方法均不能奏效时,用扁铲或凿子等钳工工具将螺母破坏取出。

④螺栓断于螺纹孔中时,可采用以下方法将断头螺栓取出,见图 4-16。

a. 在露出的断头螺栓顶面锯出凹槽,用螺丝刀等工具旋出;

b. 锉平露出的断头螺栓两侧面,用扳手等工具拧出;

c. 在断头螺栓上焊一折角钢杆或螺母,将断螺栓旋出;

d. 在断头螺栓顶面钻孔攻丝(反向螺丝)并拧入螺钉,旋出螺钉将断头螺栓带出,或钻孔后用断头螺栓取出器(图 4-17 所示)拧出;

e. 选用直径小于断头螺栓根圆直径 0.5~1.0 mm 的钻头,将螺栓钻掉,再用与原螺栓螺距相同的丝锥将螺纹孔中残存的断头螺栓除去,但应不破坏原螺纹孔的精度。

挫方棒拧出法

管子钳拧出法

点焊拧出法

方孔楔拧出法

钻孔攻丝拧出法

图 4-16　断头螺栓取出方法图

3. 拆卸安全

(1)拆卸工作中必须严格遵照说明书要求或相关安全操作规程,按照合理的拆卸顺序进行。整个拆卸过程中必须保证操作人员和船舶机械设备的安全。

(2)拆卸前,要选用恰当的操作工具,应首选专用工具,再选通用工具,应首选死扳手,再选活扳手。

图 4-17　断头螺栓取出器

(3)拆卸过程中,应正确使用相关的工具、量具,不得违规操作。例如,上紧螺栓时,不能随便加长扳手的长度,以防螺栓变形、折断或扳手损坏而造成伤人事故;卸螺栓时,要尽量拉而不要推,并且要用一只手抓住固定物,以避免滑手伤人。

(4)注意吊运安全。起吊作业必须严格遵循操作规程;作业前,工作人员要熟悉起重吊运指挥信号,必须对起重设备进行仔细检查,并进行空载试验;在吊运过程当中,零件要捆绑牢靠而不能有损伤,禁止人员在起吊车下通过或工作。

(5)防止人身事故和零部件的损伤。拆卸前,应做好安全措施,对油、水、电、气(汽)进行卸放,关好阀门和开关,防止油、水、气(汽)、电发生跑、冒、滴、漏现象,造成人员或设备损伤;拆卸过程中,避免硬拆现象,以免损坏机器设备;拆卸后,注意对零部件的防护,防止丢失、变形和生锈等。

(二)船机零件的缺陷检验

船机零件的缺陷是指零件在制造和使用过程中产生的缺陷和损伤。制造中的缺陷是零件材料和毛坯在冶炼、铸造、锻造、热处理和机械加工中所产生的气孔、缩孔、疏松、夹渣和微裂纹等缺陷;使用中产生的损伤,如磨损、腐蚀和疲劳裂纹等。零件表面和内部的缺陷是其在运转中产生损坏的内因,会导致零件失效和机器损坏。

为了保证船舶动力装置运转的可靠性和船舶航行的安全,检验要贯穿于船舶机械的制造、安装和使用过程中。船舶机械在制造、安装中要进行严格的质量检验,对零件材料要进行无损检验、实现零件的加工技术要求的检验、机器装配要求和在船上安装要求的检验等。

在船舶条件下轮机员对缺陷零件可进行一般检验;船舶进厂修理时对重要零件的缺陷应进行无损检验。

1. 船机零件缺陷的一般检验

一般检验采用普通量具检验零件的磨损、腐蚀和运动副的配合间隙等;采用观察法、听响法和液压试验法检验零件表面和内部的缺陷。

(1)观察法

观察法是通过人的眼睛或借助低倍放大镜等辅助工具来观察和判断零件表面有无裂纹和缺陷的方法。用于检验零件表面上的一些细微的和肉眼难以发现的缺陷。检测的准确度取决于检验人员的细心和经验。

(2)听响法

听响法是根据敲击零件时发出的声音来判断零件内部和表面上有无缺陷的方法。声音清脆表示零件完好或零件与其表面上的覆盖层结合良好,无脱壳现象;声音沙哑则表示零件内部或表面有缺陷,或零件与其表面上的覆盖层结合不良,局部脱壳等。例如,检验轴瓦的瓦壳与其上瓦衬(耐磨合金层)的结合情况。

听响法只能定性地判断零件内部和表面有无缺陷,不能定量确定缺陷的种类、大小和部位,检验的准确度有赖于检验者的经验和对缺陷的判断,并且只适用于小零件。此法简便、灵活,随时可以进行,所以沿用至今。

(3)测量法

测量法是轮机员在船上进行检修和船舶进厂修船时广泛使用的重要检测手段。利用普通或专用量具测量磨损零件的尺寸和配合件的间隙以及腐蚀情况来判断零件的使用性能和确定修理方法。一般采用的普通量具有内、外径千分尺,百分表,内径百分表,塞尺等;专用量具、量仪有专用千分尺、长塞尺、桥规和样板等。

测量法检测精度高,使用方便、灵活,是船上和修船厂不可缺少的检测手段。然而测量精度取决于量具、量仪的精度和轮机员的检测技术水平。因此,轮机员应掌握各种量具、量仪的使用方法和维护方法,不断地提高测量技术水平和测量精度。

(4)液压试验法

对使用中要求具有较高密封性的零件通常进行液压或气压试验来检验零件内部的缺陷。新造或修理的零件或重新装配的组件均应进行密封性检查,例如气缸套、活塞等。

液压试验法实质上是在模拟使用条件下对承压零件材料内部缺陷进行检验的一种无损检验方法。

试验前,将待检零件上的孔、洞等堵塞,用专用夹具密封零件形成包括检验部位的封闭空腔,注满液体或气体,按要求加压至规定的压力,保持一定时间后观察零件外表面的渗漏情况,以确定零件能否使用。

试验用液体可选用水或油,也可用空气,依要求而定。试验压力依零件工作条件而定。例如,气缸套上部(1/3 气缸全长)是燃烧室组成部分,试验压力为 1.5 p_z(最高爆发压力)。四冲程柴油机气缸套内孔全长液压试验,试验压力为 0.7 MPa、保持 5 min 后检验气缸套外表面有无渗漏。

液压试验法符合零件的实际工作条件,检测准确、可靠,广泛用于新造和修理工作中。《钢质海船入级规范》、《船用柴油机修理技术标准》或“柴油机说明书”中对各种零部件的试验压力均有明确规定。

2. 船机零件的无损检验

随着现代科学技术的发展,无损检验技术在工业生产中日益重要,是产品质量管理的重要手段。现在,无损检验技术已成为一种新兴的综合性的应用技术,广泛用于工业各个领域和科学研究。

无损检验是在不破坏或基本不破坏零件、构件和材料,即不破坏零件、构件的形状、尺寸精度,表面质量和不改变材料的成分、性能及零件使用性能的前提下,采用物理、化学等方法探测零件材料内部和表面的缺陷及其某些物理性能。现代无损检验不仅探测缺陷,而且给出缺陷的定量评价。定量测量缺陷的形状、大小、位置、取向、分布和缺陷的性质等,定量测量零件和材料的物理、力学性能,如温度、残余应力、覆盖层厚度等。

无损检验技术对于控制和改进产品质量、保证产品的可靠性、保证机器和设备的安全运转和提高生产率等起着重要作用。无损检验技术主要应用在以下三个方面:

(1)监督和控制生产过程中的质量问题。在产品的生产过程中选用不同的无损检验技术,及时发现质量问题,对产品质量进行监控和管理。

(2)产品出厂前的成品检验和用户验收检验。新造和修理零件的质量检验和用户验收检验中均可采用无损检验技术。例如,对购进的大型曲轴进行磁粉探伤和超声波探伤,以验证曲轴表面和内部的缺陷情况与厂家提供的探伤报告是否一致。

(3)产品使用过程中的维护检验。对于长期使用的零件进行预防检验或对事故原因进行分析检验。

3. 无损检验技术

无损检验在船舶建造和修理中也广泛应用,如对船体钢板、船体焊缝、压力容器焊缝及船机零件缺陷进行渗透探伤、磁粉探伤、超声波探伤等。近年来研究和开发出新的无损检验技术如声发射、激光全息摄影等,均已获得迅速发展和应用,不久亦会应用于造船生产中。

(1)渗透探伤

液体渗透探伤是使用较早的一种检验表面缺陷的方法。液体渗透探伤的原理是利用液体的流动性和渗透性,借助毛细管作用显示零件表面上的开口性缺陷。

渗透探伤原理简单,操作方便、灵活,适应性强,可检查各种材料和各种形状、尺寸的零件,对表面裂纹有很高的检测灵敏度,但不能检测表面非开口性缺陷和皮下缺陷。按照渗透剂的不同主要有煤油白粉法、着色探伤和荧光探伤。

(2)磁粉探伤

磁粉探伤或称磁力探伤,是一种表面探伤方法,也是应用最早的无损探伤技术。具有设备简单、操作容易、检验速度快和灵敏度较高的优点,但仅适用于铁磁性材料。广泛应用于各种工业生产和修造船工业生产中。

磁粉探伤可以探测材料或零件表面和近表面的缺陷,对检验裂纹、发纹、折叠、夹层和未焊透等缺陷极为灵敏。采用交流电磁法可探测表面下 2 mm 以内的缺陷,采用直流电磁法可探测表面下 6 mm 以内的缺陷。

磁粉探伤设备有固定式、移动式和手提式三种磁力探伤机,显示介质为较细的纯铁磁粉(Fe_3O_4),直接使用干粉灵敏度高,但操作不便;把磁粉和煤油混合成湿粉,使用方便。

目前已研制成半自动、全自动磁粉探伤机,如曲轴半自动探伤机、钢材自动探伤机。除部分工序外,探伤从零件装夹、磁化、喷粉、到退磁等工序全部自动化。此外,水下磁粉检验可对船体水下部分、海上石油钻井平台的水下焊缝和海底管道的缺陷进行检验。

(3)涡流探伤

涡流探伤是一种探测金属零件或构件表面和近表面缺陷的无损探伤方法。涡流探伤是在电磁感应的基础上,利用在交变磁场作用下不同材料产生不同振幅和相位的涡流来检验铁磁性和非铁磁性材料的物理性能、缺陷和结构尺寸等的检验方法。

(4)超声波探伤

超声波探伤的研究始于20世纪30年代,50年代广泛进入工业领域,60年代研制出高灵敏度和高分辨率的超声波探伤仪有效地解决了焊缝探伤问题。目前,超声波探伤已成为工业无损检验中应用最广泛的一种方法,适用于各种工程材料和各种尺寸的锻件、轧制件、焊缝和某些铸件,各种机械零件和构件,如船体、锅炉、容器等都可利用超声波进行有效的探伤,可采用手动或自动化方式进行检测。利用超声波探测零件内部的缺陷,也可检测材料的物理性能,如无损检测厚度、硬度、淬硬层深度、晶粒度、残余应力、胶接强度、液位和流量等。

目前,超声波探伤仪的微机化可完成数据与图像处理。例如,全电脑对话式超声波探伤仪可在屏幕上显示回波曲线和检测数据,存储缺陷波形和打印数据、图形资料、编写探伤报告等。

(5)射线探伤

射线探伤是利用射线探测零件内部缺陷的无损探伤方法。利用X射线、γ射线和中子射线易于穿透物体和穿透物体后的衰减程度不同,使胶片感光不同的特点,来探测物体内部的缺陷。

(6)声发射探伤

声发射无损检测技术是20世纪60年代发展起来的一种探测材料或构件内部缺陷和进行质量评定的新技术。

(7)综合探伤法

随着科学技术的发展,无损探伤技术不断提高,新的探伤方法不断出现。在生产实践中,如何合理选用探伤方法进行经济而又有效地检测,这是无损探伤工作中的关键。

综合探伤法是在充分了解各种无损探伤方法的前提下,根据零件检测部位、检测质量的要求和经济性进行全面分析,合理地选用探伤方法,达到相互配合,准确、可靠和经济地进行检验的目的。例如,对一个零件的表面探伤和内部缺陷探测方法的选用。

二、清洗

船舶机械设备拆卸后应对其零件进行清洗,以清除零件表面上的油污、积炭、水垢和铁锈等污垢,必要时还应对管系进行冲洗,以除去拆卸时带入、残余或者沉积在其中的杂质和污物等。清洗也是检测的准备工作之一,清洁的零件表面便于检测和准确测量,更便于修理和装配;清洗后的管系,可以避免润滑油对机械设备的污染,利于机器的正常运转。因此,清洗工作是高质量维修的保证。清洗工作既要迅速、彻底和安全,又要避免对零部件造成损伤和腐蚀,同时应保证零件工作表面的精度。

(一)零件的清洗

船舶机械设备经过长期运转,其零部件表面会附着油污、积炭、水垢和铁锈等污染物。为了避免影响检测和装配工作,常用机械和化学方法对零部件进行清洗,或者采用机械、化学综合清洗来除去零部件或管系中的污染物。清洗工作要求快速和高质量,同时不能损伤零部件工作表面和造成其腐蚀。

1. 机械清洗

机械清洗就是用刮刀、钢丝刷、油石、砂布或者相应的设备,去除零部件工作表面上沉积较严重的积炭、铁锈和水垢等污染物。

(1)手工机械清洗

手工机械清洗就是用刮刀、断锯条等刮除非光滑配合面上的积炭或用钢丝刷刷掉积炭、铁锈和水垢,如图 4-18 所示;对光滑的配合面上的积炭、铁锈等可用铜或软刮刀刮除,然后再用柴油或汽油清洗干净。常用于清洗柴油机燃烧室的零件,如图 4-19 所示。

图 4-18　钢丝刷除锈

图 4-19　燃烧室零件的清洗

(2)喷丸机械清洗

喷丸机械清洗是利用水压把塑料软丸或者胶球压入管系中,利用弹丸对管壁的摩擦进行除垢,如图 4-20 所示。该方法常用于对炉管和冷凝管的清洗。

(3)超高压水射流除锈工艺

利用水是不可压缩的介质这一特性,提供足够的能量使高压水通过喷嘴被加速到非常高的速度(达 600 m/s,甚至更高),而获得喷射冲击能,来粉碎、消散或分解船舶机械设备或者船壳上的铁锈等污染物,如图 4-21 所示。由于水流速度与通过喷嘴孔的水压成正比,因此,通常采用直径较大的喷嘴获得较低的水压来除锈,以避免损伤船舶机械设备的零部件或者船壳。

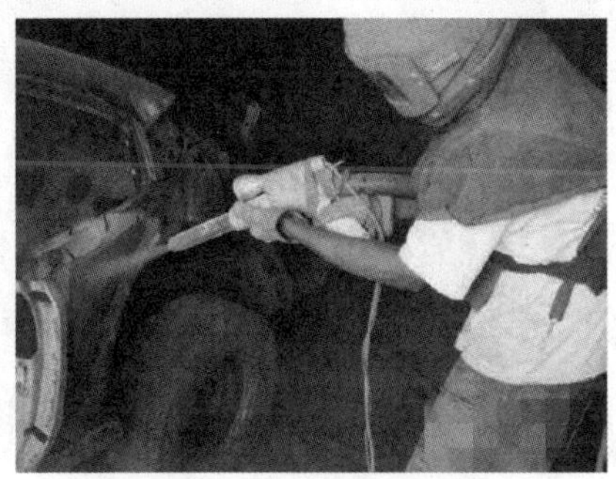

图 4-20　喷丸机械清洗

图 4-21　超高压水射流除锈

机械清洗操作简便,使用灵活,适用范围广,对清除零件表面积垢十分有效,广泛用于船上和修船厂。但此法容易损伤零件表面，产生划痕与擦伤，使零件在使用中再次产生积炭，受力的零件还容易形成应力集中以致引起裂纹。

2. 化学清洗

化学清洗就是利用化学药品的物理溶解和化学反应，清除零件表面上的油垢、结炭、漆皮、水垢和铁锈等。化学清洗主要有以下几种：

(1)油洗

油洗是化学清洗方法的一种，其原理是利用有机溶剂(如氟碳溶剂等)、汽油、柴油或煤油的物理溶解作用去除附着在零件表面上油污垢。清洗时，先将零件浸泡在油或有机溶剂中，过一段时间后，用抹布或刷子将零件上的油污清除干净，如图 4-22 和 4-23 所示。

图 4-22　浸泡清洗

图 4-23　清除油污

该方法操作简单灵活，易于使用，适用于清洗油污积垢不严重的零件，效果又快又好，应用广泛。但对积炭、铁锈和水垢等污物无效。而且，此方法不够安全，通常不推荐使用汽油，极易引起火灾。

(2)化学清洗剂清洗

化学清洗剂清洗主要是利用化学清洗剂的物理溶解性能(油垢)或者化学反应(水垢)，去除船舶机械设备上的污染物，如图 4-24 所示。

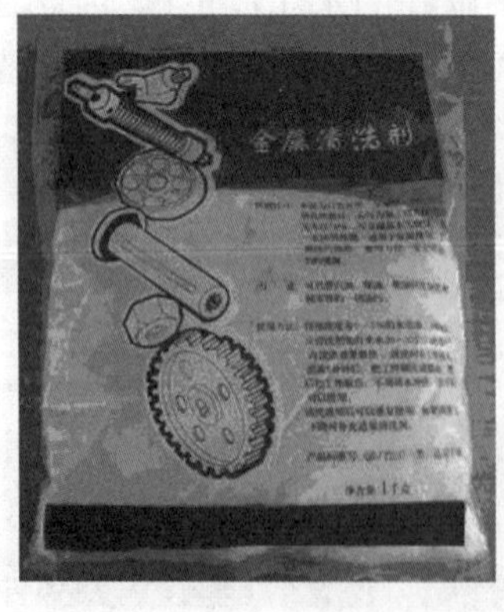

图 4-24　化学清洗剂

化学清洗剂主要有以下几种：

①碱性清洗剂

碱性清洗剂可有效地清除零件表面上的油、油脂污垢、油脂的高温氧化物、漆皮等附着物，如图 4-25 所示。船舶机械设备所用的零件材料不同，清洗剂的配方也不同。通常根据材料选用不同 pH 值的碱性清洗剂。一般钢质零部件可用强碱性（pH≥13）清洗剂，铸铁、铜、铝等材料的零部件可用中、弱碱性（pH≤12）清洗剂。将零件浸泡在 80～90 ℃碱性清洗液中 3～4 h 后，用压力为 5 MPa 的清水冲洗干净。但是，这种方法容易使零件表面生锈。

国外新型碱性清洁剂有碱性除油污清洁剂，该清洁剂是由碱、水处理剂、湿润剂和渗透剂组成的混合剂，是一种多种用途的船用浓缩清洁剂。碱性除油污清洁剂能除去各种污泥，适应硬水和海水，无闪点，使用于绝大多数清洗表面完全可靠，用任何性质的水稀释后，均具有优良的清洁作用。当使用喷雾清洁方法时，可以控制泡沫。

在使用任何碱性浓缩清洁剂时，应注意避免长期与皮肤接触，如果清洁剂与眼睛接触，应立即用大量的水冲洗并求医治疗，使用时参阅标签上的附加说明。

图 4-25　碱性清洗剂

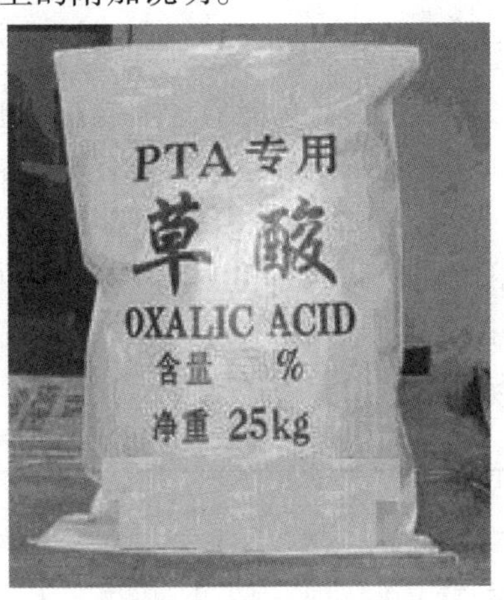

图 4-26　酸性清洗剂

②酸性清洗剂

酸性清洗剂与水垢、金属氧化物发生强烈的化学反应后，水垢和金属氧化物被溶解或脱落。酸性清洗剂是用盐酸、硫酸、磷酸、硝酸、氢氟酸、氨基磺酸等无机酸或有机酸以及缓蚀剂和水配制而成，多用于清除零件上的水垢和铁锈，如图 4-26 所示。

使用酸性清洁剂的注意事项包括：酸洗时应穿耐酸工作服和戴橡胶手套，戴好防护眼镜，防止烧伤人体；酸洗现场要挂安全牌，以免误入引起不测事故；酸洗前应对整个装置进行检查，并在清水循环水中消除外漏，防止由于严重堵塞造成胶管破裂事故；废酸溶液不准乱倒，以免引起对环境的污染及对其他设施的腐蚀。最好用废碱中和处理后再排放。

③合成洗涤剂

合成洗涤剂是近年发展起来的一种现代的新型清洗剂。合成洗涤剂是由表面活性剂（如烷基苯磺酸钠、脂肪醇硫酸钠）和各种助剂（如三聚磷酸钠）、辅助剂配制而成的一种洗涤用品，如图 4-27 所示。对于机舱中不同的机器及其不同的脏污有不同的清洗剂。以下列举国外的几种清洗剂。

“奥妙能”（AMEROYA1）全能清洁剂：全能清洁剂是一种中性多功能水溶性清洗剂，室温下可以迅速清除零件表面上的油污、铁锈、积炭和氧化物。在 60～80 ℃下清洗效果更好。全

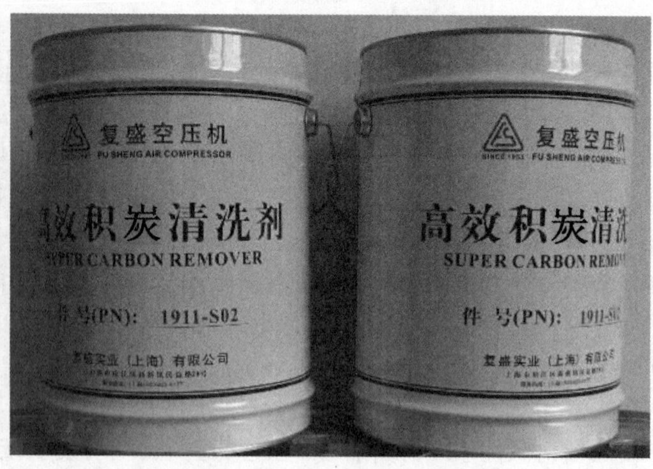

图 4-27 合成洗涤剂

能清洁剂完全溶于水，无异味和腐蚀性，但有刺激性，应避免与眼睛、皮肤和衣物等接触，使用时应戴保护镜和手套。全能清洁剂能有效地清洗涡轮增压器、热交换器、泵和管系等。

SNC200 除炭剂：积炭清洁剂具有很强的溶解力，可溶解油、油脂，能渗透和软化积炭（炭、烟灰、泥垢等），但不能溶解积炭，积炭软化松动后用水冲掉。较小零件一般浸泡 4~8 h，可使积垢完全溶解与松动；零件上积垢严重时，可在加热至 55~60 ℃的除炭剂中浸泡 24 h（最长）后，用水冲掉或用刷子刷洗，再用压缩空气吹干。大型固定件可刷洗清除积炭。表 4-1 中列出了几种清洗剂。

表 4-1 几种清洁剂的特性、使用方法及用途

名称	特性	使用方法	用途
多用途油污清洁剂（degreaser）	溶于水，使用安全，不需水冲洗，清洗时间短	擦抹或喷刷，纯清洁剂可与海、淡水混合使用	用于清除舱底各类油、油泥，清洁零件表面的油污
快速清洁剂（quick separating degreaser）	可溶性乳化清洁剂，具有特殊的清洁特性，快速分解，不损伤零件	用淡水或海水稀释。注意勿与眼睛、皮肤接触，勿吸入肺部	用于清洁机舱、舱底等处的污油
“奥妙能”净油机叶片清洁剂（disc cleaner）	完全溶于水，无腐蚀性，使用安全	室温浸泡或加热至 50~60 ℃使用更佳，最后清水洗净零件	清除净油机叶片上的炭渣等沉积物
“奥妙能”油和油脂清洁剂（draw oil and greaser remover）	中性，无毒，不损伤零件	用未经稀释或已稀释清洁剂刷、抹零件脏污表面，最后用水冲洗	清除机器、零件、工具和甲板、舱壁的油、油脂等脏污

续表

名称	特性	使用方法	用途
电气零件清洁剂	由专门脂肪族溶液和氯化溶液组成的混合剂,不含危险的、有毒的四氯化碳	电动机清洗剂可以用滴、擦或喷雾的方法清洗全部设备	用于大型马达、电气设备以及小型设备的××××
除锈剂	一种由湿润剂、酸和溶剂组成的浓缩混合体	使用于腐蚀部位,等待约 15 min,使除锈剂浸透于锈部位以溶解锈渍,再用淡水冲洗表面	除去金属部件工具和油漆表面的铁锈
空气冷却器清洁剂	由石油溶剂和化学剂混合制成的独特混合剂,具有乳化功能	循环法(原位清洗),浸泡法	除去在空气冷却器翅状管道上生成的油类沉淀物
深舱、双层柜清洁剂	一种化学混合物	在海上进行清洗时,海浪的自然翻滚为清洗提供了必要的机械力	清洗深舱、双层柜
碳溶油嘴清洁剂	由几种除重污的溶液混合而成的清洁剂	碳溶油嘴清洁剂可原液使用,或稀释至 3∶1 的浓度,将部件浸入盛有清洁剂的容器内或利用小型泵循环清洁剂,若要取得较快的效果,可将清洁剂加热到 54～60 ℃(130～140 ℉)。利用“马力达”专门搅拌设备可以加快清洗速度并避免额外的手工清洗工作	专门用以清除重油淤泥沉淀物、光漆和已碳化的油

3. 使用清洗剂应注意的事项

(1)选用清洗剂时应选用对人体健康无损害的清洗剂。还应注意有的清洗剂是易燃液体,因此在使用、贮存时要严格按照说明书的要求操作。

(2)船用清洗剂应满足下列安全因素:闪点>61 ℃;不含苯、四氯化碳、四氯乙烷、五氯乙烷和其他有毒成分的化学品。

(3)清洗时,工作场所应通风良好,要求佩戴保护器具,以减少与皮肤和呼吸道的接触。

(4)依清洗目的选用清洗剂,选用时认真查看商标或产品说明。

(5)使用乳化型清洗剂后不允许将其排入舱底或机器处所,因为许多清洗剂都会引起油水混合物乳化,或者几种不同品种的清洗剂同时排入机舱舱底,可能产生永久性乳化状油污水混合物,以致会造成分离设备不能正常运转,从而造成海洋环境的污染。

(6)化学清洗废液中含有未反应完的清洗药剂、垢物、清洗对象中溶解下来的金属离子以及悬浮物,由于上述物质所致,化学清洗废液中 COD(化学耗氧量)较高,颜色深、盐类浓度和 pH 值也较高,因此,要对化学清洗废液采取过滤、加凝絮剂、氧化剂等措施。

国际海事组织(IMO)的海上环境保护委员会经多次讨论研究,通过了“船舶机舱处所洗涤用的清洗剂”报告,制订出保护海洋环境的新措施。

(二)管系的清洗

任何新造或修理后的发动机,在起动运转前都必须冲洗其各种油或水的系统。为了保护发动机的零部件及其正常运转,起动前应认真、细心地冲洗主滑油系统、凸轮轴滑油系统和燃油系统。

当一台新造柴油机或一台完成大修的柴油机起动投入运转前,不论是在造机厂、修造船厂还是船上,都应该注意柴油机的各种油系统的清洁,以免留下后患。因为船舶建造或修理时的各种作业,如船体喷砂、舱盖焊接等不利于主柴油机的装配工作,落下的灰尘、焊渣、粉末等会进入机器、油箱和管系。在管子制造和管系组装时也可能带入灰尘、污物颗粒。经过长期运转的柴油机各种油系统中还会有污物积存,甚至沉积在管壁上。

主滑油系统脏污和润滑油不清洁将造成配合件的磨损加剧和其他故障。造成主轴承、十字头轴承、连杆大端轴承和各种轴承的损伤和轴颈的磨损,破坏润滑油膜,引起抱轴、拉缸等故障发生。清洗主滑油系统是为了彻底清除管路中残存的杂质、污物颗粒以及管壁上的污垢,防止它们进入轴承等配合件中,确保柴油机安全、可靠地运转。

三、船机装配

船舶机械设备的拆卸、检测和检修的目的是为了恢复其规定的使用性能,船舶机械设备的性能指标不仅与各零部件的修理质量有密切的关系,而且与各部件总体装配、调试质量密切相关。船舶主、副柴油机在检修中可能包括以下部件的装配:气缸盖部件的安装、气缸套的安装、活塞组件的安装、活塞杆填料函的安装、筒状活塞与连杆的装配、十字头式柴油机的活塞运动部件的装配和主轴承的安装等。

(一)装配要求

装配工作是一项极为重要的工作,装配质量直接关系到柴油机运转的可靠性、经济性和使用寿命。装配工作的主要技术要求应达到正确配合、可靠固定和运转灵活。具体要求如下:

(1)保证各个相对运动配合件之间的正确配合,恢复其原有的配合间隙,达到说明书或相关规范的要求;

(2)保证船舶机械设备各个零部件之间的可靠连接;

(3)保证相应船舶机械设备零部件轴心线的位置关系正确无误;

(4)保证定时和定量机构的准确连接;

(5)保证船舶机械设备的运动件能够保持动平衡;

(6)保证整个船舶机械设备装配工作过程的清洁。

(二)装配办法

装配过程中,既可能是对原件进行装配,也可能是对更换的备件或者是更换加工的配制件进行装配。一般来说,对于原件的装配较为顺利,如果是换新零件则装配工作需要采用一定的方法才能达到要求。

1. 调节装配法

装配过程当中可以通过调节某一零件或移动连接机构中某一零件的方法达到装配精度。例如,通过增减厚壁轴瓦结合面之间垫片的厚度来保证轴承间隙,通过移动连接机构零件对气阀间隙、气阀定时和喷油定时进行调整。

2. 机械加工修配法

常用的机械加工修配法主要有修理尺寸法、尺寸选配法、镶套法等,这些方法可以使配合件恢复配合间隙和使用性能。

3. 钳工修配法

钳工修配法即采用钳工的修锉、刮研或研磨等主要方法达到装配精度。例如,更换新轴瓦后,往往需要对轴瓦进行拂刮以满足轴与瓦的配合要求。

(三)装配过程中的注意事项

(1)应事先对机器的构造和零件之间的相互关系进行了解,以免装错或漏装。

(2)相对运动的零件的配合表面和工作表面应保持清洁、干净,而且不允许有任何擦伤、划痕或毛刺。

(3)为防止零件的摩擦表面(如气缸套内表面、活塞和活塞环外圆面)和螺纹等生锈,应在上面涂以清洁的机油。

(4)对于活动部件在装配过程中应边装配边活动,以检查转动或移动的灵活性,保证无卡阻。因为全部装配完毕后再活动不能及时发现装配工作中的问题,甚至造成返工,浪费时间。

(5)对于有方向性要求的零件,应注意安装方向,以免装错。例如,活塞上的刮油环在安装时刮刃尖端应朝下,这样才能将气缸壁上多余的润滑油刮下。如装反了就会向上刮油,压力环的泵油作用加强,大量滑油将进入燃烧室。

(6)使用过的金属垫片,如完好无损,可继续使用。但是纸质、软木、石棉等垫片应当一律换新。

(7)如果发现重要螺栓有变形、伸长、螺纹损伤和裂纹等情况,均应更换新的。安装固定螺栓的预紧力和上紧顺序均应按说明书或有关规定操作。

(8)对零件锁紧部位,开口销、锁紧片、弹簧垫圈、保险铁丝等均应按要求装妥,锁紧零件的尺寸规格亦应符合要求。

安装中,可以用木槌或软金属棒敲击零件,但不能敲打零件工作表面或配合面。

【课后作业】

1. 讲述船机拆检的注意事项。
2. 船用清洗剂主要有哪些类型?
3. 船机装配过程中有哪些注意事项?

【工作任务】

任务一　船机拆检

一、工作目标

通过拆卸和拆卸中的检测，摸清故障的性质、范围和程度，找出故障的原因。

二、材料用具

船机拆检教学资料、引导文、任务书、评价表；多媒体、黑板、计算机；夹具、刀具、量具、常规拆卸工具、专用拆卸工具。

三、工作过程

1. 拆卸前的准备工作

(1)人员的准备

根据设备拆卸工作量的大小，并且在保证人员、设备安全的前提下，合理的安排人员并分工。要求相关工作人员着工作服，戴安全帽，做好安全预防措施，如图 4-28 所示。

(2)技术准备

机械设备种类繁多，构造各异。拆装人员必须了解所拆机器的结构特点和装配技术要求，做到心中有数。必要时应查阅有关说明书和图样资料，搞清装配关系、配合性质，不能粗心大意、盲目乱拆。同时应明确拆装目的，制订拆装方案。

(3)用具、备件、场地的准备

包括拆卸工具(专用工具、常用工具)的准备；吊车、吊具等起重设备的准备；需要更换的零部件或易损件的备件的准备；木板、支架等零部件放置场地的准备。

①工具的准备

对船舶机器设备进行检修时需要的工具包括：通用和专用工具、通用和专用量具、各种随机辅助设备等。所准备的通用工具和量具的种类、规格和精度等应能保证全部拆检工作的顺利进行。

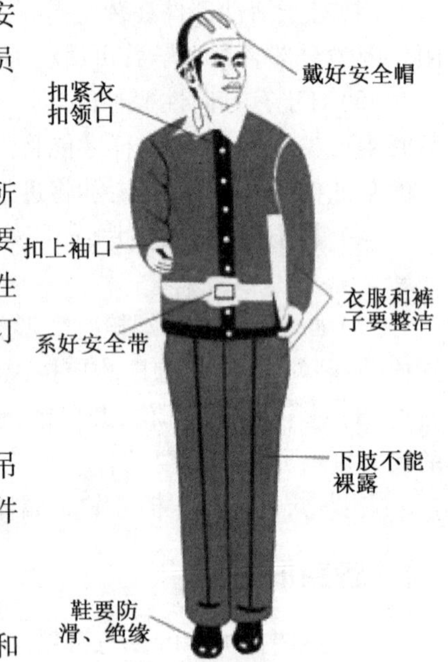

图 4-28　着装要求

在船舶拆卸过程中经常用到的通用工具有扳手、手锤、钳子和一些其他钳工工具。

在船舶拆卸过程中经常用到的专用工具有气缸套拆装专用工具、活塞环拆卸专用工具、活塞组件装入气缸专用工具、主轴瓦拆装专用工具和液压拉伸器等。

在船舶拆卸过程中经常用到的通用量具有塞尺、内径和外径千分尺、百分表、游标卡尺、钢直尺和样板等。

在船舶拆卸过程中经常用到的专用量具有臂距表(拐挡表)、桥规、量缸表、专用塞尺和平尺等。

②起重设备的准备

拆卸船舶机械设备上重量较大的部件时,经常使用各种起重工具和设备。最常用的起重设备是环链式手拉葫芦和起重行车;此外,吊装工作中还会用到一些其他的工具和索具等,例如液压千斤顶、卸扣、吊环、钢丝绳、滑车、撬棒和连接固定螺栓等。

采用机舱起吊设备进行吊运时,应当根据部件的重量选择相应的起吊工具;检查起吊控制开关操作的灵活性;同时,检查行吊情况,确保吊运工作安全可靠。

③其他物料准备

为了保护重要的零件和管口等,需要对其进行支垫和包扎,因此要准备木板、厚纸板、垫料和填料、布或塑料布、木塞等物料。此外还需准备棉纱、油料等各种消耗品。

2. 拆卸过程

(1)确定拆卸范围

拆卸中应当注意根据故障确定合理的拆卸范围,不能随意扩大,能不拆的机件尽量不要拆。因为不必要的拆卸可能会使机件原有的配合精度遭到破坏或已磨合部位的相对位置被改变,造成零件损伤,扩大安装误差。

(2)确定正确的拆卸顺序

船舶机械设备的型号不同,其结构也不同,拆卸和安装的顺序也不尽相同。因此,拆卸人员在拆卸前应当仔细阅读相关说明书,并充分掌握机器的结构特点,了解拆装要求、随机拆装专用工具的使用方法等。

虽然机器的结构千差万别,但一般应当遵循如下顺序:

①先拆易损件、附属机件,后拆主要机件。

②先上后下,从里到外,即应先从机器的上部、外部开始拆卸,然后再拆卸机器的下部、内部机件。

③先拆整件后分解,即在拆卸机器时,应先将整体机件拆下来,然后再进行分解拆卸,如各类泵、各类阀、调速器、增压器等。

(3)保证零部件原有的精度

船舶机械装备拆卸过程中,应当保证不损伤零部件,不能破坏零部件的尺寸、形状和位置精度,重点保护好配合件的配合表面。例如,吊缸时取下的活塞应当放在支架上或者平铺好的木板上。特殊情况时,允许在保护大件、重要件精度的前提下牺牲小件、不重要件,以便完成拆卸工作。例如,活塞环黏着在环槽中时,可将活塞环损坏,从环槽中取出,但是要保证不能损坏活塞环槽。当然,重要的或者高精密的部件不要在现场拆卸,应当系标签名称和所属的位置,送到船上工作间或者岸上的船厂车间或实验室进行解体修复。例如,柴油机喷油泵和喷油器应在船上雾化试验台或者船厂车间解体,以保证精度。

(4)保证正确装复船舶机械设备

在拆卸船舶机械设备之前,应当考虑拆卸检测后的装复工作,拆卸的前提是能够保证正确的装复。所以,拆卸前应当认真地阅读船舶机械设备的说明书,充分地掌握所要拆卸的机械设备的结构特点;拆卸过程中,要细心地观察和记忆,并做标签或者标记号,还可以用照相机和摄像机做记录;检测的过程中,合理选择检测方法,避免损伤零部件和破坏零部件的配合精度;以便于船舶机械设备的装复工作。

3. 拆卸中的检测

船机拆卸前、拆卸过程中的检验和测量是对机器的剖析和透视,是查明故障、分析和诊断故障原因、制订修理方案的重要依据。

船机拆卸过程中,要对船舶机械设备进行检验和测量。对拆开的配合件工作表面进行观察,从配合件表面的氧化、变色、拉毛、擦伤、腐蚀、变形和裂纹等现象判断故障的部位、范围和程度。测量零部件的尺寸,从而计算磨损量、几何形状误差和配合间隙等,并据此判断零件的磨损、腐蚀或变形程度。例如,测量曲轴外径和计算磨损量、圆度与圆柱度误差;测量桥规值和曲轴臂距差值,来判断曲轴状态和轴瓦的磨损情况等。

在拆卸过程中,必要时要对重要的零件进行无损检测,以查明零件表面或内部存在的缺陷和损伤。如发电柴油机修理时,对连杆螺栓进行着色探伤或磁粉探伤,检查连杆螺栓表面有无疲劳裂纹,并且测量其长度,以检查有无变形;利用超声波技术检测管路腐蚀、焊缝的缺陷和转子、法兰等得疲劳破坏等。

四、考核内容与评分标准

(一)考核内容

1. 相关知识

(1)拆卸前的准备工作;

(2)拆卸过程的正确性。

2. 操作技能

(1)充分做好拆卸前的准备工作;

(2)按照正确的操作步骤进行拆卸。

(二)评分标准

该任务的成绩由相关知识成绩(40%)和操作技能成绩(60%)两部分构成。在相关知识部分,设备的操作程序与日常维护管理要点各占20%;在操作技能部分,设备的操作熟练程度和维护保养技能各占30%。

任务二　清洗

一、工作目标

柴油机启动前必须进行油系统的专门冲洗,以保证各种油系统的清洁,尤其是润滑油系统的清洁最为重要。通常,柴油机的主滑油系统采用标准润滑油进行清洗,燃油系统采用柴油进行清洗。

二、材料用具

管系清洗教学资料、引导文、任务书、评价表、多媒体、黑板、计算机;夹具、刀具、量具、管系清洗工具、标准润滑油。

三、工作过程

1. 准备工作

主滑油系统清洗前最主要的准备是:首先清洁主柴油机的内部和链条箱的内部等,可用连接到主滑油管上的软管进行冲洗。然后清洁主柴油机外部管路中的污物,通过滤器和分油机进行清除。但应注意,柴油机外部滑油管路清洗一定要与其内部滑油管路分开来,绝不允许清洗外部管路的油液流经主机。

2. 管口的堵塞

堵住连通到曲柄箱的各主轴承的滑油支管,使滑油不能进入各主轴承、链条箱轴承和喷嘴、推力轴承和十字头轴承、纵振和扭振减振器、力矩平衡器和增压器轴承。图 4-29 为 MAN B&W 型柴油机主滑油系统清洗时堵塞管口的示意图。图中 1、2 分别为装于主轴承、伸缩套管和十字头轴承的盲板法兰。盲板法兰的结构如图 4-30 所示。

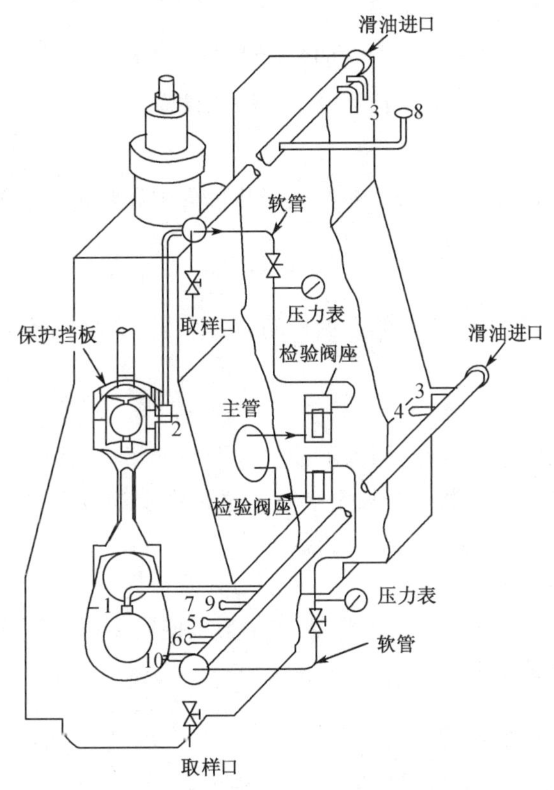

图 4-29 MAN B&W 型主柴油机主滑油系统的管口堵塞

1—主轴承滑油旁通盲板;2—十字头轴承旁通盲板;3—堵塞到主链轮轴承和喷嘴的油管;4—堵塞到推力轴承的油管;5—堵住或旁通纵振减振器油管;6—堵住扭振减振器油管;7—堵住前力矩平衡器驱动轮的油管;8—堵住或旁通增压器油管;9—堵住液力张紧轮的油管;10—堵住 PTO-PTI 动力齿轮的油管

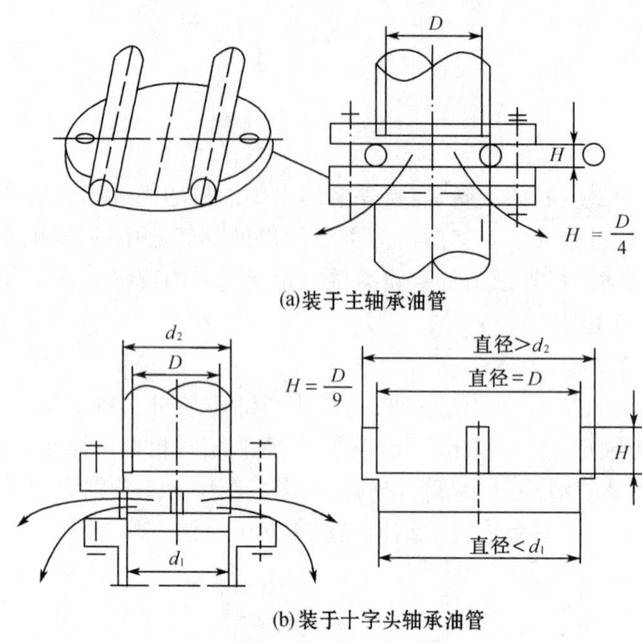

(a)装于主轴承油管

(b)装于十字头轴承油管

图 4-30　盲板法兰结构

3. 保护十字头轴承

由于十字头轴承上盖设计成开式,在主机安装过程中和整个清洗过程中均应将其盖住,以防脏污物落入轴承。

4. 振动或敲击管系

清洗期间,为了使沉积于管壁上的污垢松动,采用便携式振动器或手锤敲击管子,然后将脱落的污物清除。

5. 清洁油柜和管端

清洗时应注意清洁油柜和管端,因为滑油中的颗粒和污物会沉淀在油柜底部和管端,如果不被清洁,当柴油机运转时,滤器就会频繁堵塞。这是由于油温升高或船舶的摇摆倾斜,使沉淀在油柜底部的颗粒、污物与油再次掺混所致。

6. 润滑油的温度和流速

清洗时,应将润滑油加热至 60~65 ℃为宜。为了使管系内的润滑油充分扰动,滑油应以一定的流速流经主滑油系统。

四、考核内容与工作标准

(一)考核内容

1. 相关知识

(1)清洗工作的准备及相关防护;

(2)清洗方法及过程。

2. 操作技能

(1)正确选用清洗剂和工具,做好堵塞和保护工作;

(2)按照正确方法清洗,效果明显。

（二）评分标准

该任务的成绩由相关知识成绩（40%）和操作技能成绩（60%）两部分构成。在相关知识部分，设备的操作程序与日常维护管理要点各占 20%；在操作技能部分，设备的操作熟练程度和维护保养技能各占 30%。

任务三　船机装配

一、工作目标

在船舶机械设备的装配过程当中，必须认真按照装配工艺的各项技术要求和装配规则进行安装，并且随时进行检测和调整，以确保被拆下部件的正确装复，恢复船舶机械设备的原有工作性能。

二、材料用具

船机装配教学资料、引导文、任务书、评价表、多媒体、黑板、计算机；夹具、刀具、量具、船机装配专用工具和通用工具。

三、工作过程

（1）清洁工作。装配前，零件应彻底清洁干净，要注意清除备件、修理过的或新配制的零件上的毛刺、尖角等瑕疵，配合面上更应保证无瑕疵与脏污。

（2）为保证连接件的紧密贴合，应该对连接零件的结合面进行必要的修锉与拂刮。例如，气缸套与气缸体的结合面的修刮。

（3）在装配过程中，对有过盈配合的配合件，可以采用敲击、压力装配、热套合装配和冷套合装配。

（4）对某些部件（如气缸套、活塞等）应采用液压试验检验零件或系统的密封性。

（5）对各部件、配合件及机构进行试验、调整和磨合运转等。例如，气阀间隙的调整，气阀定时的调整，喷油定时的调整。

（6）装复机器，并作整机的检验与调试，以检验机器的修理质量和技术性能，达到检修的目的。

四、考核内容与工作标准

（一）考核内容

1. 相关知识

（1）材料用具的选用；

（2）装配方法和要点。

2. 操作技能

（1）选用正确的工具和材料；

（2）装配方法得当，调整及配合符合要求。

（二）评分标准

该任务的成绩由相关知识成绩（40%）和操作技能成绩（60%）两部分构成。在相关知识部分，设备的操作程序与日常维护管理要点各占 20%；在操作技能部分，设备的操作熟练程度和维护保养技能各占 30%。

项目五　船机零件的常用修复工艺

【知识目标】

通过学习,掌握各种修复工艺的特点、区别以及适用的修理对象等基本知识。对金属扣合工艺、机械加工修复工艺、研磨工艺、焊接工艺、黏结工艺等船机零件修复工艺的基本过程要有一定的了解,对损坏的船机零件能合理地选择上述修理工艺,进行修复,恢复原有功能。

【技能目标】

通过学习,掌握金属扣合工艺、机械加工修复工艺的工艺原理、工艺特点及适用范围;掌握研磨工艺、焊接工艺、黏结工艺等船机零件修复工艺的基本操作,并具有运用上述工艺对船机零件进行修复的能力。

【必备知识】

一、船机零件的常用修复工艺

在实际零件的修理工作中,由于待修的零件损坏的情况千变万化,因此不仅需要正确、合理地选择修复工艺,灵活机动地运用修复工艺,而且还需要不断地引进和开发新的修复工艺。

(一)对船机零件进行修复的意义和前提条件

对损坏的船机零件进行修复,不仅可恢复零件的使用功能、延长使用寿命,而且可节约修船经费,提高经济效益。尤其是在没有备件或条件不允许更换备件的情况下,修复零件或现场修复零件对于提高船机设备的可靠性,保证航行安全和提高船舶的营运效益具有十分重要的意义。

对损坏的船机零件进行修复一般应具备以下几个主要的前提条件:

1. 有合适的修复工艺并具备相应的技术条件,在规定的时间内能够修复损坏的零件。

2. 零件修复后能够保证足够的强度、刚度和使用安全,基本恢复原有的技术性能。

3. 零件修复后一般要能使用一个修理间隔期。例如螺旋桨、艉轴、艉轴套等零部件,修复后应能使用到下一次船舶进坞。船机零件的保修期一般为:运动件 3 个月,固定件 6 个月。

4. 在满足上述条件的前提下,还应适当考虑零件修复的经济性,一般说来,如果零件的修复费用小于2/3倍新零件的制造或购买费用,就认为对损坏零件进行修复是值得的。

但是在实践中,有时遇到购买、制造新零件的时间过长,或无法拆卸旧零件的情况,为了应急,在保证零件修复后的强度、刚度和使用安全的前提下,为了保证船舶的营运效益,一般不计较“零件的修复费用”,也不一定非要追求使用一个修理间隔期。

(二)相互配合零件磨损后的修复原则

经过长期使用,两个相互配合的零件由于磨损,其尺寸、形状和配合间隙都发生了变化。这些零件被修复后并不一定要求其尺寸、形状和配合间隙都恢复原样。一般要求修复后配合件的形状和配合间隙要恢复到原设计的要求,但尺寸不一定非要恢复到原设计尺寸。因此,有两项相互配合零件磨损后的修复原则:

1. 改变配合件的原设计尺寸,恢复配合件的形状和原设计的配合间隙值,从而恢复其工作性能。符合该项修复原则的修理方法有修理尺寸法、尺寸选配法等。

2. 恢复配合件的原设计尺寸、形状和配合间隙值,从而恢复其工作性能。符合该项修复原则的修理方法有恢复尺寸法等。

(三)船机零件修复工艺的选择

1. 修复工艺的种类

修复工艺有许多种类,常用的修复工艺见表5-1。其中有许多工艺既可用来制造零件,也可用来修复零件。例如在下列常用的修复工艺中,除了金属扣合工艺、机械加工修复工艺中的修理尺寸法、恢复尺寸法、附加零件法、换位加工修理法等一般仅用于修复零件外,其他多数修复工艺同时也是制造工艺。

表5-1 常用的修复工艺

序号	修复工艺	具体方法	零件的失效形式
1	机械加工	修理尺寸法、恢复尺寸法、尺寸选配法、局部更换法、附加零件法、换位加工修理法	磨损、腐蚀、裂纹、加工失误
2	金属扣合	强固扣合法、强密扣合法、加强扣合法	裂纹、断裂、腐蚀
3	塑性变形	冷校法、热校法、加热—机械校直法	塑性变形
4	黏结	有机黏结剂、无机黏结剂	磨损、腐蚀、裂纹
5	焊接	手工电弧焊、气焊、氩弧焊、埋弧焊、钎焊	磨损、腐蚀、裂纹、断裂
6	研磨	粗研、半精研、精研	磨损、腐蚀
7	手工加工	锉、铲、刮拂、打磨、抛光	磨损、腐蚀
8	成套换修法	成套换修法	磨损、腐蚀、疲劳

表5-1中的“手工加工修复工艺”是在无法(或没必要)使用机床加工或机床加工质量达不到要求的情况下,由人工使用手动工具或手持电动(气动)工具来完成的加工工作。诸如:锉削、锯削、錾削、刮削、打磨、抛光、钻孔、锪孔、铰孔、攻螺纹、套螺纹、铆接等。

表5-1中的“成套换修法”是为了缩短修理时间,将损坏零件的总成或设备整体拆下,迅速换上备用的总成或设备继续运转,拆下的损坏零件的总成或设备经修理后作为备件备用。例如一台6缸柴油机的整体式高压油泵在运转中有一对柱塞/套筒偶件间隙过大或咬死,立即换上备用的高压油泵,而换下的高压油泵经修理后作为备件备用。

2. 修复工艺的选择

合理选择修复工艺是成功修复零件、提高修复质量、降低修船费用和缩短修船时间的关键环节。但是船机零件的修复工艺有许多种，每种修复工艺的特点和适用性各有不同；而需要修复的船机零件，其材料、结构、尺寸和修复要求又千变万化，因此要想合理、正确地选择修复工艺，必须考虑以下几个问题：

(1) 修复工艺是否适合零件的材料

每一种修复工艺对零件的材料都有一定的适用范围，因此在修理之前，首先应搞清楚待修零件的材料，然后根据零件的材料选用合适的修复工艺。表 5-2 为常用修复工艺对零件材料的适应性。

表 5-2　常用修复工艺对常用零件材料的适应性

序号	修复工艺	低碳钢	中碳钢	高碳钢	合金结构钢	灰铸铁	不锈钢	铜合金	铝合金
1	镀铬	+	+	+	+	+	−	+	×
2	镀铁	+	+	+	+	+	−	×	×
3	气焊	+	+	−	+	−	×	+	−
4	手工电弧焊	+	+	−	+	−	+	×	×
5	钨极氩弧焊	+	+	−	+	×	+	+	+
6	埋弧焊	+	+	×	+	×	+	×	×
7	CO_2 气体保护焊	+	+	×	+	×	×	×	×
8	氧气-乙炔钎焊	+	+	+	+	+	+	+	−
9	黏结	+	+	+	+	+	+	+	+
10	金属扣合	×	×	×	×	+	×	×	×
11	塑性变形	+	+	×	+	×	+	+	+

注:“+”表示修理效果良好;“-”表示修理效果一般;“×”表示不可使用或一般不使用。

在修船工作中，由于不懂或忽视了修复工艺对零件材料的有限适用范围，而错误地选择了修复工艺，导致修复失败并影响了航运。例如，气缸盖、气缸套、增压器壳体、柴油机机体等零部件一般都是铸铁材料，如果出现裂纹，应优先考虑采用金属扣合工艺修复，不可轻率地采用手工电弧焊利用普通焊条修复。因为铸铁材料的可焊性很差，容易产生白口组织和裂纹。有时待修的铸铁件原本仅有一条短裂纹，在没有经验和可靠技术的条件下，采用电弧焊修复很可能是焊完就裂，磨掉裂纹后再焊再裂，最后形成一大片裂纹区而导致零件报废，并因此影响船舶的航运效益，如果想要焊接，可选铸铁焊条，采用适当消除应力的工艺，也可焊接修复。

(2) 修复工艺是否能达到待修零件所需要的修补层厚度

零件的磨损层的厚度不同，修复时所需要的修补层厚度就不同；而每一种修复工艺所能达到的修补层厚度也有大有小，因此应根据待修零件所需要的修补层厚度来选择修复工艺。每种修复工艺的单层修补层厚度都有一个合理的范围，过薄或过厚都会出问题。表 5-3 为几种常用修复工艺的单层修补层厚度。

表 5-3 几种常用修复工艺的单层修补层厚度

修复工艺	气焊	手工电弧堆焊	埋弧焊	钎焊	镶套
单层修补层厚度/mm	0.3~7.0	0.7~4.0	1.0~4.0	0.2~4.0	>2.0

(3)零件的结构和尺寸是否限制修复工艺的实施

实际零件的结构和尺寸各种各样,有些零件的结构和尺寸会限制某些修复工艺而无法采用。例如太薄的铸铁零件不能采用金属扣合工艺等。

(4)修复工艺是否能引起零件变形和改变零件材料的组织与性能

如果采用某种修复工艺修复零件时,不会使零件的温度升高或温度升高不多,一般不会引起零件变形和改变零件材料的组织与性能。但有些修复工艺如喷焊、堆焊工艺会使零件的整体或局部处于高温,这样就会使零件材料的组织和性能发生变化,并引起零件变形,造成零件报废。因此,一般不允许变形的零件不能采用气焊、手工电弧焊、喷焊等普通的焊接工艺,除非采用特殊的无变形焊接工艺。

(5)修复工艺是否能保证零件的各种强度和刚度的要求

所选的修复工艺应该能保证零件的各种强度和刚度要求。如果有几种工艺都可满足前面的各项要求,那就应该从中选用能获得较高的零件强度、修补层强度、修补层与零件的结合强度的修复工艺。例如,在曲轴的主轴颈磨损失效但自身强度尚足够的情况下,采用电弧喷涂或低温镀铁工艺都可满足前面的各项要求,但从修补层与零件的结合强度和修补层的自身强度来说,低温镀铁远高于电弧喷涂,所以应该优先选用低温镀铁工艺进行修复。

二、金属扣合工艺

(一)术语

1. 金属扣合(Metalock)工艺

金属扣合工艺是将特殊的连接件(如波浪键、加强块或螺栓等)镶嵌或安装到零件的裂纹处或断裂处,通过连接件与零件基体之间的相互扣合、卡阻和啮合作用,将有裂纹的或断裂的零件连接(并密封)起来的一种修复方法,如图 5-1 所示。

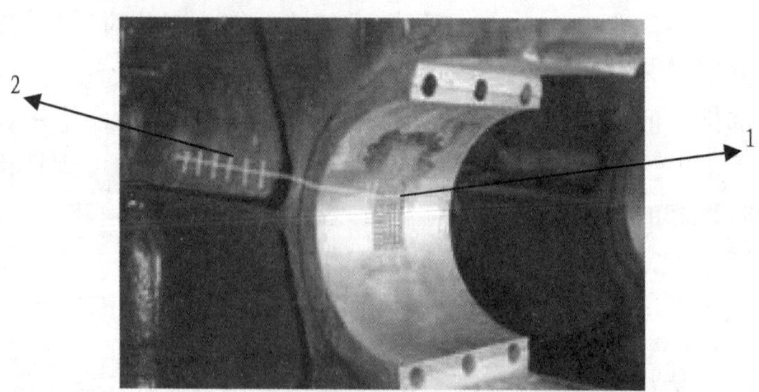

图 5-1 金属扣合工艺修复轴承座裂纹

1—裂纹;2—扣合连接处

2. 波浪键(Metalocking Key)

波浪键是金属扣合工艺技术的核心。波浪键具有凹凸起伏的波浪形结构,使其像链子一样可使裂纹(或配合面)两侧的金属被紧紧地锁固在一起。波浪键是金属扣合工艺所使用的扣合连接件中最主要的连接件。波浪键的形状是由若干个圆柱体形状的

“凸圆柱”和长方体形状的“连桥”相互连接所组成。波浪键的上底面和下底面是两个相互平行的平面。波浪键的“凸圆柱”数量必须是奇数，一般为5、7、9个，见图5-2。

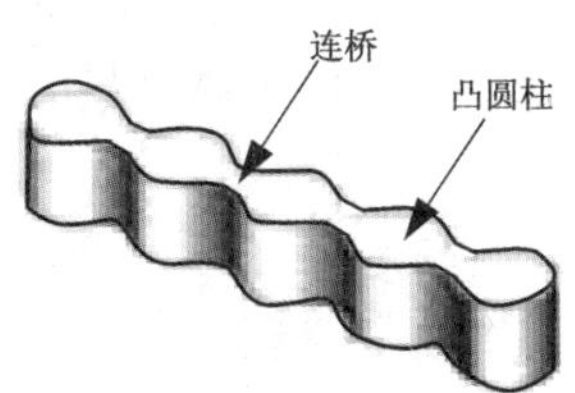

图5-2　波浪键的形状

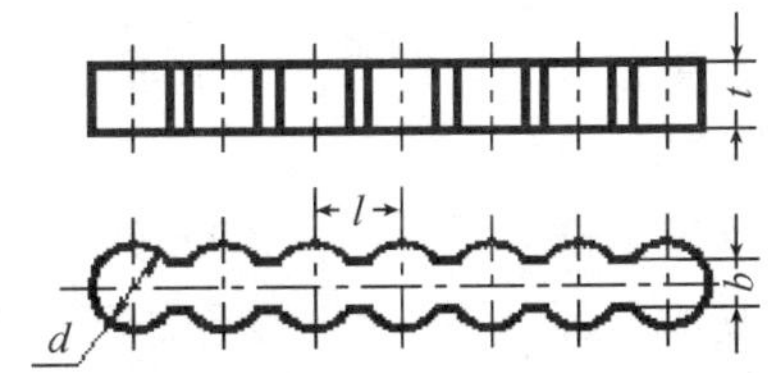

图5-3　波浪键的基本尺寸

波浪键的尺寸有连桥的宽度 b、凸圆柱的直径 d、凸圆柱的中心距 l，波浪键的高度 t，如图5-3所示。一般以连桥的宽度 b 作为基础尺寸，b 一般为3~6 mm，取整数。其他尺寸 d、l、t 按下列公式确定：

凸圆柱直径 $d=(1.4\sim1.6)b$

凸圆柱中心距 $l=(2.0\sim2.2)b$

波浪键高度 $t=(1.0\sim1.2)b$

波浪键属于非标准件，市场上买不到，只能自制。其制造方法有：精密铸造、冷挤压、电火花线切割。采用精密铸造和冷挤压制造出来的波浪键精度较低，一般达不到要求。采用电火花线切割的方法制造的波浪键精度很高，又不用制作模具。由于波浪键的用量不大，通常准备好合适材料的板材即可。

（二）金属扣合工艺所使用的连接件的材料

金属扣合工艺所使用的连接件有波浪键、加强块、密封螺栓和圆柱销等。

对制造扣合连接件的材料的基本要求是：强度高，塑性好，初始硬度不高，形变强化效果明显；热膨胀系数低于或相近于零件本体材料。

如果修复高温下工作的铸铁零件，如气缸盖、气缸套等，扣合连接件的材料最好采用因瓦（Invar）合金Ni36或Ni42。此类合金不仅具有塑性好、形变强化效果明显、扣合强度较高、不生锈等特点，而且其热膨胀系数明显低于铸铁，被称作低膨胀合金。用Ni36制作的波浪键，当铸铁件受热膨胀时，由于波浪键的膨胀量小，可起到紧紧压住裂纹，阻止裂纹扩张的作用。国外专业的金属扣合公司在修复高温下工作的铸铁零件时，都采用因瓦合金制作扣合连接件。但此种材料不是通用材料，在市场上很难买到，需要特制，若没有因瓦合金也可用热膨胀系数与铸铁相接近的低碳钢20钢代替。由于不锈钢的热膨胀系数明显高于铸铁，因此修复在高温下工作的铸铁零件，不宜采用不锈钢制作扣合连接件。

当修复在常温下工作的铸铁零件时（如柴油机机体），扣合连接件的材料可采用不锈钢0Cr18Ni9、1Cr18Ni9等，此类材料的初始强度较高，经过铆击塑变后强度可再提高50%，扣合强度较高，不会生锈，但热膨胀系数比铸铁高，只能用于在常温下工作的铸铁零件。也可采用低碳钢15、20钢制造，此类材料的初始强度较低，通过铆击塑变后其强度可提高20%以上；容易生锈，但热膨胀系数比不锈钢低，与铸铁材料相近。国外专业的金属扣合公司在修复常温下工作的铸铁零件时，也采用因瓦合金制作扣合连接件。

（三）金属扣合工艺的主要特点

金属扣合法的整个修复工艺过程完全在常温下进行，因此，无须考虑修复件的热变形带来的影响。主要特点有：

1. 该工艺可对存在裂纹、破损、孔洞及其他缺陷的机件进行修复。一般仅用于壁厚大于 8 mm 的铸铁件的修理。

2. 金属扣合工艺在常温下完成修理，零件不会变形，也不会改变零件本体材料的组织和性能，修理质量可靠。

3. 能基本恢复零件原有的强度，也可以恢复零件的密封性。

4. 基本上都是手工加工，不需要复杂的设备；大型机件可以在现场修理。

5. 工艺简单，成本低，修理周期短。

(四)金属扣合工艺的分类

金属扣合工艺的种类主要有：强固扣合法、强密扣合法、加强扣合法和热扣合法。

1. 强固扣合法

强固扣合法也称波浪键扣合法。它是在零件上垂直于裂纹的方向加工出若干个与波浪键相同形状和尺寸的波形槽，将波浪键嵌入波形槽内，波形槽与波浪键之间大约有 0.1 mm 的间隙。铆击波浪键，使波浪键产生塑性变形而充满波形槽；同时使波浪键产生加工硬化，强度和硬度明显提高。依靠波浪键与波形槽相互之间的扣合、锁固作用，将裂纹紧紧压住，使裂纹件两侧连接在一起。由于金属扣合工艺必须在铸铁件上加工波形槽并铆击波浪键，因此太薄的铸铁件(壁厚小于 8 mm)不能采用金属扣合工艺。强固扣合法适用于壁厚在 8~45 mm，不需要密封裂纹，承受载荷不是特别大的铸铁件，如图 5-4 所示。

2. 强密扣合法

强密扣合法或称波浪键—密封螺丝扣合法。它是在上述强固扣合法的基础上，再沿着裂纹一个挨一个地钻孔、攻丝，旋入涂有胶黏剂的密封螺丝，然后割断、磨平。各密封螺丝之间相互重叠相割，重叠量 1 mm 左右，目的是密封裂纹和防止螺丝转动。沿整个裂纹长度上装满密封螺丝后，就形成了一条金属纽带。这条金属纽带不仅可以起到密封裂纹的作用，而且可以起到抵抗修理平面内和垂直于修理平面的两个方向的剪切力，使零件的修复强度明显提高。最后将修理表面打磨平整、光滑。各个密封螺孔的钻孔、攻丝顺序以及强密扣合法修理完毕后的状况如图 5-5 所示。

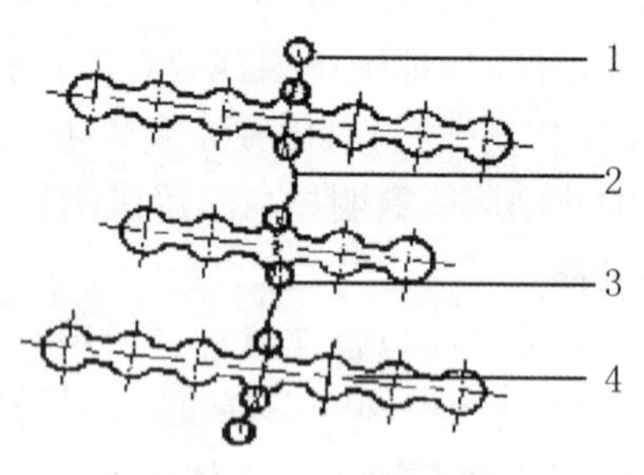

图 5-4 强固扣合法修理机件

1—止裂孔螺钉；2—裂纹；3—固定螺钉；4—波浪键

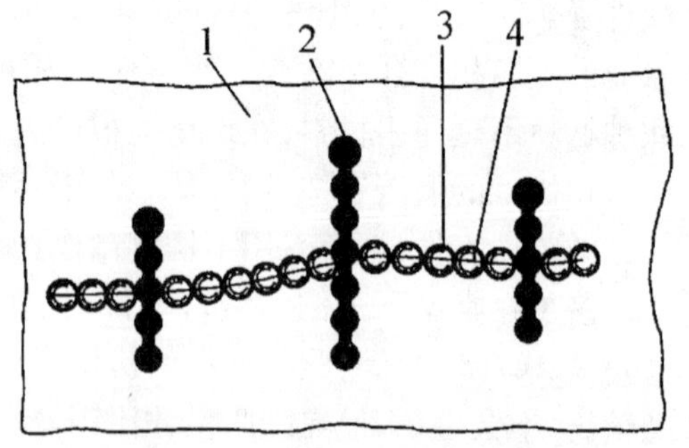

图 5-5 强密扣合法修理机件

1—机件；2—波浪键；3—密封螺钉；4—原始裂纹

密封螺丝可选用 M5~M12 mm 的规格。密封螺丝的材料可与波浪键相同，但从经济性角度出发，一般都选用低碳钢材料。

采用强密扣合法修理完毕后，检验修理质量的方法有：

（1）肉眼观察的方法。

（2）采用敲击听响法检验，敲击修理部位，若发出坚实声音，证明修理质量良好。

（3）有密封性要求的零件应该打水压试验。

强密扣合法同样适用于壁厚在 8～45 mm 的铸铁件，但强密扣合法承受载荷的能力高于强固扣合法，并且可以满足零件的密封性要求，常用来修复柴油机的气缸套、气缸盖等要求密封的、有裂纹的铸铁零件。

3. 加强扣合法

加强扣合法亦称加强块扣合法，它适用于承受高载荷，壁厚大于 45 mm 的铸铁件。加强扣合法主要采用“加强块”作为扣合连接件。加强块是较大尺寸的、矩形的、高强度的合金钢块，其形状见图 5-6 所示。加强扣合法的加工方法是在铸铁件上垂直裂纹的方向加工出与加强块形状和尺寸相吻合的凹槽，涂上胶黏剂，将加强块镶嵌到凹槽中，在加强块与铸铁件的交界线上钻孔，铆入圆柱销（圆锥销）或拧入密封螺丝。根据具体情况，加强块可以与波浪键结合起来使用。

加强块的材料可采用合金调质钢（如 40Cr），经调质处理后使用，或低碳钢（如 20 钢）。

加强扣合法与强固扣合法和强密扣合法相比，有以下两个特点：

（1）由于加强块的长度、宽度和厚度远远大于波浪键，因此比波浪键能够承受更大的载荷；此外，加强块可以使载荷分布到铸铁件的更大的面积上和离裂纹更远的地方，因此加强扣合法适合用于修理承受高载荷、壁厚大于 45 mm 的大型厚壁铸铁件。

（2）加强块不需进行铆击。因为加强块的厚度较大，铆击已经无法使其整个厚度产生明显的、充分的塑性变形，所以加强块的强度不能依靠形变强化来提高，而只能依靠自身原有的强度。

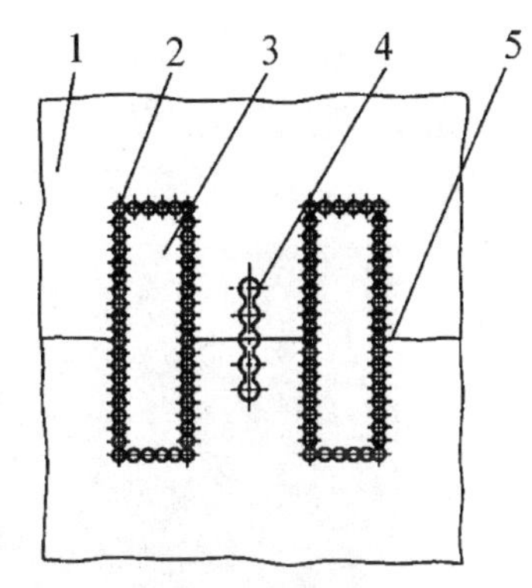

图 5-6　加强扣合法示意图

1—铸铁件；2—圆柱销或密封螺丝；3—加强块；4—波浪键；5—裂纹

4. 热扣合法

热扣合法是利用金属材料热胀冷缩的特性修复零件裂纹的方法。将一定形状和尺寸的扣合键加热到一定温度，放入零件裂纹处加工好的相应形状、尺寸的键槽内，扣合键冷却过程中产生收缩，将裂纹拉紧形成一体，使零件恢复使用功能，如图 5-7 所示。

扣合键的形状、尺寸依机件上裂纹的部位、形状和安装的可能性等进行设计。例如可设计成圆环形、工字形等。施工时，扣合键加热最低温度可经计算求出，并要求实际加热温度应比计算值高 100～200 ℃。

对扣合键配合面的过盈量必须经计算确定，以保证有足够剩余压应力来扣紧零件的损坏部位。另外对两配合面必须精加工，以保证尺寸和形位精度。

这种方法多用于修复大型、重型设备，如设备的基础件、大型齿轮或皮带轮等，如可利用两

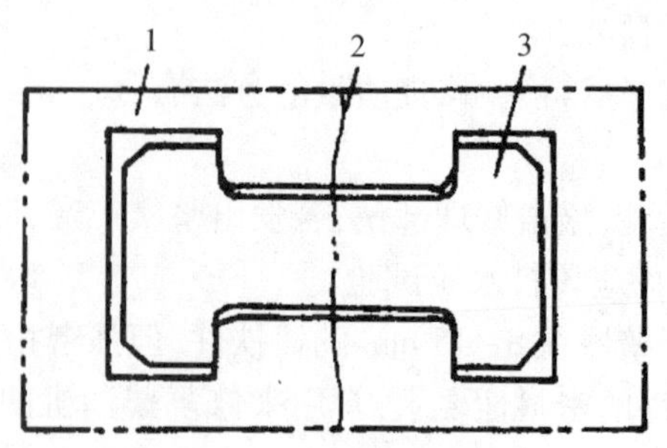

图 5-7 热扣合法示意图

1—铸铁件;2—裂纹;3—工字形扣合块

个圆环扣合在轮毂上,来修复轮毂的强度。

在实际船机零件的修理工作中,遇到的待修零件千变万化。应该根据具体情况随机应变,灵活综合地使用强固扣合法、强密扣合法、加强扣合法、附加零件法、局部更换法、焊接、黏结、铸造等工艺,才能成功地、可靠地修复铸铁件。

(五)金属扣合工艺在船舶修理中的应用

金属扣合工艺主要用来修复可焊性很差的铸铁件。在修船实践中,曾成功地修复了许多因裂纹、断裂或破碎而损坏的船用主、副柴油机的机座、机架、气缸体、气缸盖、气缸套和各种机械的壳体,使许多无法进行焊接修复的铸铁件得以修复。图 5-8 是船舶二冲程柴油机横隔板破裂后应用金属扣合工艺的修复过程。

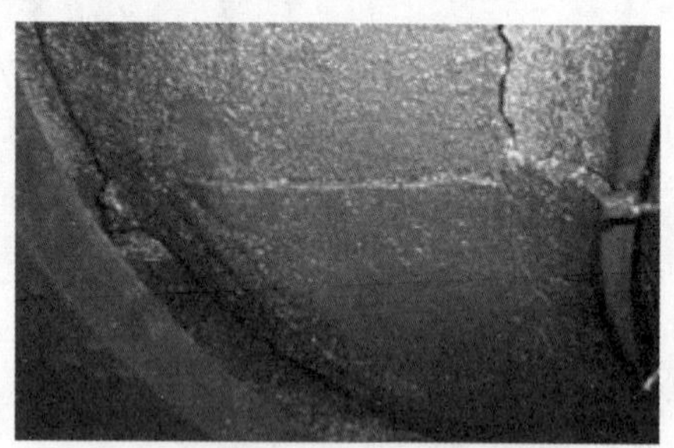

(a)破裂的柴油机横隔板

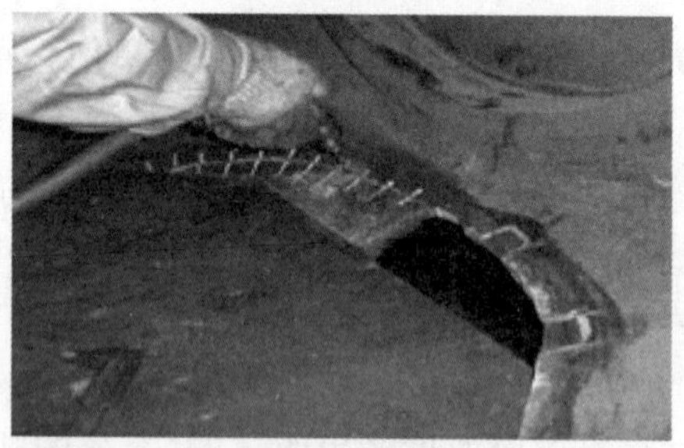

(b)钻孔

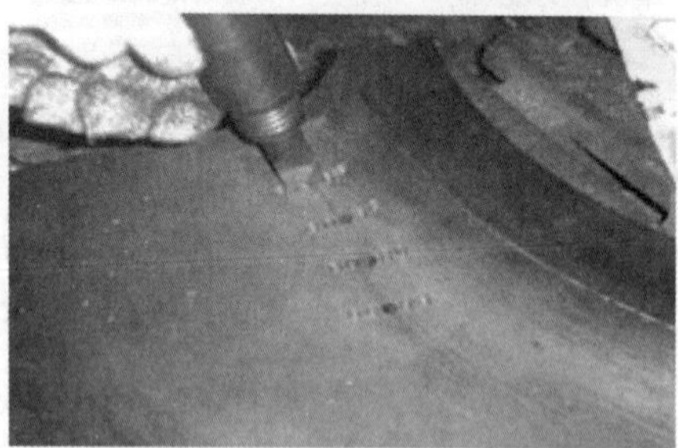

(c)开波浪键槽

(d)修理后整修

图 5-8 运用金属扣合工艺修复柴油机横隔板

三、机械加工修复工艺

（一）定义

机械加工修复工艺（Machining Repair）是主要通过机械加工，有时需要辅助采用焊接、电镀、镶套等方法，对损坏的船机零件进行修复的工艺。

（二）机械加工修复工艺的分类

常用的机械加工修复工艺有：修理尺寸法、恢复尺寸法、尺寸选配法、局部更换法、附加零件法和换位加工修理法。

（三）机械加工修复工艺在船舶修理中的应用

机械加工修复工艺适用于修复因磨损、腐蚀、表面裂纹或加工失误而报废的船机零件。

机械加工在船机零件的修复中占有重要的地位，原因在于绝大多数已经磨损而且必须修理的零件，均需经过机械加工直接来消除缺陷和几何形状误差，恢复零件性能。机械加工是零件修复过程中最常用也是最重要的一种方法，它可以作为独立手段直接修复零件，也是其他修复方法的工艺准备和最后加工不可缺少的工序。

零件修复中，采用机械加工修复与制造新件有很大不同。机械加工修复的对象是已磨损或腐蚀了的表面，有变形，原来的加工基准已被破坏，加工裕量小的旧件，其特点是：

（1）修理中加工零件品种较多，数量较少，零件结构尺寸复杂。

（2）加工裕量小，且有一定限制。

（3）加工的工件硬度高，有时甚至要切削淬硬的金属表面，加之使用中产生的磨损与变形，使零件修理困难较大。

（四）机械加工修复中应注意的问题

1. 零件的定位基准与加工精度

（1）重合原则：选择零件上的设计基准作为定位基准。

（2）基准同一原则：在多数工序中采用一组可方便地加工其他表面的基准来定位。

（3）均匀性原则：以变形和磨损最小的基面作为定位基准，并足以保证重要表面的加工均匀。

2. 轴类零件的过度圆角

为了减少应力集中，在形状和尺寸改变处应有过度圆角。圆角半径越小，应力集中系数越大，但过大，会使装配间隙增加。正确的圆角修磨方法是先按圆角半径修整砂轮边缘的圆角，然后再磨削曲轴，并滚压强化。

3. 零件的表面粗糙度

零件表面粗糙度的影响如下：

（1）会影响零件的疲劳强度。材料强度越高，应力集中现象越严重，疲劳强度降低的就越多。

（2）会影响零件的耐磨性，以及润滑油膜的形成。

（3）会影响零件的配合性质。

（4）会影响零件的抗腐蚀性能。

为了提高加工后的表面粗糙度，多采用抛光或滚压的方法来降低表面粗糙度。

4. 零件的动静平衡

船舶机械中有许多高速旋转的零件，为了减少振动，零件必须达到动平衡与静平衡的要求。但是，零件在使用过程中，由于变形、磨损、腐蚀等影响，最终导致零件失去原来的平衡状态。另外在修理过程中，由于堆焊、机械加工等，可能会引起新的不平衡。这种不平衡将使零件在运动中产生附加载荷、振动及噪声等，甚至引起机件损坏等故障。

修复有平衡要求的零件时，需按规定进行动平衡和静平衡试验，保证其不平衡值在允许的范围内，以免对零件和机构造成早期损坏。

（五）修理尺寸法

修理尺寸法是将已损坏的、两个相互配合的零件中，较贵重、较难制造的那个零件进行机械加工，在保证其强度和刚度的前提下，消除其工作表面的损伤和几何形状误差，使其恢复正确的几何形状并获得新的基本尺寸——修理尺寸。按照该修理尺寸去制造或购买与之相配合的另一个零件（原有的旧零件报废掉），使二者恢复原设计的配合间隙值。

例如，曲轴的主轴颈和与之相配合的主轴瓦都发生了磨损超差损坏，在修理时，是对较贵重、较难制造的曲轴采用修理尺寸法进行修理，而将磨损超差的主轴瓦作报废处理。具体方法是在保证主轴颈强度的前提下，采用曲轴磨床磨削主轴颈，消除其工作表面的损伤和几何形状误差，使主轴颈恢复正确的几何形状并得到变细了的直径——修理尺寸，然后按照该修理尺寸去制造或购买适当加厚的主轴瓦，使二者恢复原设计的轴承间隙。应该注意的是，主轴瓦的加厚应该是减小轴瓦内孔的直径，而轴瓦的外圆直径不得改变。

修理尺寸法符合前面所述“相互配合零件磨损后的两项修复原则”中的第一项原则，即“改变尺寸，恢复形状和恢复间隙”的原则。此法广泛应用于：曲轴轴颈与轴瓦，缸套与活塞等相互配合零件的修理。

由于采用修理尺寸法修复零件时，要对零件进行机加工，零件的强度和刚度会下降，因此应对被修零件进行强度校核，如果机加工后零件的强度和刚度达不到要求，则不能采用修理尺寸法进行修理。

“修理尺寸”的确定有两种方法：

1. 按“最小加工量”确定“修理尺寸”

“最小加工量”是指为了消除表面损伤和几何形状误差所需从零件上加工掉的最小尺寸，修理尺寸=被修理零件的实际尺寸-（或+）最小加工量。

对于轴类零件：取“-”；对于孔类零件：取“+”。

这种确定修理尺寸的方法具有以下特点：被修理零件无“过量加工损耗”，因此零件保留下来的强度和刚度较大。但缺点是经修理后的零件尺寸很凌乱，失去了互换性，订购、制造与之相配合的零件很困难，只适用于单件修理，此法在实际工作中应用较少。

2. 按“分级修理的尺寸级别”确定“修理尺寸”

此种方法是在消除零件表面损伤和几何形状误差的基础上，将零件按规定的分级修理的尺寸级别进行加工，从而获得修理尺寸。

例如：按曲轴“分级修理”的规定，每隔 0.25 mm（直径差）为一个修理尺寸级别，因此在对曲轴轴颈加工修理后，得到的“修理尺寸”不仅要消除轴颈的表面损伤和几何形状误差，还要保证：

轴颈直径的“修理尺寸”= 轴颈的原公称直径- 0.25 mm 的整数倍

例如,轴颈的原设计的公称直径为 ϕ100 mm,对应的修理尺寸为 99.75 mm、99.50 mm、99.25 mm,等等。为了满足上述要求,对轴颈的加工可能要有过量加工损耗。

按“分级修理的尺寸级别”确定了较贵重、较难制造的那个零件(如曲轴)的修理尺寸后,与之相配合的另一个零件(如轴瓦)也应按规定的分级修理尺寸制造。例如:曲轴轴瓦按分级修理的规定制作“加厚瓦”,每隔 0.25 mm(直径差)为一个加厚级别,根据轴颈的“修理尺寸”选用。

按“分级修理级别”确定“修理尺寸”的特点是:容易订购与之相配合的零件,此种方法既适合于单件修理,也适合于批量修理,修理所需的时间较短,在实际工作中应用较多。但此种方法的缺点是被修理零件有过量加工损耗,零件的强度和刚度有一定损失。

(六)恢复尺寸法

恢复尺寸法是对已损坏的、两个相互配合的零件中,较贵重、较难制造的那个零件进行机械加工,在保证其强度和刚度的前提下,消除其工作表面的损伤和几何形状误差,然后采用镀铁、镀铬、电刷镀、堆焊、喷焊等工艺增大零件的尺寸,最后再进行精加工使其恢复原设计的尺寸和形状。原有与之相配合的另一个旧零件作报废处理,重新按照原设计的尺寸和形状去制造或购买一个与之相配合的新零件,使二者恢复原设计的配合间隙值。

恢复尺寸法修理实例:以相互配合的、磨损超差的曲轴主轴颈和主轴瓦为例,在采用恢复尺寸法修理时,是对较贵重、较难制造的曲轴采用恢复尺寸法进行修理,而将磨损超差的主轴瓦作报废处理。具体方法是,在保证主轴颈强度的前提下,采用曲轴磨床磨削主轴颈,消除其工作表面的损伤和几何形状误差,然后采用镀铁工艺增大主轴颈的尺寸,最后再精加工磨削主轴颈,使其恢复原设计的尺寸和形状。重新制造或购买符合原设计尺寸的主轴瓦与修复后的主轴颈相配合,使二者恢复原设计的配合间隙值。

恢复尺寸法符合前面所述“相互配合零件磨损后的两项修复原则”中的第二项修复原则,即“恢复尺寸、恢复形状和恢复间隙”的原则。此法既适合于单件修理,也适合于批量修理,同样广泛应用于曲轴轴颈的修理。

(七)尺寸选配法

尺寸选配法是收集许多套相同规格、尺寸和形状超差的轴/孔类配合件,分别进行机械加工,消除配合表面的损伤和几何形状误差后,再按原设计要求的配合间隙值重新组合配对,组成若干套具有不同的基本尺寸,但配合间隙符合原设计要求的配合件,使零件得以修复。

“尺寸选配法”仅适合于修理那些新件的原始尺寸差别相对较大,而磨损量和几何形状误差的极限值以及配合间隙值又极小的精密配合件,例如柴油机的精密偶件。因为相同规格的柴油机精密偶件中部分新件的原始尺寸相差 0.01~0.03 mm,而磨损量的极限值和几何形状误差以及配合间隙值仅为 0.001~0.003 mm,这样,在使用磨损和经过精密机械加工后,才有可能按原设计要求的配合间隙值重新组合成对。而对于一般普通的配合件,尺寸选配法是不适用的。因为一般普通配合件新件的原始尺寸相差不大,而使用后的磨损量又较大,再经过机械加工后,配合件中所有孔类零件都变大了,所有的轴类零件都变小了,因此不论收集多少对配合件,都无法组成符合原设计间隙的配合件。例如缸套与活塞环、曲轴轴颈与轴瓦就无法使用尺寸选配法。

尺寸选配法也是符合前面所述“相互配合零件磨损后的两项修复原则”中的第一项修复原则,即“改变尺寸、恢复形状和恢复间隙”的原则。

此种方法的特点是简单、方便、经济、快捷；收集的被修理件越多，越容易配合成对；但只能使一部分被修理件重新投入使用；修理后，各对配合件具有不同的基本尺寸，不可互换。

（八）局部更换法

局部更换法是当贵重的、尺寸较大的零件只是局部损坏时，在保证强度的前提下，通过机械加工，除去损坏部位的部分材料，然后制作一个与机械加工部位缺失部分的形状和尺寸完全相同的新部件，并采用适当的方法将其固定在损坏部位。

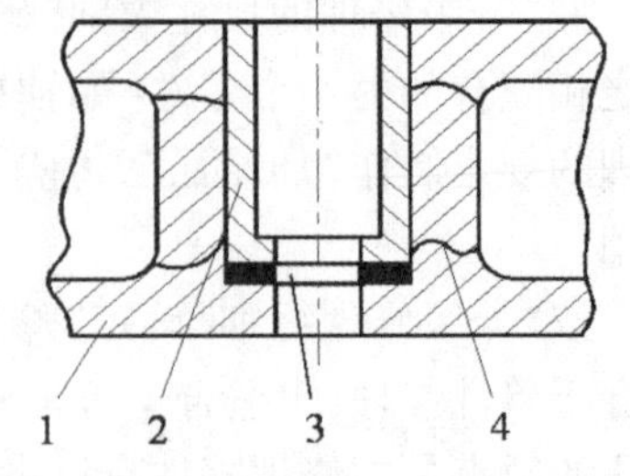

图 5-9　气缸盖上阀杆导孔裂纹的修理

1—气缸盖；2—衬套；3—紫铜垫片；4—裂纹

局部更换法修理实例：例如，气缸盖上的气阀阀杆的导孔磨损严重或有穿透性裂纹时，如果没有气缸盖备件，可以通过镗削加工将导孔扩大，制作一个铸铁衬套，其外径与扩大了的导孔相吻合，其内孔与阀杆直径相吻合，在底面加一个紫铜垫片，圆周面涂上黏结剂，将衬套过盈镶嵌进去。这样衬套的外圆柱面可密封住裂纹，衬套内孔能与气阀阀杆形成良好的配合，气缸盖可恢复使用性能。见图 5-9 所示。

采用镶套的方法时应注意：

1. 镶入衬套的壁厚要合适。衬套的壁厚不能过薄，以保证衬套有足够的刚度、强度和加工工艺性，过薄的衬套由于刚度不够，无法装夹和加工。但衬套的壁厚也不能过厚，因为如果衬套的壁厚过厚，零件本体需要加工掉的材料就过多，有效承载截面就过小，所以承载能力就不足。因此，必要时应该对被修零件进行强度校核。

2. 衬套的材料应与零件的材料具有相同或相近的热膨胀系数，以免在工作中由于温度的变化产生热胀冷缩使衬套脱落。衬套的镶装方法可采用砸入法、油压机压入法、热装法、冷装法等。

又如，当活塞顶部烧损或裂纹严重时，可将活塞顶损坏的部分加工除掉，然后制作出符合原设计要求的新活塞顶。如果是铸钢活塞，应采用焊接的方法将新活塞顶与活塞连接，见图 5-10(a)。如果是铸铁活塞更换局部活塞顶，应采用铸铁材料制作新的局部活塞顶。由于铸铁的可焊性很差，更换的局部活塞顶与活塞本体的连接不能采用焊接工艺，而应采用机械连接的工艺。可采用的方法之一是将新的铸铁局部活塞顶加工成一个大螺塞，并在原活塞顶上加工出相应的螺孔，然后将大螺塞涂上黏结剂，旋到原活塞顶上，在二者结合的圆周线上加工出 1~2 孔螺孔，拧入 1~2 个螺钉，最后将螺钉头割掉、磨平，见图 5-10(b)。

（九）附加零件法

附加零件法是当零件局部损坏时，如果在损坏部位额外装配一个零件不会影响零件的正常工作，则可在损坏处另附加一个零件，并采用适当的方法将其固定，使零件在一定时间内基本恢复原有功能的方法。

附加零件法修理实例：例如增压器壳体外表面有一处制造缺陷或因腐蚀而漏水，在不影响其工作的前提下，可加工制造一块与损坏部位形状吻合并稍大一些的铸铁或低碳钢覆板，涂上合适的密封胶或加垫一块橡胶板，用螺栓将覆板固定在增压器壳体上，这属于附加零件法。

需要说明的是，附加零件法与局部更换法都需要在被修零件上配置部件，二者的主要区别在于：局部更换法是被修零件在损坏后或经机械加工后，缺失了部分材料的情况下，配置了与缺失部分的形状和尺寸完全相同的新部件；附加零件法是在被修零件无缺失材料的情况下，额

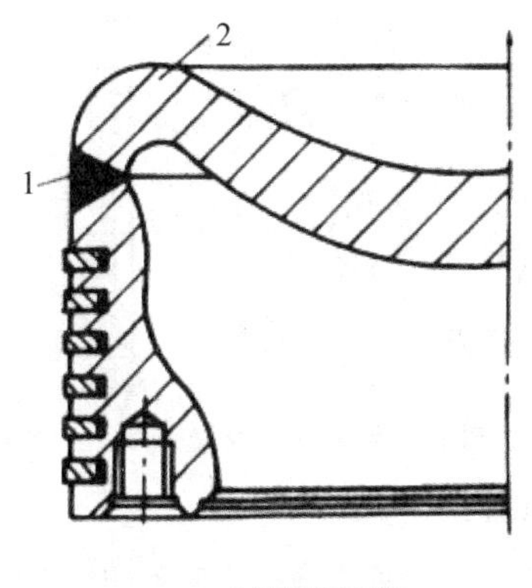

(a)铸钢活塞

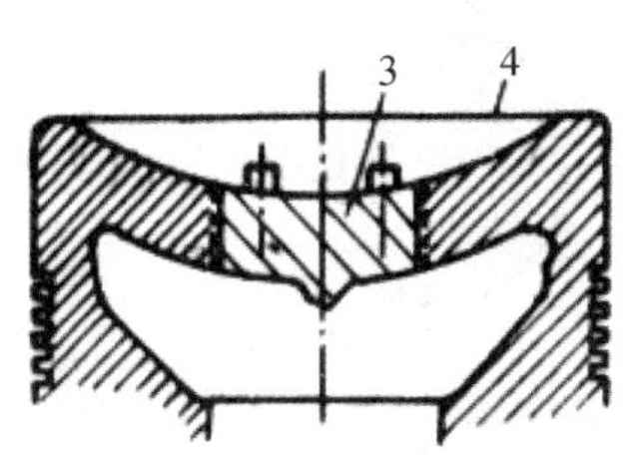

(b)铸钢活塞

图 5-10 活塞顶的局部更换

1—焊缝;2—新活塞顶;3—新的局部活塞顶;4—去掉螺钉头的螺钉

外附加了零件。例如,同样是采用配置套筒的方法修复轴类零件,图 5-11 的实例就属于局部更换法,而图 5-12 的实例就属于附加零件法。

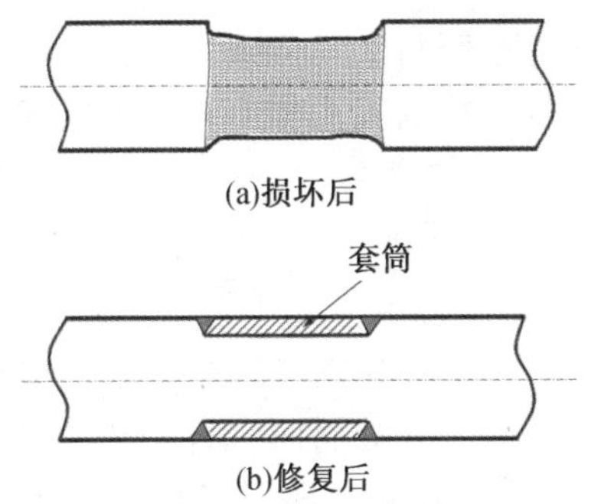

图 5-11 局部更换法应用实例

套筒

图 5-12 附加零件法应用实例

(十)换位加工修理法

换位加工修理法是当零件的连接、配合部位(如螺栓孔、键槽等部位)因磨损或腐蚀损坏后,将零件翻转一定角度即换一个位置,在零件未磨损或腐蚀的部位重新加工出连接、配合部位,从而恢复零件正常的连接配合关系和工作能力(传动、连接、固定等)的修理方法。

换位加工修理法常用来修理具有磨损的键槽、螺栓孔等配合部位的零件。图 5-13 为采用换位加工修理法修复磨损键槽和螺栓孔的实例。

这种修理方法在改变了连接、配合部位后,对原来损坏的部位根据实际情况可进行填焊也可不进行填焊。此法是一种快速、简便、有效的应急修理方法。

四、研磨工艺

(一)定义

1. 研磨工艺

研磨(Grinding)加工是在零件和与其相配合的研磨工具(或者是与其相配合的另一个零件)之间加入含有磨料颗粒的研磨剂,使零件与研磨工具(或相配合的另一个零件)在一定的

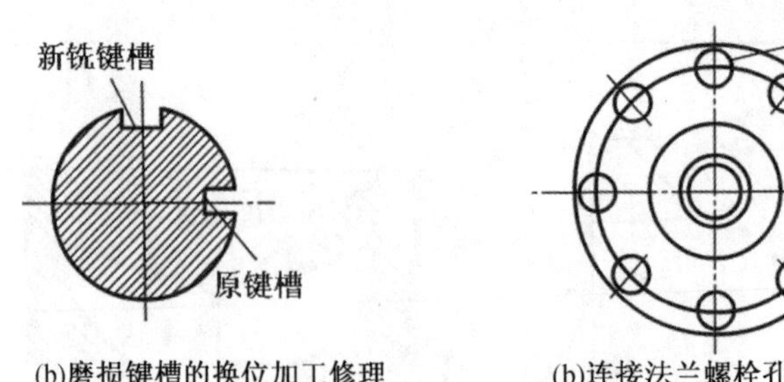

(b)磨损键槽的换位加工修理　(b)连接法兰螺栓孔的换位加工

图 5-13　换位加工修理法示意图

压力和速度下做相对运动,磨料颗粒对零件的被加工表面所进行的精密切削加工。研磨加工在轮机管理工作中,是克服精密零件短缺、延长零件寿命、节省修理费用和保证船舶正常航行的有效工艺。

2. 研磨剂

研磨剂是研磨和抛光加工时对零件表面进行微切削加工的材料。

3. 磨料的粒度

磨料的粒度是指磨料颗粒的尺寸大小,粒度号是指磨料颗粒的大小相当于 1 平方英寸的多少分之一,用数字表示。例如粒度号 100 表示磨料颗粒的大小相当于 1 平方英寸的一百分之一。

(二)研磨剂

1. 研磨剂的组成

研磨剂由磨料、分散剂(又称研磨液)和辅助材料混合制成。研磨剂中的磨料起切削作用,常用的磨料有刚玉、碳化硅、碳化硼和人造金刚石等。分散剂(研磨液)的作用是使磨料均匀分散在研磨剂中,并有稀释、润滑和冷却等作用。常用的分散剂有煤油、机油、甘油、酒精和水等。辅助材料主要是混合脂,常由硬脂酸、脂肪酸、环氧乙烷、三乙醇胺、石蜡、油酸和十六醇中的几种材料配成,在研磨过程中起乳化、润滑和吸附的作用,并促使零件表面产生化学反应,生成易脱落的氧化膜或硫化膜,以提高加工效率。此外,辅助材料中还有着色剂、防腐剂和芳香剂等。

磨料按粒度号和颗粒的大小分为磨粒、磨粉、微粉和超微粉四种,微粉和超微粉的粒度号前面加字母 W 如 W63 表示粒度号为 63 的微粉。粒度号为 100 及粒度更细的磨料,称作研磨粉,研磨加工一般只使用研磨粉。磨粉、微粉和超微粉都属于研磨粉。

磨料的研磨性能与其粒度、硬度和强度有关。磨料的硬度是指磨料表面抵抗局部塑性变形的能力。研磨加工就是利用磨粒与零件材料的硬度差来实现的,所以磨粒硬度越高,切削能力越强,研磨能力越好;磨料的强度是磨粒承受外力不被压碎的能力。磨粒强度越高,切削力越强,寿命越高,研磨能力也越好。研磨能力是一个相对指标,以金刚石的研磨能力为准,设为 1,其他磨料的研磨能力见表 5-4。

表 5-4　各种磨料的相对研磨能力

金刚石	碳化硼	绿碳化硅	黑碳化硅	白刚玉	棕刚玉
1.0	0.5	0.28	0.26	0.12	0.10

由于研磨剂中分散剂和辅助材料的成分和配合比例不同，研磨剂有以下 3 种：

(1)液态研磨剂，液态研磨剂呈液态，不需要稀释便可直接使用，一般用于粗研磨。

(2)固体研磨剂也称研磨皂，常温时呈块状，可直接使用或加研磨液稀释后使用。固体研磨剂常用于精研磨和抛光。

(3)膏状的研磨剂称作研磨膏，可直接使用或加研磨液稀释后使用。在船机修造工作中，研磨一般都采用研磨膏进行研磨。

2. 研磨膏

研磨膏分为油溶性和水溶性两大类。油溶性研磨膏一般用煤油或机油等研磨液稀释。油溶性研磨膏可使加工表面获得极高的粗糙度等级和精确尺寸。水溶性研磨膏一般用水、甘油等研磨液稀释。

研磨膏是一种重要的表面光整的加工材料，除船用外，还广泛用于仪表、仪器、光学玻璃镜头、量具、金相试片和精密零件的精研磨和抛光。常用的研磨膏有氧化铬、氧化铝、碳化硼、碳化硅、氧化铁等，其品种、规格和应用范围见表 5-5。一般精密零件的粗研选用 W14～W10 的氧化铝研磨膏；半精研选用 W7～W5 的氧化铬研磨膏；精研和偶件互研时选用 W5 以下的氧化铬研磨膏。

表 5-5　常用的研磨膏品种、规格和应用范围

产品名称	颜色	磨料代号	粒度范围	应用范围
氧化铬研磨膏	深绿	Cr_2O_3	W3.5 以下	金属镀件的精抛和钢件的最后抛光
氧化铁研磨膏	深红	Fe_2O_3	W3.5 以下	贵金属如金银制品、有机玻璃和玻璃制品的抛光
棕刚玉研磨膏	棕色	A	60～280	普通碳钢、合金钢、可锻铸铁、硬青铜的研磨
白刚玉研磨膏	白色	WA	60～W1	淬火钢、高速钢、轴承钢、不锈钢等的研磨和抛光
绿碳化硅研磨膏	淡绿	GC	60～W5	铜、铝等有色金属、硬质合金、玻璃等的研磨和抛光
碳化硼研磨膏	褐黑色	BC	60～280	硬质合金、陶瓷、宝石、光学玻璃等的研磨和抛光

3. 常用的研磨剂

常用的磨料主要有刚玉类(主要成分 Al_2O_3)、碳化硅类(主要成分 SiC)、碳化硼和氧化铬等，见图 5-14。

棕刚玉韧性高，适宜磨削碳钢、合金钢、可锻铸铁、硬青铜等抗拉强度高的材料。白刚玉比棕刚玉有较高的硬度，切削性能较好，适于淬火钢、高碳钢、高速工具等材料的精磨工序。

黑碳化硅硬度高，性脆而锋利，适于磨削、切割抗拉强度低的材料，如铸铁、玻璃、陶瓷、石料、耐火物等。

绿碳化硅较黑硅化硅纯度高，适于磨削硬质合金、光学玻璃、宝石、玛瑙等硬脆材料。

(三)研磨工具

研磨工具也称研具，它是与零件被研磨部位的形状和尺寸相吻合的、为研磨而特制的工

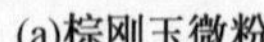
(a)棕刚玉微粉

(b)白刚玉

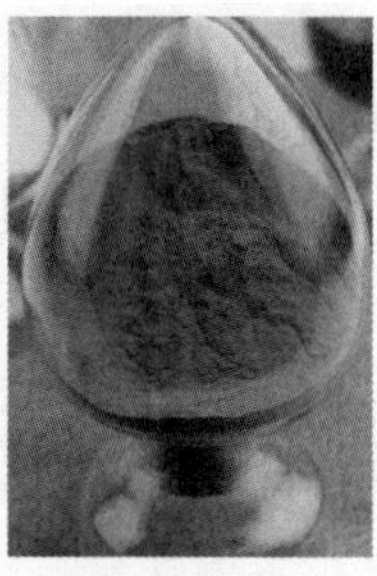
(c)绿碳化硅微粉

(d)黑碳化硅微粉

图 5-14　常用磨料

具。研具的作用一方面是使零件研磨成形,另一方面是作为研磨剂的载体。研具的几何形状精度直接影响零件的研磨精度,因此对研具的制造精度要求较高。研具的硬度应低于零件的硬度,又要有一定的耐磨性,研具的材料一般常用灰铸铁、低碳钢、铜、铝、铅、木材、丝绸和皮革等。研具按其用途可分为研磨平板、研磨棒、研磨套、研磨盘等;按研具的工作表面的形状可分为平面、外圆、内孔、锥面、球面、螺纹、齿轮等研具。

当研磨圆柱面如零件的外圆或内孔时,用研磨机床夹住轴类零件(或研磨棒),涂上研磨膏,使之按一定转速回转,然后用手握住(或用研磨机床的另一套装置夹持住)研磨套(或套筒类零件)使其作往复运动,两个研磨表面产生回转和往复相对运动进行研磨。

有时不是采用研具与零件相互研磨,而是采用两个相互配合的零件相互研磨,即互研。互研的偶件只能成对使用,不可互换。

现代船舶为了提高工作效率,配备有电动或者气动专用研磨工具,代表产品有便携式气动研磨工具、二冲程柴油机排气阀研磨机等。

图 5-15　便携式气动研磨工具

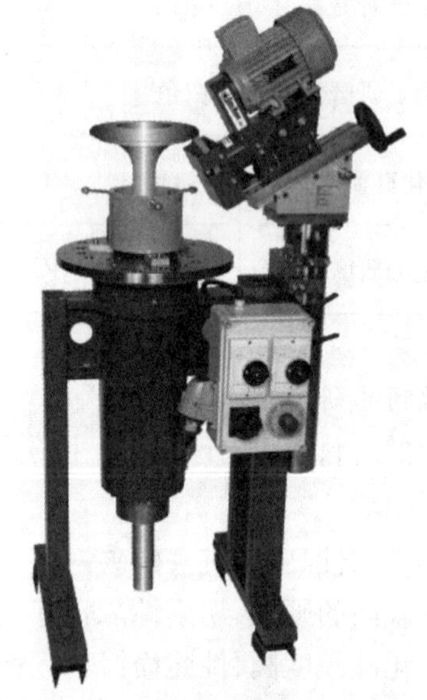
图 5-16　二冲程柴油机排气阀研磨机

1. 便携式气动研磨工具

便携式气动研磨工具的驱动动力为压缩空气驱动马达,使用过程安全可靠,在轮机修理中主要用于快速研磨气阀等密封件。图 5-15 为一个常用便携式研磨工具。

2. 二冲程柴油机排气阀研磨机

目前,二冲程柴油机排气阀与阀座一般采用专用研阀机进行研磨。研阀机的动力为电动或者压缩空气马达驱动。图 5-16 为比较典型的船用排气阀研磨机。它是专门为船上或岸上现场研磨柴油机进排气阀的专用工具。

(四)影响研磨质量的主要因素

1. 零件与研具的相对运动

要尽量保证零件研磨表面上各点的研磨行程基本相等,研磨的轨迹要尽量均匀地遍及整个研具表面,否则会引起零件和研具的偏磨。研磨的运动方向要周期性变换,以使研磨剂均匀分布在零件表面,并加工出相互交叉的切削痕,均匀地研磨零件表面。

2. 研磨压力

研磨表面的压力要均匀,否则会导致偏磨。在适当的压力范围内,研磨效率随压力增加而提高。如研磨压力过大,研磨剂的磨粒被压碎,切削作用减小,表面划痕加深,研磨质量降低;如压力过小,则研磨效率大大降低。合适的研磨压力取决于零件材料、研磨工具材料和外界压力等因素。一般粗研压力为 0.1~0.2 MPa,精研压力为 0.01~0.1 MPa。

3. 研磨速度

在一定条件下,研磨速度增加将使研磨效率提高。但速度过高,产生的热量较多,引起零件变形、表面加工痕迹明显等质量问题。研磨速度应根据零件的加工精度、材质、重量、硬度、研磨面积等具体情况而定。对同一个零件,粗研时的研磨速度应低于精研时的研磨速度。

4. 研磨程序

在研磨初期,研磨剂的磨粒锋利,微切削作用强。随着研磨时间的延长,磨粒钝化,微切削作用下降,不仅零件精度不能提高,反而由于热量增加使得精度下降。粗研时为提高研磨效率,应及时添加研磨剂。一般粗研时选用较粗的研磨剂、较高的压力和较高的速度进行研磨,以期较快地消除几何形状误差和切削掉较多的加工余量;精研时选用较细的研磨剂、较小的压力和较低的速度进行研磨,以获得精确的形状、尺寸和最高的表面粗糙度等级。

(五)研磨中出现的缺陷及缺陷产生原因

1. 表面粗糙

(1)磨料太粗;

(2)研磨液选用不当;

(3)研磨剂涂得太薄而且不均匀。

2. 表面拉毛

(1)研磨时不注意清洁工作;

(2)研磨剂中混有杂质。

(六)研磨工艺在船舶修理中的应用

研磨是在精密零件的制造和修理时进行精加工的主要方法之一,一般是在机床精加工(如精车、精磨)之后的最终精加工工序。研磨加工可使零件获得极高的尺寸精度、几何形状精度、配合精度以及最高的表面粗糙度等级。零件的平面,内、外圆柱面,圆锥面,螺纹面,齿轮的齿面,凸、凹球面等其他型面均可采用此种方法进行精加工。船舶主、副柴油机的进、排气阀与阀座偶件以及燃油系统中的三对精密偶件(柱塞—套筒、针阀—针阀体、出油阀—出油阀座）在制造或修理时的最后一道工序都需要进行研磨。进行研磨的零件材料可以是各种金属和非金属材料，如经淬火或未经淬火的碳钢、合金钢或玻璃等。

研磨既可用手工操作，也可在研磨机上进行。零件在研磨前须先用其他加工方法获得较高的预加工精度，所留的研磨裕量一般为 2～30 μm。

在船上，柴油机的进、排气阀与阀座，燃油系统的三对精密偶件的配合面因磨损或腐蚀失效后，如果磨损程度较轻，通过研磨就可以使其恢复使用功能。研磨是船上轮机人员必须掌握的基本技能之一。

1. 平面的研磨修复

当船机零件的配合平面发生磨损或腐蚀时，如果零件尺寸较小并且研磨要求不是非常高时，可以在高精度的研磨平板上采用手工研磨修复。例如套筒端面或针阀体端面发生腐蚀、磨损，使端面密封不良时，可以在研磨平板上研磨修复，如图 5-17 所示。研磨平板（如图 5-18 所示）是带有交叉沟槽的铸铁板，沟槽的深度为 1.5～2 mm，沟槽的作用是存贮研磨膏和磨屑。研磨前，先将零件需研磨的平面和研磨平板清洗干净，将研磨膏均匀涂于零件待修表面上。研磨时，用手均匀用力按住零件，在研磨平板上沿“8”字形轨迹运动，得到交叉的磨削痕，这样可使零件研磨均匀，并提高表面粗糙度等级。研磨一段时间后，将零件转动一定角度再继续研磨，这是为了研磨均匀。一般圆形零件转 120°，方形零件转 90°，矩形零件转 180°。研磨时要根据腐蚀、磨损的情况，即研磨量的大小确定研磨工序和选用研磨膏。如研磨量大，就需要先进行粗研，后进行精研。一般选用氧化铝研磨膏进行粗研，选用氧化铬研磨膏进行精研，直至零件端面呈均匀的暗灰色为止。清洗后，再与相对应的零件配合平面互研，使之吻合。互研时，只需加润滑油进行研磨。

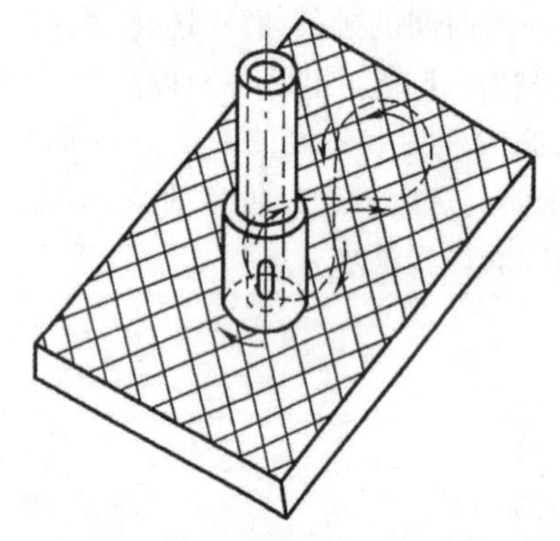

图 5-17　高压油泵套筒端面的研磨

图 5-18　研磨平板

2. 锥面的研磨修复

喷油器针阀偶件的锥面磨损后，锥面上的环形密封带（正常宽度为 0.3～0.5 mm）出现中断、模糊不清时，可采用手工互研进行修复。先在针阀锥面上放一点点极细的氧化铬研磨膏，然后准确、小心地将针阀插入到针阀体中，严防研磨膏黏到针阀体内圆表面破坏其精度。然后一手握针阀体，另一手握针阀，适当施压并使二者相对转动，相互研磨，直到针阀锥面上出现细窄、连续、光亮的环形密封带为止。然后用轻柴油或煤油清洗，再用润滑油互研。有时针阀锥面磨损极轻，就不用研磨膏只用润滑油互研。最后进行雾化试验以检验针阀偶件的密封性。

五、焊接工艺

（一）定义

1. 焊接工艺

焊接(Welding)工艺是指焊接过程中所涉及的有关加工方法及技术规定，主要包括焊接方法、焊接材料、操作过程、接头形式、焊接参数等。

2. 焊接修复工艺

焊接修复工艺即采用焊接的方法对损坏的金属零件进行修复的工艺，或者说是用于修复的焊接工艺。

3. 连接焊

连接焊是修理时将两个或两个以上的零件或断裂的部分焊接到一起，其主要目的是连接。

4. 堆焊

堆焊是在一个零件表面，为了增大尺寸或恢复尺寸，或者是为了使零件获得具有特殊性能(如耐磨、耐腐蚀、耐高温)的焊层而进行的焊接。堆焊可以用于修复磨损、腐蚀、裂纹或加工失误的零件，也可以用于新零件的预保护。

5. 熔焊

熔焊(或称熔化焊)是在焊接时将零件母材和焊材都加热至熔化状态以实现焊接的方法，如手工电弧焊、气焊、埋弧焊等。

6. 钎焊

钎焊是在焊接时采用比焊件母材熔点低的焊接材料(称钎料)，将焊件和钎料加热到高于钎料熔点，低于母材熔点的温度，使钎料熔化而母材不熔化，同时施加钎剂(即焊药)，除去零件表面的氧化膜，使熔化的液态钎料润湿母材，并填充接头间隙，通过焊材与母材金属元素的相互扩散而形成冶金结合的焊接方法，例如采用氧气乙炔火焰进行黄铜钎焊铸铁、青铜钎焊不锈钢、银钎料钎焊铜与铜合金等。

7. 压焊

压焊是必须施加压力(同时加热或不加热)以实现焊接的方法，如电阻焊、摩擦焊等。

8. 堆焊翻修

“堆焊翻修”也叫“堆焊翻新修理”。它先通过机械加工消除船机零件的表面损伤，然后利用堆焊工艺恢复零件的尺寸，最后进行热处理和精加工。堆焊翻修不仅可以使零件恢复使用性能，使零件宛如新造；还可根据需要，采用具有特殊性能的堆焊材料，使翻修后的零件在性能、质量和使用寿命上都超过原来的新品。堆焊翻新修理可用于钢、铸铁、铜、铝等材料的贵重零件，例如船用柴油机的活塞、活塞杆、气缸盖、排气阀、阀座、喷油器、示功阀、专用轴承、机架以及船用螺旋桨等都可进行局部翻新或整体翻新。

注意：修复或翻新后的备件应加标签，标签上注明解体修复或翻新名称、数量、日期、现在状况及执行人签名。

特别注意：对主机排气阀杆、阀座及主、副机油头的翻修。根据厂家的建议，主机排气阀杆、阀座的翻修不能超过两次，油头只能翻修一次，因此轮机员申请翻修时一定要严格把关，确保对合格的排气阀杆、阀座及主、副机油头进行翻修，不能翻修的油头要向船舶管理方申请报废。

（二）焊接修复工艺的分类

在焊接修复工作中，根据被焊零件的数目和焊接目的不同，可将焊接工艺分为“连接焊”和“堆焊”两类。

同样是焊接修复，由于焊接目的不同，在进行“连接焊”或“堆焊”时，对焊缝的“熔深”和“稀释率”的要求是不同的。

“熔深”是指在焊接接头的横截面上，母材熔化的深度，见图5-19。“稀释”是异种金属在熔焊或堆焊时，由于母材或预先堆焊的金属熔入熔敷金属，引起熔敷金属中有益成分相对减少的现象。“稀释率”是指异种金属在熔焊或堆焊时，熔敷金属被稀释后，母材或预先堆焊层金属在熔敷金属中所占的百分比（即熔合比）。

如果都使用熔焊工艺，在进行“连接焊”时，为了使被连接部分能够牢固地连接在一起，一般要求焊缝的熔深较大；而进行“堆焊”时，一般都希望焊缝的熔深较浅，堆焊层的成分被母材稀释的程度较低。这是因为：

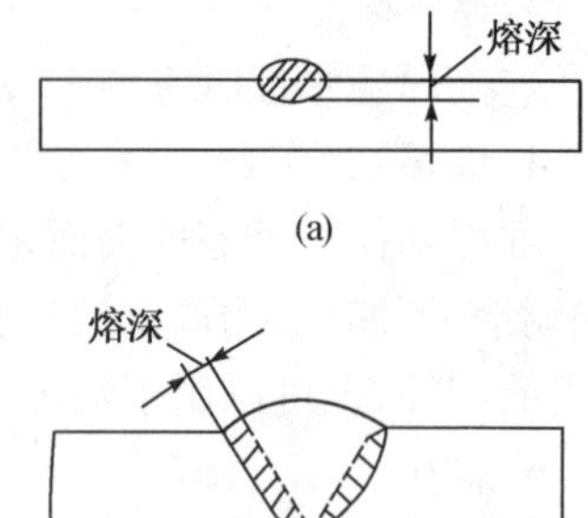

图5-19　熔深示意图

（1）一般堆焊焊材都是耐磨、耐腐蚀、耐高温的高性能贵重材料，而母材的性能较差，如果熔深大，母材就会过多的稀释焊材，使得堆焊层的耐磨、耐腐蚀、耐高温的性能明显降低。

（2）堆焊的主要目的不是为了连接，而堆焊层与基体已经是冶金结合，即使熔深浅，其结合强度也足以保证堆焊层在使用中不会脱落。

（3）当零件母材的可焊性较差时，浅熔深和低稀释率会减少堆焊层的裂纹。

为了获得浅的熔深，在堆焊时一般都采用小电流、细焊材、快速焊、断续焊等措施。

（三）焊接方法的分类

焊接方法的分类有很多种，根据焊接时加热和加压的特点，可将焊接分为熔焊、钎焊和压焊三类。

（四）焊接修复时常用的焊接方法

虽然几乎所有焊接方法都可用于零件的修复焊接，但在实践中由于某些焊接方法受到了一些具体条件的限制，因此应用较少。常用于修复的焊接方法有：气焊、手工电弧焊、钨极氩弧焊（TIG）、埋弧焊、CO_2 气体保护焊、氧气乙炔火焰钎焊。在进行焊接修复时，这些方法既可以用于“连接焊”，也可以用于“堆焊”。

气焊是利用氧气乙炔火焰作热源的焊接方法。手工电弧焊全称应为“手工焊条电弧焊”，它是将焊条作为一个电极，工件作为另一个电极，利用焊条与工件间产生的直流或交流电弧作为热源来熔化焊条，通过手工进行操作的熔焊方法。钨极氩弧焊（简称TIG），它是将高熔点的钨针（或铈钨针）作为一个电极，工件作为另一个电极，利用钨极与工件间产生的直流或交流电弧作为热源，另外添加焊丝，并利用氩气等惰性气体作为保护介质进行焊接的熔焊方法。埋弧焊是将焊丝作为一个电极，工件作为另一个电极，焊丝与工件间产生的电弧埋在颗粒状的焊剂层下燃烧，电弧产生的热能使焊丝熔化进行堆焊。由于埋弧焊在焊接时电弧埋在焊剂层下面，看不见电弧，因此必须进行自动焊。CO_2 气体保护焊是将焊丝作为一个电极，工件作为另一个电极，利用 CO_2 气体作保护气体，焊丝与工件间产生的电弧使焊丝熔化进行焊接。CO_2 气体保护焊是目前焊接黑色金属材料最重要的熔焊方法之一，在许多金属结构的生产中已逐渐取代了手工电弧焊和埋弧焊。CO_2 气体保护焊可自动焊也可手动焊。氧气乙炔火焰钎焊是利用氧气乙炔火焰进行钎焊的方法。

（五）铸铁零件的焊接修复

1. 铸铁焊接时容易出现的缺陷

铸铁零件的焊接一直是人们畏惧的难题，这主要是由于铸铁零件焊接时容易出现白口组织、裂纹和气孔。其原因如下：

（1）铸铁含碳量很高，在焊接（熔焊）时，熔池中的铸铁熔化，所有的碳元素全部融入铁水中。由于焊接的冷却速度较大，铁水很快凝固，来不及析出石墨，因此形成了以 Fe_3C 为基体的焊缝组织，即白口组织。此外铸铁中硫、磷含量较高，不仅会引起脆性，而且会促进白口组织的形成。白口组织的硬度高、脆性大、强度很低，性能很差。

（2）由于焊缝白口组织的收缩率大，焊接时产生的热应力很大；加上白口组织的脆性大，没有塑性，导致铸铁零件焊接时焊缝容易产生裂纹。

（3）铸铁焊接时，容易产生 CO 气体；铸铁母材中常浸入润滑油，难以除净；铸铁零件在铸造时可能留下气孔、缩松、砂眼等缺陷，由于这些原因，在焊接时容易产生气体，如果气体在焊接时没排除干净，留在焊缝中便形成了气孔。

2. 手工电弧焊焊接铸铁零件的方法

根据预热程度的不同主要有热焊法和冷焊法两种。热焊法是将工件整体预热 600～700 ℃后施焊。热焊法的特点是需要大的加热设备将零件加热，工作量大，工作效率低，零件变形大，但焊缝不会出现白口组织。冷焊法是铸铁零件不预热，或整体预热温度不高于 200 ℃时进行焊接的方法。冷焊法的特点是方法简便，工作量小，工作效率高，零件变形小；但焊缝容易出现白口组织和裂纹。焊接时注意选择使用铸铁焊条，焊接效果最佳。

3. 铸铁件的黄铜钎焊修复

一般用氧气乙炔火焰加热，采用黄铜作钎料，熔点 880 ℃左右；钎焊时使用铜钎剂，去除氧化膜，提高结合强度。因为钎焊时铸铁零件的母材不熔化，所以不会产生白口组织和裂纹。黄铜钎焊铸铁的焊接接头的抗拉强度接近铸铁 HT200 的抗拉强度。

不论采用什么方法焊接铸铁件，焊后都要注意缓冷，否则容易出现裂纹。

（六）焊接常用工具和辅具

1. 焊钳

焊钳是用以夹持焊条进行焊接的工具。主要作用是使焊工能夹住和控制焊条，同时也起着从焊接电缆向焊条传导焊接电流的作用。焊钳分各种规格，以适应各种规格的焊条直径。每种规格焊钳，是以所要夹持的最大直径焊条需用的电流设计的。常用的市售焊钳有 160 A、300 A 和 500 A 三种，其技术指标见表 5-6。

2. 面罩及护目玻璃

面罩及护目玻璃是为防止焊接时的飞溅物、强烈弧光及其他辐射对焊工面部及颈部灼伤的一种遮蔽工具，有手持式和头盔式两种。护目玻璃安装在面罩正面，用来减弱弧光强度，吸收由电弧发射的红外线、紫外线和大多数可见光线。焊接时，焊工通过护目玻璃观察熔池情况，正确掌握和控制焊接过程，避免眼睛受弧光灼伤。

表 5-6　常用焊钳的技术指标

焊钳型号	160 A		300 A		500 A	
额定焊接电流/A	160		300		500	
负载持续率/%	60	35	60	35	60	35
焊接电流/A	160	220	300	400	500	560
L 形尺寸 $A \times B \times C$（mm×mm×mm）	220×70×30		235×80×36		235×86×38	
适用焊条直径/mm	1.6~4		2~5		3.2~8	
连接电缆截面积/mm^2	25~35		35~50		70~95	

护目玻璃有各种色泽，目前以墨绿色的为多，为改善防护效果，受光面可以镀铬。护目玻璃的颜色有深浅之分，应根据焊接电流大小、焊工年龄和视力情况来确定，护目玻璃色号、规格的选用见表 5-7。护目玻璃外侧应加一块同尺寸的一般玻璃，以防止金属飞溅的污染。

表 5-7　焊工护目玻璃镜片选用

护目玻璃色号	颜色深浅	适用焊接电流/A	尺寸/mm
7~8	较浅	≤100	2×50×107
9~10	中等	100~350	2×50×107
11~12	较深	≥350	2×50×107

（七）焊条的分类

1. 按用途分类。现行的焊条分类，一是根据相关国家标准分为 8 类：碳钢焊条（GB/T5117—1995）、低合金钢焊条（GB/T5118—1995）、不锈钢焊条（GB/T983—1995）、堆焊焊条（GB/T984—1985）、铸铁焊条（GB/T10044—1988）、镍及镍合金焊条（GB/T13814—1992）、铜及铜合金焊条（GB/T3670—1995）、铝及铝合金焊条（GB/T3669—1983）；二是按原国家机械工业委员会在《焊接材料产品样本》中分为 10 大类：结构钢焊条（J）、钼及铬钼耐热钢焊条（R）、低温钢焊条（W）、不锈钢焊条（铬不锈钢焊条 G、铬镍不锈钢焊条 A）、堆焊焊条（D）、铸铁焊条（Z）、镍及镍合金焊条（Ni）、铜及铜合金焊条（T）、铝及铝合金焊条（L）、特殊用途焊条（TS）。

2. 药皮熔化后熔渣酸碱性分类。按熔渣酸碱性可分为酸性焊条（熔渣 pH 值小于 1.5）和碱性焊条（熔渣 pH 值大于 1.5）两类。酸性焊条能交直流两用，焊接工艺性能较好，但焊缝的力学性能，特别是冲击韧度较差，适用于一般低碳钢和强度较低的低合金结构钢的焊接，是应用最广的焊条。碱性焊条脱硫、脱磷能力强，药皮有去氢作用。焊接接头含氢量很低，故又称为低氢型焊条。碱性焊条的焊缝具有良好的抗裂性和力学性能，但工艺性能较差，一般用直流电源施焊，主要用于重要结构（如锅炉、压力容器和合金结构钢等）的焊接。

（八）焊条的型号

1. 碳钢焊条型号表示。根据国家标准 GB/T5117—1995 规定，碳钢焊条型号编制为：首字母“E”表示焊条；前两位数字表示熔敷金属抗拉强度的最小值，单位为 MPa；第三位数字表示焊接适用位置，“0”和“1”表示焊条适用全位置焊，“2”表示焊条适用平焊与平角焊，“4”表示焊条适用于向下立焊；第三、四位数字组合时表示焊条药皮类型与适用焊接电流类型；在第四位数字后缀有字母表示有特殊要求的焊条，如附加“R”表示耐吸潮，附加“M”表示耐吸潮和有特殊性能规定的焊条，具体碳钢焊条中各字母和数字的含义举例如下。

举例：碳钢焊条 E4315 中各字母和数字的含义。

首字母“E”表示焊条；

前两位数字 43 表示熔敷金属抗拉强度最小值为 430 MPa；

第三位数字 1 表示焊条适用全位置焊接；

第四位数字 5 表示焊条药皮为低氢钠型，并可采用直流反接焊接。

2. 低合金钢焊条型号表示。根据国家标准 GB/T5118—1995 规定，低合金钢焊条型号编制为：用字母“E”与四位数字表示；首字母“E”表示焊条；前两位数字表示熔敷金属抗拉强度最小值，单位为 MPa；第三位数字表示焊接适用位置，“0”和“1”表示焊条适用全位置焊，“2”表示焊条适用平焊与平角焊；第三、四位数字组合时表示焊条药皮类型与适用焊接电流类型；在第四位数字后缀有字母表示熔敷金属化学成分类型，用“-”与前面数字隔开；如还附加化学成分需要标明，可直接用元素符号表示，并用“-”隔开，低合金钢焊条中各字母和数字的含义举例如下。

例：低合金钢焊条 E5515-B2-V 中各字母和数字的含义。

首字母“E”表示焊条；

前两位数字 55 表示熔敷金属抗拉强度的最小值为 550 MPa；

第三位数字 1 表示焊条适用全位置焊接；

第四位数字 5 表示焊条药皮为低氢钠型，并可采用直流反接焊接；

B2 表示该焊条为铬镍珠光体耐热钢焊条；

字母 V 表示附加化学成分 V。

（九）焊条直径的选择

根据焊件厚度和焊接位置的不同，应合理选择焊条直径。一般来说，焊厚焊件时用粗焊条，焊薄焊件时用细焊条；进行立焊、横焊和仰焊时，焊条直径应比平焊时细些，焊条直径的选择见表 5-8。

表 5-8　焊条直径选择

焊件厚度/mm	2	2~3	4~6	6~12	>12
焊条直径/mm	1.6~2.0	2.5~3.2	3.2~4.0	4.0~5.0	5.0~6.0

（十）焊接电流的选择

焊接电流的大小根据焊条直径来选择。一般来说，细焊条选小电流，粗焊条选大电流。

焊接低碳钢件时，焊接电流大小的经验公式如下：

$$I = (30 \sim 60)d$$

式中，I 为焊接电流，A；d 为焊条直径，mm。

六、黏结工艺

（一）定义

黏结（Sticking）修复技术是利用胶黏剂把相同的或不同的材料黏结到磨损、腐蚀的零件上,或者将断裂的零件牢固地连接在一起,使损坏的零件恢复使用性能的方法。黏结修复技术已经发展成熟,胶接、焊接、机械连接成为当代三大连接技术。

(二)黏结技术的主要特点

1. 可以将任何形状、尺寸的同种或异种材料的构件牢固地连接在一起。

2. 能部分代替焊接、铆接、键连接与螺纹连接,黏结结构质量轻、装配简单;受力面积大,应力分布均匀,减轻应力集中,延长使用寿命。

3. 黏结不会像焊接那样改变材料的基体组织,不会引起零件的变形和硬度降低等问题。

4. 可获得多种特殊性能,如良好的密封、导电、绝缘以及耐腐蚀性能。

5. 设备、工艺简单,容易操作,成本低,生产效率高。

6. 黏结的不足之处是:与铆接、螺纹连接和焊接等工艺方法相比,黏结层的结合强度较低、抗冲击性能和抗老化性能较差,黏结接头的耐热性较低。

(三)胶黏剂的分类

胶黏剂的品种繁多,分类方法也很多,常用的分类有:

1. 按用途分,可分为结构胶黏剂、非结构胶黏剂和特种胶黏剂三大类。结构胶黏剂用于将结构单元牢固地连接成整体结构,其黏结强度高、耐久性好,能够承受较大的应力。非结构胶黏剂(如:表面黏结用胶黏剂、密封胶黏剂等)用于恢复尺寸、修复磨损、腐蚀的零件、密封等用途而进行的表面黏涂和密封,不能承受太大的载荷。特种胶黏剂用于满足特殊需要,改变零件表面功能(如导电、导磁、绝缘等性能)所进行的黏结。

2. 按化学成分分,可分为有机黏结剂和无机黏结剂两大类。

3. 按被黏结材料分,可分为金属用胶、塑料用胶、橡胶用胶、陶瓷用胶、木材用胶、纤维用胶、玻璃和水泥用胶、纸用胶等。

4. 按胶黏剂的形态分,可分为溶液型、乳液型、糊状、胶泥、胶膜、胶带、胶粒、胶棒等。

(四)黏结修复技术的应用

黏结修复技术可用于修复因磨损、腐蚀、裂纹或断裂而损坏的零件,以及加工失误的零件。有时用其他工艺均无法修复的零件,用黏结却得到了良好的修复效果。另外,还可以利用胶黏剂进行装配工作和对零件的接触面进行密封,使修船、造船工作中的某些装配工艺大大简化,劳动强度大大降低,生产率显著提高。

(五)有机胶黏剂在船机修造工作中的应用

有机胶黏剂是以有机物配制而成的胶黏剂。有机胶黏剂在船机修造工作中的应用主要有以下几个方面:

1. 用于修理损坏的船机零件

(1)修理磨损松动的过盈配合件

具有过盈配合的轴与套类的零件(例如轴与齿轮),因长期使用产生微动磨损,造成配合松动而影响传递运动。虽然采用在轴颈表面压花、镶套或电镀等方法也可以将其修复,但有时条件不允许,而且工艺复杂、成本高。在实际工作中,有人采用厌氧胶修理船用发电机轴与滚动轴承的配合松动、离心泵轴与叶轮的松动,修理效果较好,工艺简单,成本低。

(2)修理腐蚀损坏的零件

对于柴油机气缸套、气缸体和各类船舱壁的电化学腐蚀,螺旋桨桨叶、气缸套外圆表面的穴蚀造成的损坏,在腐蚀面积较大,但深度较小,而且尚能保证零件强度的情况下,可采用有机胶黏剂进行黏结修理。

(3)修补裂纹零件

对于柴油机气缸盖进气阀阀杆导孔壁裂纹，船舶管系的裂纹、漏洞，油柜和水柜的裂纹或焊缝开裂等损坏，均可采用有机胶黏剂并结合金属扣合、覆板或镶套等其他工艺进行修复。

2. 用于船机零部件的装配

(1)用于主、副柴油机机座的安装

在主、副机机座与底座之间要安装若干个铸铁垫块，按传统工艺要求铸铁垫块的上、下平面要与机座和底座紧密相贴，用色油检验，接触点在1平方英寸面积内不少于2~3点。为了达到此要求，需要反复刮研铸铁垫块，此项工作劳动强度很高，工作量大，效率很低，而且垫块的接触面积很小。

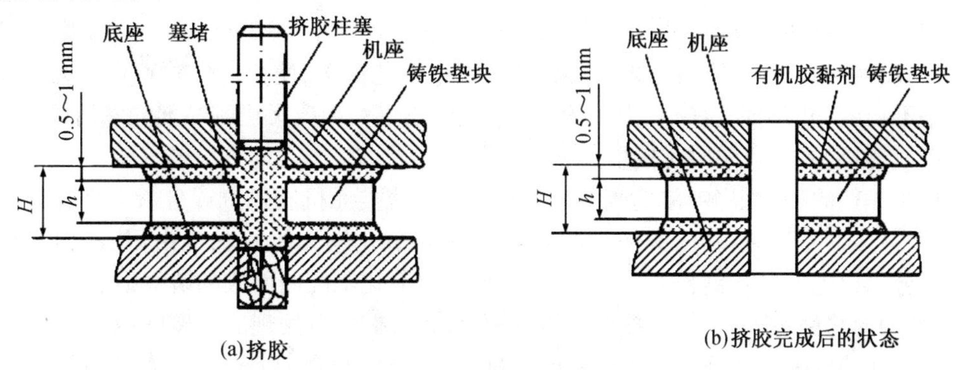

图5-20　有机胶黏剂用于主机机座安装的示意图

采用有机胶黏剂配合铸铁垫块的安装，可克服传统工艺的缺点。安装时，有意使铸铁垫块的厚度 h 比实际需要的厚度 H 小一些，使铸铁垫块上、下平面都充满0.5~1.0 mm的环氧树脂胶黏剂，这样不需刮研垫块，待胶黏剂固化后，铸铁垫块的上、下面与机座或底座完全接触。这样大大简化了机座安装工艺，减轻了劳动强度和提高了工作效率。图5-20是一种有机胶黏剂安装主、副机机座的工艺。底座上的螺栓孔用塞子堵住，对铸铁垫块两面清洁后分别涂上胶黏剂，放入底座和机座之间，让铸铁垫块中心供地脚螺栓穿过的孔对准底座和机座上的螺栓孔，然后在螺栓孔内注满胶黏剂，用挤胶柱塞往下压，当铸铁垫块四周均有胶黏剂冒出时取出塞堵，挤胶柱塞继续往下挤胶，清除螺栓孔内的胶黏剂，这样铸铁垫块和黏结剂与底座和机座之间可达到完全接触。

(2)用于螺旋桨与艉轴的装配

螺旋桨与艉轴的配合部位要求接触良好，按照旧的传统工艺需要进行大量繁重的刮研工作。为了简化螺旋桨与艉轴的安装，对于沿海和内河的中、小型船舶的螺旋桨与艉轴，在二者配合面之间有意设计了一定的间隙，采用适当的方法充满环氧树脂胶黏剂，待胶黏剂固化后螺旋桨与艉轴的配合面可达到完全接触，从而省去了键连接和大量的刮研工作。

(3)用作密封垫片

船舶机械、设备的密封，传统上采用静密封固体材料，如紫铜、橡皮、石棉、纸箔及白漆和丝麻等。当遇到零件之间的接触面凸凹不平时，这些固体垫片的密封性较差；另外固体垫片还存在安装时容易错位、压缩过度等缺点。目前在许多场合下，已经使用高分子液态密封胶来代替传统的固体垫片作为连接件的密封材料。液态密封胶在使用前呈黏稠的液态，涂在零件结合面上可达到完全吻合,并可填充结合面上的凹陷,固化后形成一层类似橡胶性质的、富有弹性的可剥性薄膜,黏附于结合面上,具有良好的密封性能和耐压性能。

液态密封胶广泛应用于各类泵、齿轮箱、空气压缩机等的法兰平面和结合面的密封;柴油机气缸套与气缸体、道门与机架的结合面的密封;高压油管、水管和蒸汽管的管接头的密封。

一般来说,与无机胶黏剂相比,有机胶黏剂的黏结强度较大,耐热性差,脆性较小,抗冲击性较好,耐腐蚀性较好,抗老化性较差,黏结工艺较复杂。

(六)无机胶黏剂在船机修造工作中的应用

无机胶黏剂是以无机物配制而成的胶黏剂,一般由液态的无机酸、碱、盐与固态的金属氧化物粉末组成。

无机胶黏剂的突出特点是具有很高的耐热性,最高可承受 2 700 ℃的高温,这是有机胶黏剂无法相比的。此外,无机胶黏剂还具有耐油、抗老化、毒性小、不燃烧、可在室温固化、基本不收缩,有的反而略有膨胀,原料易得、价格低廉、黏结工艺简单、使用方便等特点。无机胶黏剂的缺点是不耐酸、碱,耐水性较差,脆性较大,不抗冲击等。因此无机胶黏剂的黏结接头一般都采用套接或槽接,不适合采用对接接头。

无机胶黏剂的种类很多,在生产中一般使用磷酸盐类无机胶黏剂或硅酸盐类无机胶黏剂两类,应用最多的是磷酸-氧化铜无机胶黏剂。磷酸-氧化铜无机胶黏剂由甲、乙两个组分组成。甲组分为黑色的氧化铜粉末,乙组分为磷酸与氢氧化铝配制而成的磷酸铝溶液,不用时分开放置,使用时将甲、乙两个组分按照适当的配比进行调制,现用现配。磷酸-氧化铜无机胶黏剂可长时间在 500 ℃下工作,短时间在 700~800 ℃工作;耐油、耐水性较好,因此密封堵漏效果好。

磷酸-氧化铜无机胶黏剂在船机修理工作中适用于工作温度高,受力不大,不需拆卸,需要密封的部位,如修理气缸体、气缸盖或其他箱体上的裂纹、气缸体与气缸套配合面上的铸造缺陷、增压器涡轮端壳体的腐蚀等。当然有时仅靠无机胶黏剂是不行的,需要结合金属扣合、覆板等其他工艺进行修复。

一般来说,与有机胶黏剂相比,无机胶黏剂的黏结强度较小,耐热性好,脆性较大,抗冲击性和耐腐蚀性较差,抗老化性较好,黏结工艺较简单。

(七)环氧树脂胶黏剂

环氧树脂是一种含有 2 个或 2 个以上环氧基的热固性树脂。环氧树脂是一种很好的胶黏剂,可用来黏结金属、陶瓷、玻璃、木材、混凝土及大部分塑料,已广泛应用于飞机、卫星、火箭、船舶、汽车、电子仪器、轻工和建筑等行业。

环氧树脂除了对聚烯烃等非极性塑料黏结性不好之外,对于各种金属材料如铝、钢、铁、铜,非金属材料如玻璃、木材、混凝土等,以及热固性塑料如酚醛、氨基、不饱和聚酯等都有优良的黏结性能,因此有万能胶之称。环氧胶黏剂是结构胶黏剂的重要品种。

环氧树脂一般和添加物同时使用,以获得应用价值。添加物可按不同用途加以选择,常用添加物有以下几类:①固化剂;②改性剂;③填料;④稀释剂;⑤其他。其中固化剂是必不可少的添加物,无论是作黏结剂、涂料、浇注料都需添加固化剂,否则环氧树脂不能固化。由于用途性能要求各不相同,对环氧树脂及固化剂、改性剂、填料、稀释剂等添加物也有不同的要求。

填料的作用是改善制品的一些性能,并改善树脂固化时的散热条件,用了填料也可以减少环氧树脂的用量,降低成本。因用途不同可选用不同的填料,用量视用途而定。常用填料如表

5-9 所示。

表 5-9　环氧树脂常用填料及其作用

填料名称	作用
石棉纤维、玻璃纤维	增加韧性、耐冲击性
石英粉、瓷粉、铁粉、水泥、金刚砂	提高硬度
氧化铝、瓷粉	增加黏结力,增加机械强度
石棉粉、硅胶粉、高温水泥	提高耐热性

修补时常用的填料玻璃纤维图片参见图 5-21。

(八)选择胶黏剂时应考虑的因素

由于被黏件千变万化,其表面特性各不相同;胶黏剂种类繁多,任何一种胶黏剂都有其有限的适用范围。科学、合理地选择胶黏剂也是保证黏结成功的重要环节。选择胶黏剂时应考虑下列几方面的因素:

1. 被黏结物的材料、表面状态、裂纹缝隙大小、黏结面大小、受力情况和使用环境条件等情况要符合胶黏剂说明书的要求。

2. 胶黏剂的性能特点,如黏结强度、使用温度、收缩率、线胀系数、耐蚀性、耐水性及抗老化性能等要符合使用工况的要求。

3. 是否具备实施黏结工艺所需要的设备和表面处理、加热、固化的条件,完成黏结全部工艺过程所需要的时间是否足够。

4. 黏结的经济性与胶黏剂的来源等情况。

图 5-21　玻璃纤维

【课后作业】

1. 论述金属扣合工艺的工艺特点及其在船舶修理中的运用。
2. 研究探讨机械加工修复工艺在船机零件修理中的运用。
3. 研究探讨研磨剂的种类及研磨工艺在船机零件修理中的运用。
4. 探讨铸铁零件的焊接技术。
5. 探讨堆焊工艺在船机零件修复中的应用及主要注意事项。
6. 探讨黏结剂的分类及黏结工艺在船机零件维护与修理中的运用。

备注:上述作业需要学员广泛搜集资料,完成时要求自主发挥,不能局限于教材。

【工作任务】

任务一　金属扣合工艺

一、工作目标

1. 根据修理要求选择合适的修理工艺。

2. 机件修复后根据要求进行性能检验。

3. 操作过程符合安全操作规程。

二、材料用具

教学资料、任务书、评价表、多媒体、黑板、计算机、钻模、手电钻(或风钻)、(气动)铲凿、攻丝工具、角磨机、手锤、钢锯、探伤剂、黏结剂等。

三、工作过程

(一)作业前准备

1. 安全作业评估:针对已经认定的各种操作风险(失火、触电、损伤眼睛等),选择合适的操作工具以及安全保护用品。

2. 关闭设备的水、电、油、气等,对检修的设备进行隔离处理,悬挂“禁止合闸”等警告牌。

(二)金属扣合修复程序与步骤

1. 解体和准备

(1)将存在裂纹、破损、孔洞等缺陷的机件从机器上解体。

(2)将破损成多个碎片的机件收集齐全。

(3)对有孔洞缺陷的机件,应准备材质相同(或相近)的金属件,或重新铸造材质相同(或相近)的铸件毛坯作为镶块。

2. 清洗

(1)用专用容器盛装破损的机件,针对机件的材质确定使用不同的清洗剂,对机件彻底清洗。

(2)用清水冲洗,再用压缩空气吹干或自然晾干。

3. 理化试验

(1)疑似裂纹或其形状位置不明显,应经探伤检查确定裂纹位置。然后在机件上打止裂孔。在两个裂纹尖端钻止裂孔,攻丝,拧入涂上黏结剂的螺栓,将露出零件表面的螺栓割断,磨平,堵塞止裂孔。

(2)进行必要的材质化验,以便进行波浪键及镶块材质的选择。

(3)必要的强度试验。

4. 拼装、复位和紧固

(1)对破裂成多块的机件进行拼装使之复位,可配合使用合适的金属黏结剂。

(2)对破损机件进行夹持、定位和紧固。

5. 镶块的镶配

(1)利用车、铣、刨、插、镗、钻、磨等机加工或适当的钳工方法将机件的缺陷孔洞进行切削、修整,使之具有较规则的几何形状。

(2)根据机件材质选择镶块或重新铸造镶块毛坯件。

(3)按过度配合要求,将选择的镶块或铸造毛坯件按照修整后机件上孔洞尺寸形状进行切削加工,保证配合表面达到过度配合要求的精度。

(4)借助专用工具将镶块镶配到机件上,若机件有耐压、受力等特殊要求,则镶块与机件的配合应具备一定的过盈量或互为锥度配合、阶梯配合,并辅以密封胶。

6. 镶配波浪键

(1)沿裂痕或镶配边界确定欲镶波浪键(参见金属扣合工艺术语部分)的位置,即波形槽的位置,方法如下:

首先要在裂纹上确定波形槽的数量和位置,确定波形槽的深度。

波形槽的数量和位置要根据规定的波形槽的间距、零件的具体结构和受力情况、裂纹的总长度等因素来确定,规定的波形槽间距为 $W=(5\sim6)b$,一般不小于 30 mm(b 的含义见图 5-3)。

波形槽的深度 T 依零件的壁厚 H 而定,一般取 $T=(0.65\sim0.75)H$,见图 5-22。

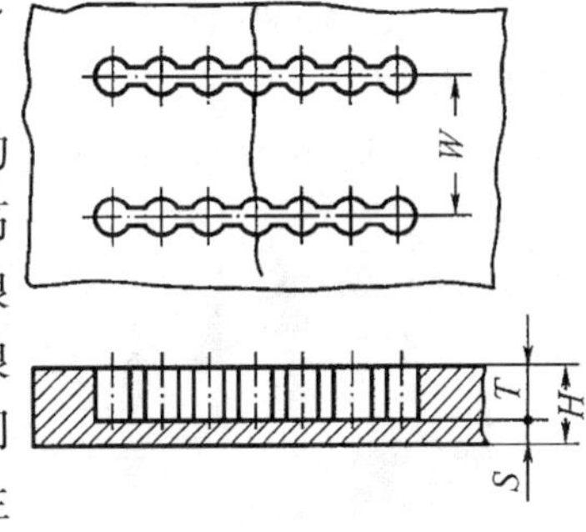

图 5-22 波形槽的间距与深度

必须指出,当按上式得出的波形槽深度 T 大于前述规定的波浪键的高度 t 时,不应按波形槽的深度特意制作超过规定高度的波浪键,而应根据情况嵌入 1~3 层符合规定高度的波浪键,并按后面所述的方法逐层铆击。为了便于嵌入波浪键,波浪键的原始尺寸小于波形槽的尺寸,二者存在 0.1 mm 左右的间隙,此时不能产生扣合作用。波浪键的扣合作用是靠铆击产生塑变后,波浪键充满波形槽后而产生的。波浪键塑变的同时产生加工硬化,使强度和硬度明显提高来抵抗外界载荷。如果单层波浪键的高度过高,铆击后只是表面产生塑性变形充满槽腔,下面大部分高度没有产生塑变,波浪键与波形槽之间还存在 0.1 mm 左右的间隙,因此不能产生扣合作用和形变强化作用。同时还应指出的是,波形槽的深度还应兼顾波浪键的层数和总高度,即使波浪键的总高度高于波形槽的深度 0.5~1 mm,作为最后磨平时的加工裕量。

(2)选择直径比波浪键凸圆柱直径 d 大 0.1 mm 的钻头和合适的钻模。钻模的作用是准确的确定各个孔的相对位置。在各位置点沿裂痕或镶配边界的法线方向固定波浪键底孔模板,见图 5-23。

(3)用高压气动钻或电动钻通过底孔模板套打底孔,见图 5-23。

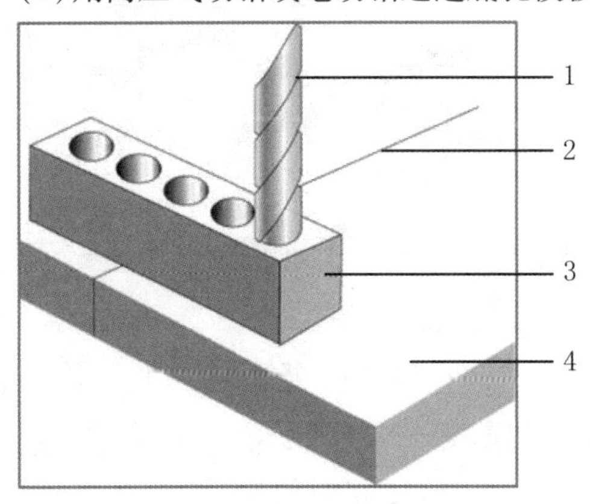

图 5-23 打底孔

1—钻头;2—裂纹;3—底孔模板;4—待修复机件

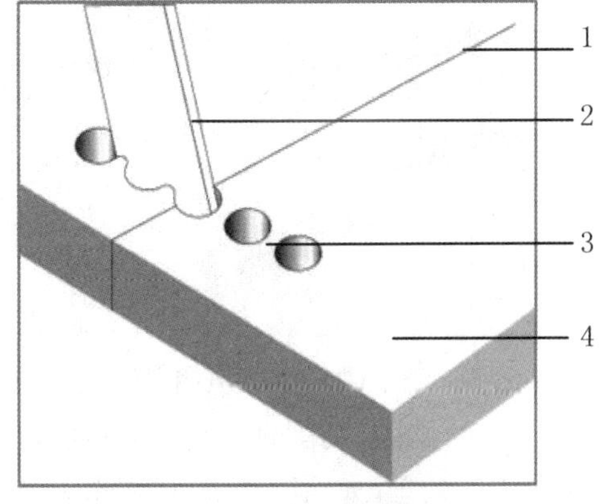

图 5-24 开波浪键槽

1—裂纹;2—切割机刀片;3—孔间连接部分;4—待修复机件

注意:应使波浪键中间的凸圆柱中心正好位于裂纹线上;钻孔的数量应等于波浪键凸圆柱的数量;孔的深度要适应波浪键的高度和层数,并且各个孔的深度应基本相同;每钻 1 个孔后,采用相同直径的圆柱销定位,再钻下一个孔。

(4)下一步是凿通,用头部形状为矩形、头部宽度比波浪键“连桥”宽度大 0.1 mm 的铲凿将各个孔之间的连桥部分凿通,形成波形槽,见图 5-24。

(5)将波浪键打入底孔,必要时涂密封胶。若机件较厚,可在两侧均镶配波浪键,且各侧可镶 1~3 层,见图 5-25。

7. 埋置骑缝螺钉

(1)在相邻两波浪键之间,沿裂痕或镶配边界确定骑缝螺钉底孔位置,使埋置后的骑缝螺钉两两相切。

(2)打骑缝螺钉底孔,控制深度(近似波浪键底孔深度),见图 5-26。

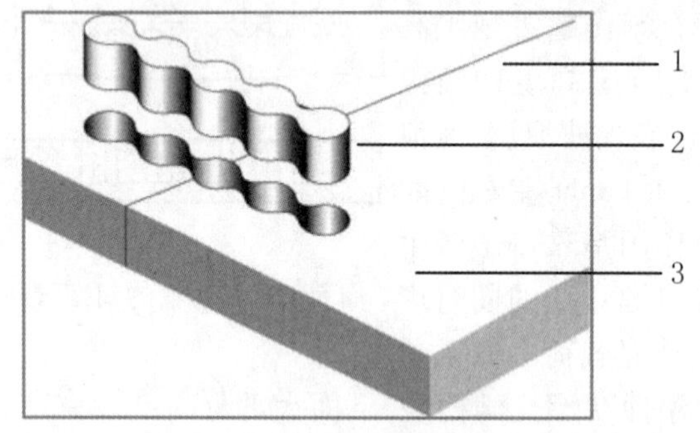

图 5-25 镶波浪键

1—裂纹;2—波浪键;3—待修复机件

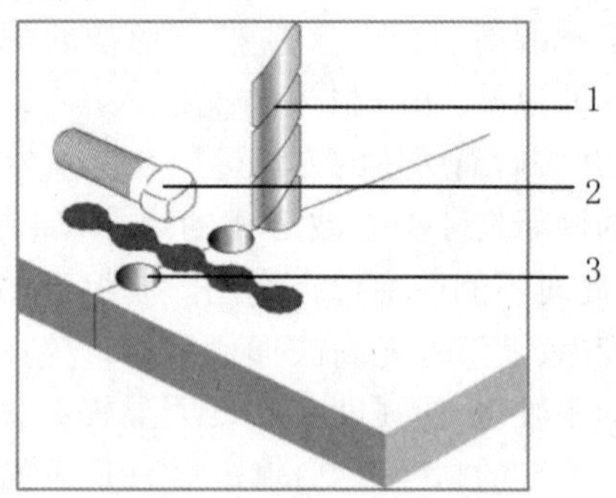

图 5-26 打骑缝螺钉底孔

1—钻头;2—骑缝螺钉;3—骑缝螺钉孔

(3)底孔攻丝。

(4)骑缝螺钉涂密封胶后拧入螺孔,剔除外露部分,见图 5-27。

8. 整形

(1)剔除波浪键或骑缝螺钉多余部分,见图 5-28。

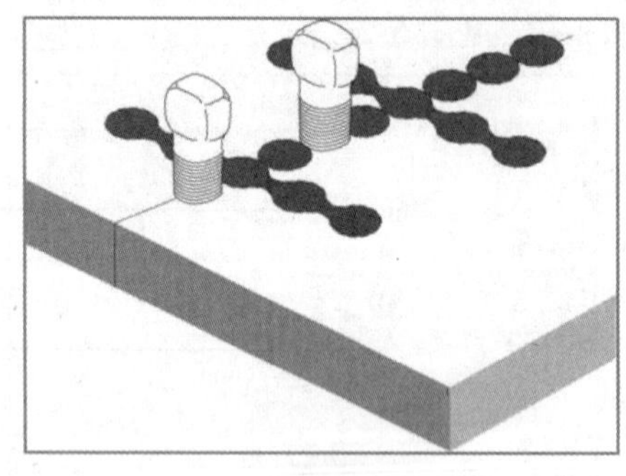

图 5-27 埋置骑缝螺钉

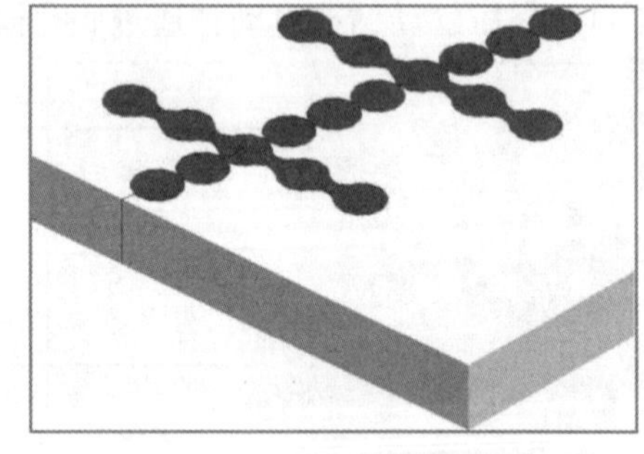

图 5-28 修复后的零件

(2)机工或钳工切削,使机件达到所要求的表面粗糙度。

(3)表面处理,如涂防锈油、刷漆等。

9. 性能试验

(1)对有压力要求的机件进行耐压试验。

(2)对有强度要求的机件进行强度试验。

四、考核内容与评分标准

（一）考核内容

1. 相关知识

（1）作业前准备；

（2）作业时的安全措施。

2. 操作技能

（1）作业工具的选择与使用；

（2）根据机件材料选择合适的修复工艺；

（3）正确的施工方法、步骤；

（4）机件修复后机件性能的检查与验收。

（二）评分标准

该任务的成绩由相关知识成绩（40%）和操作技能成绩（60%）两部分构成。在相关知识部分，作业前准备和作业时的安全措施各占 20%；在操作技能部分，工艺的选择和正确的程序与步骤占 40%，修复后的检验与验收占 20%。

任务二　机械加工修复工艺

一、工作目标

1. 根据修理要求选择合适的修理工艺。

2. 机件修复后根据要求进行性能检验。

3. 操作过程符合安全操作规程。

二、材料用具

教学资料、任务书、评价表、多媒体、黑板、计算机、钻床、手电钻（或风钻）、角磨机（锉刀）、手锤、钢锯、电焊机、车床等。

三、工作过程

（一）作业前准备

1. 安全作业评估：针对已经认定的各种操作风险（失火、触电、损伤眼睛等），选择合适的操作工具以及安全保护用品。

2. 关闭设备的水、电、油、气等，对检修的设备进行隔离处理，悬挂“禁止合闸”等警告牌。

（二）机械加工修复程序与步骤

常用的机械加工修复工艺有：修理尺寸法、恢复尺寸法、尺寸选配法、局部更换法、附加零件法和换位加工修理法等。下面以换位加工修理法为例说明修理程序与步骤。

图 5-29 为由于磨损、腐蚀等原因导致一法兰盘的螺栓孔损坏，轮机员在装配时螺栓已经不能起到良好的紧固作用，为此，需要将旧螺栓孔通过堆焊来焊平，然后在其他位置利用手电钻或者钻床重新开螺栓孔。图中的阴影区域是已经封堵的螺栓孔，白色区域是重新开的螺栓孔。具体修复步骤如下：

1. 堆焊、填平旧螺栓孔

(1)将损坏的法兰盘从机件上拆卸。

(2)用电焊工艺将法兰盘磨损的螺栓孔焊平、冷却。

2. 光车法兰盘

将焊好的法兰盘固定在车床上,用车刀将密封面车平整。

3. 法兰盘重新钻孔

(1)在法兰盘上重新定位,找出螺栓孔的位置,注意,新螺栓孔的位置必须要跟旧孔位置相对应,否则螺栓将不能安装。

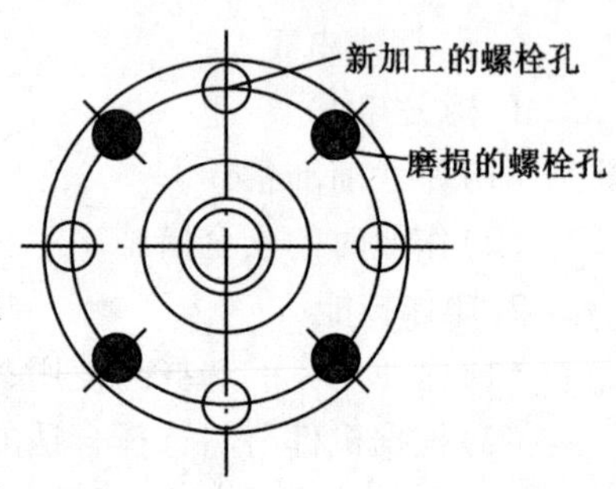

图 5-29　换位加工法修理法兰盘

(2)用手电钻或者钻床在法兰盘上开孔。

4. 修整

用角磨机或者锉刀将法兰盘上的毛刺等不平整的地方修理平整,保证密封处连续且光滑。

5. 装复试验

将法兰盘回装进行功能试验。

四、考核内容与评分标准

(一)考核内容

1. 相关知识

(1)作业前准备;

(2)作业时的安全措施。

2. 操作技能

(1)作业工具的选择与使用;

(2)根据机件材料选择合适的修复工艺;

(3)正确的施工方法、步骤;

(4)机件修复后机件性能的检查与验收。

(二)评分标准

该任务的成绩由相关知识成绩(40%)和操作技能成绩(60%)两部分构成。在相关知识部分,作业前准备和作业时的安全措施各占20%;在操作技能部分,工艺的选择和正确的程序与步骤占40%,修复后的检验与验收占20%。

任务三　研磨工艺

一、工作目标

1. 根据修理要求选择合适的修理工艺。

2. 机件修复后根据要求进行性能检验。

3. 操作过程符合安全操作规程。

二、材料用具

教学资料、任务书、评价表、多媒体、黑板、计算机、二冲程柴油机磨阀机、千分表及磁性支架、塞尺、角磨机(锉刀)、手锤、扳手、吊车(链条葫芦)、钢丝绳、吊环螺栓、煤油、柴油机系统滑油等。

三、工作过程

(一)作业前准备

1. 安全作业评估:针对已经认定的各种操作风险(失火、触电、损伤眼睛等),选择合适的操作工具以及安全保护用品。

2. 关闭设备的水、电、油、气等,对检修的设备进行隔离处理,悬挂“禁止合闸”等警告牌。

(二)研磨程序与步骤

1. 概述

研磨工艺的工具和方法很多,本节以二冲程柴油机排气阀研磨为例,说明研磨的操作程序与步骤。

二冲程柴油机由于使用劣质燃油,油中硫分含量较多,燃烧后会导致低温腐蚀;另外,由于油中钒、钠的存在,会产生高温腐蚀,在阀盘和阀座之间的接触面上产生麻点甚至沟槽,影响排气阀和阀座之间的密封性能,产生漏气、吹阀等故障,影响柴油机的工作性能。因此,现代船舶大多配有排气阀研磨机,对大型排气阀、阀座及阀座与气缸盖之间的密封面进行人工研磨,以保持气阀正常的工作性能,如图 5-30 所示。

(a)研磨阀盘

(b)研磨阀座

(c)研磨阀座与气缸盖之间的密封面

图 5-30　二冲程柴油机排气阀的研磨

注意:现代新型柴油机配备新型式的排气阀和阀座(Dura 型),这种排气阀和阀座不需要研磨,而且维护间隔和寿命都相对较长,目前只有 MAN B&W 生产,在阀杆上部标示有 MAN B&W 公司商标和 Cph-In625-St6-HVOF-99-43 等字母和数字(备注:99-43 系指 1999 年第 43 周生产的产品)。其阀座是由传统的 V 形(有一道沟槽)改为 W 形的(有两道沟槽),如图 5-31 所示。

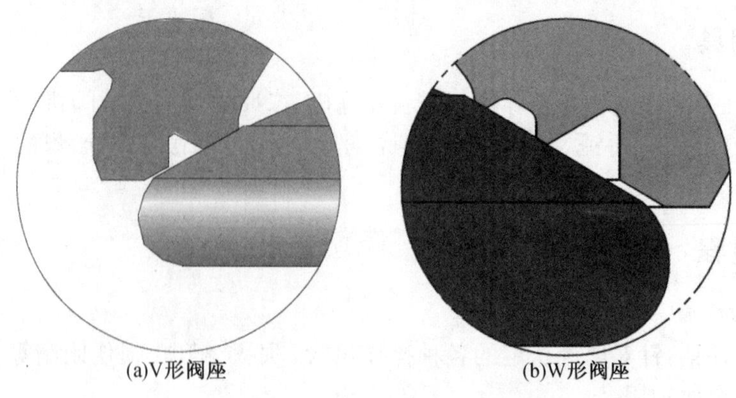

图 5-31　V 形阀座与 W 形阀座

2. 二冲程柴油机排气阀研磨的操作程序与步骤

(1)磨阀机

二冲程柴油机磨阀机是为了降低轮机员的劳动强度,专门针对二冲程柴油机排气阀研磨设计制造的一种机器。它用电动或者气动能源作为动力,用砂轮的切割作用代替研磨砂的切削作用,对排气阀阀盘、阀座及气阀与气缸盖之间的密封面进行快速研磨的。它的优点是速度快,切削精度高;缺点是操作人员需要一定的专业技能,切削量不易控制;操作步骤烦琐,容易造成偏磨等加工缺陷。图 5-32 是目前船舶上一种比较典型的排气阀研磨机的结构图,该磨阀机采用电动马达进行工作。

(2)排气阀阀盘研磨程序

①清洁:阀杆和阀座在上磨阀机磨削前,必须进行充分的清洁,对中性测量点区域要用砂纸打光,最后用轻柴油擦净。由于阀杆在对中性调整时,测量点大多选取在阀盘接触面上,如果该接触面的状况极差,可将阀杆和阀座清洁干净后,在排气阀壳体上装复,先进行人力研磨,使接触面局部光洁,以便于阀杆下一步在磨阀机上的对中调整。

②阀杆对中调节:拆下磨阀机前挡板 25;松开阀杆紧固螺栓 18,按照图 5-33 所示将阀杆吊运至磨阀机上,将阀杆伸入阀杆对中导套内部,然后将紧固螺栓用扳手上紧,注意这个上紧力矩不可太大,否则,会使上部的四个调节螺栓失效;也不可太松,如太松会造成四个对中调节螺栓的调节范围过大,加大调整的难度。总之,紧固螺栓的上紧度应是基本定位,使其能在一个微小的范围内进行调整。然后在磨阀机上安装磁性千分表支架及千分表(图 5-34),由于二冲程柴油机排气阀阀盘与阀座是内接触式,因此,千分表的顶针要求钉在阀盘的内接触部位,分别调节各个对中调节螺栓 1,对阀杆进行对中性调节,在进行阀杆的对中性调整时,百分表的测量点就选在阀盘的接触面上,一般取四个调节螺栓所对应的四点,测量点的选取要注意避开接触面上的不平整处。在实际测量中,如果三个测量点的读数十分接近,而另外一点则相差甚远,在这种情况下,可将相差较大的测量点稍微偏转一个角度,如读数恢复正常,则说明该测量点处不平整。调节时四个测量点千分表的读数偏差(跳动量)控制在 0.02 mm 之内,如果该偏差始终略大于 0.05 mm,则松开阀杆紧固螺栓,重新调整一下阀杆的位置,往往就能获得较为满意的结果。如果偏差相差很大,而且经反复调节无效,可能的原因是装置经长期使用后,对中套筒内部出现脏污,需要拆卸清洁。

③调节螺栓的张紧度:在进行阀杆或阀座对中性调整时,如果四个测量点处的读数十分接

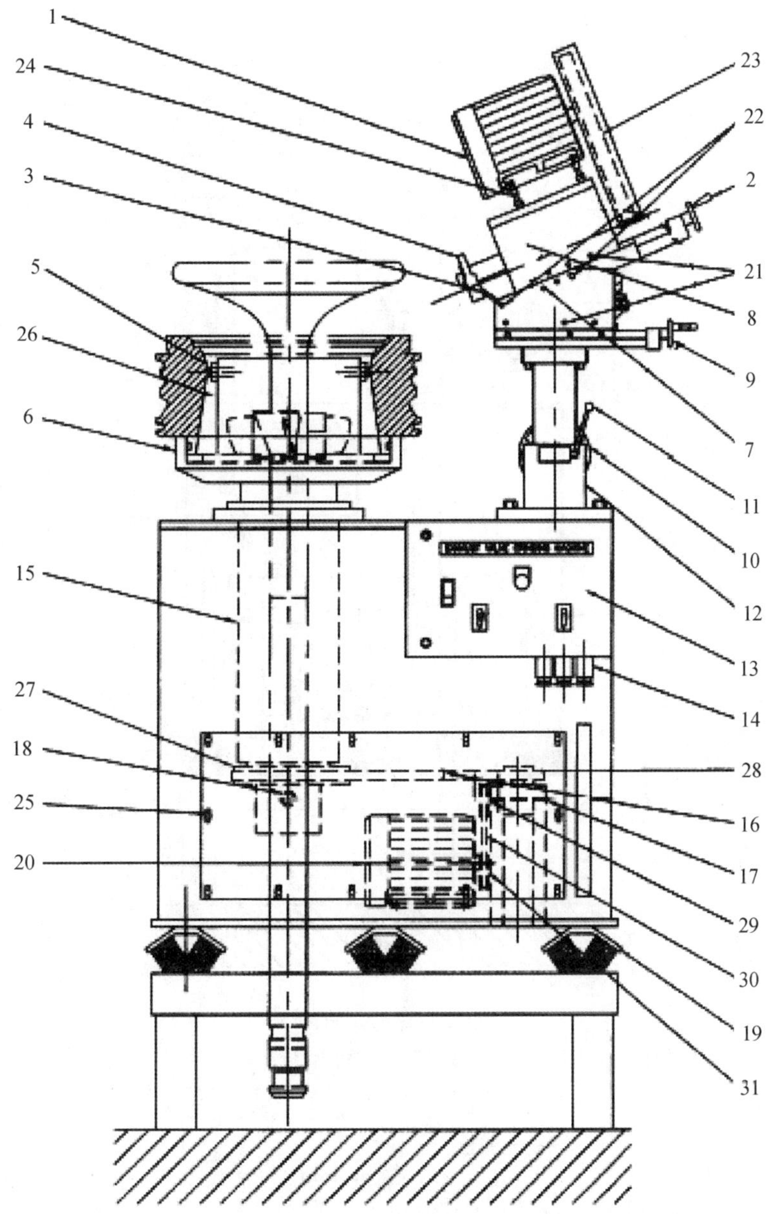

图 5-32　二冲程柴油机磨阀机

1—研磨砂轮电动马达;2—砂轮进刀手轮;3—打磨砂轮用金刚石;4—砂轮;5—对中螺栓;6—旋转盘;7—锁紧销孔;8—上部滑动装置;9—砂轮切削量调节手柄;10—研磨机构上下移动手轮;11—锁紧杆;12—下部滑动装置;13—控制面板;14—电缆接线通道;15—轴承箱;16—V 形皮带;17—减速装置;18—阀杆固定螺栓;19—缓冲减振机座;20—主马达;21—螺栓;22—砂轮角度调整装置固定螺栓;23—V 形皮带;24—砂轮马达减振装置;25—前挡板;26—对中用圆桶;27—主皮带轮;28—减速装置皮带轮;29—主马达皮带轮;30—皮带;31—主马达皮带轮

近,并不意味着调节结束,因为要进行磨削,必须使阀杆或阀座可靠固定,以免在磨削过程中因受力过大或振动等原因造成阀件的移动,因此,必须进行下一步的最后上紧调节螺钉程序,但

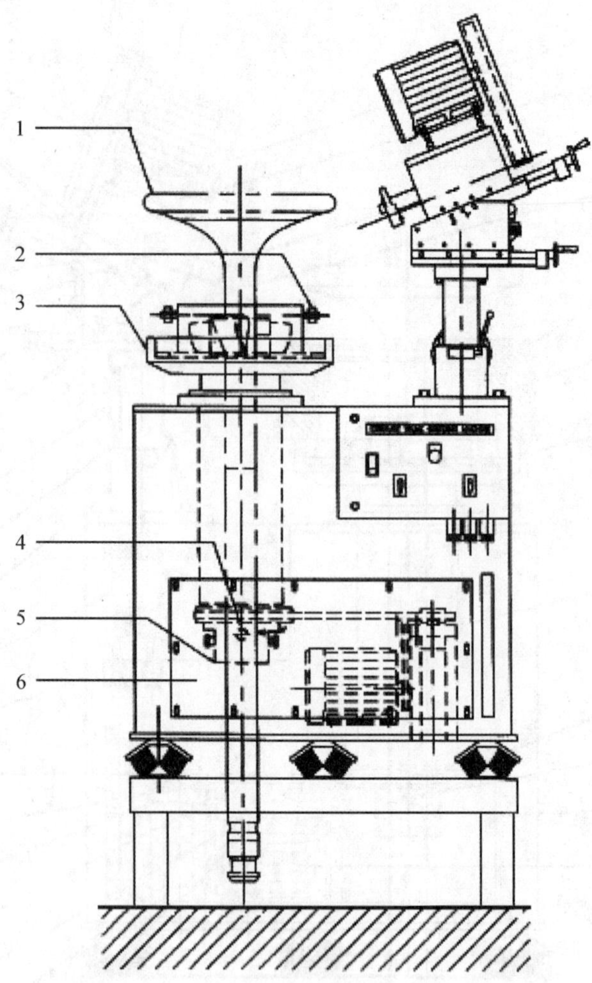

图 5-33 吊装阀杆

1—阀杆;2—对中调节螺栓;3—旋转盘;4—阀杆紧固螺栓;5—对中导套;6—前挡板

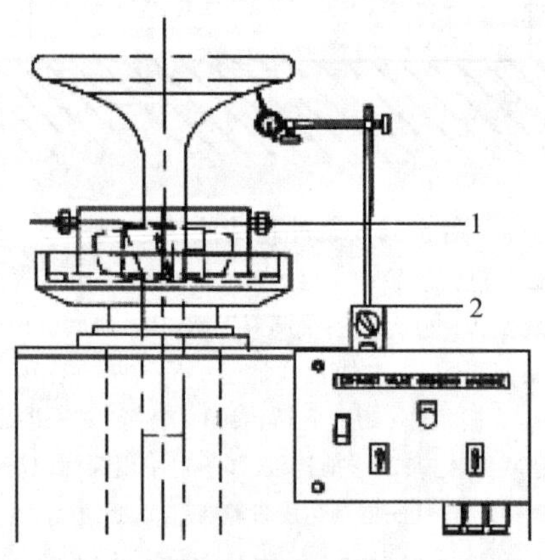

图 5-34 阀盘对中

1—对中调节螺栓;2—磁性支架及千分表

是上紧阀件有可能会使前面的调节结果重新出现较大的偏差，所以，对中需要反复地进行。同时，这个上紧力不可过大。对阀座而言，如上紧力过大，会造成阀座向上抬起。如果初次操作，可在完成对中性调节后，进行试刀，然后再测量对中，如相关读数变化不大，说明调节螺栓的张紧力足够。对于阀杆而言，在上部四个对中调节螺栓上紧之后，还要再一次地上紧下部阀杆的紧固螺栓。因为如前所述，紧固螺栓对中性调节前的上紧，只是初步的上紧，在上部对中调节螺栓调整好后，还须确认紧固螺栓是否已完全上紧，这个最后的上紧步骤往往并不会影响到前面的调节结果。

④磨削方向：因为二冲程柴油机阀盘和阀座是内接触式密封，所以，为避免研磨过程中出现"扎刀"现象，磨削阀座时，砂轮机的运动方向应是由下至上，即由内至外地运动；磨削阀杆时，则相反，砂轮机应由上至下，即由外至内地运动。在实际中通过试切削的方法可以很容易地证明这一点：磨削阀座时，如砂轮机由上至下运动，可以观察到砂轮外边缘处的火花由细小逐渐变得粗大，显示磨削量在增加，说明磨削的方向发生错误。

⑤砂轮的调整：砂轮在磨削阀杆或阀座时，因每次皆以相同的方向进行，从微观上看，先参加磨削的砂轮面磨损较大，随后的砂轮面是慢慢参与磨削的。另外，有时候由于进刀量过大，往往也会导致砂轮面的不平整。发生上述情况后，需要对砂轮本身进行修整。在砂轮的一侧，装有一个尖端带金刚石的螺栓（参见图 5-32 中的注释 3），调整好该螺栓的位置，即控制好切削量，启动砂轮机使砂轮匀速地经过金刚石尖端，对砂轮进行修整，经过修整后的砂轮，在其运转时呈现一种较明亮的颜色。除上述情况外，砂轮换新或重新上紧，以及最后精磨前，都需要对砂轮进行修整。

⑥进刀量的控制：进刀量应控制在每次切削 0.01 mm，一般为刻度盘上两格；最后一刀切削量应为 0.005 mm，即刻度盘旋进一格。进刀量太大，会影响切削面的光洁度，或导致砂轮面的不平整。如出现"空刀"现象，即在刻度盘上已进刀而实际上砂轮和磨削面无接触，这时可进一步地进刀。进刀量是否合适，以砂轮外边缘处的火花是否适中为准。此外，磨削应尽量在抛锚或进港时进行，虽然磨阀机在地脚处大多都设有橡胶垫，但这只能在一定程度上减轻振动，过大的振动常常会导致磨削面出现颤痕，会加大下一步互研的难度。

⑦研磨角度的选择与调整：由于排气阀阀盘和阀座是内接触式，因此，研磨阀盘和阀座时，磨阀机上砂轮机的角度必须进行调节，以保证两者工作时的正确配合。砂轮机有两个工作位置，这两个不同的工作位置，决定了阀盘和阀座修磨时存在着角度差，这个角度差是十分微小的，这个微小角度的差异是靠销与销孔的精密配合来保证的。在磨阀机机体上有一个铭牌，上面有阀盘的研磨角度以及阀座的研磨角度，通过相应的调节机构，能实现对砂轮机角度的调整。

⑧研磨程序（如图 5-32 所示）：

a. 调整砂轮护罩，防止砂石伤害，更换粗磨砂轮；

b. 调节砂轮角度至阀盘研磨角度；

c. 合上控制箱主电源；

d. 顺时针转动砂轮进刀手轮 2，将砂轮置于阀盘之下；

e. 启动磨阀机转阀马达，启动磨阀机砂轮马达；

f. 顺时针旋转研磨机构上下移动手轮 10，将上部滑动装置 8 的砂轮刚好与阀盘接触，可以观察到开始有火花飞出；

g. 砂轮到位后,用锁紧杆 11 将上、下滑动装置 8、12 锁紧;

h. 用调节螺钉将砂轮切削量调节手柄 9 处的刻度尺设置为 0;其刻度尺上一格代表 0.005 mm;

i. 粗磨:转动手柄 9,在刻度尺旋进 2 格,代表磨削量为 0.01 mm,进行粗磨,方向由上至下,速度是阀杆转动一圈,手轮 2 旋转一圈,时间持续大概 5 min;推荐粗磨次数为 9 次;

j. 细磨:更换细磨砂轮,按照粗磨步骤重复 3 次,注意进刀量控制在每次 0.005 mm。

⑨检查有无麻孔,若有,假如不在密封面处,可以停止研磨;如果在密封面上,建议继续粗磨;磨平后进行细磨。主要阀盘和阀座的磨损量不能超过说明书规定的极限值。

⑩注意:如果麻点太深或者出现"吹阀"现象,而且沟槽很深,建议进厂翻新,但是每个阀翻新次数不能超过两次。

(3)排气阀阀座研磨程序

①清洁阀座,步骤参见阀杆部分。

②阀座在磨阀机上安装、对中:如图 5-35 所示,将排气阀阀座安装于磨阀机上,通过磁性支架与千分表,通过调节螺栓 1 进行对中性调节。阀座的对中相对比较简单,其对中性测量点,一般选在其外圆上部较平滑处,由调节螺栓所对应的四个位置处读数,如前文所述。也要注意测量点处是否平整。说明书对阀座偏心度的要求是小于 0.05 mm,实际中往往可将其控制在 0.005~0.015 mm 之间,如果反复调节达不到上述要求,可能是由于转台和旋转轴之间脏污所致,须拆下转台进行清洁。关于阀座研磨的其他具体要求,基本与阀座研磨类似,不再详述。

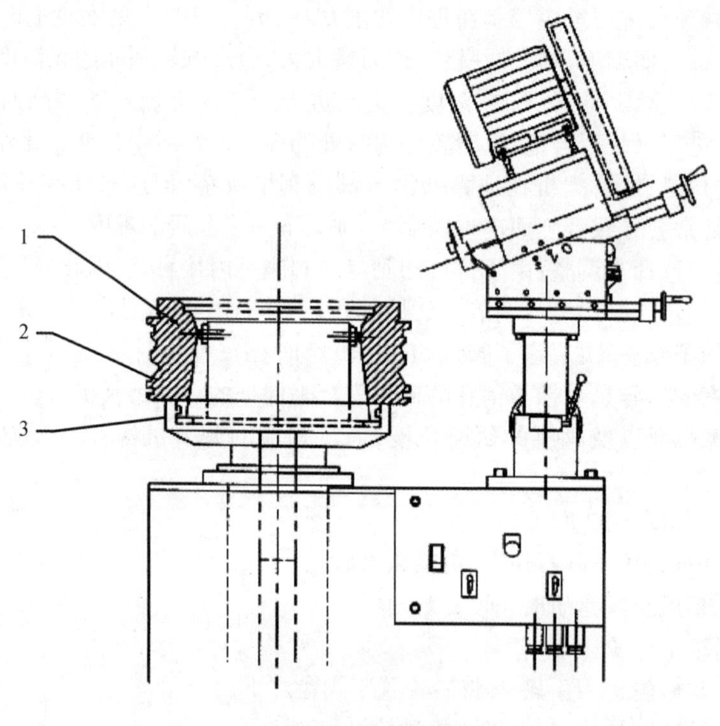

图 5-35 阀座的研磨

1—阀座对中调节螺栓;2—阀座;3—研阀机转盘

③研磨步骤(如图 5-35 所示):

a. 调整砂轮护罩,防止砂石伤害,更换粗磨砂轮;

b. 调节砂轮角度至阀座研磨角度;

c. 合上控制箱主电源;

d. 将研磨选择开关置于阀座位置,电源启动后,转盘 3(图 5-35)将旋转,启动磨阀机转阀马达,启动磨阀机砂轮马达;

e. 顺时针转动砂轮进刀手轮 2,将砂轮置于阀座之上;

f. 旋转研磨机构上下移动手轮 10,将上部滑动装置 8 的砂轮刚好与阀座接触,可以观察到开始有火花飞出;

g. 砂轮到位后,用锁紧杆 11 将上、下滑动装置 8、12 锁紧;

h. 用调节螺钉将砂轮切削量调节手柄 9 处的刻度尺设置为 0;其刻度尺上一格代表 0.005 mm;

i. 粗磨:转动手柄 9,在刻度尺旋进 2 格,代表磨削量为 0.01 mm,进行粗磨,方向是由下至上,速度是阀座转动一圈,手轮 2 旋转一圈,时间持续大概 5 min;推荐粗磨次数为 9 次;

j. 细磨:更换细磨砂轮,按照粗磨步骤重复 3 次,注意进刀量控制在每次 0.005 mm。

④检查有无麻孔,若有,假如不在密封面处,可以停止研磨;如果在密封面上,建议继续粗磨;磨平后进行细磨。主要阀盘和阀座的磨损量不能超过说明书规定的极限值。

⑤注意:如果麻点太深或者出现“吹阀”现象,而且沟槽很深,建议进厂翻新,但是每个阀翻新次数不能超过两次。

(三)装复试验检查

排气阀盘及阀座研磨完成后,对排气阀进行装复。有条件可以对阀盘和阀座密封性能进行检查试验。

四、考核内容与评分标准

(一)考核内容

1. 相关知识

(1)作业前准备;

(2)作业时的安全措施。

2. 操作技能

(1)作业工具的选择与使用;

(2)根据机件材料选择合适的修复工艺;

(3)正确的施工方法、步骤;

(4)机件修复后机件性能的检查与验收。

(二)评分标准

该任务的成绩由相关知识成绩(40%)和操作技能成绩(60%)两部分构成。在相关知识部分,作业前准备和作业时的安全措施各占 20%;在操作技能部分,工艺的选择和正确的程序与步骤占 40%,修复后的检验与验收占 20%。

任务四 焊接工艺

一、工作目标

1. 根据修理要求选择合适的修理工艺。

2. 机件修复后根据要求进行性能检验。

3. 操作过程符合安全操作规程。

二、材料用具

教学资料、任务书、评价表、多媒体、黑板、计算机、焊钳、焊接电缆、面罩、防护服、敲渣锤、钢丝刷和焊条保温筒等。

三、工作过程

(一)作业前准备

1. 安全作业评估:针对已经认定的各种操作风险(失火、触电、损伤眼睛等),选择合适的操作工具以及安全保护用品。

2. 关闭设备的水、电、油、气等,对检修的设备进行隔离处理,悬挂“禁止合闸”等警告牌。

(二)焊接修复程序与步骤

焊条电弧焊是最常用的焊接方法之一,它使用的设备简单、操作方便灵活,适应在各种条件下的焊接,特别适合于焊接形状复杂的焊接结构。因此,虽然焊条电弧焊劳动强度大、焊接生产率低,但仍然在国内外焊接生产中占据着重要位置。

1. 焊条电弧焊的基本原理

焊条电弧焊是用手工操纵焊条进行焊接的电弧焊方法。它利用焊条与焊件之间建立起来的稳定燃烧的电弧,使焊条和焊件熔化,从而获得牢固的焊接接头,其原理如图 5-36 所示。焊接过程中,药皮不断地分解、熔化而生成气体及熔渣,保护焊条端部、电弧、熔池及其附近区域,防止大气对熔化金属的有害污染。焊条芯也在电弧热作用下不断熔化进入熔池,成为焊缝的填充金属。

2. 作业步骤

(1)清除待焊部位的油污、锈迹,露出金属光泽。必要时采用无损探伤检查焊接部位是否有裂纹。如果有裂纹,应该钻出止裂孔,除去裂纹,并开出坡口。

(2)根据零件的母材和对焊层性能的要求选择合适的焊接方法和焊材。

(3)根据零件的母材、焊材、焊层性能和环境温度等条件决定是否预热,确定预热的方法及预热温度。

(4)采用科学、合理的焊接顺序进行连接焊或堆焊,以减少焊接裂纹和变形。在进行较大面积的堆焊时,为了使被焊零件受热均匀,减小热应力和热变形,常采用“分段退焊法”、“分中对称退焊法”或“逐层分段退焊法”。但这些焊接方法都具有一些共同的缺点,就是焊接效率低,焊接接头较多,接头处容易出焊接缺陷。具体的方法见后述。

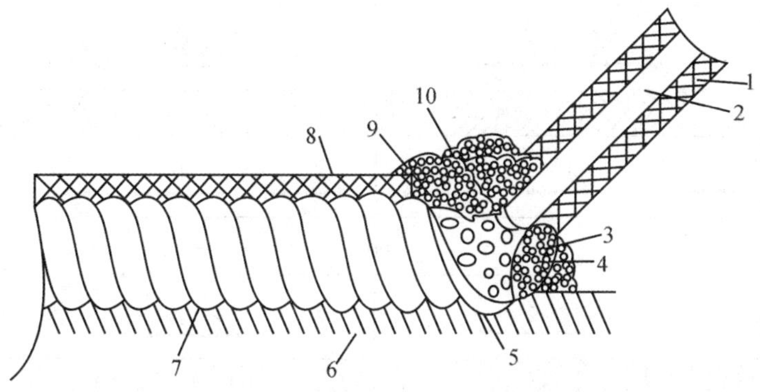

图 5-36　焊条电弧焊原理示意图

1—药皮；2—焊芯；3—保护气；4—电弧；5—熔池；6—母材；7—焊缝；8—焊渣；9—熔渣；10—熔滴

(5)焊后应采取措施尽可能使焊层缓冷。有时要根据零件的母材、焊材、焊层的性能和环境温度等情况，决定是否需要进行焊后消除应力退火。

(6)机械加工。通过机械加工，使零件的形状和尺寸符合设计要求。

现在来说明“分段退焊法”、“分中对称退焊法”和“逐层分段退焊法”。

“分段退焊法”也称“逐步退焊法”，它是把长焊道分成若干段短焊道，每焊一小段就退后一段距离重新起焊，图中的数字表示焊接每个小段的先后次序，每小段的尾部与前一小段的首部相接，每小段的焊接方向与总的焊接方向(图中的大箭头)相反，见图 5-37。

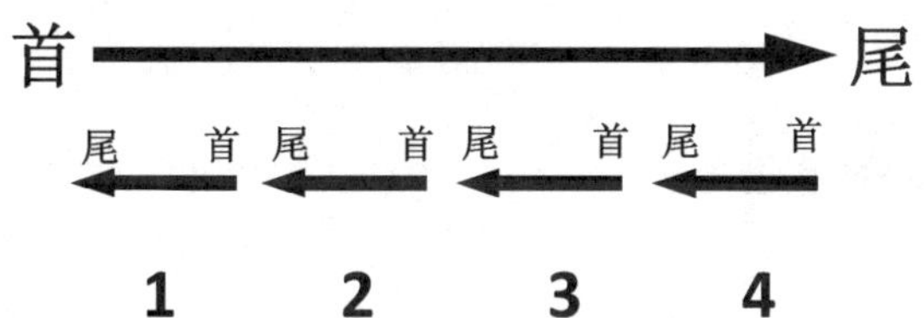

图 5-37　分段退焊法示意图

“分中对称退焊法”是把长焊道分成若干段短焊道，从焊道的中心向两端或从焊道的两端向中心，对称、交替地，一小段、一小段地焊接，图中的数字表示焊接每个小段的先后次序，如图 5-38 所示。采用这种方法焊接，零件受热比前一种方法更均匀。

“逐层分段退焊法”是当需要的堆焊层较长、厚度较大而进行多层堆焊时，把长焊层分成若干段短焊层，在每一层内分段退焊(类似于“分段退焊法”)，焊完一层后再焊上一层。即按照 A1、A2、A3，B1、B2、B3，C1、C2、C3 的顺序堆焊，见图 5-39。如果可能的话，相邻两个焊层的焊道方向最好相互垂直。在焊完前一层后，有时需要适当预热再焊下一层。一般不要采用集中在某一短段焊许多层，焊够高度后，再焊下一短段的方法，即不要按照 A1、B1、C1，A2、B2、C2，A3、B3、C3 的顺序堆焊。因为这样焊会使焊件上的温差较大，造成热应力和热变形较大。如果必须这样焊，为了有利于各段之间的衔接，应采取“阶梯焊”，即上面的短段比下面的短段短一些。

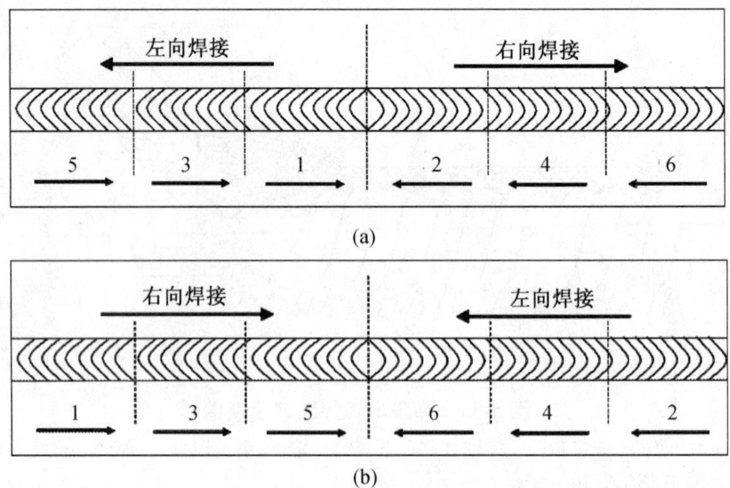

图 5-38　分中对称退焊法的示意图

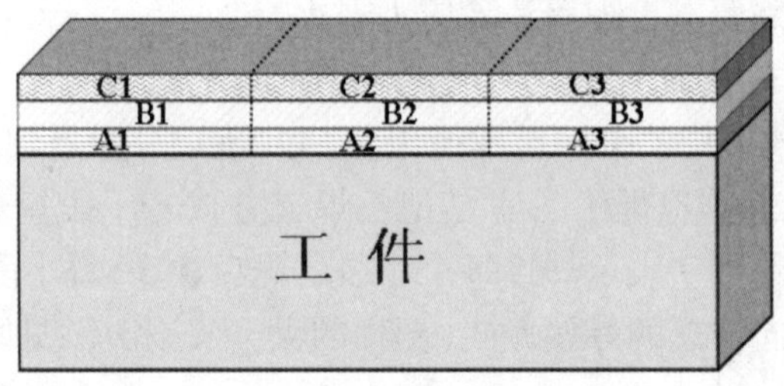

图 5-39　“逐层分段退焊法”示意图

四、考核内容与评分标准

(一)考核内容

1. 相关知识

(1)作业前准备;

(2)作业时的安全措施。

2. 操作技能

(1)作业工具的选择与使用;

(2)根据机件材料选择合适的修复工艺;

(3)正确的施工方法、步骤;

(4)机件修复后机件性能的检查与验收。

(二)评分标准

该任务的成绩由相关知识成绩(40%)和操作技能成绩(60%)两部分构成。在相关知识部分,作业前准备和作业时的安全措施各占 20%;在操作技能部分,工艺的选择和正确的程序与步骤占 40%,修复后的检验与验收占 20%。

任务五　黏结工艺

一、工作目标

1. 根据修理要求选择合适的修理工艺。
2. 机件修复后根据要求进行性能检验。
3. 操作过程符合安全操作规程。

二、材料用具

教学资料、任务书、评价表、多媒体、黑板、计算机、黏结剂及固化剂、角磨机(锉刀)、刮刀、玻璃丝带等。

三、工作过程

(一)作业前准备

1. 安全作业评估:针对已经认定的各种操作风险(失火、触电、损伤眼睛等),选择合适的操作工具以及安全保护用品。

2. 关闭设备的水、电、油、气等,对检修的设备进行隔离处理,悬挂“禁止合闸”等警告牌。

(二)黏结程序与步骤

为了保证黏结质量,必须严格、准确地按照说明书的具体要求进行操作。一般黏结的基本工艺过程如图 5-40 所示。

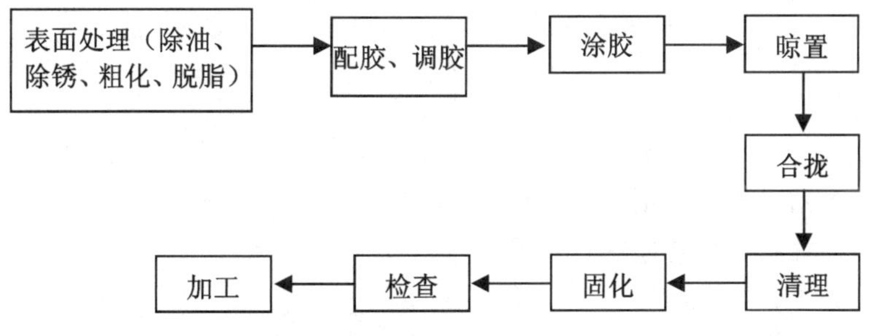

图 5-40　黏结的基本工艺过程

1. 表面处理

由于黏结是通过胶黏剂与被黏物表面的相互作用来实现连接的,黏结区别于焊接或铆接最主要的一点,就是存在着异质材料的界面黏附问题。为了保证黏结的品质,要求被黏材料的表面具有一定的粗糙度和清洁度,同时还要求材料表面具有一定的化学或物理的反应活性。因此黏结前的表面处理是黏结成功的关键环节。为了保证黏结强度,必须严格地对表面进行除污、除油、除锈、脱脂和粗化。常用的方法有溶剂清洗法、机械处理法、化学处理法、电化学酸洗除锈和表面化学转变处理等。

2. 黏结剂的准备

按技术条件或产品使用说明书配制黏结剂。调配室温固化黏结剂应考虑固化时间,在使用期使用。多组分溶液形黏结剂在使用前必须轻轻搅拌,以防空气掺入。

3. 涂抹黏结剂

黏结剂涂抹操作是否正确对黏结品质影响很大。涂黏结剂时必须保证黏结剂层均厚,一般黏结剂层厚度控制在 0. 08~0. 15 mm 为宜。涂黏结剂方法依据黏结剂的种类而异。涂完黏结剂后,晾置时间应控制在黏结剂的允许的反应开放时间范围内,同时应避免开放状态的黏结剂膜吸附灰尘或被污染。

4. 固化

黏结剂在固化过程中要控制三个要素:压力、温度、时间。首先,固化加压要均匀,应有利于排出黏层中残留的挥发性溶剂。黏结剂固化时,要严格控制固化温度,它对固化程度有决定性影响。

5. 加工

修复完成后,为了恢复配合间隙等修复要求,还要配合机械加工工艺对零部件进行必要的加工工艺,最终完成修复。

6. 黏结修复工艺注意事项

黏结修复在船舶上多用于灭漏等应急处理,例如蒸汽、海淡水、油料等的漏泄。应当指出的是,上述修理是一种临时性应急修理,如果条件具备,对损坏的管路、阀件等应当及时采取更换等永久性修理措施,否则,可能会在 PSC 检查中列为临时处理的修理缺陷。

四、考核内容与评分标准

(一)考核内容

1. 相关知识

(1)作业前准备;

(2)作业时的安全措施。

2. 操作技能

(1)作业工具的选择与使用;

(2)根据机件材料选择合适的修复工艺;

(3)正确的施工方法、步骤;

(4)机件修复后机件性能的检查与验收。

(二)评分标准

该任务的成绩由相关知识成绩(40%)和操作技能成绩(60%)两部分构成。在相关知识部分,作业前准备和作业时的安全措施各占 20%;在操作技能部分,工艺的选择和正确的程序与步骤占 40%,修复后的检验与验收占 20%。

项目六　船机零件无损检验与轮机故障诊断技术

【知识目标】

通过本项目的学习，掌握船机零件的无损检验的概念和基本知识、掌握柴油机性能参数分析法的概念和基本知识、掌握油液监测技术的概念和基本知识。

【技能目标】

通过本项目的学习，具备采用渗透探伤实施检验船机零件的能力，柴油机性能参数分析法以及利用船舶柴油机参数学会分析柴油机故障的能力，油液监测技术以及利用油液监测技术会分析柴油机故障的能力。具有在船机零件无损检验与轮机故障诊断技术任务中识别可能潜在的风险的能力。

【必备知识】

一、渗透探伤

（一）术语

1. 无损检测技术

无损检测（Nondestructive Testing，NDT）技术是一门新兴的综合性应用学科。它是在不损伤被检测对象的条件下，利用材料内部结构异常或缺陷存在所引起的对热、声、光、电、磁等反应的变化，来探测各种工程材料、零部件、结构件等内部和表面缺陷，并对缺陷的类型、性质、数量、形状、位置、尺寸、分布及其变化作出判断和评价。

无损检测技术除能用于检测材料或工件内部和表面的缺陷外，无损检测技术还能用于测量工件的几何特征和尺寸，测定材料或工件内部的组成、结构、物理性能和状态等（图 6-1）。

无损检测技术能应用于产品设计、材料选择、加工制造、成品检验、维修保养等多个方面，目的在于定量掌握缺陷信息，检测设备（构件）在制造和使用过程中产生的结构不完整性及缺陷情况，以便改进制造工艺，提高产品质量，降低生产成本，及时发现故障，保证设备安全、高效、可靠地运行。

图 6-1　无损探伤

迄今为止,包括在工业领域已获得实际应用的和已在实验室阶段获得成功的无损检测方法已达五六十种甚至更多,随着工业生产与科学技术的发展,还将会出现更多的无损检测方法与种类。渗透探伤是现在船舶最常用也是最实用的一种无损检测。

2. 渗透检测技术

渗透检测(Penetration Testing,PT),又称渗透探伤,是一种表面无损检测方法,是一种以毛细管作用原理为基础的检查表面开口缺陷的无损探伤方法,属于无损检测五大常规方法之一。其工作原理如下:零件表面被施涂含有荧光染料或着色染料的渗透液后,在毛细管作用下,经过一定时间的渗透,渗透液可以渗进表面开口缺陷中;经去除零件表面多余的渗透液和干燥后,再在零件表面施涂吸附介质——显像剂;同样,在毛细管作用下,显像剂将吸附缺陷中的渗透液,使渗透液回渗到显像剂中,并且在覆盖膜中扩大;在一定的光源下(黑光和白光),缺陷处之渗透液痕迹被显示(黄绿色荧光或鲜艳红色),从而探测出缺陷的形貌及分布状态。这种无损检测方法称为渗透检测,见图 6-2。

图 6-2　渗透剂、显像剂、清洗剂

(二)原理

渗透检测可以检测非磁性材料的表面缺陷,从而对磁粉检测提供了一项补充的手段。渗透检测方法,即在测试材料表面使用一种液态染料,并使其在体表保留至预设时限,该染料可为在正常光照下即能辨认的有色液体,也可为需要特殊光照方可显现的黄/绿荧光色液体。

此液态染料由于"毛细作用"进入材料表面开口的裂痕。毛细作用在染色剂停留过程中始终发生,直至多余染料完全被清洗。此时将某种显像剂施加到被检材质表面,渗透入裂痕并使其着色,进而显现。具备相应资质的检测人员可对该显现痕迹进行解析。渗透检测可广泛应用于检测大部分的非吸收性物料的表面开口缺陷,如钢铁、有色金属、陶瓷及塑料等,对于形状复杂的缺陷也可一次性全面检测,无须额外设备,便于现场使用。其局限性在于,检测程序烦琐,速度慢,试剂成本较高,灵敏度低于磁粉检测,对于埋藏缺陷或闭合性表面缺陷无法测出。

(三)优点

1. 可检测各种材料:金属、非金属材料,磁性、非磁性材料,焊接、锻造、轧制等加工方式的材料;

2. 具有较高的灵敏度,可发现 0.1 μm 宽缺陷;

3. 显示直观、操作方便、检测费用低。

图 6-3　带有微裂纹的钢材

图 6-4　粉末冶金零件

(四)缺点及局限性

1. 它只能检出表面开口的缺陷。

2. 不适于检查多孔性疏松材料制成的工件和表面粗糙的工件。

3. 渗透检测只能检出缺陷的表面分布,难以确定缺陷的实际深度,因而很难对缺陷做出定量评价。检出结果受操作者的影响也较大。由于各种检测方法都具有一定的特点,为提高检测结果可靠性,应根据设备材质、制造方法、工作介质、使用条件和失效模式,预计可能产生的缺陷种类、形状、部位和取向,选择最适当的无损检测方法。

任何一种无损检测方法都不是万能的,每种方法都有自己的优点和缺点。应尽可能多用几种检测方法,互相取长补短,以保障承压设备安全运行。

(五)适用范围

适用于检查金属和非金属零件或材料表面开口缺陷,例如:裂纹(参见图 6-3)、疏松、气孔、夹渣、冷隔、折叠和氧化斑疤等。

(六)不适用范围

1. 表面是吸收性的零件或材料,例如:粉末冶金零件(图 6-4)。

2. 外来因素造成的开口被堵塞的缺陷,例如零件经喷丸处理或喷砂,则可能堵塞表面缺陷的开口。

(七)渗透探伤的特点

1. 非疏松多孔性材料表面开空缺陷检查均可使用渗透探伤方法。

2. 不受工件形状限制,且一次操作就可大致做到全面检测。

3. 一次操作可同时检测出形状复杂的各个方向的缺陷。

4. 设备简单,携带式喷灌着色渗透探伤,不需水电,十分便于现场使用。

5. 只能检测表面开口缺陷,对埋藏缺陷或闭合型的表面缺陷无法检出。

6. 受试件表面光洁度影响大。

7. 检测程序较多、速度慢。

8. 检测成本高。

9. 有些检测材料易燃、有毒。

10. 检测灵敏度比磁粉探伤低。

(八)渗透探伤的分类

根据渗透液所含染料成分的不同,常用的渗透探伤方法有如下几种:

1. 着色渗透探伤法

这种探伤方法使用的渗透液主要是颜色深的着色物质,通常由红色染料及溶解着色剂的溶剂组成。而显像剂则为含有吸附性强的白色颗粒状的悬浮液组成。通过白色显像剂所吸附的红色渗透剂,显现出对比度明显的色彩图像,能直观地反映出缺陷的部位、形态及数量。

2. 荧光渗透探伤法

这种探伤方法是使用含有荧光物质的渗透剂,经清洗后保留在缺陷中的渗透液被显像剂吸附出来。用紫外光源照射,使荧光物质产生波长较长的可见光,在暗室中对照射后的工件表面进行观察,通过显现的荧光图像来判断缺陷的大小、位置及形态。

3. 荧光着色渗透探伤法

荧光着色法兼备荧光和着色两种方法的特点,缺陷图像在白光或日光下能显色,在紫外线下又激发出荧光(图 6-5)。

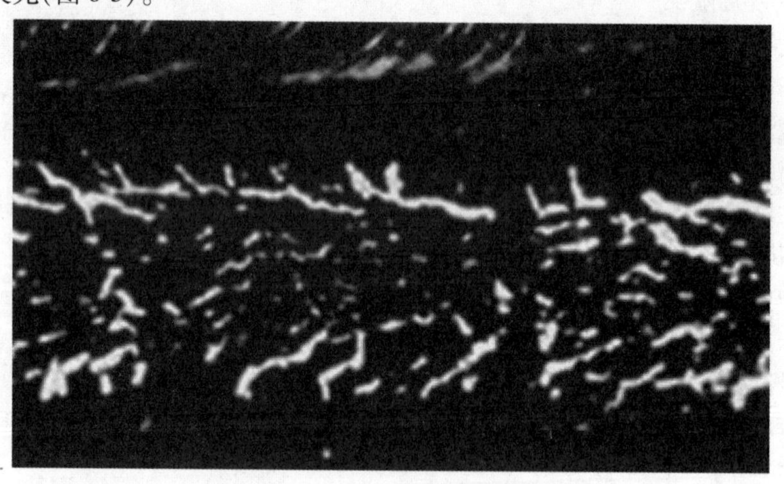

图 6-5　荧光着色渗透探伤法图像

根据渗透液清洗方法,渗透探伤分为水洗型、后乳化型和溶剂清洗型三大类。

根据不同的显像剂,渗透探伤方法又可分为干式显像、湿式显像两大类。

根据检验缺陷是否穿透,渗透探伤分为表面探伤和检漏法两大类。表面探伤主要检验表面缺陷,检漏法主要检测穿透性缺陷。

二、柴油机性能参数分析法

（一）定义

性能参数分析法是把被监测对象性能的变化同引起其变化的原因联系起来的监测方法。具体方法是：测定机械设备的各项性能参数值（如温度、压力、油耗等），将这些参数进行处理，然后同基准参数值进行比较，得到结论（如偏高、偏低、过高、过低等），从而可以看出机械在性能方面存在的问题，并进行分析判断其故障部位及发展趋势。

（二）优点缺点

性能参数分析法是柴油机中广泛应用的监测方法。简单易行，无须添置复杂的设备，柴油机上配备的仪表往往就是监测仪器。

（三）缺点

对一些柴油机早期故障不敏感，有时故障发展到一定的程度才会导致性能参数的变化。如柴油机缸套与活塞环的磨损故障，只有当这对摩擦副的磨损达到一定程度时才会引起柴油机性能参数的变化。

（四）分析法分类

对标比较：将测得的数据与标准值进行比较，如厂家说明书提供的数据。

纵向比较：将本次测得的数据与以往的数据进行比较，如比较几次检修工作中对同一参数的检测结果。

横向比较：将测得的数据与周围同种设备的性能指标进行比较，如将柴油机某缸的排气温度与其他缸的排气温度进行比较。

三、油液监测技术

（一）定义

油液监测技术就是通过采集机械设备的在用润滑剂样品，利用各种分析手段，检测油样的性能或油样中所携带的磨粒，获得油样的性能或其中所含磨粒的尺寸、形貌、浓度和成分等信息，从而定性或定量地评价被监测对象的磨损状态，并预测其发展趋势的技术。油液检测设备如图 6-6 所示。

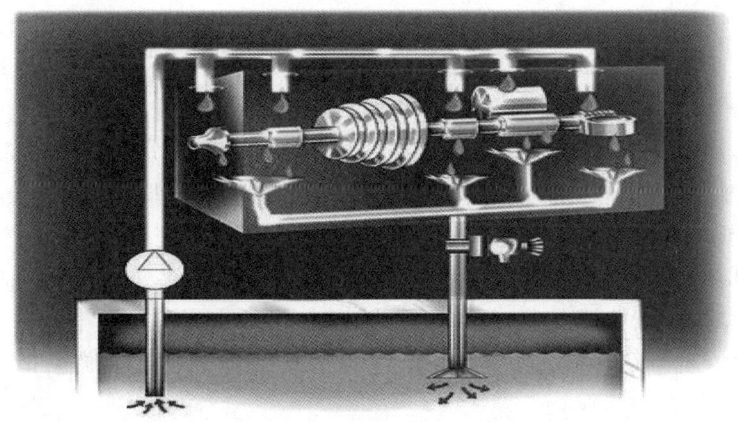

图 6-6　油液检测设备

（二）分类

油样理化指标检测技术、铁谱技术、光谱分析技术、磁塞技术和颗粒计数技术等。

（三）应用

油液监测技术在船用柴油机监测、船舶艉轴艉管装置等的磨损监测中得到了广泛的应用。船舶润滑油（含艉轴油）、液压油的化验也已经纳入船舶计划维修保养体系，油样化验结果成为船级社检验重要的参考资料，轮机管理人员必须定期取样，送指定的化验室进行化验，结果必须妥善保存。一般情况，主机和发电柴油机三个月取样一次，其他油品半年取样一次进行化验。注意取样位置应当在分油机或者滤器之前取样，油样应能代表系统运转的油液。

（四）技术介绍

1. 油样理化指标检测技术

由于机械设备受到工作频率、作业条件、环境干扰等因素的影响，随着其运转时间的延长，润滑油的性能会逐渐下降甚至变质。润滑油的质量指标可以衡量润滑油能否起到润滑、冷却、防护和密封作用，不同的机械设备需要具有不同质量指标的油品。润滑油的变质可以从其质量指标的变化来反映。润滑剂的性能与机械设备的磨损状态、设备的使用寿命有着密切的关系，润滑剂性能的劣化必然会导致机械设备磨损状态的恶化，因此，对润滑剂进行理化性能指标的检测，就可以达到对磨损状态间接监测的目的，可以防止因润滑不良而导致的失效。通过检测润滑剂的性质观察其变化，是监测润滑条件改变造成机械磨损失效的最简单、最直接的方法。

润滑油的理化性能指标主要有：黏度、黏度指数、闪点、水分、机械杂质、总酸值、总碱值等。可根据实际情况，选择其中几个进行监测，从而达到对机械设备润滑状态监测的目的。这些指标都有相应的国标检测方法。

2. 铁谱技术

铁谱技术是20世纪70年代出现的一种磨粒分析技术。它是利用高梯度磁场的作用将磨粒从润滑油中分离出来，并使其按照尺寸大小依次沉积在一个显微基片上而制成铁谱片，然后置于铁谱显微镜或扫描电子显微镜下进行观察；或者将磨粒按照尺寸大小依次沉积在一个玻璃管内，通过光学方法进行定量检测，以获得摩擦副磨损过程的各类信息，从而分析机械设备的磨损机理和判断磨损的状态。

完整的铁谱技术包括从机械设备润滑油液取样开始，一直到完成对磨粒的识别与分析，提出对监测设备工况状态的报告。其主要内容如下：

（1）设备润滑油取样及传递，这一工作一般由设备主管轮机员完成。

（2）分离磨粒，制备铁谱片，这一工作一般由检测机构或专门分析人员完成。

（3）磨粒的检测、识别与分析，这一工作需要由检测机构有经验的分析人员完成。

（4）提出分析结论及报告，一般由检测机构的主管分析人员完成。

铁谱分析可以获得的监测信息内容包括：

（1）磨粒的浓度和颗粒的大小，它反映了机器磨损的严重程度。

（2）磨粒的大小和形貌，它反映了磨粒产生的原因和机理，如由轻微磨损产生、由疲劳磨损产生。

（3）磨粒的成分，它反映了磨粒产生的部位，即发生磨损的零件。

可见，通过对沉积磨粒的分析，可以掌握机器运行时的实际磨损情况，判断磨损的状态，这正是铁谱分析可以用来监测机器设备运行工况的原因。

目前,实现铁谱技术的基本设备和工具主要有各种类型的铁谱仪(分析式铁谱仪、直读铁谱仪、旋转铁谱仪和在线铁谱仪等)、铁谱显微镜、扫描电子显微镜、计算机图像存储与识别系统、磨粒图谱集等。

铁谱仪的作用主要是从设备润滑油样中有效地分离出磨粒,制备铁谱片或完成磨粒的有关定量测定与分析。

铁谱显微镜的主要作用是对铁谱片上的磨粒进行形貌、尺寸大小、成分等检测与分析,来判断设备的零部件的磨损类型、部位、严重程度及磨损机理。

扫描电子显微镜在铁谱分析中的主要作用是对有重要信息的磨粒进行深入的微观检测和磨粒材质等的分析。

由此可见,铁谱技术是一项技术性较高、涉及面较广的磨损分析与状态监测技术。

3. 光谱分析技术

光谱分析技术原用于各种样品的化学成分分析。自从在方法上解决了油质样品分析技术后,便很快地被应用于机械设备润滑油中所含各种元素(包括添加剂元素和磨粒成分元素)浓度的测定。它以 10^{-6}(ppm)为单位表示相对浓度的测量结果。

润滑油中含有大量的各种微粒,这些微粒包括零部件的磨损碎屑、润滑系统本身的异常产物、外来污染物等等。而油中的各磨损元素的浓度与零部件的磨损状态有关,光谱油料分析是通过测定润滑油中磨粒的组成成分和元素的含量,来评定被监测对象的磨损状态的方法。根据光谱分析结果可以判断与这些元素相对应的各零部件的磨损状态和与润滑系统有关的故障。光谱分析的实质是根据油液中元素的种类及含量,反推出磨损零件及磨损的程度。即根据元素的种类可推断出磨损零件,根据元素的含量可以推断出零件的磨损程度。

表 6-1　中国船级社 1996 年颁布的《螺旋桨轴状态监控系统指南》中确定的标准

Cu	Fe	Sn	Ni	Cr	Sb	Si	Na	Pb
≤50 ppm	≤30 ppm	≤10 ppm	≤10 ppm	≤10 ppm	≤10 ppm	≤40 ppm	≤50 ppm	≤40 ppm

表 6-2　Detroit Diesel Allison 3080 船舶柴油机润滑油光谱分析标准

	Fe	Al	Cr	Cu	Si	Pb
正常范围	0~100	0~5	0~10	0~26	0~11	0~20
临界范围	101~123	6~7	11~12	27~31	12~14	21~25
高极限	124~153	8	13~15	32~39	15~17	26~31
异常	154	9	16	40	18	32
异常趋势值 (10 h 内增加量)	31 ppm	2 ppm	4 ppm	8 ppm	4 ppm	6 ppm

表 6-3 EMD8-567 型船舶柴油机润滑油光谱分析标准

	Fe	Ag	Al	Cu	Si	Sn	Pb
正常范围	0~42	0~38	0~3	0~128	0~14	0~4	0~38
临界范围	43~52	39~47	4	129~158	15~18	5~6	39~47
高极限	53~65	48~58	5	159~197	19~22	7	48~58
异常	66	59	6	198	23	8	59
异常趋势值（10 h 内增加量）	13 ppm	12 ppm	2 ppm	39 ppm	4 ppm	2 ppm	12 ppm

4. 磁塞技术

磁塞技术是一种简单而有效的油液监测技术。它的基本原理是用带磁性的探头插入润滑系统或液压系统的管道内，收集油液中的铁磁性磨损微粒，对附着在探头上的微粒用放大镜或光学显微镜或电子显微镜进行观察，得到关于磨屑的大小、数量和形状等信息，从而推断零部件的磨损程度和磨屑产生的原因。

磁塞技术使用方便，但也有缺点：

（1）当磁性探头的磁能达到饱和时，磁头失去了吸附磨屑的作用，即失去了搜集磨屑的能力，失去了很多信息。

（2）磁头只能吸附大颗粒的磨屑，小颗粒的磁矩小，不易搜集。

（3）探头必须经常更换，一般为 25~27 h 更换一次，比较烦琐。

5. 颗粒计数技术

颗粒计数技术是评定油液内固体颗粒（包括金属磨损微粒）污染程度的一项重要技术。它的原理是把油样内的颗粒进行粒度测量，并按预选的粒度范围进行计数，从而得到有关颗粒粒度分布方面的重要信息。

颗粒计数技术的特点在于它不仅能记录油液中固体微粒的数量，而且能给出每个微粒的尺寸大小，因此该技术在判断油液的污染程度方面是很有效的。但是，该技术不能分辨被记录的微粒种类，分不清这些微粒是磨屑还是外部侵入的固体污染颗粒，所以该技术在反映机器的磨损工况方面还存在局限性。

【课后作业】

1. 掌握渗透探伤的概念。
2. 掌握渗透探伤的分类。
3. 掌握渗透探伤的优点及缺点有哪些。
4. 掌握渗透探伤的工作原理。
5. 了解柴油机性能参数分析法
6. 掌握柴油机性能参数分析法的分类。
7. 掌握柴油机性能参数分析法的优点及缺点有哪些。
8. 掌握油液监测技术在船舶上的应用有哪些。
9. 掌握油液监测技术的分类有哪些。

任务一　渗透探伤的检测

一、工作目标

1. 掌握操作渗透检测的正确程序。
2. 掌握渗透检测的安全注意事项。

二、材料用具

教学资料、任务书、评价表、多媒体、黑板、计算机、探伤液、有裂纹的金属材料。

三、工作过程

（一）作业前准备

1. 表面预处理

在被检工件表面用清洁剂清除表面油污，见图 6-7（a）。

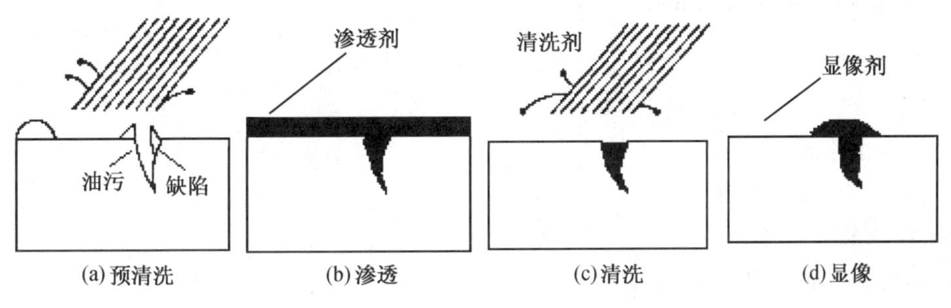

图 6-7　渗透探伤

2. 渗透

涂抹在被检工件表面上的渗透剂通过工件上的裂纹渗透到工件缺陷处，见图 6-7（b）。

3. 表面渗透剂的清除

清洗处理除附着在被检工件表面的多余渗透剂，见图 6-7（c）。

4. 显像

显像剂吸附从缺陷中回渗到受检零件表面的渗透液，形成一个肉眼可见的缺陷，见图 6-7（d）。

5. 后清洗

检验结束之后，清洗工件表面的显像剂与残留的渗透液，防止显像剂与残留的渗透液腐蚀试验体表面，见图 6-7（c）。

（二）作业时的安全措施

渗透探伤试验使用的试剂本质是认为无害的，但是直接将渗透液、清洗剂、显像剂等吸入体内或者是大量吸入上述雾状物的话，就会影响身体健康。特别是在密封容器内或者在室内探伤的时候，由于挥发性气体、毒性气体容易滞留，所以要充分换气。根据需要，还可以使用气体检测气来确认安全性。另外，探伤剂附着到皮肤上的时候或多或少会引起疹斑，为防止这种情况发生,最好使用橡胶手套。

显像剂中使用了很多金属酸化物的细粉末,在做试验的时候,细粉末就会飘散到空气中,因此,要注意加强通风换气。

储装渗透探伤剂的容器应密封。储存地点应尽量挑选冷暗处,并且避免烟火、热风、阳光直射等。压力喷罐严禁在高温处存放,因为在高温时,罐内的压力将增大,有发生自燃爆炸的危险。另外,将罐废弃时,必须在罐上开孔。

在使用油溶性的探伤剂时,像使用普通油类或溶剂一样必须进行预防火灾的管理。

在应用荧光探伤时,所用的黑光是由蒸气汞弧灯的光辐射中过滤出的强紫外辐射线,会产生各种物理、化学及生理性效应。紫外线产生的生理效应与波长有关。波长低于 32 nm 较短的紫外光对人体是有害的;而用于荧光检验的黑光波长一般为 320~400 nm,不会对人体产生严重后果。但当黑光直接或反射到检测人员的眼睛时会引起眼球的荧光效应,有时眼睛会被刺伤和产生不舒服感,使检测人员的视力模糊,检测无法进行。因此,应当安装黑光屏蔽罩,避免检测人员接触紫外线较长时间后患角膜炎或结膜炎,以保证检测过程中人的舒适和良好的工作效率。

任务完成后,现场清理。

四、考核内容与评分标准

(一)考核内容

1. 相关知识

(1)作业前准备;

(2)作业时的安全措施。

2. 操作技能

(1)渗透探伤的正确操作使用;

(2)能够识别作业中的违规之处。

(二)评分标准

该任务的成绩由相关知识成绩(40%)和操作技能成绩(60%)两部分构成。在相关知识部分,作业前准备和作业时的安全措施各占 20%;在操作技能部分,渗透探伤的正确操作和识别作业中的违规之处各占 30%。

任务二　柴油机性能参数分析法及应用

一、工作目标

1. 正确操作柴油机性能参数分析的程序。
2. 掌握采用柴油机性能参数分析法应注意的问题。

二、材料用具

教学资料、任务书、评价表、多媒体、黑板、计算机、柴油机相关参数。

三、工作过程

（一）作业准备及实施

1. 柴油机性能参数分析法的一般步骤为：

（1）测量：利用仪器记录设备的相关参数。

（2）数据记录：对于测量的柴油机参数做好记录。

（3）数据分析：依据测量的柴油机参数分析柴油机可能的故障。

2. 船舶柴油机参数分析的操作步骤：

（1）由管理人员记录运行日志，这种方法最原始，目前在船上仍在应用。轮机主机日志是船舶上记载船舶主要动力装置的主要记录文件，记录了船舶主机以往的状态以及轮机员所做的维修保养工作，其记载的内容和方法是：

①主机运行期间，有人值班每班一次（主机运行时每两小时一次），无人值班主机运行时每八小时一次。记录内容有：主机的转速（主机的转数），负荷，（主机操作位置），涡轮转速，油门开度，气缸排气温度，涡轮前/后温度，缸套水进出温度，淡水冷却器淡水进/出温度，气缸冷却水出口温度，活塞冷却液进机温度，活塞冷却液出口温度，推力轴承温度，机舱温度，海水温度，艉轴油温度，燃油进机温度，滑油冷却器滑油进/出温度，凸轮轴滑油进/出温度，扫气温度，空冷器进/出温度，海水压力，低温淡水压力，活塞冷却液压力，缸套冷却水压力，主轴承滑油压力，十字头滑油压力，透平滑油前/后压力，扫气压力，启动空气压力，控制空气压力，锅炉压力，循环柜油位，减速箱油位，燃油加热器加热温度和燃油加热压力等。

②无论主机是否运行都必须记录的内容（这些内容是按天记录的）。记录内容包括：航次；航线；时间，燃油/滑油记录栏：燃料油、柴油、气缸油、主机机油、副机机油、透平油等的每日结存量、新领量、当日消耗量，燃/滑油存储量；主机、副机使用记录栏包括有：主机、发电柴油机、锅炉、滑油分油机、燃油分油机、空压机、海水泵、淡水泵滑油泵等的工作小时和累计工作时间，造水机的工作时间、造水量及累计工作时间；中午报告栏内容有：船位、风向或风力、海面情况、实际航程、航程累计、理论航速、实际航速、滑失率，每日大事记等。

（2）半自动化系统：仪表测量或遥测，并自动显示。

（3）自动化系统（或专家系统）：自动进行测量、记录、分析处理、打印输出、自动报警和进行干预等。近年来建造的附加 AUT-0 标志的船舶机舱中就大量采用了性能（趋势）参数监测。通过这些参数的纵向和横向的比较，可发现船舶机械在性能方面存在的问题和故障隐患。

（二）作业时的安全措施

1. 选择的监测参数应与要监测的柴油机故障之间具有较高的的灵敏度和较好的对应性。

2. 选择的监测参数最好能借助于柴油机上现有的仪表就可测得或添置较少的测量仪器即可。

3. 监测参数应具有足够的信息量，并具有典型意义。

4. 要注意柴油机监测数据的积累、加工处理等，从中归纳出有规律的东西。

5. 柴油机需要监测的性能参数标准：

（1）输出功率，总的技术指标，与燃烧系统的故障关系密切，一般规定功率下降 20% 为大修标准。

（2）燃油消耗率，经济性指标。

(3)其他参数,如滑油温度、冷却水温、滑油(或冷却水)压力、曲轴箱压力和柴油机瞬态转速、废气温度、各缸的排温、气缸示功图、喷油压力曲线、压缩压力、爆发压力、进气管与排气管压力等。

6. 任务完成,现场整理。

四、考核内容与评分标准

(一)考核内容

1. 相关知识

(1)作业前准备;

(2)作业时的安全措施。

2. 操作技能

(1)正确使用船舶柴油机参数分析的程序;

(2)能够识别作业中的违规之处。

(二)评分标准

该任务的成绩由相关知识成绩(40%)和操作技能成绩(60%)两部分构成。在相关知识部分,作业前准备和作业时的安全措施各占20%;在操作技能部分,船舶柴油机参数分析的正确操作和识别作业中的违规之处各占30%。

任务三　油液监测技术

一、工作目标

1. 掌握油液监测技术操作的程序及步骤。

2. 做到油液监测技术操作过程的安全操作。

二、材料用具

教学资料、任务书、评价表、多媒体、黑板、计算机、油液。

三、工作过程

(一)作业准备及实施

1. 取样

设备油液监控的油样应按取样规定要求由专人负责获取。

(1)取样瓶与取样工具(图6-8):滑油取样瓶为洁净的100 mL塑料瓶,它与取样管均为一次性使用;取样工具为真空取样器。

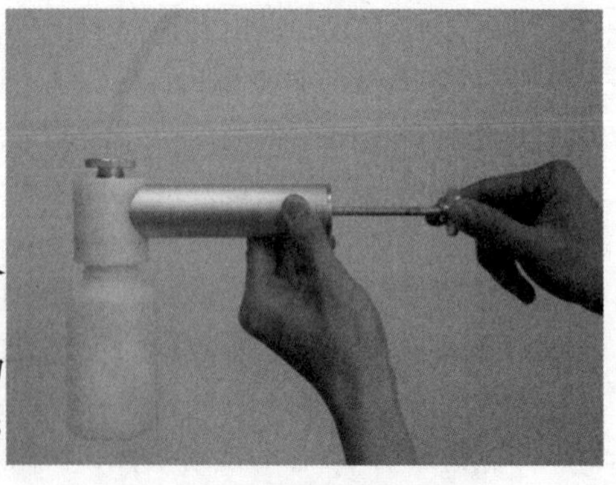

图6-8　取样瓶与取样工具

(2)取样数量:常规不少于30 mL,取样后将瓶盖盖好。特殊情况,根据检测项目另定。

(3)取样时间:必须在设备停止工作后 30 min 内和补加滑油前进行取样。

(4)取样登记:取滑油样后,应认真填写取样卡片和滑油瓶上的标签,包括:设备号、采样部位、油样牌号、取样日期、设备及滑油工作时间、滑油牌号、滑油消耗率、取样原因等参数。

(5)取样方法:目前取样方法有三种,即取样阀取样、取样泵取样和吸管取样。根据设备的结构、取样的方便程度和经费状况,自行选择取样方法。

①取样阀取样。

a. 找到设备取样阀位置;

b. 打开取样瓶盖,将瓶盖放置在合适的地方,以免污染瓶盖;

c. 打开取样阀并放掉一些油,以冲掉取样阀出口处堆积的沉积物及管路中的“死油”;

d. 将取样瓶放置于取样阀下,油液装满到取样瓶的 3/4 处,关闭取样阀(不允许取样瓶口与取样阀接触);

e. 盖紧取样瓶盖,防止泄漏(在盖取样瓶盖之前,禁止用任何物品擦拭取样瓶!);

f. 按规定要求认真填写取样瓶上的标签,做好取样记录。

②样品制备。

③获得监测数据。

④形成诊断结论。

2. 取样位置

取样位置是指被监控设备具体的取样部位。一般选在设备油液系统摩擦副之后,油滤装置之前某个位置。通常在装备的油箱加油口、放油口、专用放油阀,根据放油的难易程度,可在上述取样口自行选择。

3. 取样时间间隔

取样时间间隔是指在设备寿命期内连续获取油样的时间间隔。制定最佳取样时间间隔是非常重要的,若取样时间间隔太长,就不能及时发现影响设备可能损坏的危险期;若取样时间间隔太短,取样频繁,则会浪费人力与物力。取样时间间隔根据设备的状况特点与取样分析的目的确定,不同的设备、不同的磨损状态,最佳取样时间间隔不同。目前,对取样时间间隔没有统一规定,可以采用两种方法确定:一是采用设备使用寿命的 5%~20%作为取样时间间隔;二是根据设备的运行状况确定,在设备运行磨合期内,由于装配时残留物与初期磨合产物较多,取样时间间隔应短些;设备进入正常运行期,各摩擦副磨损平稳,取样时间间隔可以长些;设备运行后期,由于磨损剧烈,取样时间间隔要短些。取样时间间隔还可以根据设备使用的情况,随时加以修改。

(二)作业注意事项

1. 为防止取样工具被污染,取样器、取样瓶、取样管应置于清洁的取样箱中。

2. 为防止油样间的交叉污染,取样瓶、取样管为一次性使用。

3. 若必须在刮风、下雨时取样,应采取防风、防雨措施,以免油样中进入沙粒与水分。

4. 若在放油口或专用放油阀处取样,应先放掉一段不参与循环的死油;若油箱有进口油滤时,则在油滤底部位置取样,但取样管不准接触油滤底。

5. 按取样要求取足油样量,以便完成油样各项指标的监测;不宜将油样装满而污染取样瓶上的取样标签。

6. 不要戴棉织或纤维手套,以免污染油样。

7. 妥善保管好取样瓶盖,使其不受污染;取完油样后,将瓶盖盖紧,以防油样溢出。

8. 取完油样后,认真、准确地做好取样记录和填好油样瓶标签上的各项内容。

9. 任务完成,清理现场。

四、考核内容与评分标准

(一)考核内容

1. 相关知识

(1)作业前准备;

(2)作业时的安全措施。

2. 操作技能

(1)正确使用油样检测技术分析设备故障;

(2)识别作业中的违规之处。

(二)评分标准

该任务的成绩由相关知识成绩(40%)和操作技能成绩(60%)两部分构成。在相关知识部分,作业前准备和作业时的安全措施各占20%;在操作技能部分,利用油样检测技术分析技术的正确操作和识别作业中的违规之处各占30%。

项目七 修船管理

【知识目标】

通过学习，掌握修理单的编制依据和编写要求；掌握监修的组织工作以及修船质量验收技术要求；掌握坞修的主要任务、坞修的主要项目、坞修工程的验收标准及交船试验等方面的知识。

【技能目标】

通过学习，学会如何编制修理单；如何进行监修和修船质量的验收；如何准备、组织坞修以及坞修结束后的验收、交船试验等技能。

【必备知识】

一、修船的种类

对于船舶厂修类别的规定，各厂船不完全一致，中国船舶工业公司将船舶厂修分为坞修、小修、中修和大修四种，而交通运输部曾经根据使用的时间和磨损的程度，分为航修、小修和检修三种。

1. 航修

船舶营运中发生局部过度磨损或一般性事故，影响航行安全而船员难于自行修复，必须由船厂或航修站修理的工程。

2. 小修

营运期中的船舶按规定周期结合定期检验而进行的短期计划性修理。目的是消除在使用中产生的过度磨耗和腐蚀，保证到下次修理期内的安全运转。主要对船体、主辅机、管系、通海阀、舵装置、轴系、锅炉、受压容器、液压设备、电气设备及工程专用设备进行重点检查和修理，对设备进行清洁保养、研磨、调整和更换零部件。一般以原样修复为主。

小修间隔期，客货船为 12 个月，远洋货船为 12~18 个月。如船舶技术状况良好不需修理时，经验船师检验认可后，可以延期 6 个月，但最多不超过 12 个月。

3. 检修

检修是按规定周期每隔 2~3 次小修进行的厂修工程。它结合定期检验对船体、主辅机及其他设备进行较全面检查,修复小修时不能解决的较大缺陷,消除检验证书上的重要保留条款,保持船舶强度和主要设备的安全运转条件。主辅机允许做全面检查和修理,但必须依据设备的技术状况确定项目,不应盲目地全面解体和修换。

除计划厂修类别外,还有事故修理。事故修理是指船舶在营运中,如遇到不可抗拒的因素(台风、龙卷风)或意外(船舶碰撞,触礁所造成)的海损事故后的修理。其修理情况要根据船舶损坏程度和船检部门提出的修理意见和要求进行临时性修理,以取得适航证书。

二、修理单的编制与确定

1. 修理单编制的依据

(1)公司的修船计划和规定的修理级别;

(2)船舶证书上需要船级社检验的项目;

(3)说明书所规定的各种设备和部件的检修间隔期;

(4)船舶在航行中的技术状况、磨损与损坏规律以及各种测试资料。

2. 修理单的分类和编制

船舶修理单分甲板、轮机、电气和坞修四个部分。轮机和电气部分由轮机员负责编制,由大管轮汇总后轮机长审定。公司船技处审批后将修理单送有关船厂报价,选择修船厂。

3. 编写修理单的要求

修理单应注明每项修理工程的内容、规格要求,修理机械设备的制造厂名、出厂年月、数量和规格,修理部件的材料和性能等。如果修理单不明确,将影响船厂的报价,并影响公司对船厂的选择。

修理单一式三份,其中一份留船用,另两份交给船技处。在编写修理单时,要明确修理的类别,属于船级社检验的修理工程要写明,以便于船厂在修理过程中安排验船师进行检验,对修理工程签证或换发船级证书。

三、修船的监督与验收

1. 监修工作

(1)船方应指派船舶监修师进行监修,并代表船方制定和签署文件。不指派监修时,应由轮机长负责监修轮机修理项目。

(2)对修理工程进度、材料、工艺和测量数据等,轮机员应该进行监修,如有不妥应及时向厂方提意见。

(3)修理项目中需提交验船师检验的项目,由船方申请检验。

(4)单项工程修理完工或试验合格后,由轮机长检查认可。

(5)全部修理工程完工后,由双方代表签署完工验收单作为交船的依据。

(6)试验、试航和工程的质量完全负责。船厂修理工程的保修期,固定部件为 6 个月,运动部件为 3 个月。

2. 验收工作

(1)检查修理质量是否达到技术要求。

(2)船厂施工完毕应交船员验收。验收时厂、船双方代表在场,验收后验收人签字作为该项工程的结束。

(3)对船级社要求检验的项目,应申请验船师检验。

(4)修理完工后可根据修理范围决定是否需要试航,或在码头试车。试航时应由双方提出试航大纲,明确试航时的安全责任。在试航中发现的问题,凡应厂方负责的项目应由工厂负责修理。

(5)修理完毕,应即组织力量,认真审核完工单。完工单是编制账单的主要依据,要严格把关,属于质量未达到要求的应文字注明,并双方签字。

四、坞修工程

(一)概念

1. 船舶坞修

是指为了实现船舶水下结构和装置的保养、检验、维修和改造工作,或泛指与船舶在船坞内进行维修相关的各项工作(检验、修理、改装、清洁、涂装、进出坞、修船管理等)的总称。船舶坞修是目前实现船体清洁、除锈和涂装等唯一有效的方式。

船舶坞修工程一般是指船舶水线以下部分的船体工程和机电工程的修理和检验。其主要任务有:船舶进坞是为了清除船体水下部分的海洋附生物和完成除锈防腐作业,检验水下部分的船体和装置,并消除其腐蚀损坏等缺陷,进行检修和完成改装工程。坞修工程是涉及船舶设计、装配工、电工、钳工、焊接、泵工、涂装、起重运输、无损检验、舾装等多工种的综合性工程。

2. 坞修设施

船坞是重要的修船设施,船体和轴系等的修理均需在船坞中进行。船坞的种类按用途分为造船坞和修船坞;按构造分为干船坞(包括造船坞和修船坞)、浮船坞等。对于修船而言,目前国内主要采用干船坞、浮船坞。

(1)干船坞

干船坞(也有称旱坞)(如图 7-1 所示)是建于水域边缘的池形水工建筑物,根据其用途分为修船坞和造船坞。造船坞深度较浅,故称为浅坞;修船坞则较深。

修船坞主要用于进行船体水线以下部分的检查和修理,例如船体表面的除锈和油漆,水线以下船板的更换,艉轴、螺旋桨、舵系、通海阀门、水文和海底地貌的探测仪器等拆卸修理工程。

修船坞由坞首、坞口(坞门、坞门座和坞门墩)、坞室(坞墙、坞底板)、排灌系统、曳船系统、起重系统和动力设施及其他设备构成。修船坞坞底低于水面,三面是坚固的坞壁,临水一面安装活动的坞门。在坞室的底板上设有支承船舶的龙骨墩和边墩;船坞两侧布置引船进出坞的曳船装置(如坞壁牵引车),坞壁上部地面安装起重设施。坞口附近设水泵站和排灌系统,并配置修造船用的动力管系。坞门开启,船坞与水域相通,船舶进或出坞;坞门关闭,泵站排水,船舶坐墩,进行修船作业。

(2)浮船坞

浮船坞是一种特殊的工程船,它能够浮于水上并由拖船拖动。浮船坞一般常泊于修船厂附近码头,也可拖至需要修船的地点(如图 7-2 所示)。浮船坞不仅用于修造船也可以打捞沉船、运送深水船舶通过浅水航道以及战时作为流动修船基地。

图 7-1　干船坞

图 7-2　浮船坞

浮船坞一般为由两侧坞墙与坞底组成的槽形箱式结构，艏、艉两端通常敞开。浮船坞配备必要的修船设施，包括进排水系统、动力设备、坞修系统、曳船系统、起重设备、锚泊设备以及其他工作和生活设施等。浮船坞中央监控装置能够实现对浮船坞挠度变形、四角吃水和纵横倾、压载水舱液位的监测及对压载阀和排水泵的遥控等。通过对浮船坞的各水密舱的灌水和排水，实现船坞的上浮与下沉，从而将修理船舶托出水面或沉入水中。

待修船舶进坞时先向水舱灌水，使坞下沉至坞内水深满足船舶进坞水深要求，用牵引设备牵船入坞，之后排出水舱内水体，使坞上浮至坞底露出水面，便可进行维修作业。当完成维修作业后，以相反程序操作。

除了利用以上坞修船设施外，还可以采用船排（Marine railway）、同步升船装置（Synchro-lift）和移动式吊车（Travellift）等设施将船舶拖、吊离水面进行修理。

修船厂通常具有各类专业的修理车间，例如坞修车间、冷作车间、轮机车间、电工车间等。此外，修船厂的设施还包括为协作厂家提供生产、办公及生活场地，办公生活设施等。

【课后作业】

1. 简述修船的种类有哪些。
2. 简述修理单的编制依据和编制要求。
3. 简述坞修概念和坞修工程的主要任务。

【工作任务】

任务一　修理单的编制

一、工作目标

1. 掌握修理单编制要求、编制注意事项。
2. 能根据修船类型编制修理单。

二、材料用具

教学资料、任务书、评价表、多媒体、黑板、计算机等。

三、工作过程

(一)修理单的编制

1. 明确修船级别。

2. 根据公司修船计划、设备的实际运行状况和船级社规定的检验项目等依据,各轮机员编制主管设备的维修内容。

3. 各主管轮机员按照规定的格式编写好分管设备的修理单。

4. 大管轮汇总机舱所有设备的修理单后交轮机长审核,经船长送船公司审批。

(二)修理单编制注意事项

除了必备知识编写修理单的要求外,还应该注意以下事项:

1. 修理单中要注明修理项目用到的备件及物料由船方提供还是厂方提供。

2. 哪些属于厂修项目,哪些是自修项目要标注清楚。

3. 加工尺寸通过制图标注清楚。

4. 计量单位要标准。

5. 修理部位名称要规范。

6. 更换管子一定要注明管子的直径。

7. 工程施工要求要清楚。对有特殊施工工艺要求的工程,应该明确提出施工工艺要求。

8. 有些工程要提出检验方法的要求。

9. 工程项目需要船方人员或者机务在场现场监督安装,要标注清楚。

10. 设备故障描述要清楚,等等。

四、考核内容与评分标准

(一)考核内容

1. 相关知识

(1)修理单的编制程序;

(2)修理单编制注意事项。

2. 操作技能

(1)根据修船类型进行编制修理单;

(2)修理单编制符合要求。

(二)评分标准

该任务的成绩由相关知识成绩(40%)和操作技能成绩(60%)两部分构成。在相关知识部分,修理单的编制程序和编制注意事项各占20%;在操作技能部分,能根据修船类型编制修理单和编制的修理单符合要求各占30%。

任务二 修船的监修与验收

一、工作目标

1. 能够对施工工艺和工程进度进行监督。

2. 能对修理设备进行验收。

二、材料用具

教学资料、任务书、评价表、多媒体、黑板、计算机等。

三、工作过程

(一)监修工作

1. 施工工艺的监督

(1)船公司一般派主管到船厂进行监修,负责与船厂联系,最后确定工程,处理修船中发生的问题,并代表船方签署文件。船方应负责具体修理项目的监修和验收工作。

(2)具体的修理工程由大副、轮机长分别组织人员监修,重要工程应由轮机长亲自监修。监修人负责监督船厂是否按船舶修理单指定的范围和要求施工;工艺、材料及安装质量是否符合技术要求;施工中有无船厂责任引起的部件及设备的损坏;施工时有无不安全因素,可能引起火灾及其他危险,必要时有权停止其施工,并向主管人员汇报,等待处理;做好必要的修理记录以便为验收和审核账单准备材料。此外,监修人员应配合船厂工作,为施工提供方便条件。

(3)对修理工程进度、材料、工艺和测量数据等,轮机员应该进行监修,如有不妥应及时向厂方提出意见。

(4)需提交验船师检验的项目,厂修项目由船厂申请检验,自修项目可以自己申请,也可以通过船厂申请检验。

(5)试验、试航和工程验收根据甲乙双方事先商定的内容和按船级社的标准进行。如在试验和试航中,船级社及船方提出属船厂修理工程中的缺陷和遗漏,要求船厂及时消除和完成;如不属船厂修理工程范围而又需船厂修理时,则按追加工程办理。

(6)要求船厂对承修工程的质量完全负责,船厂修理工程的保修期,固定件为 6 个月,运动部件为 3 个月。

(7)在保修期内,如属船厂工程项目的质量问题,由船厂及时免费修复;如该船在其他港口,船厂不便派人前往修理时,船方可将船厂应负责的项目修妥,然后将其账单交船厂审核,并由船厂支付修理费用。如果双方有分歧时,可在听取船级社意见后协商解决。

2. 工程进度的监督

修船进度的快慢,直接影响船舶出厂日期,也将直接影响公司的经济效益。船舶进厂修理工程开工后,在每天早晨机舱碰头会之前,每位主管轮机员要向轮机长汇报厂修项目的开工情况、进度情况,轮机长要将没有开工的项目、进度太慢的项目、施工困难的项目以及修船过程中发现的新问题需要追加的项目汇总后及时报公司主管及船厂主管,督促其安排工人保质保量完成修理工作。

(二)验收工作

为了保证挂靠和修理质量,监修人(监造人)应要求厂方做好各项试验和试航工作。船舶柴油机从制造到装船使用,必须经 5 个阶段试验,即重要部件的材料试验、部件试验、出厂试验、系泊试验和航行试验。如柴油机经严重损坏而进行修复性修理后,只需要做部分的系泊试验和航行试验,以检验修复质量,保证舰艇的航行安全。下面就对系泊试验和航行试验进行介绍。

1. 系泊试验

船舶在建造完毕或修理结束后，为了确保船舶具备出海试验的条件，对船舶动力装置要在验船师监督下进行一次安装、修理质量和工作效用的试验。如在系泊试验过程中发现有不正常现象，应由船厂重新修复后再做系泊试验。

(1) 主机启动试验。对修理的船舶主机连续启动 3 次；对新建造的船舶主机，利用启动空气瓶的容积，在一次充满空气后要能连续启动 12 次。

(2) 主机换向试验。连续换向 4 次，包括遥控操纵主机在内。

(3) 主机运转试验(大于 2 205 kW)。系泊试验的最高转速为额定转速 n_H 的 80%~85%。如果螺旋桨露出水面而影响主机功率时，应尽可能压载或适当增加试验所用的转速。试验要求如下：正车 50%n_H 连续运转 0.5 h；正车 70%n_H 连续运转 lh；正车 80%~85%n_H 连续运转 2 h；倒车 70%~80%n_H 连续运转 0.5 h。在各种转速成下要测取主机各种参数。

2. 航行试验

系泊试验合格后才允许进行航行试验。

海上航行试验是为了进一步保证船舶动力装置系统的安装修理质量、运转的稳定性和可靠性，测试有效功率及经济性能等，验证各项试验结果的性能是否符合规范要求，以保证船舶航行安全。

(1) 主机的试验

①扭转振动试验测量主机的扭转振动临界转速，确定转速禁区。

②推进特性试验(大于 2 205 kW)。正车 80%n_H 连续运转 0.5 h；正车 90%n_H 连续运转 1 h；正车 100%n_H 连续运转 4 h；正车 103%n_H 连续运转 0.25 h；倒车 80%~85%n_H 连续运转 0.25 h。

各种转速下所测取的参数要均匀，即：

各缸压缩压力的差值不超过±2.5%；各缸爆炸压力的差值不超过±4%；各缸排气温度的差值不超过±5%；各缸指示功率的差值不超过±2.5%。

③最低稳定转速试验。

④紧急倒车试验(从全速前进到紧急停车，到紧急最大倒车转速)。

⑤船速试验。

⑥调速试验。

⑦减缸试验。

⑧减增压器试验。

(2) 其他试验

①锚机试验。

②舵机试验。

③起货机试验。

④锅炉蒸汽量测及安全阀试验。

⑤泵的自动交换试验。

(三) 民用钢质海船修船交验项目

为了保证重要设备的修理质量，中国船舶工业总公司发布了国家行业标准《民用钢质海船修船交验项目》，船方应据此要求厂方交验。

1. 柴油机交验项目

(1)机座底部垫片及铰孔螺栓接触面;

(2)曲轴主轴颈与主轴承接触面、间隙;

(3)主轴承全部安装后的臂距差;

(4)气缸盖本体水压试验;

(5)气缸套、气缸套安装后紧密性水压试验;

(6)活塞组装后,冷却水水腔水压试验;

(7)气缸体、导板冷却水水腔水压试验;

(8)活塞、活塞杆、十字头拖板、连杆在船上安装后校中;

(9)曲柄销、十字头及轴承的安装间隙;

(10)活塞行至上止点时,活塞与气缸盖之间余隙;

(11)气缸盖安全阀试验;

(12)废气涡轮增压器的油封、气封、轴承间隙;

(13)废气涡轮增压器外壳水压试验;

(14)废气涡轮转子平衡试验;

(15)防爆门防爆装置开启压力;

(16)热交换器水压试验;

(17)调速器性能试验;

(18)码头系泊试验;

(19)试车后的曲臂距差;

(20)航行试验提交。

2. 推力轴、中间轴、艉轴、艉轴管及轴系的交验项目

(1)推力面与推力块的接触面及间隙;

(2)推力轴承底座垫片接触面;

(3)推力轴、轴承外观及间隙;

(4)中间轴承底座垫片接触面;

(5)中间轴与轴瓦接触面及间隙;

(6)艉轴铜套、套结合;

(7)新换铜套水压试验;

(8)艉轴、前后轴承外观及安装间隙;

(9)艉轴可拆联轴器锥度接触面及探伤;

(10)艉轴油封装置外观及安装后压油试验;

(11)轴系校中;

(12)轴系联轴器铰孔精度;

(13)轴系试航提交。

3. 锚机的交验项目

(1)锚机主要零部件;

(2)锚链直径;

(3)航行试验中抛锚、起锚试验。

4. 舵及舵机的交验项目

(1)舵叶外观质量及水密试验;
(2)舵系轴承安装间隙;
(3)舵角零位、限位校正;
(4)舵机液缸安装后油密试验;
(5)舵机主要零部件;
(6)舵机安全装置性能试验;
(7)舵机航行试验。

5. 空气压缩机的交验项目

(1)主要零部件;
(2)试车与充气试验;
(3)安全阀校核。

6. 货物冷藏设备及系统交验项目

(1)压缩机机组、蒸发器、冷却器、冷凝器、储液器压力试验;
(2)压缩机组主要零部件;
(3)制冷压缩机组及系统抽真空试验;
(4)冷藏系统效用试验;
(5)冷藏系统自动装置效用、安全及报警试验;
(6)较大修理后热平衡试验。

7. 起货机及绞缆机的交验项目

(1)起货机、绞缆机主要零部件;
(2)起货机吊重试验。

8. 泵、系统及阀件的交验项目

(1)各种泵的主要零部件;
(2)各种泵运转和效用试验;
(3)舱底、压载、消防系统效用试验;
(4)蒸汽管路水压试验;
(5)管系安全阀上船实效试验;
(6)速闭阀系统动作试验;
(7)新制阀壳强度水压试验;
(8)海底阀、舷侧阀现场色油检查。

9. 锅炉的交验项目

(1)受压部件内场密性试验;
(2)水位计水位显示正确性;
(3)气密试验;
(4)燃烧系统效用试验;
(5)排污装置效用试验;
(6)安全阀装置及安全阀校核;
(7)焊缝探伤;

(8)修换板材、管材“ZC”(中国船检)证件；
(9)水压试验。
10. 压力容器的交验项目
(1)气瓶焊缝探伤；
(2)气瓶水压试验；
(3)气瓶及附件的内外部检验；
(4)气瓶安全阀船上安装后校核；
(5)气瓶易熔塞抽样化试验。
11. 生活污水处理装置的交验项目
(1)生活污水处理装置内外部检视；
(2)生活污水处理装置效用试验；
(3)生活污水处理装置声光报警效用试验；
(4)标准排放接头安装的正确性；
(5)国家环保部门出具的证书。
12. 分油机及机器处所油污水处理装置的交验项目
(1)分油机油水分离实效试验；
(2)油水分离/过滤装置效用试验；
(3)舱底油污水高位报警试验；
(4)标准排放接头安装的正确性；
(5)15ppm 报警试验。
13. 防摇鳍及侧推装置的交验项目
(1)防摇鳍主鳍壳体密性试验；
(2)防摇鳍主辅油泵运转试验；
(3)防摇鳍收放角及限位指示正确性试验；
(4)侧推装置管系密性试验；
(5)侧推装置推进器零位及限位指示正确性试验。

四、考核内容与评分标准

(一)考核内容
1. 相关知识
(1)修船的监修工作；
(2)修船的验收工作。
2. 操作技能
(1)能对施工工艺和工程进度进行监督；
(2)能对修理设备进行验收。
(二)评分标准

该任务的成绩由相关知识成绩(40%)和操作技能成绩(60%)两部分构成。在相关知识部分,修船的监修工作和验收工作各占20%;在操作技能部分,能对施工工艺、工程进度进行监督和对修理设备进行验收各占30%。

任务三　坞修工程

一、工作目标

1. 做好坞修工程各项准备工作。
2. 掌握坞修工程的主要工作内容。
3. 培养组织开展坞修工作的能力及对坞修工程进行验收的能力。

二、材料用具

教学资料、任务书、评价表、多媒体、黑板、计算机等。

三、工作过程

（一）坞修准备工作

坞修时间安排非常紧凑，为了顺利完成各项坞修工作，不耽误坞修工期，应做好如图 7-3、表 7-1 所示的准备工作。

图 7-3　坞修准备事项简图

表 7-1　坞修准备工作项目表

名称	准备工作内容
修理单	报公司船技处→审核、报价→选船坞
重要备件	船方预先订购：艉轴抽轴→备好密封环、O 形密封圈
专用工具	（1）拆装螺旋桨：专用扳手、液压工具 （2）拆装中间轴法兰螺栓：专用扳手 （3）移动中间轴和螺旋桨轴：滑道滚轮 （4）测量螺旋桨轴下沉量：专用量具
图纸资料	（1）船体进坞安排图 （2）螺旋桨图 （3）螺旋桨轴及其轴承图 （4）上次坞修的测量记录和检验报告
安全工作	（1）油舱清洁处理：①驳油；②洗舱和防爆检查 （2）锅炉检查：进坞前放空炉水
其他事项	与船厂主管工程师商洽：①岸电供应；②淡水供应；③蒸汽供应；④消防水的供应等

（二）轮机坞修的主要项目

船舶常规坞修就是按船级社的规定，在一定的营运周期后必须在船坞里对船舶进行的检验。依据 CCS《钢制海船入级规范》对船舶坞修要求，特别检验一般情况下，船体、轮机和电气设备的特别检验每 5 年进行一次，检验合格后换发新的证书，以保持船级的有效性。螺旋桨轴和艉轴的检验一般不超过 5 年。坞内检验 5 年内应不少于两次，间隔期为 2. 5 年，最长间隔不超过 3 年，但其中 1 次应与特别检验同时进行。

轮机坞修工程主要是船舶推进装置，舵和水线下的船舷阀件等的检修。具体项目如下。

1. 螺旋桨的检查与修理主要检修内容包括：拆下螺旋桨进行检查，桨叶表面抛光，测量螺距；桨叶如变形应予矫正，如有裂纹和破损需进行焊补修理；完成校正和修理后还需要按照要求测量螺距和做静平衡试验。

2. 螺旋桨轴、艉轴和艉管轴承的检修主要检修内容包括：测量轴承下沉量和轴承间隙；当抽轴检查时，检查轴套和轴承磨损情况，对螺旋桨轴的锥部进行探伤检查；检修和换新滑油密封装置等。

3. 舵、舵承的主要检修内容包括：对舵扇、舵杆及其紧固件进行外观检查；测量轴与轴承的磨损和间隙；如全面拆检，需将舵扇、舵杆、舵销、舵销衬套和止推轴承全部拆除，进行检验和修理（包括对舵扇焊补和水压实验，对舵杆的堆焊和镗孔以及衬套换新等）。

4. 船体水线下的阀件和设备的检修主要检修内容包括：

（1）对海底阀箱的检查与修理内容是，拆检格栅连接螺栓和螺帽，钢板除锈、测厚、修理、更换锌块和涂防锈漆，钢板换新后进行水压试验；

（2）对海底阀的检查与修理内容是，海底阀解体清洁，阀体除锈、涂防锈漆，阀及阀座研磨（如锈蚀严重可光车后再磨），阀杆填料换新，海底阀与阀箱的连接螺栓检查与换新；

（3）对船舷排出阀（如海水出海阀、锅炉排污阀）以及其他位于水线以下设备，也应按修理规范要求严格检查修理。

通常在实际修船过程中，还需合理安排对其他船舶轮机工程、船舶甲板工程、船舶电气管路工程项目进行同步检查和修理。

（三）坞修工程的验收

船舶进厂后，船舶公司机务代表全面负责现场协调和业务处理。轮机长负责轮机一般维修项目监修，重要项目则由轮机长和机务代表、船级社验船师共同监修。

船舶入坞抽干水后，轮机长应和坞修主管、船东、大副一起查看和确认船体的坐墩情况，同时要查看阀箱、舵和螺旋桨等的外观状况，以便确定是否有计划外的修理项目。同时还应对桨、舵等重要部位拍照以存查备用。

坞修项目验收是确保坞修质量的关键，因此要把好质量关，对每项工程质量都应按修理单的要求检查修理质量认真、仔细地检查和验收。监修人员负责监督船厂是否按修理单指定的范围和要求施工；修理工程进度、工艺、材料、安装质量和测量数据是否符合条例技术要求；施工中有无船厂责任引起的部件及设备的损坏；安排和提交需要检验的项目；做好必要的修理记录，以便对验收和审核准备材料。

主要坞修工程应申请验船师现场检验，签证检验报告。验收工作的安排应灵活，有些项目可以边施工边检查边验收，有些项目可以等到项目完成后统一验收。项目完工单是编制账单的主要依据，要严格把关，属于质量未达到要求或扩大修理范围的应文字注明，并双方签字。

修船质量检验标准参考如下：

(1)船级社或船舶检验局制定的标准；

(2)国家、交通运输部颁发的各项船舶修理技术标准；

(3)国际公约、标准、章程、规则；

(4)与修理商一致商定，经船检部门认可的有关修船技术标准、工艺规程、设计图纸和技术文件。

轮机坞修工程主要维修项目验收要点如下：

(1)螺旋桨的验收螺旋桨修复后，应检查螺旋桨的抛光质量及修复质量是否符合要求；螺距测量和静平衡实验数据是否符合要求；安装螺旋桨时，轮机长应在场监督进行，检查其安装过程是否符合有关工艺规程；对于有键桨注意在拆前要做好记号和轴头数值的测量和记录；对于无键湿式螺旋桨，安装时应注意在各种温度下所对应的螺旋桨的安装推进量和推紧力，并现场监控安装结果。安装完成后，应要注意大螺母保险的安装，检查保护将军帽是否涂好水泥；检查有关维修记录(例如螺距测量和静平衡实验数据、螺旋桨相对艉轴安装位置、液压装配压力和压入量坐标图等)是否完整。

(2)螺旋桨轴、艉轴和艉管轴承的验收修理过程中应注意检查以下几点。

①拆轴前要留意检查后密封装置是否有缠绕渔网和渗油现象。准备好艉轴下沉量测量表，测量艉轴下沉量和轴头数的测量。对照艉轴密封油系统资料，及时停止油泵、关闭重力柜出口阀和放出滑油，防止污染。

②艉轴衬套如被密封环磨出槽，则应予光车或用电镀或喷涂等工艺修复。当衬套装复后，应调校圆周的跳动量，跳动量越小越好。

③检查前后轴承、艉轴锥度处有无裂纹等损坏现象。

④艉管滑油有无乳化，如有则必须要求船东找出漏水的原因，如排除轴封漏，则检查艉轴冷却水舱中艉管进出油管及连接法兰。

⑤艉轴安装之前，轮机长应检查艉管内的清洁，密封油管的马脚是否牢靠。要求电机员或电工测量艉轴承温度传感器是否正常。

⑥安装艉轴时，轮机长应在场监督进行。安装艉轴密封时，要保持密封环箱体与艉轴承的同心度。装好后应测量艉轴下沉量。按工艺要求安装艉轴密封时要有固定支架使轴封箱与白钢套连接(防止胶圈嘴唇不到位)，一起套入艉轴安装。

⑦检查艉轴是否装妥，艉轴密封装置装妥后充油做油压试验。装复检查正常后，灌油放出空气，转动艉轴几个角度查看后轴封是否有渗油。拧开后部检漏螺塞检查是否漏油，确认正常后，倒上滑油封闭。若遇上此处是由油柜通过管道加油时，要提醒船员关闭阀门，以防压差造成漏油。

⑧检查艉轴下沉量，艉轴承间隙，舵轴承间隙和轴系找正等和其他测量记录是否完整；不管是否抽艉轴，都必须测量艉轴下沉量，以确定艉轴承的磨损及轴承间隙是否正常。测量值应以工厂规定的表格形式做好记录。

(3)舵、舵承的验收。即使舵系不是全部拆解，都应对舵杆轴承和舵销轴承进行检查，测量其间隙值并做记录，以确定舵承的磨损量和间隙是否在正常范围内。注意检查舵杆与舵叶连接螺栓是否良好，检查舵杆、舵叶有无电化学腐蚀。在牺牲阳极保护的船上要注意检查阳极的质量、数量和分布情况；在外加电流阴极保护的船上，则要注意检查轴系和舵杆的接地是否良好。理论上接地良好的舵、桨与船体的电位差应小于 0.1 V。

船舶的舵常见为半悬挂式及悬挂舵，舵轴承间隙的测量如果超过极限，则要考虑换舵承或加厚舵杆或衬套。装舵前，须确认舵杆衬套的两端之间部位用环氧树脂包裹，衬套与锥面位这一段距离也要用环氧树脂；密封环区域必须修整光滑，所选用的密封橡皮圈的直径必须高于环槽的深度，检查止跳保险，测量舵杆止跳间隙，止跳间隙为 1~3 mm。

(4)船体水线下的阀件和设备的验收应在船壳高压水清洗前打开海底阀箱的格栅，以便对阀箱内部冲洗。冲洗结束后，轮机长与修船主管应立刻对阀箱内部情况进行检查并确认修理项目内容。海底阀箱内部特殊是底部淤积的污泥必须彻底冲洗干净，清除阀箱表面所有海生物。因进坞时所有海底阀都关闭，查看是否有滴水，如果有，说明这些阀漏水，要重点跟踪记录。

海底阀一般的检验方法为阀盘及阀座的接触环带作着色研配检查，如整体拆解的则可进行水压试验。坞修中的各海底阀和出海阀必须解体、清洁、研磨完好，阀与阀座的密封面经轮机员检查认可后才能装复。

装复时检查海底阀箱的格栅是否装妥，箱中是否有被遗忘的工具、塑料布等异物，所有海底阀和出海阀是否装妥。船底塞及各处锌板是否装复好。坞内放水后检查各海水阀和管路。坞内放水后对海水系统放空气，使其充满海水。先使各阀处于关闭状态，观察海水有无漏入管内，然后分别开启各阀，对所有管路接头及拆修过的部分检查是否漏水，必要时上紧连接螺栓。

坞修过程中自修与厂修工程不要相互干扰，应以厂修监修为主，自修工程安排不影响修期。对于检验和修理中发现的增减工程，根据检查的情况允许对工程范围进行修正。但应及时做出决定，以免影响工程进度。增减工程项目应由船方与机务代表协商，最后由机务代表决定，通知厂方。一般修船后期，不允许增加工程，以确保修期。

四、考核内容与评分标准

(一)考核内容

1. 相关知识

(1)坞修工程的准备工作；

(2)轮机坞修的主要项目；

(3)坞修工程验收及轮机坞修项目验收要点。

2. 操作技能

(1)做好坞修工程各项准备工作；

(2)能对坞修工程项目进行验收。

(二)评分标准

该任务的成绩由相关知识成绩(60%)和操作技能成绩(40%)两部分构成。在相关知识部分，坞修的准备工作、轮机坞修的主要项目和坞修工程验收要点各占 20%；在操作技能部分，坞修工程工作内容的准备和坞修工程项目完工后的验收各占 20%。

项目八　船舶营运经济性管理

【知识目标】

通过学习,了解船舶运输成本的组成、航速对续航力和燃油消耗的影响、营运船舶经济航速的概念;熟悉船舶动力装置废热的组成。

【技能目标】

通过学习,初步具有降低船舶运输成本、正确选择营运船舶经济航速、充分利用动力装置废热的基本技能。

【必备知识】

一、船舶运输成本

船舶运输成本是指船舶营运一年或一个航次所消耗的各项费用的总和。通常船舶年运输成本包括一年内的船员工资、折旧费、修理费、保险费、燃润料费、港口费及其他开支等。

1. 船员工资

包括基本工资、伙食费、航行津贴、奖金等直接项目及劳保福利等附加项目,根据船员配备和当时的标准(平均值)加以计算。船员工资中还应考虑编外人员、病假及公休的顶替人员、培训人员的工资。

2. 折旧费

船舶的固定资产在营运过程中,由于发生磨损、锈蚀和老化,而引起价值的降低,称为“折旧”。为了积累资金,以便对船舶进行修复和更新,必须按期将其磨损等计入运输成本,用货币形式计入运输成本中的价值,称为“折旧费”。我国固定资产折旧采用直线折旧法,每年的折旧费相同,其值是由船舶造价减去船的残值(指报废时的价格)后再除以船舶使用年限而得到的。随着生产和技术的迅速发展,船舶使用年限不宜过长,现在已降至 20~25 年,并有进一步降至 10~15 年的趋势。

3. 修理费

我国现行船舶的修理,分为岁修和检修(结合船舶的特检进行)两种。平均每年的修理费可按船舶造价提成，所提取的百分数分别为：长江船 4.5%，沿海船 3.5%，远洋船 2.5%。

4. 燃润料费

营运中的船舶，主机、副机和锅炉的燃、润料费，都按航次（或月度）燃料消耗报表和加油收据计算。

新建造的船舶，主机服务航速时的功率取为主机最大持续功率的 80%～85%。柴油机装置燃用轻油和重油的比例可按实际资料选取，或按远洋船为 15%：85%，长江与沿海船为 20%：80%的比例选取。耗油率取自柴油机资料，燃油单价取当时的价格。

柴油发电机组的使用功率最好按航行、装卸货、无作业停泊三种情况分别计算。使用功率确定后，即可按耗油率、使用时间及油的单价计算航次费用。

辅锅炉的使用时间一般可按航次停泊时间的 25%～50%计算，单位时间的耗油量可按与锅炉的蒸汽产量的比例加以估算。航次辅锅炉耗油量乘以锅炉油单价得航次费用。润料费最好是主机、副机分别计算。简化算法可取为燃料费的一个百分数，大体上远洋与沿海船为 7%～10%，长江船为 16.7%，蒸汽船为 2%。

5. 保险费

保险费是指企业向保险公司投保的船舶险和船员险所支付的保险费用。一般根据船舶使用情况，由航运公司提出保价。为简单起见，年保险费可取为造价的一个百分数，一般干货船为 0.55%，油船为 0.7%。

6. 港口费

与船舶登记吨有关的港口费用包括拖船、引航、码头、港务、代理等费用，可按与净吨位的比例进行计算。年开支依与净吨位及年航次数的比例，可按同航线相近的船舶换算。

与载货量有关的费用如装卸费、理货费、代理费、税金等，按年货运量吨数计算并依货种而变。

7. 其他费用

其他费用包括供应品费、企业管理费、其他开支等，一般取为总成本的 15%。

二、船舶最佳航速

（一）航速对续航力、燃油消耗量的影响

船舶动力装置所用的油料（燃油和滑油）是船舶排水量的一部分，它直接决定船舶的续航力，即

$$L = vt \tag{8-1}$$

式中，L——续航力，n mile；

v——船速，kn；

t——航行时间，h。

如已知燃油储备量 $\sum m$ 及其动力装置每小时消耗量 B，则可求出船舶动力装置的工作时间

$$t = \frac{\sum m \times 10^3}{B} \tag{8-2}$$

式中，$\sum m$——燃油储备量，t；

$B=B_1+B_2+B_3$——分别为主机、副机、锅炉每小时燃油消耗量,kg/h。

考虑到

$$B = g \cdot P \tag{8-3}$$

则续航力 L 为:

$$L = \frac{v\sum m \times 10^3}{g \cdot P} \tag{8-4}$$

式中,g——动力装置实际燃油消耗率,kg/(kW · h);

P——动力装置实际功率,kW。

分别假定船舶燃油储备量一定和在船舶动力装置燃油消耗率 g 不变的条件下,比较船速为 v_0 和 v_1 两种航行状态,探讨船速对续航力的影响,则有:

$$L_1 = \frac{P_0}{P_1} \cdot \frac{v_1}{v_0} \cdot L_0 \tag{8-5}$$

式中,L_0、P_0、v_0 和 L_1、P_1、v_1 分别为两种航行状态下的续航力、功率和航速。

根据 $P = Cv^3$ 的关系,则有:

$$L_1 = \left(\frac{v_0}{v_1}\right)^2 \cdot L_0 \tag{8-6}$$

由式(8-6)可知,续航力与船速的平方成反比。

如果保持续航力 L 不变,同样可以计算出在新的船速 $v_1 > v_0$ 的情况下,所需要的燃油储备量将增多,即

$$\sum m_1 = \left(\frac{v_1}{v_0}\right)^2 \cdot \sum m_0 \tag{8-7}$$

由式(8-7)可知,燃油储备量与船速的平方成正比。欲使船舶速度增加 20%,则燃油储备量需要增加 44%。

(二)营运船舶的经济航速

经济航速是指船舶营运时能取得某种经济效果的航速。一般情况下,可将营运船舶的经济航速分为最低油耗率航速、最低燃油费用航速和最高盈利航速等三种形式。

1. 最低油耗率航速

柴油机的有效油耗率 g_e 是指每一千瓦有效功率每小时所消耗的燃油量,单位是 kg/(kW · h),最低油耗率航速是指保持柴油机油耗率最低时的船舶航速。柴油机的油耗率一般受到喷油量、换气质量、转速等因素的影响。根据柴油机的形式和用途不同,一般船用柴油机的设计最低油耗率点应在 90%~100%标定功率之间。但是考虑配桨过程中的各种功率储备需求,对于工作于推进特性下的船舶柴油机,一般在 85%负荷时 g_e 值最小,其变化情况如图 8-1 所示。

图 8-1 中,P 表示柴油机的标定功率,$SFOC$ 表示船舶燃油消耗率,$\Delta SFOC$ 表示船舶燃油消耗率的变化量。显然柴油机在 g_e 最小时运转,其经济性最好,而此时的船舶航速就为最低油耗率航速;但最低油耗率航速并不一定是船舶营运的最佳航速。

2. 最低燃油费用航速

最低燃油费用航速是指船舶航行单位距离所消耗的燃油最少时的航速。根据船、机、桨的

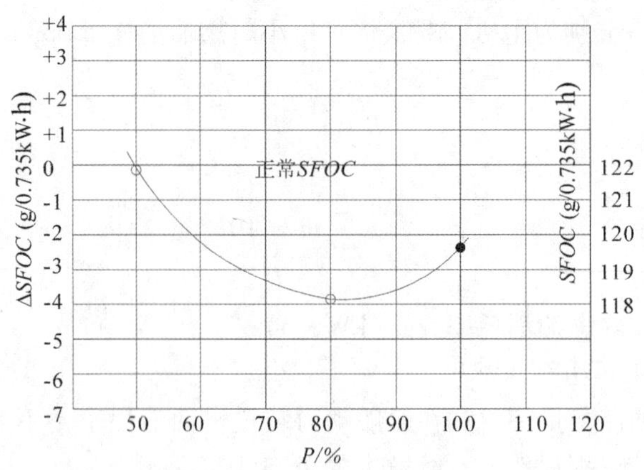

图 8-1 柴油机有效油耗率曲线

能量关系，船舶单位距离的燃油消耗量 g_n 随航速的变化是非线性的，先缓慢减少后迅速增加，在船舶的常用航速范围内的变化趋势是增加的；而柴油机的燃油消耗率 g_e 的变化也是非线性的，但其趋势与 g_n 相反，是先迅速降低后缓慢增加，在柴油机的标定配桨功率范围内的变化趋势是逐渐降低的。图 8-2 分别示出了 g_n 和 g_e 随船舶航速的变化规律。当船舶降速航行时，虽然 g_e 会增加，而 g_n 会明显地逐渐下降，并出现一个最小值 $g_{n\min}$，$g_{n\min}$ 所对应的航速即为最低燃油费用航速 v_n。如果按照 v_n 航行，对某一固定的航程，其燃油费用最低。

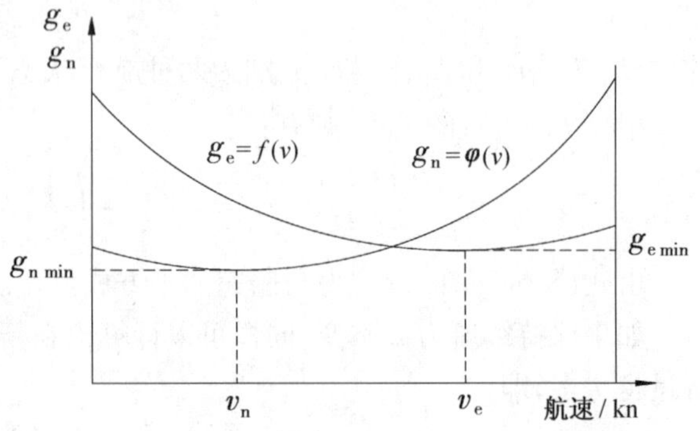

图 8-2 g_n 和 g_e 随航速的变化规律

对于常规柴油机来说，在最低燃油费用航速工况点运行时，由于其输出功率较低，会带给柴油机许多工作问题，如增压器喘振、低温腐蚀、燃烧恶化和排气通道脏堵等，尤其是燃用重油以后会使问题更突出，实际上常规柴油机是无法长时间可靠地运行在 v_n 工况点的。虽然轮机员可以通过调整柴油机工作参数和采用间歇高负荷运行等方式改善柴油机的工作，但会带给柴油机可靠性下降、寿命降低及备件消耗增加等实际问题，可直接导致船舶日常消耗的增加和使用年限的缩短。对于智能柴油机来说，其带来的问题会比常规柴油机有很大程度的降低，但还无法做到在低负荷下长时间可靠运行。

3. 最高盈利航速

最高盈利航速，即在营运期内盈利最大的航速。上述两种经济航速，只考虑了柴油机和船舶本身的经济性，所以不一定就是船舶最高盈利航速，欲获得船舶最大的盈利航速，尚须考虑船舶的折旧费、客货的周转量、运价、运输成本及利润等因素。不同的航区和船舶种类将有其相应的最大盈利航速，需要通过调研、统计及分析来加以确定。

三、船舶动力装置的废热分析

（一）动力装置的废热

柴油机船舶动力装置的动力设备主要包括主柴油机、发电柴油机和辅助锅炉等。它们都以液体燃料为能源。船舶航行工况下所需要的总热量为：

$$Q = Q_m + Q_g + Q_b \tag{8-8}$$

式中，Q_m、Q_g、Q_b 分别为主柴油机、发电柴油机和辅助锅炉所消耗的热量，kW · h。

船舶柴油机动力装置热平衡方程式为：

$$x + y + z = 1 \tag{8-9}$$

式中，$x = Q_m/Q$，$y = Q_g/Q$，$z = Q_b/Q$ 分别为主柴油机、发电柴油机、辅助锅炉消耗热量的百分比。

动力装置的能量平衡各成分的值 x、y、z 与船舶用途和动力装置的类型有关。表 8-1 列出了各种类型船舶在主机额定工况下的 x、y、z 的大概分配范围。

表 8-1　柴油机船舶能量平衡的组成

船舶类型	机械能 x/%	电能 y/%	热能 z/%
海船干货船	83～92	4～10	4～8
石油运输船	60～82	3～8	10～32
冷藏船	57～76	20～36	4～8
河船货船和拖船	94～96	2～4	1～2
石油运输船	82～87	2～4	10～15
客货船	75～80	7～10	10～15

在进行船舶动力装置设计时，必须考虑整个船舶的能量平衡和各个耗能设备的热平衡，以便找出能量综合利用的途径，决定所采用能量综合利用的的装置和方案，从而提高动力装置能量平衡中有效利用热量的比例，以达到节约燃料的目的。

主机产生的能量所占比例最大，其废热利用价值也最高；柴油发电机组、辅助锅炉消耗热量所占比例较小，它们产生的废热几乎得不到利用。

燃料在主柴油机中燃烧所发出的全部热量，只有部分转变为机械功，其余部分则分别通过排气、冷却介质和机器表面散热等而损失掉，这些部分损失的热量统称为柴油机的废热。

根据柴油机热平衡，各类型能量转换的比例范围如下（不同机型其数值上是有差异的）：

（1）转变为机械功的热 $q_1 = 35\% \sim 50\%$；

（2）排气带走的热 $q_2 = 27\% \sim 40\%$；

（3）冷却介质（缸套冷却水、增压空气冷却水、润滑油等）带走的热 $q_3 = 15\% \sim 30\%$；

（4）其他热损失（辐射热、摩擦损失热）$q_4 = 2\% \sim 8\%$。

由上可知，50%～60% 的能量是被排气废热和冷却水所带走的，利用这几部分废热的能量，代替（或部分代替）动力装置中柴油发电机组和辅锅炉所消耗的能量（约占总能量的 10%～30%），可大幅改善动力装置经济性，这也正是柴油机废热利用的意义。

（二）废气锅炉

1. 废气锅炉的工况分析

采用废气锅炉回收主柴油机排气的热量是船舶柴油机动力装置主要的余热利用形式。废气锅炉工作时，其热平衡式为：

$$D(h - h_{g \cdot s}) = \eta G C (t_1 - t_2) \tag{8-10}$$

式中，D——废气锅炉蒸发量，kg/h；

h——蒸汽焓，kJ/h；

$h_{g.s}$——给水焓，kJ/h；

η——废气锅炉效率，约为 0.98；

G——主机排气重量流量，kg/h；

C——废气锅炉中废气平均比热，KJ/（kg · ℃）；

t_1——废气锅炉进口废气温度，℃；

t_2——废气锅炉出口废气温度，℃。

2. 典型的废气锅炉系统介绍

废气锅炉蒸汽系统可设计成许多不同的形式，有单供气压力或双供气压力；有带给水预热器或不带给水预热器；有单一的废气锅炉或与燃油锅炉组成混合式锅炉等。由于二冲程超长行程柴油机热效率高达 55%，使排烟温度下降。目前 MC 机型在正常额定负荷下涡轮后的排气温度约为 250~270 ℃，降低负荷运转时将会更低些，因此可利用的排气余热减少，使废气锅炉产生的饱和蒸汽不能满足船舶加热系统的需要，此时燃油辅助锅炉可作为补充。

MAN B&W 公司推出了两种典型的废气锅炉系统。

其一为标准的废气锅炉系统，如图 8-3 所示，它用于产生饱和蒸汽供加热之需，废气锅炉由单一的蒸发器组成，是简单的单压蒸汽系统。给水直接泵送到烧油锅炉，废气锅炉与燃油辅助锅炉之间有循环水泵并共用一个汽鼓。也可采用单独汽鼓，则一个锅炉故障时另外一个锅炉仍可运转。该系统具有明显的简单性和低投资成本，又能完全满足船舶加热所需蒸汽量的要求，因而得到了广泛应用。

其二为带涡轮发电机的废气锅炉系统，如图 8-4 所示，它是带有给水预热器、蒸发器和过热器的单压蒸汽系统，其蒸汽除用于加热之外还可以用于驱动涡轮发电机，系统中燃油辅助锅炉的汽鼓一般也作为共用汽鼓。该废气锅炉系统将更先进些。

3. 废气锅炉烟灰沉积与着火

（1）废气锅炉烟灰积垢与着火的分析

废气锅炉着火可分为小的烟垢着火和高温着火。

①小的烟垢着火

在有充分氧气存在时，烟垢的可燃成分在高温下（高于闪点）自由蒸发，被火花或火焰点燃，并保持小范围和有限的火源，称为小的烟垢着火。由于不良的燃烧设备，使一些未燃烧的剩余燃油和滑油沉积于锅炉管上，特别是在柴油机机动操纵和低负荷运转期间这种现象更容易发生。这种着火对锅炉无危险或危险很有限，但应小心维护。着火的热量主要传导给循环水、蒸汽和废气。

烟垢潜在着火温度一般为 300~400 ℃，但存在未燃烧的燃油时着火温度约为 150 ℃，极端情况下甚至低至 120 ℃。这意味着着火也可发生于主机紧急停车之后，因为灼热颗粒（火花）还残留在锅炉管上。

②高温着火

在一定情况下，小的烟垢着火可发展为高温着火。高温着火有氢着火和铸铁着火，可导致废气锅炉损坏，因为水可分解为氢和氧，或在一定条件下与碳反应生成一氧化碳和氢，如温度在 1 000 ℃以上氢着火可以发生。铸铁着火即高温下发生的铸铁氧化反应，在反应过程中释

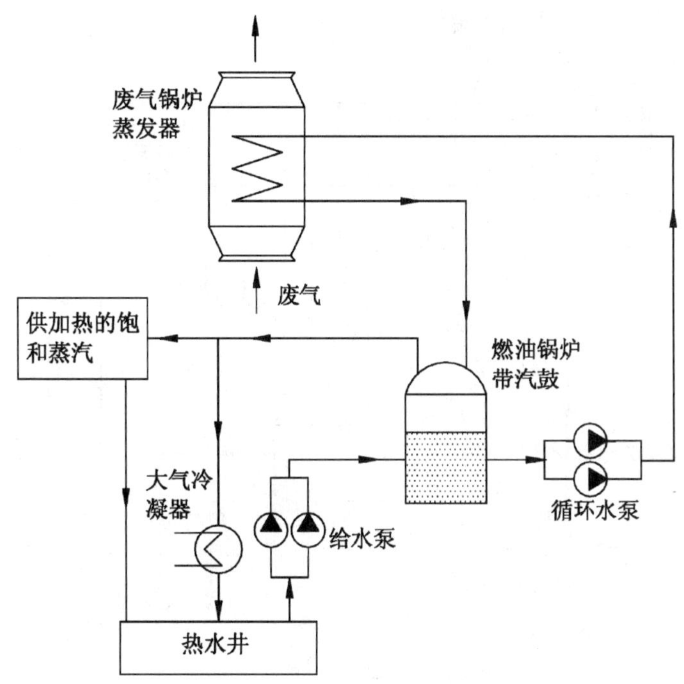

图 8-3　典型废气锅炉系统

放大量热量。在温度超过 1 100 ℃时，铸铁着火可以发生，使锅炉自身燃烧。

废气锅炉烟垢着火的条件可用图 8-5 所示的报警三角形来表示，只有烟垢、火源和氧同时存在时才可能发生着火现象。废气锅炉中来自柴油机的排气，由于高过量空气系数，含有大约 14%的氧，而且将氧与烟垢和火源隔离也是不可能的；废气锅炉中更不乏高于闪点的高温废气、火花和火焰，因此烟垢着火往往是由于柴油机燃油燃烧产生的烟灰微粒造成的。

柴油机的排气排放中最引人关注的是污染物 NO_x、SO_x、CO、HC 和排气微粒。排气微粒可源自下列原因：

a. 燃油部分燃烧的许多微粒的凝聚；

b. 燃油和气缸油的灰分；

c. 滑油部分燃烧；

d. 燃烧室及排气系统烟垢的剥落。

燃油成分、滑油牌号和添加剂将会改变排气微粒排放率，因此难以规定统一的柴油机微粒排放率，而当柴油机使用重燃油运转时，排放值为 120 ~ 150 mg/m^3 时排放率相应为 0. 8 ~ 1. 0 g/(kW · h)。除了垢片在燃烧室或排气系统壁上剥落之外，柴油机在燃用重燃油运转时，微粒大体上是小的，90%以上小于 1 μm。锅炉烟灰沉积试验表明，大约 70%的烟灰是可燃的。

(2)废气锅炉与柴油机的匹配

NK 船级社的调查统计资料排除了一些疑虑，使人们认识到主机的型号及制造工艺对烟垢着火无明显影响，例如 MAN B&W、Sulzer 或 Mitsubishi 二冲程主机烟垢着火故障的数量都基本相同，甚至和短或长行程也无关。当我们只考虑排气温度自身影响时又并非完全如此。统计资料清楚地表明废气锅炉的进口和出口温度对烟垢着火的发生都没有任何明显影响。无论

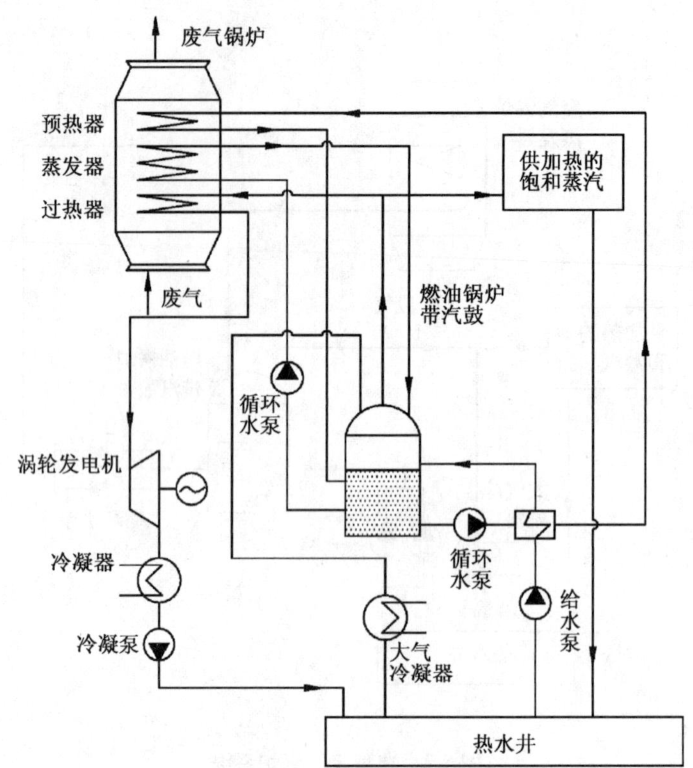

图 8-4　带涡轮发电机的废气锅炉系统

是进口温度高达 325~350 ℃,出口温度高达 225~250 ℃还是出口温度低至 100~150 ℃,许多废气锅炉并未发生烟垢着火故障。

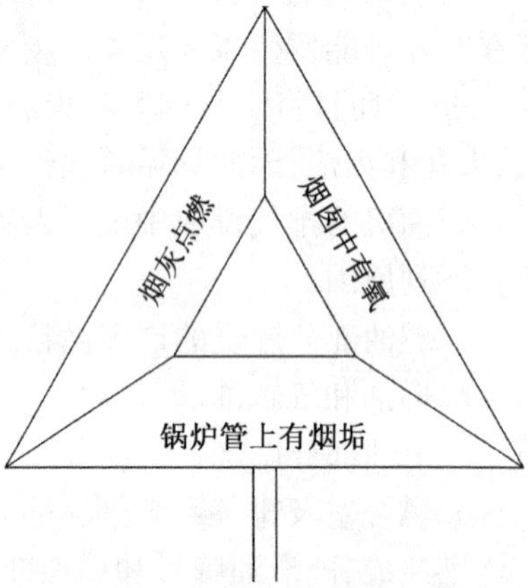

在现代柴油机较低排气温度下,为了仍能维持船舶蒸汽消耗的需求,促使与其匹配的废气锅炉被设计得更加高效,这包括利用大受热面,锅炉设计为扩展管表面和低燃气流速。上述的高效与“超扩展”锅炉的设计和劣质燃油的使用,使废气锅炉管上烟灰沉积有增加的趋势,并导致烟垢着火。DNV 统计资料所证实的自 1988 年以来烟垢着火呈上升趋势的原因概源于此。此外,近年来船舶装载不足,也会造成着火事故的上升。

烟灰点燃
烟囱中有氧
锅炉管上有烟垢

图 8-5　烟垢着火的报警三角形

图 8-6 和图 8-7 可以说明与高效率柴油机匹配的高效率废气锅炉的一些参数对烟垢着火的影响。

①锅炉窄点的影响

废气锅炉窄点是废气与饱和蒸汽之间的最小温度差,即废气离开蒸发器时的温度和饱和蒸汽之间的温度差。窄点是可以用来表示废气锅炉利用效率的一个参数。

温度/热传导图称为 T/Q 图,图 8-7 是图 8-4 所示废气锅炉系统实例的 T/Q 图。一般蒸汽压力为 0.7 MPa(绝对)或以上,相应的最低蒸发温度为 165 ℃,按 T/Q 图废气出口温度不能

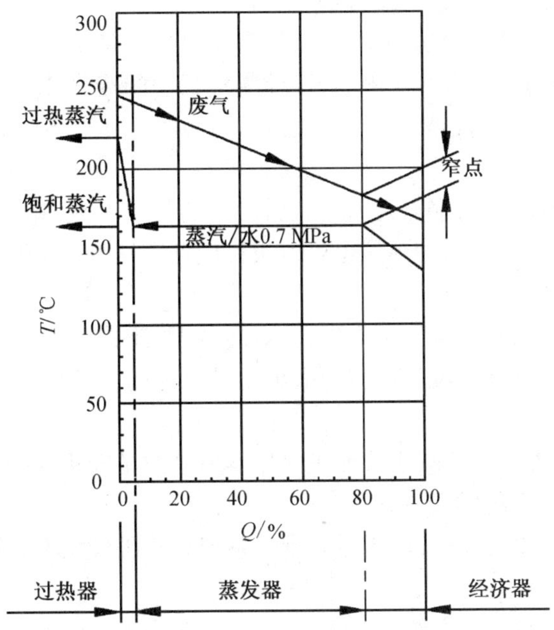

图 8-6　废气锅炉的 T/Q 图

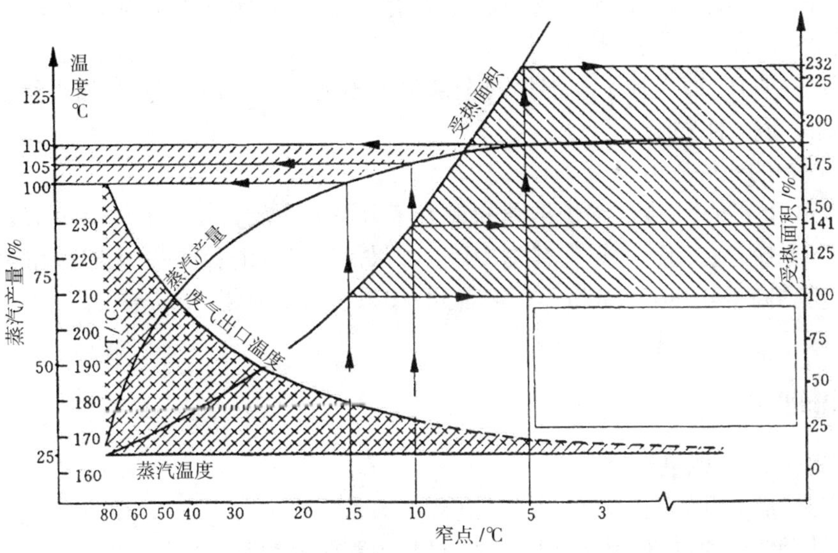

图 8-7　废气锅炉窄点的影响

低于 160 ℃左右，则 15 ℃或以上用作窄点。

a. 锅炉窄点对锅炉受热面和蒸汽量的影响

从图 8-7 的曲线可看出，废气锅炉窄点由 15 ℃改变为 10 ℃和 5 ℃时，蒸汽量增加 5%和 10%，而废气锅炉受热面将分别增加 1.41 倍和 2.32 倍，当流经废气锅炉的压力损失太大时可降低废气流速。

b. 锅炉窄点对锅炉压力损失和废气流速的影响

较低的窄点可提高废气锅炉的利用效率,但废气锅炉须有较大受热面,因此压力损失也较大。对最大允许废气压力损失有一定限制,设计废气锅炉的废气流速必须降低。低废气流速对形成烟垢有特别明显的影响趋势,现今劣质渣油运转使这种趋势变得更糟。

c. 低窄点和烟垢

当窄点及其废气流速低时,窄点是影响烟垢发生的一个参数,相反,高窄点锅炉不必设计成高废气流速的锅炉,原则上,这种锅炉也可以设计成低废气流速,即有低废气压力损失。

②允许的废气压力损失

如前所述,通过锅炉的允许废气压力损失,对通过废气锅炉的废气流速有重大影响。高压力损失如能接受,那么要设计高废气流速的锅炉就是可能的,但是如果只允许小的压力损失,则废气流速必然是低的。

通过锅炉的允许压力损失依赖于柴油机增压器后总的排气系统的压力损失。

a. MC 型柴油机排气系统的允许背压

在柴油机的约定 MCR 工况下,增压器后排气系统总背压最大不超过 0.003 5 MPa,可用增压器后测量的静压力表示。

为了系统尾部有背压储备,在约定 MCR 工况下推荐为 0.003 0 MPa(300 mmH_2O)。

排气系统的背压与废气流速有关,即与废气流速的平方成比例,从而与管径 4 次方成比例。在约定 MCR 工况下,建议废气管内流速不超过 50 m/s,实际上为避免压力损失太大,废气流速约为 35 m/s。

排气系统总背压,即为管子和部件的全部阻力损失之和。每个部件,如废气锅炉和消音器,其压力损失可分别选取。

b. 废气锅炉的允许压力损失

在规定 MCR 工况下,废气锅炉推荐的最大压力损失一般为 0.001 5 MPa(150 mmH_2O)。该压力损失与系统存在的压力损失有关,因此,如果没有安装消音器/熄火器,则能够接受的锅炉压力损失可稍高于 0.001 5 MPa。有鉴于此,如果装有消音器/熄火器,锅炉的最大压力损失就需降低。

【课后作业】

1. 船舶运输成本包括哪些?
2. 航速与续航力和燃油消耗量之间存在什么关系?
3. 最低油耗率航速、最低燃油费用航速、最高盈利航速的定义是什么?
4. 试分析一下废气锅炉烟灰着火的现象。

【工作任务】

任务一　降低船舶运输成本

一、工作目标

1. 了解降低船舶运输成本的途径。

2. 科学管理船舶，提高船舶运输效率，降低船舶各项费用支出。

3. 能够识别降低船舶运输成本的各种潜在风险。

二、材料用具

教学资料、任务书、评价表、多媒体、黑板、计算机。

三、工作过程

根据船舶运输成本的组成可知，降低运输成本的途径主要包括以下几个方面：

（一）提高各类船舶管理人员的工作效率，降低人员费用

确保船舶安全运行，除了按照公约的要求为船舶配备必需的船员外，还要有一定的岸基管理人员的支持，所有的人员工资支出都将计入船舶的运输成本中。可通过三方面降低支出：

1. 科学构建公司的组成结构，提高公司管理人员的工作效率，减少管理人员，以便降低管理人员和船舶数量的比值。

2. 根据船舶类型、航线、货物等特点，合理安排船员的组成，在保证船舶安全营运的前提下，减少船员的数量。

3. 可采用公司管理人员与高级船员的轮岗制度，提高管理者和被管理者的相互认知度，进而有效地提高管理效率。

（二）科学管理，降低船舶各类物质的消耗

1. 降低船舶设备的燃润料的消耗。如通过科学管理，降低主机的燃油消化率，进而降低船舶燃料油的油耗；根据船舶航次计划，合理设定主机的转速，可降低主机的燃油消耗；发电柴油机和辅锅炉在条件许可的条件下尽可能地使用低质燃料油；主机和辅机的润滑油应控制在最佳状态，以便降低润滑油的费用。

2. 减少船舶的备件消耗。如通过对设备的科学维护管理，减少设备部件的异常损坏的比例，减少无谓的备件消耗；通过合理的备件申购，降低应急备件采购比例；避免错误和无用备件的采购。

3. 减少船舶物料的消耗。科学管理和使用物料，减少消耗；根据船舶不同的工作年限、航行、货物情况，合理申领物料；避免无用物料的采购。

（三）科学高效管理，提高船舶运输效率，降低费用支出

船舶在正常运营过程中，一般情况下，高效的货物运输效率是船舶营运追求的目标，其费用支出主要由船舶修理费、港口使费、保险费等组成。

1. 减少船舶专修时间,降低修理费用,提高船舶运输效率

根据船龄、航线和运输货物情况,科学地制定维修方针,减少船舶的专修时间及修理费用。船舶的专修时间是指船舶中断货物运输,进行修理所消耗的时间。

(1)对主要的动力设备采用定时维修方式,并在此基础上逐步向视情维修方式发展。

定时维修,是以磨损理论为依据,以设备主要零部件的磨损率为基础来预测设备或设备中某一部件的维修或更新周期。

视情维修,也称状态监测维修,它对某一设备不预先规定其维修期,而是以设备的运转工况为依据,以工况数据的趋向分析为基础,来决定设备是否需要维修。

视情维修能够发挥设备的最大效益,可有效地减少事故的发生,特别适用于以磨损故障为主的设备上。PMS 制度中关于状态监控设备的检验正是向视情维修方式跨出了重大一步。

(2)对耐用型设备、低值设备、非生产型设备和维护价格高昂而安全风险低的设备采用事后维修方式。

事后维修,也称故障维修,是指设备发生故障后才进行维修或更换其中损坏部件,也就是有坏即修。

(3)除了船级社规定的项目外,尽量减少定期维修方式。

定期维修,是以设备的使用频度、用途的重要性、损坏的规律为依据,或某些设备不以磨损为主要特征而拟定出一个平均安全运行期限和确保这一使用期限而需要的全面维修的内容。

2. 加强对船舶航行设备的管理,避免或减少船舶的故障时间及故障次数

船舶的保险费率与船舶的可靠性相关,无故障或少故障发生可以降低保险费率,因此通过科学的维护保养,可以提高船舶设备工作的可靠性,进而可降低船舶的费用支出。

3. 加强对船舶靠离码头和装卸货物设备的管理,减少船舶的停泊时间

对于配用船载装卸货物设备的船舶,在到港前要对相关设备进行必要的维护保养,确保船舶装卸货物的顺利,避免或减少由于设备故障导致的船舶停泊时间的延长。

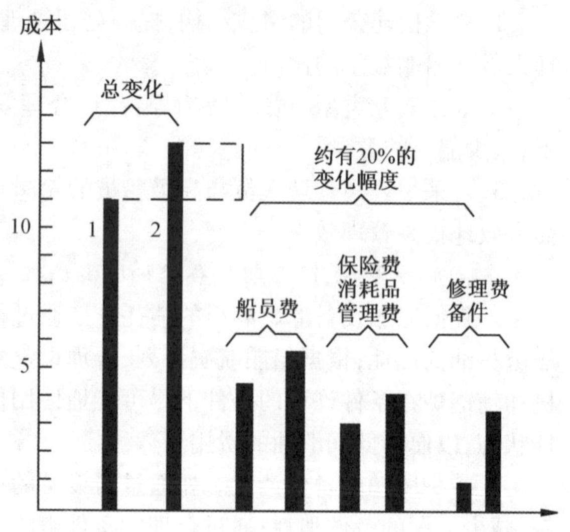

图 8-8 大型油船或散货船期租成本分布图

优秀的船舶管理者和轮机人员对降低运输成本是有影响的。图 8-8 是某机构在对一定数量的大型油船和散货船在一定期间内对成本和管理水平进行评估和分析后,得出的期租成本分布图。图中 1 和 2 分别表示出了优秀的船舶管理者和不优秀的船舶管理者对船舶期租成本的影响。一般情况下,按“期租船合同”规定,船东应负责船员的薪金、备件、船用物料及船舶保险,保持船舶适航。承租人则负担燃料费、港口使费及运输货物等有关的费用。由图 8-8 可看出,优秀船舶管理者可以降低修理费、备件费、保险费和消耗品费,最大期租成本降低幅度可达 20%左右。

四、考核内容与评分标准

（一）考核内容

1. 相关知识

降低运输成本的途径的相关知识。

2. 操作技能

（1）提高各类船舶管理人员的工作效率，降低人员费用；

（2）科学管理，降低船舶各类物质的消耗；

（3）科学高效管理，提高船舶运输效率，降低费用支出。

（二）评分标准

该任务的成绩由相关知识成绩（40%）和操作技能成绩（60%）两部分构成。操作技能部分，“提高各类船舶管理人员的工作效率，降低人员费用”，“科学管理，降低船舶各类物质的消耗”，“科学高效管理，提高船舶运输效率，降低费用支出” 各占 20%。

任务二　确定船舶最佳航速

一、工作目标

1. 初步具有确定船舶最佳航速的技能。
2. 能够识别确定船舶最佳航速的各种潜在风险。

二、材料用具

教学资料、任务书、评价表、多媒体、黑板、计算机等。

三、工作过程

航速对运输效率有很大的影响，选择合适的航速是降低船舶营运成本的有效方法之一。根据船、机、桨间三者之间的能量转换关系，螺旋桨所吸收的功率与转速的立方成正比，故航速的少量降低便可节省大量的燃油消耗。但是并非航速越小越经济，因为船舶的运输费用除了燃料费用外还有其他费用，而且对于一定航线的船舶由于航速降低，航行时间增加，运输效率下降，增加了机损事故和技术维护工作，也会导致经济效益减少。

对于航运企业说，必须全面考虑，从三种经济航速中做出选择，为增加企业收益和节能服务。利用经济航速运行，一般不需要增加投资，只要求具有严格的科学管理和熟练的操作技术，就能获得显著的经济效益。

营运船舶的最佳经济航速应是单位运输成本最低的航速，或是最大盈利的航速。

根据船舶配桨的特点，如果船舶航行任务多，航次计划比较紧，柴油机在航行时经常处于较高负荷工作，应尽量调整柴油机工作于最低油耗率工况点，即船舶在最低油耗率航速航行，这样可以有效地降低柴油机的燃油消耗，参见图 8-1。

对于船舶航行任务宽松，经常停航或待命的船舶，可以根据柴油机的特点和工作状态，尽量使柴油机按照或接近最低燃油费用航速航行，参见图 8-2。

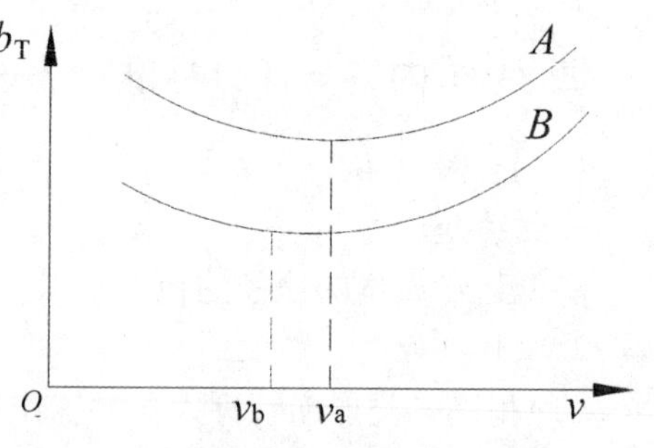

图 8-9 单位运输成本最低的航速

对应于特定的航线和载重量，相应于当时的燃料价格及其他开支，在给定的经济指标下，按单位运输成本可得到最佳航速。图 8-9 表示了航程和航速（b_T-v）的关系，其中 v_a 和 v_b 分别代表两种航程下单位运输成本最低的航速，曲线 *A* 的航程比曲线 *B* 长，而其停泊时间与航次时间的比值比曲线 *B* 小，可见长航程船舶的航速可以略高。

若以营利或以收益为目标，进行经济性计算，可得到如图 8-10 所示的曲线。图中 *AB* 为标准年最大收益，其对应的航速（*G* 点）就是以收益为目标的最佳航速。影响成本和收入的因素变化，最佳航速也会改变。从图中可看出，当运费增加和燃料价格下降时，最佳航速可以提高。

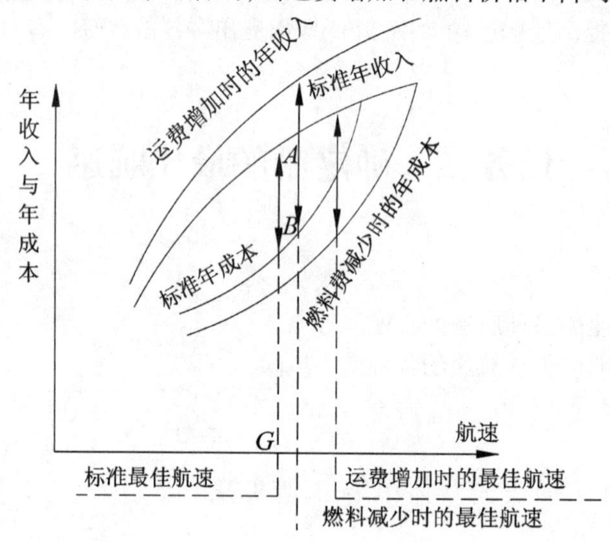

图 8-10 最佳经济航速

四、考核内容与评分标准

（一）考核内容

1. 相关知识

船舶最佳航速的相关知识。

2. 操作技能

能够确定船舶最佳航速。

（二）评分标准

该任务的成绩由相关知识成绩（40%）和操作技能成绩（60%）两部分构成。

任务三 船舶动力装置的废热利用

一、工作目标

1. 具有能够利用船舶动力装置废热的技能。
2. 能够熟练使用管理废气锅炉。
3. 能够识别船舶动力装置废热利用的各种潜在风险。

二、材料用具

教学资料、任务书、评价表、多媒体、黑板、计算机等。

三、工作过程

(一)船舶动力装置废热的利用

废热利用的方法是按废热特点进行的。主机排气废热温度高,可利用的单位热量大;而冷却水的温度较低、量大,可利用的热量也不少。在船上对这两种废热的利用方法是不同的。

利用废热产生蒸汽和热水,可以减少辅柴油机和辅锅炉的耗油,提高装置经济性。然而,装置上是否被采用以及如何采用,必须结合船舶动力装置的具体情况加以综合平衡,尤其要对下列三个方面的问题进行仔细分析研究后才能做出决定。

1. 区别船舶类型和装置功率范围。航行期间,废热的供应与船舶类别有关。远洋货船其主机经常处于额定功率附近工作,它的废热供应比较稳定;而沿海港口间的客船、港内拖船和航道复杂的内河船等,它们的主机工况多变,废热供应不稳定,可能利用的废热量就少。至于废热利用的方式,也要看装置功率的大小。装置功率比较小、设备比较简单的小型船舶,如750 kW 以下沿海及内河船,一般只采用简单的设备,利用主机排气产生热水,供生活用;对于4 500~6 000 kW 以下中型客、货船等,则常常利用排气废热产生蒸汽,供生活及燃油加热、海水淡化等使用;对于6 000~7 500 kW 以上的大型万吨级远洋船舶,才有条件利用排气废热产生蒸汽作动力用。

2. 要有专门措施保证废热供应和废热消耗两者的平衡。废热利用系统是由废热供应和废热消耗两方面联合组成的有机整体。要求在任何工况下废热的供应和消耗都应处于平衡状态。由于前者是独立地随发动机负荷而变化的,后者是独立地根据系统的负载(消耗)而变化的,这两方面的变化,实际上彼此无一定关系,如无专门措施,系统必然常常处于不平衡状态,即不是供过于求就是供不应求,这样的废热利用系统显然是得不到好的经济效果,也往往是不可取的。

3. 废热利用目的是节省燃料,提高经济效益,因此,为了利用废热而增加的设备,在投资、增加质量和占用空间等方面都必须做出详细的计算和比较,废热利用在经济上的收益必须达到乐于接受的程度才能被采用。

(二)废气锅炉的使用管理

大型船舶都装有废气锅炉,在使用时下列问题值得注意。

1. 废气锅炉出口排烟温度 t_2

t_2 越低,能够回收的热量就越多。理论上 t_2 可降至环境温度,但事实上这是不可能的。通常都规定 t_2 不得低于 160~170 ℃,这是因为:

(1)要充分利用排气热量,不仅要大大增加废气锅炉的受热面积,而且要增加排气的流动阻力。柴油机的排气背压提高,会使发动机的排气温度增加和有效热效率降低。发动机制造厂一般都规定排气背压值,二冲程低速柴油机废气锅炉增压器的排气背压一般不宜超过 0.003 MPa。在管理上也要防止烟道脏堵而影响主机功率的发挥。

(2)排烟温度不应低于露点。如低于露点,排气会对排气系统和余热利用设备起低温腐蚀作用。露点的高低与排气中的水蒸气分压有关,也与燃油中的含硫量有关。所用燃油的露点值一般为 120~140 ℃。为了最大限度利用排气热,在标定工况下废气锅炉排气出口温度为

$$t_2 = \text{露点} + \Delta t \tag{8-11}$$

式中,Δt 不应小于 25 ℃。

动力装置长期在部分负荷下工作,t_2 过低对废热利用设备的维修管理是不利的。

(3)保证受热面必需的温差。为保证受热面上任何一个部位排气温度都高于水温,通常使

$$\begin{aligned} \Delta t &= t_2 - t_w \\ \Delta t &= t_2 - t_s \\ \Delta t &\geqslant (40 \sim 60)\ ℃ \end{aligned} \tag{8-12}$$

式中,t_w——给水温度, ℃;

t_s——蒸汽温度, ℃。

2. 废气锅炉排气进口温度 t_1

t_1 越高,可回收的排气热量就越多。在四冲程柴油机动力装置中,废气锅炉的进口温度约为 400 ℃,大约可利用排气热量的 62%;而在二冲程柴油机动力装置中排气温度较低,在 t_1 = 200~300 ℃时,则可利用排气热量的 40%左右。

由于废气涡轮增压器效率提高,扫气压力增高,柴油机的热效率达 54%,同时为了经济航速的需要又按低速经济功率匹配螺旋桨,致使柴油机的排烟温度下降,这对废气锅炉的废热利用是不利的。为了确保废气锅炉的一定蒸发量,不得不适当提高柴油机的排气温度。目前,废气锅炉是按进气温度为 255 ℃,排出温度为 188 ℃的标定工况设计的。

3. 蒸汽产生率与蒸汽压力的关系

从充分利用余热出发,出口废气温度 t_2 应尽量降低,而且 t_2 与蒸汽温度间必须维持一定的传热温差,所以蒸汽压力受到一定的限制,因为只有当蒸汽压力和饱和温度有所降低时,才能获得更多的余热和废气锅炉蒸发量。蒸汽压力升高时则相反。

图 8-11 所示为二冲程低速机和四冲程中速机单位功率的废气锅炉蒸发量随蒸汽压力变化的关系。用于供热系统的废气锅炉,蒸汽压力与蒸汽系统的管路长度和它的阻力有关,一般海船废气锅炉蒸汽压力取为 0.5~0.7 MPa,河船可低到 0.3 MPa。产生的蒸汽通常是饱和蒸汽。在主机功率大于 5 000 kW 的油船和干货船上,对仅用于供热系统的废气锅炉,其单位蒸汽产量为 0.10~0.15 kg/(kW·h);当主机功率较小时,它达到 0.55~0.65 kg/(kW·h)。

实际上在主机功率为 7 350 kW 左右的油船和干货船上,即使是二冲程低速机,当废气锅

炉出口温度达 200 ℃以上时,就可得到蒸发量约为 2 000 kg/h、压力为 0.7 MPa 的蒸汽,足够航行时全船加热用汽的需要。

4. 新型废气锅炉烟灰沉积和着火的预防措施

欲使新型废气锅炉烟灰沉积和着火的危险减到最少,管理上应注意下列参数和问题:

(1)废气流速不能太低

废气锅炉流速低是烟灰沉积和着火的主要影响参数之一。统计资料证明,设计废气流速低于 10 m/s 者几乎都有着火故障,而高于 20 m/s 的废气锅炉却很少发生着火故障。锅炉的实际废气流速较高,烟灰微粒将被吹除,使锅炉有自清洗作用。柴油机在部分负荷运转流速高达 25~30 m/s 时,烟灰很少沉积,也无须安装吹灰器。火管锅炉的设计废气平均流速高于 20 m/s 时,对烟管也具有自清洗作用。

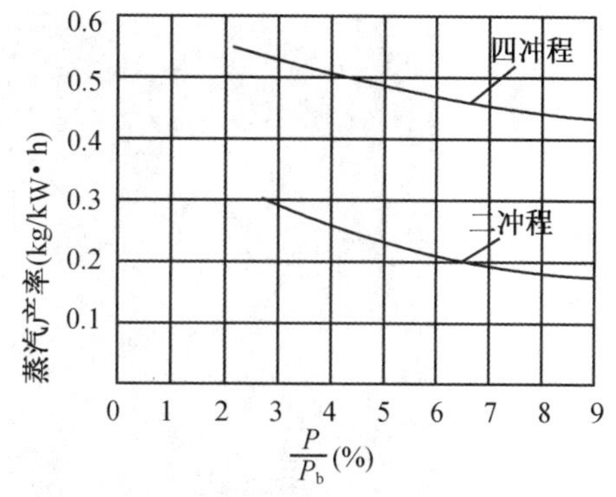

图 8-11　废气锅炉蒸发量与蒸汽压力变化关系

(2)烟灰黏性的预防

含有灰分、残炭和硫分的劣质渣油的使用,使烟灰具有黏性,这是烟灰发生沉积的重要因素。关于烟灰黏性,最新资料揭示,由于碳氢化合物的化学反应,使用含有氧化铁的燃油添加剂,可使烟灰失去黏性,导致烟灰沉积趋势的减少。这样对烟垢沉积的废气流速限制也可降低,即烟垢沉积将失去对低废气流速的敏感性。

选用什么型号的燃油、滑油和添加剂,关系到烟灰的黏性大小和废气成分,因此,对低废气流速的限制严格地说应是个"浮动"限制。

(3)锅炉受热面废气温度不能太低

锅炉废气出口温度应不低于 155 ℃,锅炉进口给水循环温度,对有预热器的应高于 120~130 ℃,否则凝结的硫酸可使烟灰有黏性,增加烟垢形成的趋势。

(4)锅炉循环水流速度和流量比不能太低

应保持锅炉管表面边界层的废气温度低于烟灰着火温度,减少烟垢点燃的危险。当温度高于 150 ℃时可发生烟垢着火危险,极端情况下在 120 ℃时也有着火危险。

(5)柴油机排气不允许恶化

保持柴油机良好的燃烧和排气,减少排气微粒。水管锅炉的旁通烟道(在 50%MCR 自动开关),在柴油机低负荷运转时,旁通全部废气,防止锅炉烟垢沉积。

(6)水管锅炉应装自动吹灰器

为了清除烟垢,在全部吹灰过程中,吹灰介质(蒸汽或压缩空气)的压力应尽可能高些,MAN B&W 公司建议每天吹灰(如图 8-12 所示)4 次和定期人工清洗。

四、考核内容与评分标准

(一)考核内容

1. 相关知识

(1)船舶动力装置废热利用的相关知识;

(2)废气锅炉使用管理的相关知识。

图 8-12 锅炉吹灰

2. 操作技能

(1)能够正确利用船舶动力装置的废热;

(2)能够正确使用和管理废气锅炉。

(二)评分标准

该任务的成绩由相关知识成绩(50%)和操作技能成绩(50%)两部分构成。相关知识部分,船舶动力装置废热的利用的相关知识和废气锅炉的使用管理的相关知识各占25%;操作技能部分,能够正确利用船舶动力装置的废热和能够正确使用和管理废气锅炉各占25%。

项目九　节能减排

【知识目标】

通过学习,掌握 EEDI、SEEMP 以及 EEOI 的含义;了解提高螺旋桨效率和船体效率的技术措施,船舶使用风能等新能源技术;掌握船舶电力推进技术;了解船舶到港使用岸电的技术。

【技能目标】

通过学习,能够对船舶能效营运指数(EEOI)进行分析并计算;能够对船舶电力推进系统进行日常维护与管理;具备跟踪船舶使用风能以及岸电等前沿技术的能力。

【必备知识】

船舶运输是石油消费的重点行业,也是温室效应气体(GHG,Greenhouse Gas)和大气污染排放的重要来源之一。IMO 制定的"船舶能效设计指数(EEDI,Energy Efficiency Design Index)"和"船舶能效管理计划(SEEMP,Ship Energy Efficiency Management Plan)",对实施船舶节能减排具有强制性和巨大的推动力,是实现能源可持续发展的必然要求。

一、船舶能效设计指数(EEDI)

1. EEDI 简介

EEDI 是 IMO 最新推出的衡量船舶能效水平的指标,用 CO_2 排放量和货运能力的比值来表示船舶能效。

2011 年 7 月,海洋环境保护委员会(MEPC)第 62 届会议上,以投票方式通过了包括 EEDI 在内的《国际防止船舶造成污染公约》附则Ⅵ有关船舶能效规则的修正案,该规则适用于所有 400 总吨及以上国际航行船舶,并于 2013 年 1 月 1 日起生效。同时,修正案规定缔约国主管机关可在修正案生效后,自行决定推迟 4 年执行船舶能效标准。图 9-1 所示为国际海运所产生的温室气体减排趋势。

2013 年起新造船舶有义务遵守 CO_2 排放标准,如图 9-1 所示,该标准将分阶段强化。EEDI 规则以现有样本船舶(英国劳氏费尔普勒数据库)的回归平均值(50%符合率)为基线,对散货船、油船、集装箱船四个阶段 EEDI 折减率的要求是:2013—2014 年底为零,2015—2019 年底为 10%,2020—2025 年底为 20%,2026—2030 年底为 30%,表明 EEDI 的要求和执行力度将愈加严格。EEDI 的提出对船型开发、创新型节能技术应用以及造船工艺等提出了更高标准。因此,节能减排是现代和未来船舶的主要特征和发展趋势,是船舶设计中最重要的硬性要求之一。

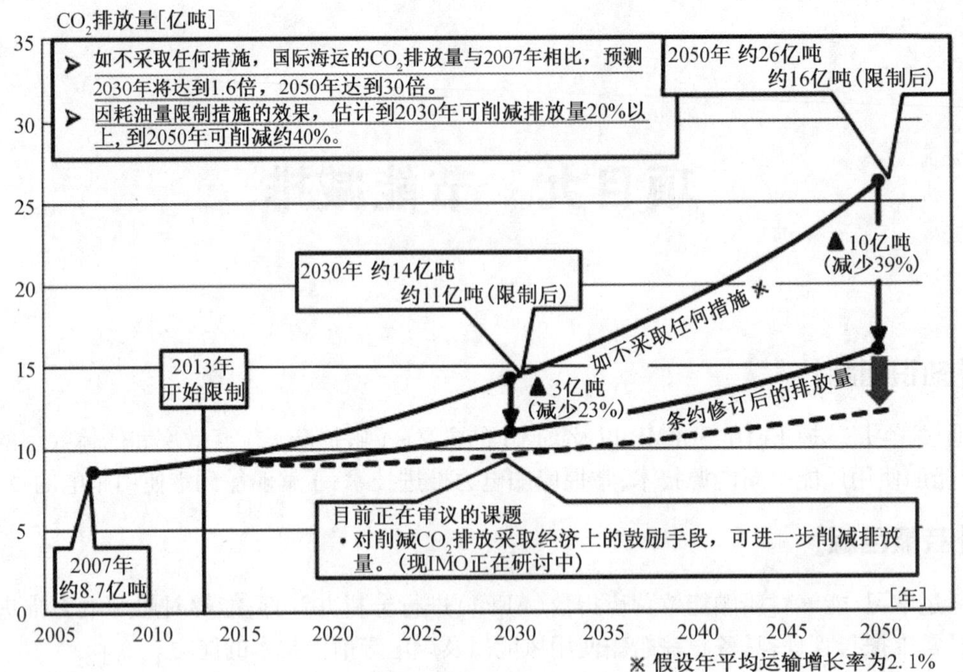

图 9-1　国际海运所产生的温室气体减排趋势

2. EEDI 定义

EEDI 为根据船舶在设计载货状态下以一定航速航行所需推进动力以及相关辅助功率消耗的燃油计算出的 CO_2 排放量,即船舶每吨装载量、航行每海里所排放 CO_2 的克数,单位:g/(t · n mile)。IMO 推出 EEDI 的目的是激励船东和船舶设计者通过技术改进和应用节能技术使新造船舶尽可能达到较高的能效标准,以降低船舶 CO_2 的排放。

EEDI 的计算公式为:

$$\mathrm{EEDI}=\frac{E_{\mathrm{ME}}+E_{\mathrm{AE}}+E_{\mathrm{PTI}}+E_{\mathrm{eff}}}{f_{\mathrm{i}}\cdot C_{\mathrm{apacity}}\cdot V_{\mathrm{ref}}\cdot f_{\mathrm{w}}} \tag{9-1}$$

其中

$$E_{\mathrm{ME}}=\left(\prod_{j=1}^{m}f_{\mathrm{j}}\right)\left(\sum_{i=1}^{n_{\mathrm{ME}}}P_{\mathrm{ME}(i)}\cdot C_{\mathrm{FME}(i)}\cdot SFC_{\mathrm{ME}(i)}\right)$$

$$E_{\mathrm{AE}}=P_{\mathrm{AE}}\cdot C_{\mathrm{FAE}}\cdot SFC_{\mathrm{AE}}$$

$$E_{\mathrm{PTI}}=\left(\prod_{j=1}^{m}f_{\mathrm{j}}\cdot\sum_{i=1}^{n_{\mathrm{PTI}}}P_{\mathrm{PTI}(i)}-\sum_{i=1}^{n_{\mathrm{eff}}}f_{\mathrm{eff}(i)}\cdot P_{\mathrm{AEeff}(i)}\right)C_{\mathrm{FAE}}\cdot SFC_{\mathrm{AE}}$$

$$E_{\mathrm{eff}}=-\left(\sum_{i=1}^{n_{\mathrm{eff}}}f_{\mathrm{eff}(i)}\cdot P_{\mathrm{eff}(i)}\cdot C_{\mathrm{FME}}\cdot SFC_{\mathrm{ME}}\right)$$

E_{ME} 为船舶以该航速运输该装载量所需的主推进功率与所消耗燃油之乘积;E_{AE} 为为保证

主机在 E_{ME} 所述的状态下工作所需的副机功率与所消耗燃油之乘积；E_{PTI} 为当船舶有轴带电机与废热回收系统时对轴功率的贡献与副机燃油消耗之乘积；E_{eff} 为采用新的节能技术减少燃油消耗所带来的船舶能效的提高。

EEDI 公式主要参数及其意义。

(1) C_F 为无量纲碳转换系数，基于含碳量将燃油消耗量转换为 CO_2 排放量；C_{FME} 为主机碳转换系数；C_{FAE} 为辅机碳转换系数。不同燃料所对应的 C_F 值：

柴油 $C_F=3.186$，轻燃油 $C_F=3.151$，重燃油 $C_F=3.114$；液化石油气 $C_F=3.0$（丙烷），$C_F=3.03$（丁烷）；液化天然气 $C_F=2.75$。

(2) v_{ref} 为船速（kn）。

(3) $C_{apacity}$ 为船舶装载量。

(4) n_{ME} 为主机台数。

(5) n_{AE} 为副机台数。

(6) $P_{ME}(i)$ 为每台主机额定装机功率（MCR）减去轴带发电机功率后的 75%时的功率值。

(7) $P_{PTI}(i)$ 为每台轴带发电机额定功率值除以效率后的 75%时的功率值。

(8) $P_{AEeff}(i)$ 为由于能效技术创新使得辅助功率减少的效能功率的 75%。

(9) $P_{eff}(i)$ 为由于能效技术创新使得主机功率减少的效能功率的 75%。

(10) P_{AE} 为正常最大海况下所需要的副机功率。

(11) SFC 为柴油机核定的单位油耗率 g/(kW·h)，SFC_{ME} 为主机燃油消耗率，SFC_{AE} 为副机燃油消耗率。

(12) f_j 为船舶采用特殊设计增加船舶动力修正系数。

(13) f_w 为耐波性系数，包含因浪高、波浪频率和风速导致船舶减速的因素。

(14) f_i 为装载量修正系数，补偿因技术或规定要求而限制了船舶的装载能力。

(15) $f_{eff}(i)$ 为反映创新能效技术的可利用率，对于废热回收系统该值取 1.0。

(16) m 为船舶使用的特殊设计数。

3. EEDI 衡准基线

EEDI 衡准基线代表当代船舶 CO_2 排放量的平均水平。EEDI 衡准基线是 EEDI 合格与不合格的分界线。超过衡准基线值的 EEDI 是不合格的，低于衡准基线值的 EEDI 是合格的。

基于假设条件，MEPC 62/6/4 中确定了参考线的计算公式，即 EEDI 基线回归公式为

$$AIV = 3.1144 \times \frac{190\sum_{i=1}^{n_{ME}} P_{ME(i)} + 215P_{AE}}{C_{apacity} \cdot V_{ref}} \tag{9-2}$$

基线（Reference line）：

$$BLV = a \cdot C_{apacity}$$

基线参数 a、C 已经 DNV、GL 计算确定。

折减率：

$$\text{Reduction rate} = \left(1 - \frac{X}{100}\right) \times BLV$$

其中，2013 年 1 月 1 日至 2014 年 12 月 31 日，$X=[0]$；2015. 01. 01～2019. 12. 31，$X=[0\sim10]$；2020 年 1 月 1 日至 2024 年 12 月 31 日，$X=[0\sim20]$；2025 年 1 月 1 日～2029 年 12 月

31 日，$X=[0\sim30]$。

一艘新造船所得到的 Attained EEDI 称为 A,将其所需的 Required EEDI 称为 R,则应该使 $A<R$;若 $A\geqslant R$,则表示该设计不能被有效认可,需要进一步改进设计,如:重新设计线型、螺旋桨等,以提高航速或者通过降低主机功率来达到减小 EEDI 指数的目的。

4. 执行 EEDI 所产生的影响

EEDI 对船舶设计、生产工艺技术、配套设备、新能源技术应用等提出了更高要求。一旦全面强制执行,那么船舶设计、建造及配套单位就必须对不满足要求的船型进行改进,提高能效,获准后才能进入国际市场。船东将把 EEDI 作为新造船的硬性指标,EEDI 将直接影响造船工业的核心竞争力。

就目前在市场上运营的中国船舶而言,能达到 EEDI 标准的船很少。资料显示,在中国近 10 年建造的船舶中,当折减率为 10%时,符合 EEDI 要求的油船为 54.1%、集装箱船为 30.4%、散货船只有 4.6%;当折减率为 30%时,符合要求的油船为 16.2%、集装箱船为 4.3%、散货船为 2.1%。

2010 年,德国劳氏船级社(GL)已为德国赫伯罗特公司一艘集装箱船颁发了全球首个 EEDI 认证证书。从 2013 年 1 月 1 日起,GL 代表德国船旗国对 EEDI 实施认证。今后,如果船舶未能获得 EEDI 认证,那就存在着被拒绝进入某些国家或港口的风险。因此对于船东而言,将影响其船舶的全球运营能力;对于国家而言,也将对整个船舶工业带来极大的影响。

5. 改善 EEDI 的技术途径

提高船舶能效,降低 EEDI,需要尽量减少空船重量,提高载重量,并降低主机、副机油耗,船舶设计及建造中尽量使用轻型材料、节能技术。目前可考虑采用满足 EEDI 要求的基本途径如图 9-2 所示,具体应对措施如下:

(1)优化船舶设计

通过优化主尺度和减少船舶自重来增加装载量以提高运能;采用船舶计算流体力学(CFD)和模型试验方法进行船体型线优化;优化上层建筑减小风阻;采用船体表面处理、空气润滑或气穴减阻。通过优化船舶的操纵性,优化纵倾横倾设计,来保持航向的稳定性,提高保向性,提高给定功率下的船舶航速。

(2)采用新能源技术

采用新燃料如 LNG 等低碳燃料,降低油耗率;采用清洁能源如潮汐能、风能或太阳能等;采用燃料电池等。

(3)提高燃油经济性

改进航线计划,优化航线结构;采用气象导航;通过和港口的沟通,提高效率和缩短码头等待时间;优化航速;优化主机功率等。

(4)优化推进系统

优化螺旋桨及舵系设计,并采用整流鳍、推力鳍或导流管改善螺旋桨进流等;加强推进系统的维护保养。

(5)其他方法

采用废热回收技术,利用主机废气中的热量进行发电或者通过电机提供额外的推进功率;使用燃油添加剂;调整气缸油消耗量;使用船载直流电网;使用新型发动机并采用大功率的电力推进装置;使用岸电装置;重视船壳保养等。

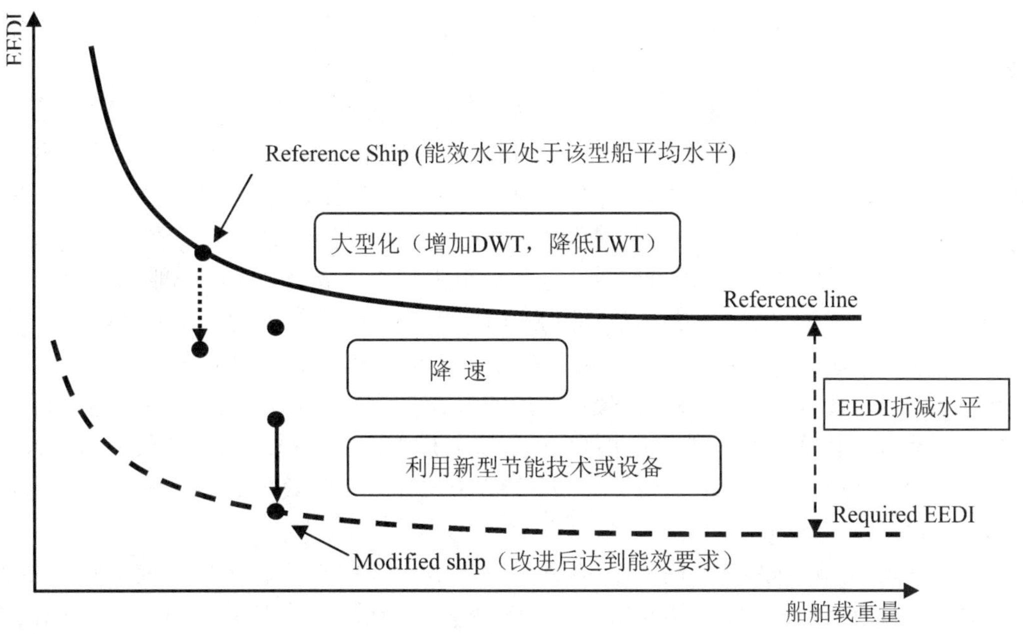

图 9-2　改善 EEDI 技术途径示意图

二、船舶能效管理计划(SEEMP)

远洋船舶节能减排是获得国际船舶能效证书(IEE)和船舶能效管理证书(SEEMC)的主要措施之一。SEEMP 旨在通过船舶最佳管理和操作来实现船舶的节能减排。SEEMP 作为提高船舶能效的一个综合性管理措施,通过计划、执行、监测、自我评估和改进四个步骤提高船舶能效,并将能效目标分解到每个可能提高燃油效率的操作进行考虑。通过最佳能效管理方案,即在改进航程计划、航行环境气候影响、及时到港、速度优化、轴转速优化、优化船舶操作,优化浮态、压载水装载优化、优化螺旋桨性能、优化舵机使用和对船首方向控制、船体维护、推进系统维护和改进、改进船队管理、改善货物运送、能耗管理、使用燃油替代品和其他相应的措施(如风能、太阳能电池、岸电和技术转让)等方面,指导船东、船长和轮机员以最优化方法降低能耗,以达到船舶节能减排的目的。

三、节能减排新技术

新造船舶节能减排的技术措施有尺度优化、降低空船重量、推进系统优化、型线优化、降低船舶阻力等。

尺度优化是在明确营运限制和选好参照船的基础上,综合运用数据库比对、CFD 分析、情报查询和船型对标等手段,优选确定船舶的最终尺度。

降低空船重量是指在整个工程中空船重量的降低,空船重量主要是船体钢料重量、舾装件重量、机电设备重量、管缆重量、敷料和油漆的重量等等,这需要船东、设计方、建造方、船级社和设备厂商等的无缝合作,其中降低船体钢料重量和机电设备的重量都大有可为。

推进系统优化包括主机选型、降功率、可调工作模式、桨舵布置优化、主机废热回收等,以全寿命周期节能降耗为目标,增加初投资来优化推进系统的配置。选择最新型的节能环保型电喷主机,如 RT-flex 主机,获得低的单位油耗。主机低功率使用是指选择大功率主机,降低工作点,降低单位油耗;同时可利用主机转速的降低,设计大直径的螺旋桨而获得更高的推进效率。

船舶型线优化包括主要船舶参数确定、母型选取、航速预报、CFD 优化、船模试验及二次优化。考虑船舶营运的实际需求,船型优化不仅仅针对造船合同的指标,要考虑船舶的状态,如吃水、纵倾等,不同的海况、船体螺旋桨的干扰、船舶的适航性和操纵性等。

降低船舶阻力的措施有采用低阻油漆、船舶附体和开孔优化、船舶上层建筑优化(流线型艏楼)减少空气和风的阻力、气泡减阻等。通过低阻力油漆形成极其光滑的船体表面,减少船体摩擦阻力,提高船舶航速,减少燃油消耗和 CO_2 排放。使用低阻力油漆(如立邦 LF-Sea、SEACOAT Sea-speed)后,其抗污底性能可保持船舶长时间降低水生动植物生长造成的污底,可保持船舶在运营中长期的低燃油消耗。气泡减阻是把压缩空气经船底小孔压入船舶底部形成气膜,以减少船体底部与水的接触面积,从而降低摩擦阻力。低阻力油漆的减阻效果约为 3%~5%,船舶附体和开孔减阻效果约为 1%~3%,上层建筑减阻效果约为 1%~2%,气泡润滑减阻效果约为 7%~15%。

综合运用超宽双桨船体、桨前整流(与线型特点紧密相关的导管、鳍)、桨前预旋(预旋鳍、Mewis Duct)、尾流能量回收(舵球或加翼、PBCF 等)、高效桨舵(螺旋桨优化、桨舵一体、对转桨、扭曲舵、Grim 导轮等)、吊舱、风帆转筒、风筝等实用的节能措施,可大大降低船舶油耗。Kawasaki 优化集装箱船和汽车运输船舶尾线型,减少船尾水波阻力,增加推进 3%~7%。对转吊舱组合推进系统(CRP-POD)可节能 13%,Wartsila 公司的 Energopac 高效舵能提高 9%的效率。

环保能源和新能源的利用是最有意义的船舶节能减排措施。环保能源是指液化天然气、生物燃料、燃料电池等,新能源是指太阳能、风能(风帆、风筝)、海洋能等可再生能源。从可再生能源的利用与发展趋势看,风能和太阳能发展速度快,应用前景好,可实现零排放,目前太阳能的应用主要在辅助电力方面。使用 LNG 的减排效果是减少 20%~25%的 CO_2/GHG、减少 100%的 SO_x 和颗粒物、减少 85%~90%的 NO_x。国外开发的 LNG 燃料绿色船型有 Quantum 9000 Container Vessel、Momentum RoRo、Triality Tanker、Ecore Bulker、ECO-Ship 2020 等。目前,国际船舶 GHG 节能减排技术动态见表 9-1。

表 9-1　目前国际上船舶 GHG 绿色减排技术动态比较

名称	描述	适用船型※	应用时间	CO_2 减排量(%)	成熟技术时间	成熟后 CO_2 减排量(%)
风筝	用风力拉动船舶	A	2015	1	2020	3
太阳能板	在船舶合适的表面应用	A	2010	视情况	2020	视情况
动力驱动改进装置	改善螺旋桨附近的旋流	A	2010	3	2010	3
改进船舶吃水/前后倾角	优化船舶的装载情况	A	2010	1	2015	1
螺旋桨抛光	一年两次	A	2010	2	2010	2
船外壳涂层	是 TBT 以外的涂层	A	2010	1	2020	3

续表

名称	描述	适用船型※	应用时间	CO_2 减排量(%)	成熟技术时间	成熟后 CO_2 减排量(%)
气象导航	选择最佳航线	A	2010	1	2015	2
航线执行	恒定速度/负载,舵角	A	2010	5	2015	8
减少辅机的使用	使用低能耗照明等	E	2010	视情况	2015	视情况
主机监控	主机运行情况监控	E	2010	3	2015	3
最佳到达港口(JIT)	海上减速航行以适应装卸货,减少港内等待时间	A	2010	3	2015	5
船队减速	减速加船	A	2010	20	2015	20
使用岸电	与岸上电网接口	A	2010	视情况	2015	视情况
气体燃料	LNG 燃烧驱动	N	2010	1	2020	20
燃料电池	使用 LNG 作为燃料的燃料电池	N	2010	1	2040	1
可变频调速	应用于所有电机	N	2010	0.5	2015	0.5
风力发电	风力驱动发电机	A	2010	视情况	2015	视情况
废热回收	废热驱动涡轮发电	N	2010	5	2015	10
内燃机电子化控制	包括电喷等应用	N	2010	2	2015	2
照明系统改进	LED 等	N	2010	视情况	2015	视情况
气膜减阻	气泡减阻	N	2015		2020	8
CRP 反转螺旋桨		N	2010	3	2020	5
固定风帆/翼	和传统风帆一样	N	2015	2	2020	5
※ N——新造船,E——现有船,A——所有船						

【课后作业】

1. 了解 EEDI 公式的主要参数及其意义。
2. 改善 EEDI 的技术途径有哪些?
3. 什么是船舶能效管理计划(SEEMP)?
4. 简述节能减排的新技术。

【工作任务】

任务一　船舶能效营运指数(EEOI)分析

一、工作目标

1. 能够进行 EEOI 分析。

2. 会进行一个航次、多个航次或一段时期的 EEOI 计算。

二、材料用具

教学资料(实际船舶案例)、任务书、评价表、多媒体、黑板、计算机等。

三、工作过程

1. 船舶能效营运指数简介

船舶能效营运指数(EEOI:Energy Efficiency Operational Indicator)是 IMO 推出的衡量船舶能效的标准。根据船舶能效计划(SEEMP)的要求,每艘船舶都应结合本轮的原始设计和最近几年的能源消耗情况制定本轮的能耗指标,指标包括能源强度指标和能效营运指数两部分。

(1)能源强度指标(燃油单耗):营运船舶单位运输周转量能耗。

(2)能效营运指数(EEOI):船舶单位运输作业所排放的 CO_2 量,即消耗燃油所排放的 CO_2 与货物的数量和运输距离的比值,用来衡量阶段时期内船舶能效的高低。

$$\text{能源强度指标(燃油单耗)} = \frac{\text{燃油消耗量(轻油和重油总和)}}{\text{货物总吨与距离乘积}} \tag{9-3}$$

$$\mathrm{EEOI} = \frac{\sum_{j} m_{\mathrm{j}} \cdot C_{\mathrm{Fj}}}{m_{\mathrm{cargo}} \cdot D} \tag{9-4}$$

式中:j——燃油类型;

C_{Fj}——CO_2 排放因子,燃油 j 的燃油量与 CO_2 量转换系数,指每消耗 1 吨 j 燃料排放的 CO_2 量;

m_{cargo}——所载货物,t 或 TEU;

D——对应于所载货物或所做的功的距离,n mile;

m_{j}——航次燃油 j 消耗量,t。

EEOI 的单位需要根据运输货种确定。EEOI 越小,船舶能效越高。

各种运输方式 CO_2 排放效率范围如图 9-3 所示,另外,飞机的 CO_2 范围为 450 ~ 1 010 g/(t · km),由此可见,相对于铁路、公路和航空运输,水运是最为环保的运输方式。

2. CO_2 排放因子(C_{F})

C_{F} 是燃油消耗量(单位 g)和基于碳含量的 CO_2 排放量(单位 g)之间的无量纲转换系数。由于单纯测量 CO_2 排放有较大难度,故衡量 CO_2 排放一般用间接方法计算,即通过燃油消耗

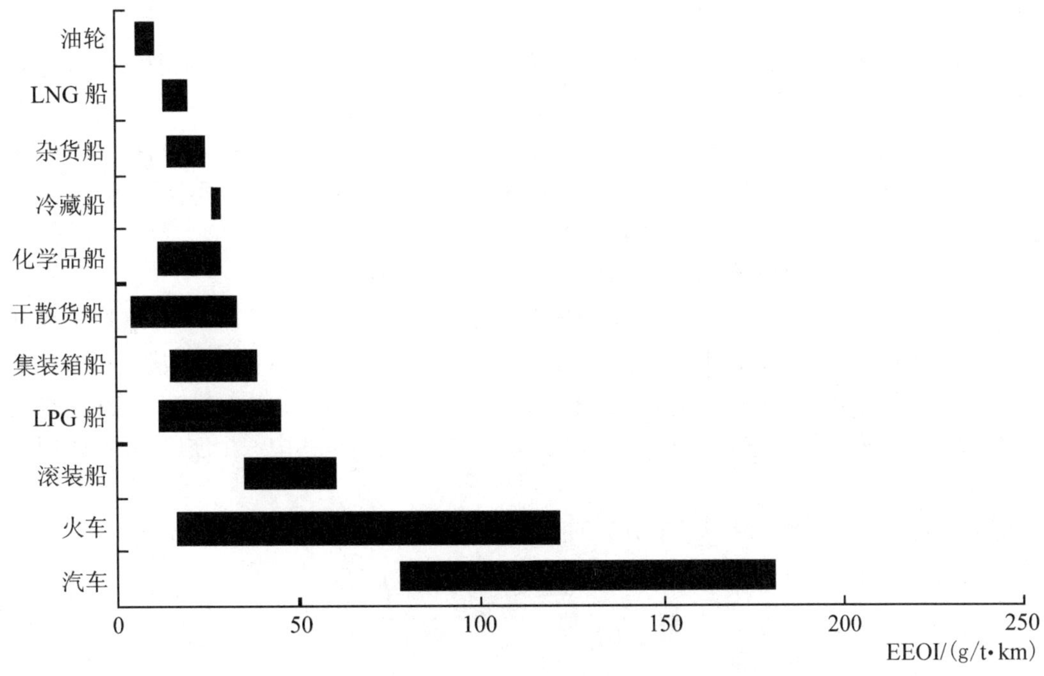

图 9-3　各种运输方式的 CO_2 排放效率范围

来计算。

碳完全燃烧的化学式为:$C+O_2 \rightarrow CO_2$,C 分子量为 12.01,CO_2 分子量为 44.01,故每单位质量的 C 充分燃烧后,转化为单位质量的 CO_2 为 44.01/12.01=3.664,所以,只需了解燃油中的 C 含量($C_{\%}$),即可算出 C_F:

$$C_F = C_{\%} \times 3.664$$

船舶常用燃料的 CO_2 排放因子 C_{Fj} 如表 9-2 所示。

表 9-2　燃料量与 CO_2 量转换系数(C_F)对应表

燃料类型	规格	碳含量($C_{\%}$)	C_{Fj}(t-CO_2/t-燃油)
柴油/汽油	ISO8217 DMC 至 DMX 级	0.875	3.206 000
轻燃油(LFO)	ISO8217 RMA 至 RMD 级	0.86	3.151 040
重燃油(HFO)	ISO8217 RME 至 RMK 级	0.85	3.114 400
液化石油气(LPG)	丙烷	0.819	3.000 000
	丁烷	0.827	3.030 000
液化天然气(LNG)		0.75	2.750 000

3. 油耗统计

由 EEOI 公式的定义可知,油耗以单个航段作为统计区间,是指船舶在港及航行作业过程中,船舶主机、副机、锅炉、焚烧炉等消耗的所有燃料油量。船舶停泊期间,包括在港装卸货,尽管不产生任何运输周转量,其油耗也要统计入内。因此,航段起讫时间规定为:航段开始时间是上一个航段货物卸载完成,开始装载本航段货物时;结束时间是本航段的货物全部卸载完成时。

EEOI 公式中的航程不是指从甲地到乙地的最短距离或在海图中标定的距离,而是记录在航海日志上的船舶实际航行距离。

实际应用 EEOI 时,可用船舶的一个航次、多个航次或一段时期计算 EEOI,在《船舶 EEOI 自愿应用导则》的说明中,更趋向于以单个航次来比较船舶能效情况。以单航次统计,可得到更多的实测数据,比较各航次、各种运营状态下的船舶能效就非常合理、方便。

4. 多个航次平均船舶能效营运指数计算

由 EEOI 计算式(9-4)可见,m_{cargo}(载货量)和 D(航程)都是单一变量,表明货物是点到点运输,船舶只停起运港和卸货港两个港口,这对于油船、散货船很适应,但不适应于所有船舶运输。例如集装箱船运输,一个航次中,船舶可能停靠多个中途港,在每个港口中有装卸作业。这些中途港就将航次分为一个个航段,EEOI 公式(9-4)只适用于其中一个航段,并不适用整个航次计算。

因此,引入航段变量 i,得到多个航次的平均船舶能效营运指数 $\mathrm{EEOI_a}$ 计算公式:

$$\mathrm{EEOI_a} = \frac{\sum_i \sum_j (m_{ij} \cdot C_{Fj})}{\sum_i (m_{cargo,i} \cdot D_i)} \tag{9-5}$$

式中:j——燃料类型;

i——航段数;

m_{ij}——船舶在 i 航段中消耗 j 燃料总量,t;

C_{Fj}——CO_2 排放因子,指每消耗 1 吨 j 燃料排放的 CO_2 质量;

$m_{cargo,i}$——i 航段载货量,单位可能是 t、TEU 或客船乘客数,视情况确定;

D_i——i 航段船舶载货航行的里程,n mile。

若计算 $\mathrm{EEOI_a}$ 并不是简单地用航段或全年燃料消耗总量除以航段或全年总货量与里程的乘积,而是用航段燃油消耗总量除以航段中每航次货量与里程的乘积相加的总和,这样所得数据与所有单航次 EEOI 相加的平均值一致。燃油单耗的计算也是同样情况,燃油单耗与 EEOI 的关联关系是由 C_{Fj} 值决定的,根据不同的燃油含碳量来查阅该值。计算该两项数值时应该先计算燃油单耗较好些。

5. 计算实例

如表 9-3 所示,根据某公司“蓝海”散货船三年航运情况计算该轮的 EEOI 和燃油单耗。

表 9-3 “蓝海”轮 2010—2012 年的数据和根据公式的计算结果

年度	航次	燃油消耗量/t	装货量/t	航程/n mile	燃油单耗/[kg·(kt·n mile)$^{-1}$]	EEOI/[g·(t·n mile)$^{-1}$]
2010	095	3 773.888	139 150	21 879	1.23	3.86
	096	936.575	139 000	6 154	1.09	3.40
	097	1 160.58	146 035	6 500	1.22	3.84
	098	1 779.249	144 670	10 316	1.19	3.75
	099	1 311.172	140 500	7 468	1.25	3.93
	100	1 598.5	146 197	8 925	1.225	3.85

续表

年度	航次	燃油消耗量/t	装货量/t	航程/ n mile	燃油单耗/ [kg·(kt·n mile)$^{-1}$]	EEOI/ [g·(t·n mile)$^{-1}$]
	101	2 570.55	144 731	14 854	1.20	3.76
	根据正确的计算方法的年度平均值(与实际一致)				1.20	3.76
	说明:根据错误的公式则燃油单耗(年度平均):0.17(kg/kt·n mile)					
2011	102	1 927.5	135 043	10 550	1.35	4.26
	103	435.378	135 000	23 564	1.27	3.95
	104	931.009	138 451	4 234	1.59	4.59
	105	1 238.16	144 331	5 621	1.526	4.75
	106	1 239.971	144 673	5 977	1.44	4.47
	107	1 218.345	138 441	5 594	1.57	4.90
	108	1 939.4	131 297	8 906	1.66	5.17
	根据正确的计算方法的年度平均值(与实际一致)				1.49	4.63
2012	109	1 632.6	119 302	9 147	1.50	4.66
	110	1 735.6	121 870	9 362	1.52	4.74
	111	1 699.1	131 445	9 198	1.38	4.30
	112	1 670.77	131 225	10 017	1.26	3.94
	根据正确的计算方法的年度平均值(与实际一致)				1.416	4.42
	说明:根据错误的公式则燃油单耗(年度):0.35(kg/kt·n mile)					

例如:

(1)2012 年 112 航次的 EEOI 计算:

燃油单耗=航次燃油消耗量÷(货运量×航行距离)= 1 670 770 kg÷(131.225 kt×10 017 n mile)= 1.26(kg/kt·n mile)

根据使用的燃油为 HFO, C_F 值约为 3.114 400(可以根据含碳量的高低略微调整),则 112 航次相应的能效营运指数(EEOI)为:

EEOI = 1.26(kg/kt·n mile)×3.114 400 = 3.94×10^{-6}t/(t·n mile)

(2)航段或 2012 年度平均值计算:

燃油单耗=航次总燃油消耗量÷(109 航次货运量×航行距离+110 航次货运量×航行距离+111 航次货运量×航行距离+112 航次货运量×航行距离)=(1 632 600 kg+1 735 600 kg+1 699 100 kg+1 670 770 kg)÷(119.302 kt×9 147 n mile+121.870 kt×9 362 n mile+131.445 kt×9 198 n mile+131.225 kt×10 017 n mile)= 1.416(kg/kt·n mile)

基于 4 个航次的燃油单耗平均值为(1.50+1.52+1.38+1.26)÷4 = 1.415(kg/kt·n mile)。

以上两种计算方法结果一致。

相应的能效营运指数(EEOI),EEOI = 1.416(kg/kt·n mile)×3.114 400 = 3.94×10^{-6} t/t·n mile

(3)计算以上燃油单耗和能效营运指数(EEOI)时,一定要注意运算结果的单位,如果不能正确理解,运算结果将相差很多。

表 9-4 根据以上的计算结果统计三年的指标

	燃油消耗量/t	燃油单耗/[kg·(kt·n mile)$^{-1}$]	EEOI/[g·(t·n mile)]$^{-1}$
2010 年	13 130.514	1.2	3.76
2011 年	12 529.76	1.49	4.63
2012 年	6 738.07	1.416	4.42

可根据以上三年为依据,制定 2013 年指标如下:

能耗强度指标 = 1.4 kg/(kt·n mile);

营运能效指数(EEOI) = 4.3 g/(t·n mile)。

四、考核内容与评分标准

(一)考核内容

1. 相关知识

(1)EEDI、SEEMP 的含义;

(2)EEOI 的含义及其分析计算方法;

(3)降低 EEOI,满足 SEEMP 要求的技术途径。

2. 操作技能

(1)计算某船单航次的 EEOI;

(2)计算某船多航次(或年度)EEOI。

(二)评分标准

该任务的成绩由相关知识成绩(40%)和操作技能成绩(60%)两部分构成。在相关知识部分,EEDI、SEEMP、EEOI 的含义以及降低 EEOI 的技术措施占 40%;在操作技能部分,单航次 EEOI 计算和多航次 EEOI 计算各占 30%。

任务二 节能减排新技术

一、工作目标

1. 了解提高螺旋桨效率、船体效率的技术措施,采取合理的管理途径;
2. 跟踪了解船舶风能等清洁能源的技术途径;
3. 能够对电力推进船舶的设备进行正确的日常维护与管理;
4. 了解船舶使用岸电技术,会管理类似船舶靠泊期间的电力系统。

二、材料用具

教学资料、实船资料以及相关节能减排案例;任务书、评价表;多媒体、黑板、计算机;轮机模拟器、自动化机舱等轮机实训教学场地。

三、工作过程

（一）提高螺旋桨效率的技术措施

1. 大直径双螺旋桨推进系统

提高推进效率最有效的节能方式就是增大螺旋桨直径。螺旋桨直径通常根据船尾形状和船舶吃水等参数选定。增大螺旋桨直径且降低转速，可提高螺旋桨敞水效率，使推力减额因数增加以及增大伴流分数，提高船身效率。因此，设计低转速大直径螺旋桨，与其优配最佳船尾形状是船舶节能的重要措施之一。对于高速船舶，设计安装低转速大直径螺旋桨，可获取最佳的船舶推进效率。20 世纪 70 年代，直径为 7 ~ 8 m 的 VLCC 螺旋桨效率大约为 50%。如今，先进的 VLCC 船舶螺旋桨直径增加至 10 m，螺旋桨推进效率提高到 60%。

但对单螺旋桨船舶而言，考虑到 VLCC 船舶压载船况的吃水、螺旋桨制造的尺寸限制和船舶主机转速的限制，螺旋桨直径达到 10 m 就已经达到了极限。但是，如果通过平行布置直径为 10 m 的双螺旋桨推进系统，如图 9-4 所示，螺旋桨推进效率可提高至 70%。虽然船尾的旋流增量对双螺旋桨系统的效率会有一定影响，通过双尾鳍船体形式的设计方案可以使其对效率的影响最小化。

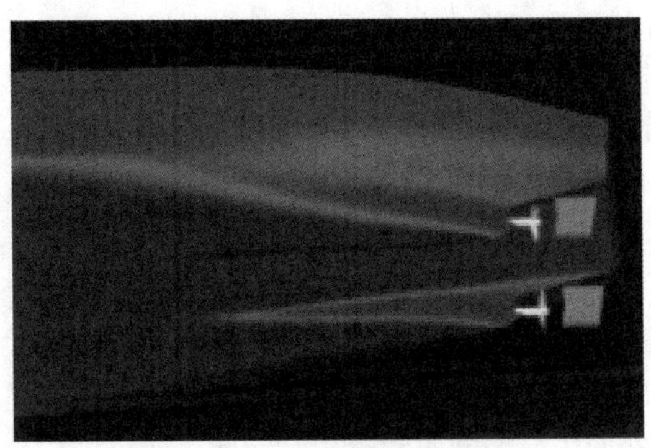

图 9-4　VLCC 双尾鳍船体结构

通过长度为 2 m 的船模水池试验，模拟 VLCC 船舶在满载状态下航行，从试验结果可知，通过使用双尾鳍船体、大直径双螺旋桨推进系统可比传统单螺旋桨推进系统节能大约 8%。

2. 螺旋桨后旋流的能量回收

对于船舶来说，任何一种反应式推进器都是靠向后拨水产生的反作用力推进的，水流受到推进器的作用获得一个与推力方向相反的附加诱导速度，加速向后运动的水质量所具有的能量可占推进总能量的 15% ~ 30%，这就造成了能量的损失，使效率的提高受到限制。目前，采用了不同的节能措施，主要有伴流补偿导管、非对称船尾、前置导叶、前置导管、自由旋转叶轮、舵—舵球—舵鳍系统、后置定子、毂帽鳍（propeller boss cap fins）等，下面介绍两种新型的螺旋桨后能量回收节能装置。

（1）螺旋桨毂帽鳍

螺旋桨毂帽鳍是近年来研制的一种在桨毂帽处安装整流鳍板的新型节能装置，如图 9-5 所示。毂帽鳍被定义为连接在螺旋桨毂帽上与螺旋桨桨叶数量相同并与螺旋桨一同旋转的几个鳍状叶片。它可以通过将旋流转化来增加螺旋桨扭矩，还可降低船尾振动和螺旋桨噪声。

图 9-5　螺旋桨毂帽鳍

毂帽鳍的节能原理可以简单表述为由于毂帽鳍鳍叶对螺旋桨尾流的分割与阻塞作用，削弱甚至完全消除了毂涡，减小甚至避免了由其所诱导的轴向阻力。虽然由于鳍叶的存在，除消耗一定的摩擦阻力之外，毂帽鳍叶背叶面的压力差还会带来一定的轴向附加阻力。但该阻力较前者减小的阻力要小，因此螺旋桨与毂帽鳍的整体推力增大。与此同时，毂帽鳍叶背叶面的压力差还会使其产生与螺旋桨转动方向相同的扭矩，螺旋桨旋转所需吸收的扭矩减小。在两者的共同作用下，螺旋桨的推进效率得到提高，其节能效果可达 3%~7%。目前已有包括大型集装箱船、LNG 船和高速渡船在内的超过 800 艘的商船安装有螺旋桨毂帽鳍。

螺旋桨毂帽鳍主要设计参数包括鳍叶数、毂帽鳍最大直径、鳍叶外形轮廓、鳍叶叶剖面翼型、轴向安装位置、周向安装位置、鳍叶安装角等，这些设计参数能够直接影响到螺旋桨毂帽鳍的性能。

(2)舵附推力鳍

舵附推力鳍是一种安装在螺旋桨后舵的两侧，回收螺旋桨尾流能量的节能装置，如图 9-6 所示。从桨后看螺旋桨如是顺时针，则螺旋桨的周向诱导速度在舵的左侧是向上的，右侧是向下的。因而，在舵的两侧适当地向外伸出翼形剖面的鳍，和舵一样，鳍也会产生推力。即将残留的旋转流能量转换为推力鳍推力所做的功，从而提高了能量回收的效果，这就是舵附推力鳍的原理。

图 9-6　舵附推力鳍

(二)提高船体效率的技术措施

1. 气泡润滑技术

气泡润滑技术就是采用在船体下方喷入气体的方式，通过船舶底部的小孔向水流喷射微型气泡，以干扰旋涡的产生，延迟高度耗散型紊流，降低船舶摩擦阻力，利用气泡助力船舶节省燃料，如图 9-7 所示。

具体方法是将空气从船底外壳上的小孔中快速泵出，这时蜂巢状的气泡会迅速联合起来，并在船体外形成 1~2 cm 厚的一层空气层。船体与海水之间的接触面由空气替代，有效地减少了船体的浸水面，由于空气的阻力远远小于水，因此可以降低船舶航行时的摩擦阻力。当船舶向前移动时，附着在船体上的空气层则向后滑动，并最终从船体底部的表面移走。由于补充新的气泡所需的能量并不多，所以采用这种方法可以节省大约 10%的燃料。

鹿特丹海军工程企业 DK 集团的改造产品空气腔系统(ACS)已经经过测试。荷兰公司达门造船集团在一艘吃水量为 60 m 的河运货船上进行了测试，如图 9-8 所示，发现采用了空气

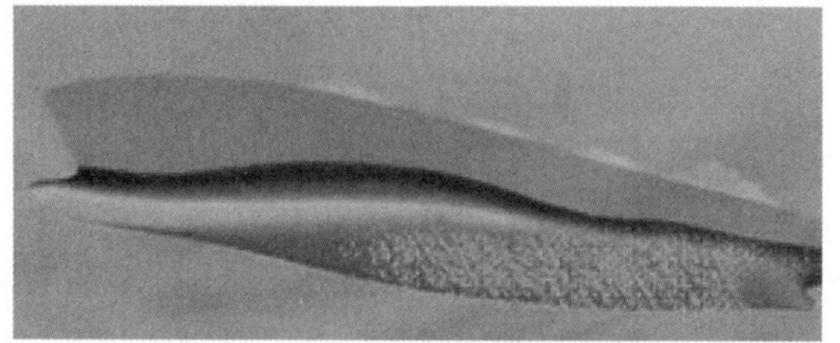

图 9-7　气泡润滑技术模拟图

腔技术后船只可以减少大约 15%的燃料消耗。

图 9-8　达门“River Liner”

图 9-9　船舶在船底气孔喷出气泡,形成气泡层

三菱重工与日本邮船(NYK)合作研发了船底喷射气泡技术,如图 9-9 所示。该技术通过安装于船体前部的风扇,从船底强力排放出空气。用气泡覆盖整个船底,提升与海水的润滑效果,减少摩擦阻力。“空气润滑技术”系统能够带来的 CO_2 减排效果为 10%。

2. 居住区风压减阻技术

居住区风压减阻技术(MT-COWL)可在船舶航行时降低居住区风压阻力,通过对实体模型进行风洞实验,测试出该技术能减少 10%的风压阻力。据估计,该技术如果应用到 18 万吨级散装货船上的话,预计可提高燃油的燃烧效率从而每年可减少 520 t 二氧化碳的排放。

MT-COWL 技术是在居住区的驾驶台侧翼部和支柱部的前方,通过安装箱型的附加物使其成为倾斜角形状,如图 9-10 所示,设计时重点考虑了驾驶台侧翼部和支柱部前方占居住区整体约 30%的面积,力求进一步降低风压阻力。

■居住区正面照片

■附加物原型的立体画像

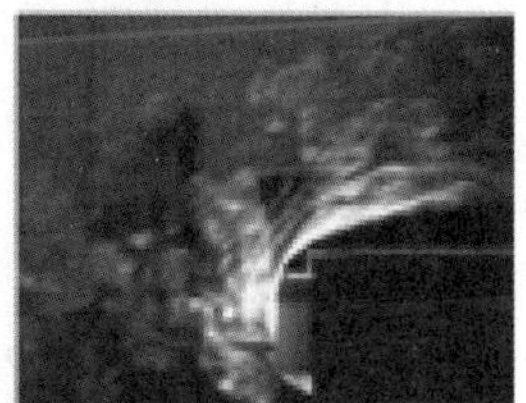

■风洞试验场景

图 9-10　居住区风压减阻技术

(三)船舶使用风能技术

近30年来,丹麦、德国、美国、法国、日本、澳大利亚和中国等国均研究过风帆助航船舶。风帆助航也符合绿色船舶的发展理念,风帆助航技术被认为是船舶节能的最佳方法。

1. 风帆助航柴油机船

风帆助航船舶不仅能满足当前国际航运减排的要求,同样满足未来低碳社会的要求。日本在风帆助航技术上起步较早,对在大型远洋货船上应用风帆助航系统的可能性开展了多项比较深入的研究和评价工作,已取得很大成功,并已获得不少专利。据不完全统计,现今日本已有超过14艘以风能作辅助动力的混合动力型船只航行在海上。图9-11所示的是20世纪70年代日本JAMDA公司研发的装有铝合金曲面硬帆的"Shin-Aitoku Maru"号船舶,这是风帆动力概念船舶的一个伟大的挑战。

图9-11　日本JAMDA公司"Shin-Aitoku Maru"号

2. 天帆系统(牵引风筝)

天帆,也称为风筝帆,其形状类似于滑翔机的机翼,由纺织品构成,面积可达2 000 m^2,工作时充满氦气,由充气骨架支撑结构提供必要的机械强度。由于它比空气轻,即使一点风也没有,风筝帆也可以稳定上升。风筝帆最高能够升至500 m,根据不同高度风的方向和强度,帆的高度可在100~500 m内调整,以最大限度地利用风能,确保可以获取足够的推进能量。

天帆是通过一根牵引缆向船上传递力。控制缆位于牵引缆和帆之间,控制和平衡天帆。风筝帆的所有缆绳采用强度高、重量低的现代尼龙纤维。牵引缆与船体之间的连接装置采用滑车方式,它可以在轨道上移动,轨道固定在船的外板上,由一台缆车控制牵引索的长度。它将牵引缆的力传递到船体并推动船前进,每条船的连接系统都不相同。牵引缆作用点的位置是变化的。因为牵引力需要同横向阻力在同一条线上,这取决于船体的形状和船速。

图9-12　白鲸天帆

在天帆上使用了一个经改装后的飞机自动导航仪。自动导航仪和船上的计算机相连。控制系统根据风向、风速、船的航向和船速自动调整天帆的位置。

收放帆系统用于收回和放出天帆的牵引索,它由控制机构、索收放系统以及氦气的填充和放泄系统组成。由于风筝完全是由纺织品构成的,这使得它易于存放,在船上只占很小的空间。充放气机构将氦气充入天帆的气囊或将氦气放出。氦气系统由高压氦气瓶和泵组成。

如图 9-12 所示，全球第一艘用巨大的风筝提供部分动力的货船“白鲸天帆”号(Beluga Sky Sails)在德国汉堡的一个港口下水，以风力辅助发动机运转。

3. 马达助动式帆船

从 CO_2 零排放船舶的角度考虑，马达助动式帆船在未来低碳社会是一个重要的发展趋势。通过借助风力，使商船燃油消耗降低 50%的“风挑战者”计划，该项目主体是 18 万吨级的好望角型散货船“风挑战者号”，“风挑战者号”在海上航行的模拟图如图 9-13 所示，在港口收起帆的模拟图如图 9-14 所示。“风挑战者号”船上装有 9 支可以 360°旋转以适应风向的碳纤维复合材料硬帆，并且可以通过帆内部的机械装置将帆缩起。

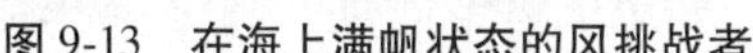
图 9-13　在海上满帆状态的风挑战者

图 9-14　在港口缩起风帆的风挑战者

据估计，12 m/s 风速的侧风可以产生 1 220 kN 的船舶推进力，在不使用主机的情况下可以使船舶达到接近 15 kn 的航速。但考虑到海上风向的多变性，特别是当船舶在港口或狭窄水道航行时，为了保证船舶的机动性能确保船舶安全，必须要用发动机动力替代风帆，所以，马达助动式风帆船舶还配备有辅助动力发动机和螺旋桨。

(四)船舶电力推进技术

1. 电力推进系统的组成、分类及特点

(1)船舶电力推进系统的组成

电力推进船舶通常由推进电机驱动螺旋桨，推进电机所需的能量来自发电机组。船舶发电机输出电压恒定、频率恒定的三相交流电源，经配电板配电到变压器、变频装置，通过变频装置改变加载在电动机的电压和频率，从而实现灵活控制电动机的动力输出。因此，船舶电力推进系统通常由发电机组、配电屏、变压器、变频装置、推进电机等五人部分组成，如图 9-15 所示。

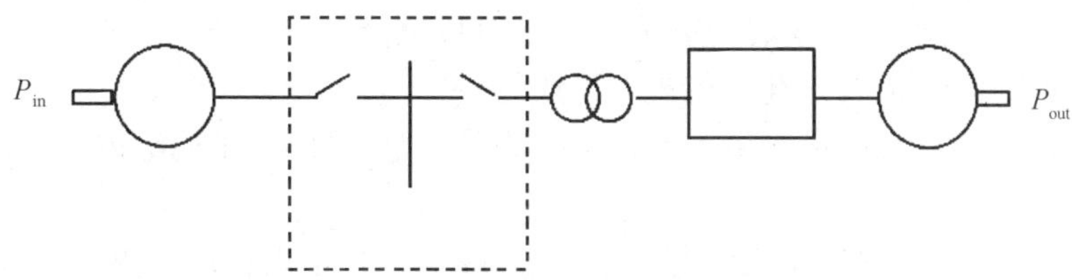

图 9-15　船舶电力推进系统的组成

①船舶发电机组

电力推进船舶通常由柴油发电机组给 6.6 kV 的高压电网(频率是 50 Hz 或者 60 Hz)供电。对电力需求量大的船，柴油机也可以换成功率更大、结构更紧凑的燃气轮机发电机组。

②高低压配电板

高低压配电板确保电力的分配,低压配电板为变压器、变频器和推进电机提供控制用电,6.6 kV 高压电由配电板通过推进器专有的变压器,输出到变频器。

③推进变压器

变压器连接电力供应和推进电力应用两部分,进行升压和调相,为变频器提供 6 脉波、12 脉波或 24 脉波交流电。

④变频装置

交流推进电机的控制或调速依赖变频技术。这就要求向交流电机供电的电源能够同时改变电压和频率。目前常用的三种变频控制有同步变频(交—交变频)、循环变频(交—直—交变频)和脉宽调制变频。通过谐波成分分析可知,交—交变频最多,脉宽调制变频最小,但同步变频器的功率最大,脉宽调制变频器的功率最小,所以大型船舶(通常 5 MW 以上)大都采用交—交变频器。

⑤推进电机

推进电机实现电能到机械能的转换,是驱动推进器工作的动力源。因其是大功率长时间的运转设备,需供给外部冷却水,同时为防冷却水在其内部有泄漏,通常会带有漏水检测装置。用于电力推进的交流电机可以是异步电机和同步电机。异步电机结构简单,不需要电刷装置;同步电机气隙较大,能承受冲击,励磁损耗小,功率因数可以为 1。随着永磁电机控制技术的发展,在船舶电力推进系统中趋于采用永磁同步电机。永磁电机与常规电机相比具有功率密度高、转矩密度高的特点,由其构成的推进系统噪声低、效率高、维护性好,因此对于船舶来说更具有发展潜力。目前应用于船舶推进的永磁同步电机,其功率可达到几兆瓦。

2011 年广船国际新建的两艘载重量为 50 000 t 的半潜船,电力推进系统的构成为:高压发电机组(6 600 V,60 Hz,3 相)、高压配电板、推进变压器、推进变频器、推进电机(无刷同步永磁电机)。带动发电机组的包括 3 台 Wartsila9L32 主发电柴油机、1 台 Wartsila4L20 辅发电柴油机以及 1 台 MAND2833LXE 停泊/应急发电柴油机。

(2)船舶电力推进系统分类

按照推进电机的不同,船舶电力推进可分为直流电力推进、交流电力推进、永磁电动机电力推进以及超导电力推进四大类型。20 世纪 70 年代以前,局限于当时的科技水平,船舶电力推进主要采用直流电力推进系统,但由于直流电动机存在换向器和电火花的劣势,现在一般不再采用。随着现代控制理论和电力电子技术的发展,交流电力推进系统已经成为船舶电力推进发展的主流,并呈现出蓬勃发展的态势。永磁电机是当今最先进的电机,效率高而且体积小。超导电机前景诱人,但技术还有待进一步成熟。

按照推进器形式的不同,船舶电力推进可分为传统电力推进、吊舱电力推进以及混合电力推进三种类型。

传统电力推进方式一般选用固定螺距桨,通过改变推进电机的转速和转向来改变船舶的推力大小和方向。极少数电力推进船舶采用可调螺距桨,采用鼠笼式感应恒速电机驱动,称为 DOL(Direct on line)模式。船速的控制靠改变螺旋桨的螺距,为了增加可操纵性,也可用极数转换开关实现电机速度控制。

吊舱电力推进吊舱推进器是 20 世纪 80 年代末问世的一种新型推进器,它是把推进电机、螺旋桨、舵制成一个独立的推进模块,称为吊舱(POD),吊挂在船体底部,既是推进器,又能起到舵的作用,可以显著提高船舶的操纵性能和机动性能。

混合电力推进则是在传统推进模式的基础上加入吊舱电力推进,可以以传统推进为主,吊舱推进为辅,也可以平均分配。根据船舶类型和大小的不同,吊舱可以设置一个或者两个。多个推进器的组合增加了总的推进功率,弥补了目前单个推进电机功率偏小的不足。混合电力推进同时提供了只用主推进(中速航行)、只用吊舱推进(低速航行)、吊舱与主推进(高速航行)组合等多种航行模式。

按照源动力的不同,船舶电力推进可分为柴油机电力推进、燃气轮机电力推进、蒸汽轮机电力推进、蓄电池电力推进、核动力电力推进等多种类型。在过去相当长的时间里,潜艇为了水下作战的隐蔽性,致力于蓄电池电力推进和核动力电力推进;而大量工程船舶为追求优良性能,致力于柴油机发电的电力推进。从 20 世纪 80 年代开始,国外大力发展涡轮发电的电力推进,新建的客船、邮船、破冰船很多采用这一推进类型。

(3)船舶电力推进系统的特点

相比于传统的柴油机直接传动方式,电力推进具有以下优越性:在机械能—电能的转换过程中,发电机处于较高的定速状态,具有高的转化效率,节省了燃油的消耗、提高了经济性;对采用动力定位、负荷变化较大的船舶,优势尤为突出;采用冗余技术,增加了动力系统的可靠性;采用中、高速发电机取代低速主机可以减轻船舶重量;占用空间少,增加仓储容量;推进装置布置灵活,推进器供电采用电缆;采用 Azimuth 和吊舱推进器,机动性好;噪声小,振动小,因为轴系变短,原动机转速固定。

和传统的柴油机直接推进相比,船舶电力推进方式也具有以下不足:初投资增加;在机械能—电能—机械能的转换过程中,存在两次能量转换;需要考虑谐波问题。

2. 船舶推进电机种类及控制

船舶电力推进就是以电力作为船舶的推进动力,通过推进电动机带动螺旋桨将电能转换成机械能,推动船舶前进。推进电动机可分为直流电动机、交流电动机、永磁电动机和超导电动机等类型,与控制器和电源配套形成不同的系统。由于电机和电力电子技术的发展,永磁电机和 PWM 控制技术使得传统意义上的交直流区别逐渐模糊。电子换向器取代机械换向器,实现了电机无刷化。永磁材料的开发应用使高性能的永磁电动机显现出巨大的优势。

3. 变频装置

船舶电力推进通常使用高压变频器。根据有无直流环节而将高压变频器分为两大类:无直流环节的变频器称为交—交变频器,有直流环节的变频器称为交—直—交变频器。船舶电力推进系统使用的变频装置主要有交—交变频控制、负载换相电流源型变频控制和电压源型变频控制三种类型。

4. 船舶电力推进系统推进器形式与结构

(1)电力推进系统的吊舱式推进器

吊舱推进器是 20 世纪 80 年代末问世的一种新型推进器,1990 年首次装船使用时功率只有 1 500 kW,之后功率逐步提高,目前已经达到 30 000 kW。吊舱式推进器,就是把推进电机、螺旋桨、舵制成一个独立的推进模块,吊挂在船体底部,由电动液压机构驱动,可以 360°水平旋转,如图 9-16 所示。吊舱式推进器结构紧凑,作为独立的推进模块,它可以在船舶试航前安装,甚至可以在海上进行装卸。由于吊舱可以 360°回转,能起到舵的作用,显著提高了船舶的操纵性能和机动性能。

图 9-16　吊舱推进器

由于推进系统本身完全包含在吊舱内,船体减少了轴支架、艉柱等部件,原动机及发电机组在船内可以灵活自由布置,艉轴、减速齿轮以及传递轴系等都可以省去,因而增加了舱容。与传统的螺旋桨推进方式相比,吊舱推进器在船舶设计、制造及维修等方面具有很多优点,因而发展相当迅速,使用日益广泛。

吊舱式电力推进装置的结构是将电机放在一个吊舱内,把固定螺距桨直接连接在电机轴上,吊舱可以 360°旋转,可以在任意方向上产生推力,不需要舵和侧推器。整个吊舱位于船体外侧浸泡在海水中直接向外传热,整个推进器不需要额外冷却。吊舱推进器的内部构造如图 9-17 所示。与传统的船舶推进系统相比,吊舱式推进器具有如下一些优点:

①推进效率高;

②取消了艉轴、舵机系统等,不需专门的冷却系统,节省了舱容,简化了安装;

③空间配置灵活,可以充分利用机舱舱容,为船体设计提供了很大的灵活性;

④模块化设计使得安装、拆卸工作简单;

⑤船舶操纵性和机动性增强,噪声和振动减少。

图 9-17　吊舱推进器内部构造

(2)典型的电力推进系统推进器

目前,吊舱式电力推进装置主要有四种:ABB 公司研制生产的 Azipod 推进装置、Alstom 公司和 Rolls-Royce 公司联合生产的 Mermaid 推进装置、Siemens 公司和 Schottle 公司联合生产的 SSP 推进装置以及 Dolphin 推进装置。

①Azipod 推进器

Azipod 推进器又可分成 C(紧凑型)、V(传统型)和 X(下一代)三个系列。C 系列输入功率为 1~4.5 MW,适用于小功率等级,可采用小功率的异步电动机。V 系列 Azipod 推进器的功率范围为 3~13 MW,X 系列 Azipod 推进器的功率范围为 10~21 MW。Azipod 推进器每一系列又包括开敞水域(open water)、冰区航行(ice operation)、对转式(contra-rotating)以及喷管推进器(nozzle thruster)等四种类型,分别以 O、I、C、N 符号表示。V 和 X 系列推进器功率大,推进电动机可采用大功率同步电动机,配有风冷电动机和通风系统用来循环及冷却空气,采用带有滑油和条件控制的轴承系统,保证轴承和密封系统的使用寿命和可靠性。V 系列推进器的组成及内部推进电机通风冷却如图 9-18 所示。

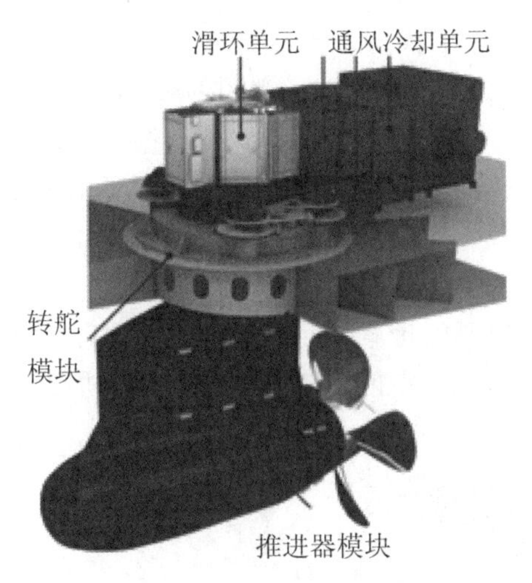

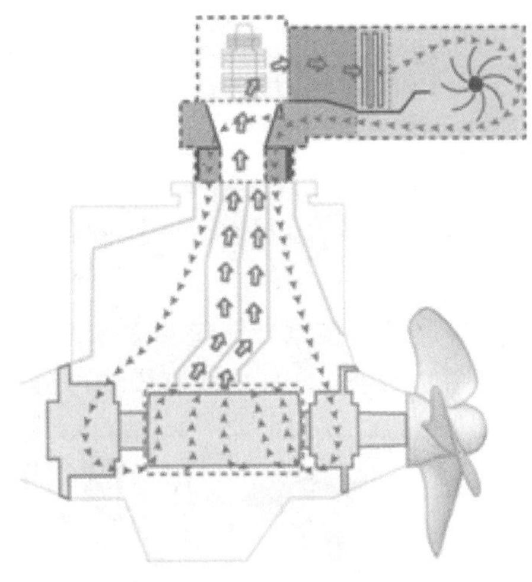

图 9-18　吊舱推进器组成及推进电机的通风冷却

对转式 Azipod(CRP Azipod)推进器如图 9-19 所示,它在传统推进器后部搭载一个吊舱推进器,组成混合推进系统。两个螺旋桨反方向旋转,采用对转式推进模式,推进效率可以提高 10%~15%,具有更好的空泡和操纵性能,提高了燃油的经济性,降低了日常维护费用,主要适用于大型货船和集装箱船。

②Mermaid 推进器

Mermaid 推进器由 Rolls-Royce 瑞典公司(前 Kamewa 公司)和 Alstom 公司共同研制而成,功率范围为 500~2 500 kW。该系统的独特设计在于轴封甚至整个吊舱都可以在水下进行拆换,每个推进器的叶片也可以在水下拆换。与 Azipod 不同的是,它的定子嵌在吊舱内,利用周围海水对流进行冷却,这样的吊舱装置在尺寸上要比采用全空气冷却系统的吊舱装置小,提高了水动力效率。推进器外形和内部结构如图 9-20 所示。

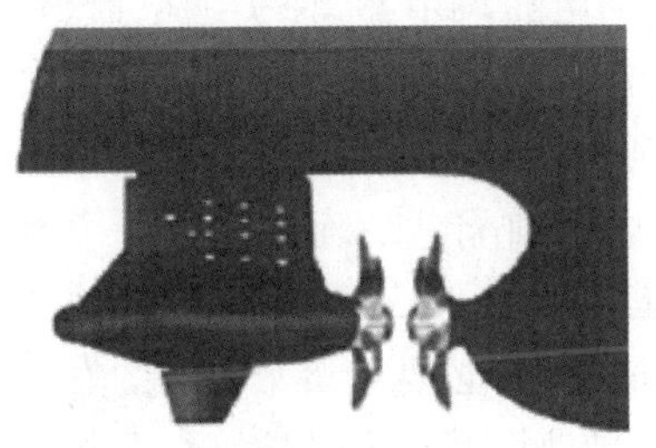

图 9-19　CRP AZIPOD 推进器

图 9-20　MERMAID 推进器

图 9-21　SSP 推进器

③SSP 推进器

SSP 推进装置由 Siemens 公司和 Schottle 公司联合生产,充分利用了 Schottle 公司的双螺旋桨设计思想和大功率的优点,采用独特的同轴同转双桨设计,吊舱前后的两个螺旋桨均承担负载。吊舱舱体的外面有两个飞机尾翼状的翼片,如图 9-21 所示,其主要作用是回收前桨尾流的旋转能量。SSP 推进器能够使整个推进系统的效率提高 20%,并具有推进效率高和推进功率大的优点,其功率范围为 5~30 MW,适用于邮船和大型渡船。另外,它采用的新型永磁同步电机比常规电机体积小、重量轻。

④Dolphin 推进器

STN ATLAS 船用电力设备公司与 John Crane-Lips 公司联合开发的 Dolphin POD 推进系统,功率输出范围为 3~19 MW。其主要设计标准是高推进效率和低噪声、低振动。Dolphin 的核心是一个不带电刷的六相同步电机,由于采用双绕组,运转平稳。Dolphin 推进器的特征是实现模块化结构,几乎所有的辅助设备都可以整合成一个模块,在船下水之前安装即可。

5. 功率管理系统(PMS)

电力推进船舶的控制功能包含多个模块,包括电源管理、船舶管理、推进和动态定位、辅助控制等。如图 9-22 所示,每个控制模块可分成三个层面:最上层的操纵台实现人机接口,中间

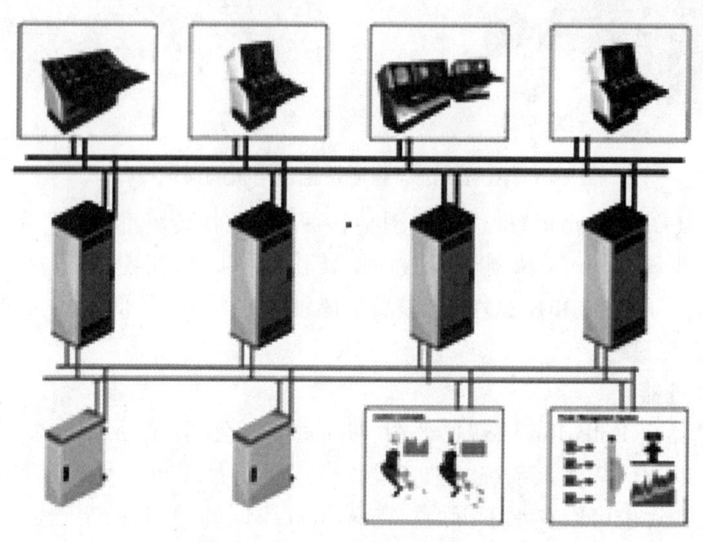

图 9-22　电力推进系统控制模块构成

层为各个控制器,底层为具体的接口设备,如发动机调速器、自动电压调节器、保护继电器、变频器等。每个模块内部包含许多个彼此独立的自动控制系统,各个自控系统控制着它们各自的设备,如动态定位系统控制侧推器的运转,卸载控制系统控制货物泵的运转,程序控制系统控制压缩机和加热/制冷系统等。与此同时,所有动力装置通过船舶配电系统关联成一个网络。由于设备启动时的冲击、浪涌冲击、负荷的变化以及电网谐波影响,负载与发电机会彼此作用、相互影响。为了实现电力系统安全操作使燃料消耗达到最低,有必要对整个船舶的发电和用电进行综合控制。它总体上监控着电源能量系统,把电力、自动控制和推进控制综合在一起。这个电源能量管理系统也就是功率管理系统(Power Management System,PMS),也叫能量管理系统。

(五)船舶节能减排中的岸电技术

对到港船舶实施岸电技术防治污染的可行性,已经被国内外的专家学者所论证,甚至已经被一些国家和地区先行使用。推广岸电技术,对节能减排、绿色经济和环境治理,有着重大社会效益和环境效益。

1. 船舶接用岸电技术

船舶接用岸电技术,是指船舶靠港期间,停止使用船舶上的发电机,而改用陆地电源供电。港口提供岸电的功率应能保证满足船舶停泊后所必需的全部电力设施用电需求,包括生产设

备(如舱口盖驱动装置、压载水泵等)以及生活设施、安全设备和其他设备。

(1)传统的低压岸电系统:一般用于船舶进坞时的供电,由于容量小,转换过程供电不连续等原因,很难满足船舶靠港装卸货期间的供电需要。

该系统中,船电和岸电制式相同,参数一致,不存在变频或变压问题。(有些系统中设有变流机组进行电压或频率的改变)

(2)AMP(Alternative Marine Power)高压岸电系统:AMP 码头岸电技术已在美国的洛杉矶等多个港口应用,洛杉矶港的高压岸电电源规格为 6 600 V、60 Hz、2 700 kW, 与一台船舶主发电机的规格几乎完全相同。

如图 9-23 所示,该船舶高压岸电设施主要包括高压岸电电缆绞车、高压岸电连接屏和高压岸电接收屏。

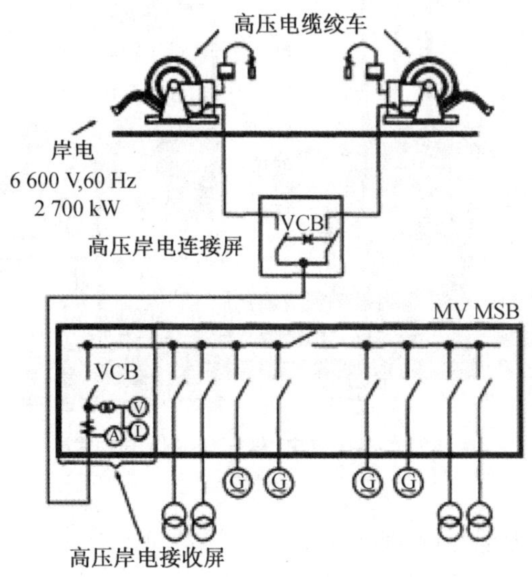

图 9-23　AMP 高压岸电系统

两套高压岸电电缆绞车分别位于船尾左右舷。连接岸电时，通过马达转动电缆绞车将电缆平稳放到码头上，由码头工作人员将电缆插头与码头上的岸电插座相连，岸电首先被引导到位于机舱的岸电连接屏。

岸电连接屏由左舷岸电连接屏、右舷岸电连接屏和高压岸电配电屏组成。电子电气员在岸电配电屏检查岸电相序是否正确(若不对，通知码头换相)，然后分别检查岸电的电压、电流、频率、功率等参数。若参数正常，就可在左舷(或右舷)岸电连接屏上闭合断路器，将 6 600 V 的岸电送至高压主配电板上的岸电接收屏，进而通过主汇流排向船舶电网供电。

(3)高压变频岸电系统:采用岸基高压电源,通过高压变频技术获得所需的电源频率,之后再直接或经降压变压器供给船舶电力系统使用。船电可以为高压系统,也可以为低压系统。

高压岸电/低压船舶供电方式实例,如图 9-24 所示。

输出容量:≤2 000 kVA;

输入电源:三相交流 10 KV(波动范围-15%~+10%);

输入频率:50 Hz±1 Hz;

输出电压:AC450 V;

输出频率:60 Hz/50 Hz(可任意转换);

输出方式:9 根带有快速接头的电缆(2 000 kVA);

运行再现功能:100 h 记录;

主要工作原理:变压器+变频器+正弦波滤波器+隔离变压器。

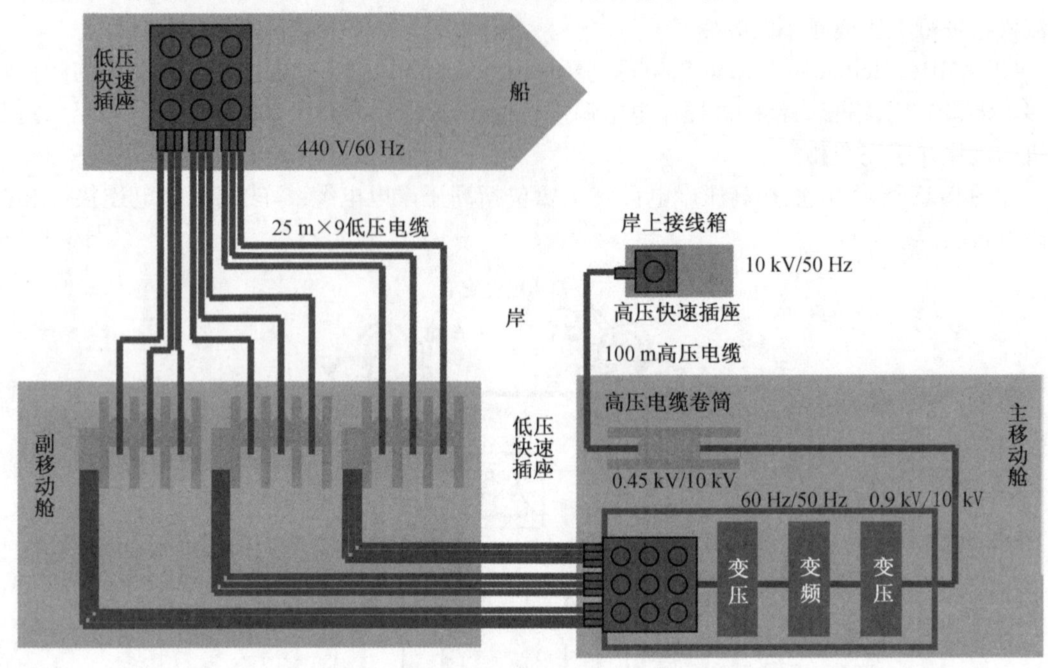

图 9-24 高压岸电/低压船舶供电方式

2. 港口岸电系统

港口(提供岸电)和靠港船舶(接收岸电)各自都专门带有一套岸电系统。船舶接用岸电系统工程技术,就是从港口岸电系统和船舶岸电系统这两项工作开始的。

(1)港口实施船舶岸电技术所需的改造

①增容扩建

港区能够提供岸电的功率对新建码头、待建码头而言,功率裕量较大,完全能满足船舶对岸电的需求,可以不考虑功率增容问题;但对于老码头,功率裕量较小,必须对港区码头的降压变电站进行增容扩建。

②加装大功率变频电源

我国港区供电采用 50 Hz 的交流电制,而靠港船舶可能来自不同的国家,许多国家的船舶都采用 60 Hz 的交流电制,因此,为使港口(岸电)和船舶(船电)电制相一致,港口需要加装船用大功率变频(岸电)电源,如前述的主移动舱或高压变电站。

③合理规划布局

港区变电站和码头配电站之间的连接电缆通常是敷设在地下的电缆沟里,港区可占用的地域也非常有限。因此,需要合理的选择(码头)岸电连接点,合理设置变频系统和降压系统的位置,使港区变电站到码头配电站的距离最短、低压接线最短,有利于节约投资,增强可操作性。

(2)港口提供船舶岸电的技术障碍

①港区和船舶采用电制的差异

我国港区陆地电力大都采用三相四线 380 V/50 Hz 的交流电；而靠港船舶由于来自不同的国家，船舶电制存在差异，多以三相三线 440 V/60 Hz 交流电制为主，这势必会造成港区的电制和船舶的电制不一致。

②低压电力输送存在的缺陷

目前，岸电多采用低压 440 V 供电。而对大型船舶来说，由于船上各种电气设备负荷很大，若采用低压供电，在输送功率一定的情况下，流过电缆的电流较大，应要求码头提供多根电缆对大型船舶输送岸电。电缆拖接困难、工作强度大，且过长的低压电缆导致电力损失大。

③船电与岸电连接的安全问题

如果在船电向岸电切换的过程中，船舶岸电开关没有断开，就会出现岸电电源和船舶发电机短时并列运行；此时若船舶发电机并列运行条件不满足，就会造成船电向岸电切换过程中的非同期合闸，易产生事故。

④船电与岸电连接的接口问题

不同的船舶和不同的港口可能配备不同的连接接口，如果没有统一的接口标准，势必会给靠港船舶使用岸电的连接工作造成困难，降低工作效率。

⑤其他问题

实际上，船舶在接用岸电的过程中，除了上述主要技术问题外，还存在其他的技术问题，诸如相序、岸电连接点的选择、设备的摆放位置、船电对岸电网络的干扰、安全用电等。这些技术问题都可能影响到船舶和码头的技术改造。

(3)具体方案

如图 9-25 所示，该方案为一个数字化控制系统，其中以高压变频、高压电力传输为主，此外还有多种变压输出、多重取样闭环控制稳压稳频技术、自动相序判断技术、快装接头技术、安全连锁和安全接地技术等。关于船舶电罗经的设备不能断电的问题，新建船在设计及制造时已解决，但对于老船只需增装一套 24 V 直流电源即可解决；船舶接用岸电的技术障碍得到了彻底解决。该方案是“多电制、分立式港口船舶接用岸电系统”。电源系统可选择输出为 400 V、(415 V)、440 V、(690 V)、6. 6 kV，50/60 Hz 等多种制式的电制。

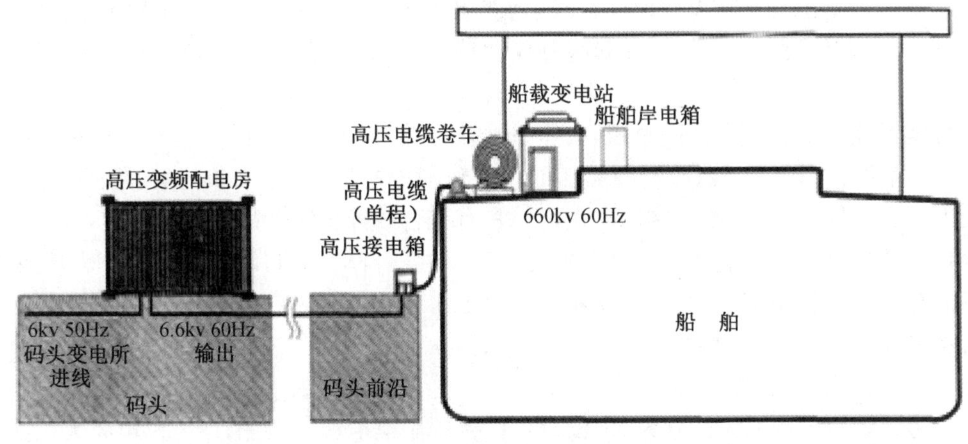

图 9-25　船舶岸电供电系统

由于码头现场海侧位置很小，摆放岸电系统设备受到限制，同时散货船上安放大型岸电设备的条件也非常有限,所以采用分立式设计方案。

分立设计分为 4 个组成部分:

①高压变频电源系统;

②高压接线箱;

③高压电缆卷车;

④移动变电站。

将高压变频电源系统(高压变频电源、高压正弦波滤波器)安装在码头配电房内,防护等级 IP20;在码头海侧安装高压接线箱,防护等级 IP56;小型移动变电站直接吊装在船舶上使用,防护等级 IP56;高压接线箱与移动变电站之间,通过高压电缆卷车上的高压电缆连接。随船携带的岸电电缆,直接接入到移动变电站相应的电源输出端,即可将设置为符合船舶电站要求的电源提供给船舶使用。

高压接线箱、移动变电站和高压电缆卷车上的高压电缆均采用快装安全接线装置,以减少接线工作强度和船舶靠港的接线时间,提高工作效率。高压电缆卷车采用无滑环、对称伸缩机构,可移动使用,安全可靠,收放电缆快捷、方便。快装安全接线装置与供电系统之间设计成电气连锁,在接线完成之前和接线过程中,供电系统将无法合闸供电;如果供电系统已经处于供电状态,将无法打开接线箱进行接线操作;所有电源输出侧,均采用断路器保护,确保使用的安全性。

为保证港口船舶岸电系统向船舶提供的电源相序与船舶电站的相序一致,港口船舶岸电系统上装有相序指示器及相序转换装置,用于检测、指示和设置电源相序,保证船舶电气正常运行。

本方案采用了高压上船的方法,高压方案接入简单。ISO/IEC 已经发布了高压岸电标准,高压接入的安全问题可以彻底解决。方案中高压侧设置零序保护、整个供电系统设置接地保护,降压变压器同时充当隔离变压器,可以确保使用安全。对上船设备和连接电缆采取必要的安全固定和保护措施。

为克服市电电网供电波动,克服滤波器、变压器以及供电线路造成的电力压降,克服大负载使用状况造成的电力压降,保证供电电压的稳定,港口船舶岸电系统采取了多重稳压和补偿措施。从滤波器输出端进行电压取样,反馈到变频电源控制端进行闭环电压稳定控制;在变频电源内部,通过软件设置,建立负载电压补偿曲线模型,确保到达船舶电器的电源符合规范要求。

本方案对输入电源有完善的过压、欠压、过流、短路、缺相、逆变器和变压器过热等保护功能(保护阈值可以设定),考虑对不同船舶的用电负荷的控制,当输出负荷容量达到一任意设定值时发出预报警信号,以便控制用电负荷。具有综合故障报警及故障应急停止。

采用工业控制计算机监控,通过软件系统实现过程自动化,自动报警、自动保护、远程通信、远程监控、自动化用电管理、自动化用电历史记录、用电智能核算。

3. 船舶岸电系统

(1)船舶接用岸电的技术障碍

仅仅考虑港口电源系统的建设,但没有可以接用岸电电源的船舶,岸电供电将无法实现。

为适应港口电源系统的建设,船舶的岸电设备改造工作必须与港口电源系统的建设同步进行。

以往在船舶建造设计时，岸电箱的容量一般只考虑生活设施等设备的电力负荷，没有考虑生产作业设备的负荷。船舶停靠港口改用岸电供电时，只能满足一般生活用电，如果进行装卸货物作业时需要启用起吊设备、压载水泵设备等大功率负荷，岸电箱的容量就不能满足需要，仍需使用船舶副机发电。因此，以往船舶停靠码头，一般都不使用岸电，只有在船舶修造厂内进行保养维修时才能发挥岸电箱的作用。

为保证船舶靠港后能够连接和使用岸电并完全替代船舶电站，就必须对正在使用的船舶电力系统的岸电设备进行改造；对今后制造的船舶，应当考虑采用新的设计方案制造船舶电力系统和岸电设备。要保证改造后的船舶岸电设备或者新建船舶的岸电设备，与港口岸电电力供应系统能够配套使用，还应当通过研究和论证，制定统一的船舶接用岸电连接标准，以符合在全行业内推广使用岸电技术的要求。

(2)对船舶岸电设备改造的方案

在对 CCS《钢质海船入级规范》、BV、ABS、LR 等船舶规范的进一步研究基础上，对船舶岸电设备提出了改造方案，并力求改造方案与现行船舶规范中关于岸电设备的要求保持一致：

已在营运的船舶可以通过增加岸电箱容量或者制造新的岸电接入屏，来满足停泊作业时岸电供电的需要。岸电箱(屏)放置在船尾原岸电箱位置。岸电箱(屏)通过固定电缆直接与船舶电站主汇流排相连接。

岸电箱(屏)至岸电电源设备之间应备有足够定量的连接软电缆。航行时软电缆储存在船舶上，为了储存和使用方便，可在船舶上设置一台或多台岸电电缆绞车。当然，也可以考虑该电缆由港口统一提供，减小船舶配备和保管成本。

为减少接线工作强度和船舶靠港的接线时间，提高工作效率，软电缆均应采用标准的快装接线装置。电缆接线装置应统一设计规格，以保证任意船舶停靠在任意港口均可通用连接。

改造的船舶岸电设备有将船体与岸地相连接的设施。主配电板上设岸电指示器，指示岸电电缆是否已经通电。岸电箱(屏)上设置电压表、电流表指示端电压和工作电流。岸电箱(屏)上设置相序指示，检查岸电电源与船电系统的相序是否相符。

岸电箱(屏)设置保护和控制断路器。岸电箱(屏)设有与所有主发电机和应急发电机之间的连锁装置，以避免同时供电。岸电箱(屏)上应设置防止接线端承受过大机械外力的设施。

岸电箱(屏)上设置标明船电的配电系统电制形式、额定电压、频率和电流的铭牌。

简而言之，对于船舶岸电设备的改造，就是在船舶规范基础上，加大岸电设备的容量，与原船舶设计方案没有其他任何冲突。

另外，对于暂时没有条件改造的船舶，港口岸电系统应当考虑设置临时接口，便于未改造的船舶也可以使用岸电，用于靠港船舶生活设施以及不超过岸电箱容量的其他设备，这对推广应用岸电大有益处。

四、考核内容与评分标准

(一)考核内容

1. 相关知识

(1)主机减速降功率运行的原理及其技术措施；

(2)提高螺旋桨效率、船体效率的技术措施；

(3)船舶使用太阳能、风能等清洁能源的技术途径;

(4)船用双燃料柴油机的技术措施;

(5)气缸油电子定时注油技术;

(6)主机轴带电机技术及船舶电力管理系统 PMS;

(7)船舶电力推进技术;

(8)船舶使用岸电技术。

2. 操作技能

(1)主机降速节能的管理与维护;

(2)主机气缸油电子定时注油器的日常维护与保养;

(3)主机轴带电机的管理与维护;

(4)电力推进船舶设备的日常管理与维护。

(二)评分标准

该任务的成绩由相关知识成绩(40%)和操作技能成绩(60%)两部分构成。在相关知识部分,主机减速降功率运行技术、提高螺旋桨效率和船体效率技术、船舶使用太阳能及风能等清洁能源技术、船舶双燃料柴油机技术、气缸油电子定时注油技术、主机轴带电机技术、船舶电力推进技术、船舶使用岸电技术各占5%;在操作技能部分,主机降速节能管理、气缸油电子定时注油器管理、主机轴带电机管理、电力推进系统管理各占15%。

项目十　轮机部安全操作管理

【知识目标】

通过学习,掌握上高和多层作业的概念和安全知识、吊运作业的概念和安全知识、焊接作业的概念和安全知识、检修作业的概念和安全知识、压力容器使用的概念和安全知识、船上封闭处所作业的概念和安全知识、船舶机舱消防的安全知识、船内通信系统的使用知识。

【技能目标】

通过学习,能够明确作业过程的安全技术规范和作业人员的安全操作行为,具有识别作业过程中安全隐患的能力,能够制定作业中的预防措施和控制方法。

【必备知识】

一、上高和多层作业

(一)术语

1. 高处作业

所谓高处作业是指人在以一定位置为基准的高处进行的作业。国家标准 GB/T3608—2008《高处作业分级》规定:“凡在坠落高度基准面 2 m 以上(含 2 m)有可能坠落的高处进行作业,都称为高处作业。”高处作业如图 10-1 所示。

2. 坠落高度基准面

指可能坠落范围内最低处的水平面。

(二)高处作业类型

1. 临边作业

临边作业是指施工现场中,工作面边沿无围护设施或围护设施高度低于 80 cm 时的高处作业,如图 10-2 所示。

2. 洞口作业

洞口作业是指孔、洞口旁边的高处作业,包括施工现场及通道旁深度在 2 m 及 2 m 以上的桩孔、沟槽与管道孔洞等边沿作业,如图 10-3 所示。

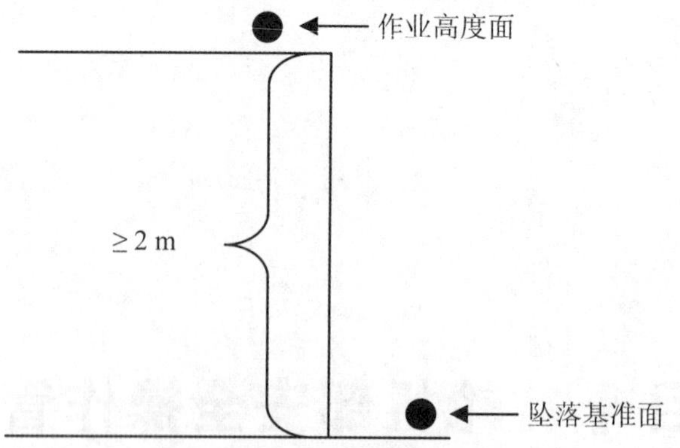

图 10-1 高处作业

图 10-2 临边作业

图 10-3 洞口作业

3. 攀登作业

攀登作业是指借助建筑结构或脚手架上的登高设施或采用梯子或其他登高设施在攀登条件下进行的高处作业，如图 10-4 所示。

4. 悬空作业

悬空作业是指在周边临空状态下进行的高处作业，如图 10-5 所示。其特点是在操作者无立足点或无牢靠立足点条件下进行高处作业。

5. 交叉作业

交叉作业是指在施工现场的上下不同层次，于空间贯通状态下同时进行的高处作业，如图 10-6 所示。

图 10-4　攀登作业

图 10-5　悬空作业

图 10-6　交叉作业

(三)高处作业分级

1. 分级

作业高度分为2~5 m;5~15 m;15~30 m及>30 m四个区域。

不存在客观危险因素的高处作业按表10-1规定A类法分级。存在一种或一种以上的客观危险因素的高处作业按表10-1规定B类法分级。

表10-1 高处作业分级

作业高度/m 级别 分类法	2~5	5~15	15~30	>30
A	Ⅰ	Ⅱ	Ⅲ	Ⅳ
B	Ⅱ	Ⅲ	Ⅳ	Ⅴ

2. 直接引起坠落的客观危险因素

(1)阵风风力五级(风速8.0 m/s)以上;

(2)GB/T 4200—2008规定的Ⅱ级及Ⅱ级以上的高温作业;

(3)平均气温等于或低于5 ℃的作业环境;

(4)接触冷水温度等于或低于12 ℃的作业;

(5)作业场地有冰、雪、霜、水、油等易滑物;

(6)作业场所光线不足,能见度差;

(7)作业活动范围与危险电压带电体的安全间距不足的;

(8)摆动、立足处不是平面或只有很小的平面,即任一边小于500 mm的矩形平面、直径小于500 mm的圆形平面或具有类似尺寸的其他形状的平面,致使作业者无法维持正常姿势;

(9)GB3869—1997中规定Ⅲ级或Ⅲ级以上的体力劳动强度;

(10)存在有毒气体或空气中含氧量低于19.5%的作业环境;

(11)可能会引起各种灾害的作业环境和抢救突然发生的各种灾害事故。

(四)个人坠落防护系统

1. 生命线

一根垂直或水平的绳,固定到一个锚固点上或两个锚固点之间,可以在其上面挂系索或安全带,如图10-7所示。

2. 锚固点

用于其上固定生命线、引入线或系索的固定点,如图10-7所示。

3. 安全带

全身式安全带能够系住人的躯干,把坠落力量分散在大腿上部、骨盆、胸部和肩部等部位的安全保护装备,包括挂在锚固点或生命线上的两根系索,如图10-8所示。

图10-7 生命线和锚固点

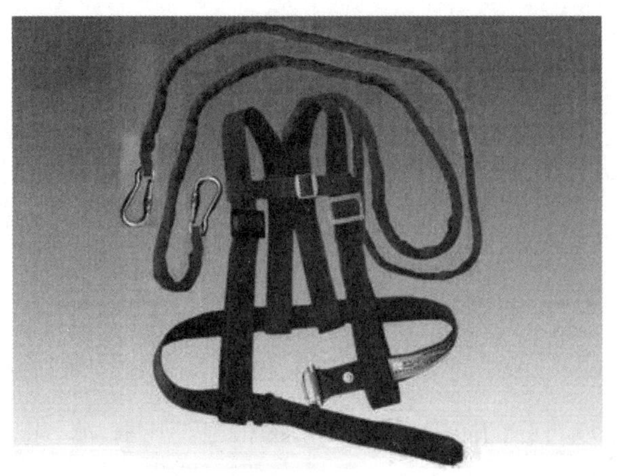
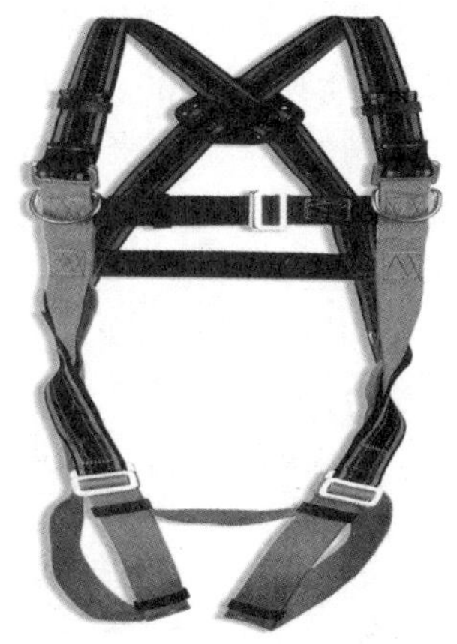

图 10-8　安全带

4. 系索

用于将人员和锚固点或生命线连接在一起的短绳或系带，如图 10-9 所示。

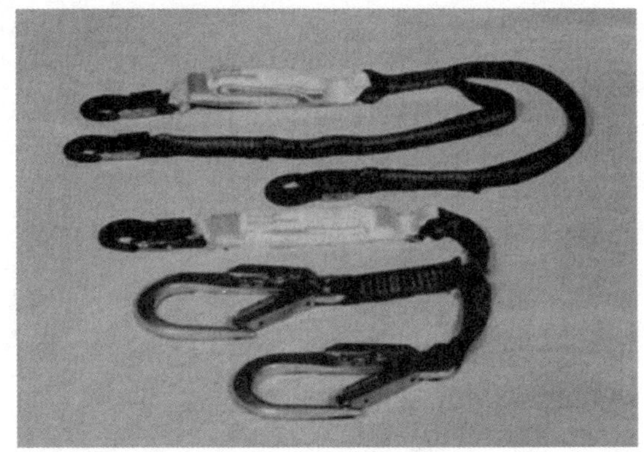

图 10-9　系索

5. 锚固点连接器

把坠落保护设施固定到锚固点上的一个部件或装置，如图 10-10 所示。

图 10-10　锚固点连接器

（五）预防高处坠落的安全要求

1. 工作前进行安全分析，并组织安全技术交底。

2. 患有职业禁忌症和年老体弱、疲劳过度、视力不佳的人员，不准进行高处作业。

3. 穿戴劳动保护用品，正确使用防坠落用品与登高器具、设备。

4. 用于高处作业的防护措施，不得擅自拆除。

5. 作业人员应从规定的通道上下，不得在非规定的通道进行攀登，也不得任意利用吊车臂架等施工设备进行攀登。

6. 攀登和悬空高处作业人员以及搭设高处作业安全设施的人员，必须经过专业技术培训及专业考试合格，持证上岗，并必须定期进行体格检查。

7. 施工中对高处作业的安全技术设施，发现有缺陷和隐患时，必须及时解决；危及人身安全时，必须暂停作业。

8. 雨天和雪天进行高处作业时，必须采取可靠的防滑、防寒和防冻措施。凡水、冰、霜、雪均应及时清除。

9. 遇有六级以上强风、浓雾等恶劣天气，不得进行露天攀登与悬空高处作业。暴风雪及台风暴雨后，应对高处作业安全设施逐一加以检查，发现有松动、变形、损坏或脱落等现象，应立即修理完善。

10. 防护棚搭设和拆除时，应设警戒区，并应派专人监护。

11. 严禁上下同时拆除。

12. 不符合安全要求的材料、器具、设备不得使用。

13. 工具、材料、零件等必须装入工具袋。

14. 上下时手中不得持物。

15. 不准投掷工具、材料及其他物品。

16. 易滑动、滚动的工具、材料，应防止坠落。

二、吊运作业

（一）定义

利用各种机具将重物吊起，并使重物发生位置变化的作业过程。

（二）行车“十不吊”

1. 吊物上站人或有浮放物件的，不吊；

2. 超负荷的，不吊；

3. 光线暗淡信号看不清、重量不明的，不吊；

4. 吊车上吊挂重物直接进行加工的，不吊；

5. 工件埋在地下的，不吊；

6. 斜拉工件的，不吊；

7. 棱角物件没有防护措施的，不吊；

8. 氧气瓶、乙炔发生器等具有爆炸性物体的，不吊；

9. 安全装置失灵的，不吊；

10. 违章指挥的，不吊。

（三）吊运附件

吊索

吊钩

有眼螺栓

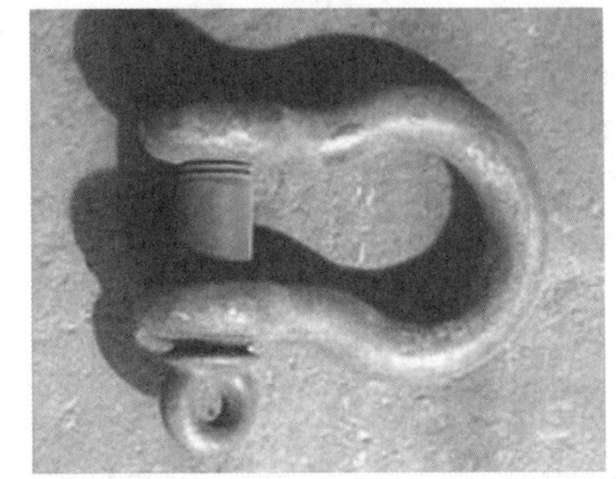

马蹄形吊环

D 形吊环

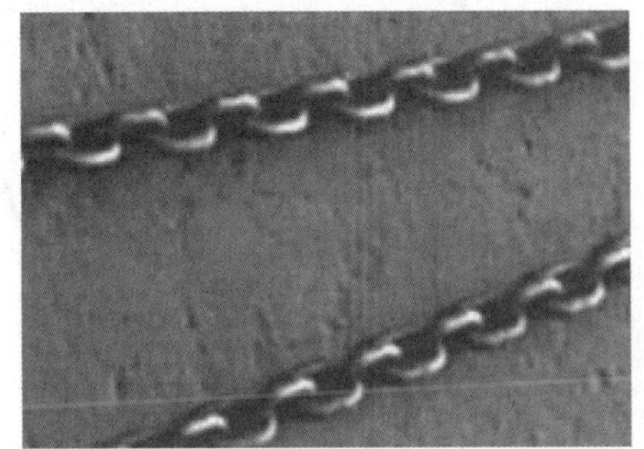

吊链

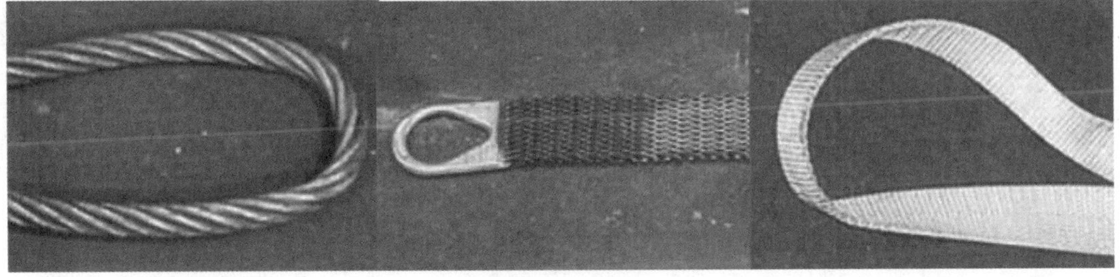

钢丝绳　　金属网眼吊带　　合成纤维吊带

(四)起吊安全事项

1. 吊角

吊角如图 10-11 所示,起吊系数与吊脚的关系如表 10-2 所示。

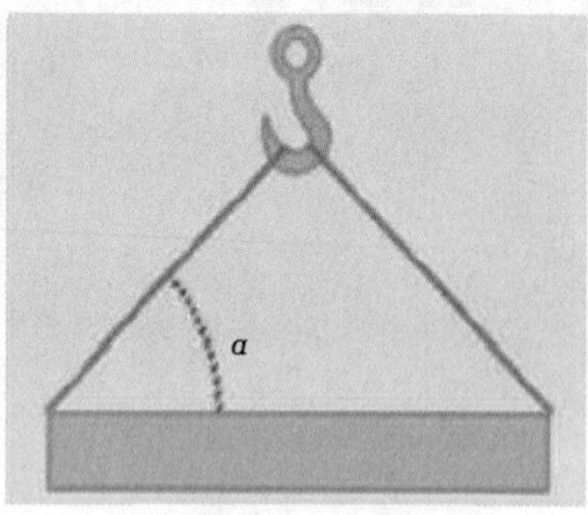

图 10-11 吊角

表 10-2 起吊系数与吊脚的关系

吊索起吊角度(°)	起吊系数
90	1.000
75	0.966
60	0.866
45	0.707
30	0.500
15	0.259

2. 吊索直径与筒体直径的比值

如图 10-12 所示,D 为实心圆柱/筒体的直径,d 为吊索的直径。为了起吊安全,$d/D>1/20$。

3. 额定载荷的余留与起吊角 β

钢丝绳的弯曲半径过小会降低额定载荷;起吊角越大,负载能力越小。图 10-13 展示了在用不同销子起吊货物时,额定载荷的余留情况以及起吊非几何形状物体时,额定载荷的计算模式。

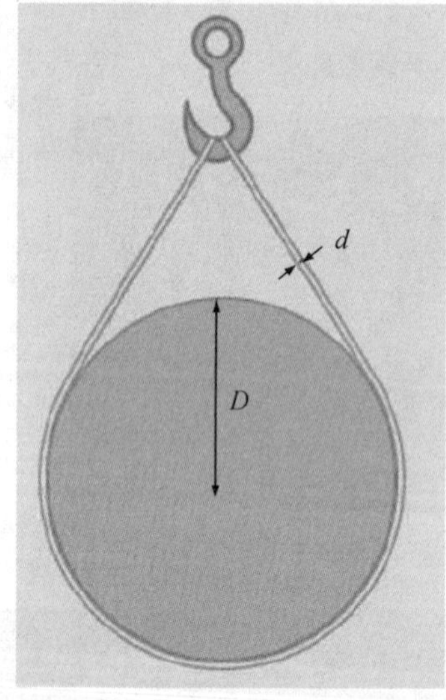

图 10-12 吊索与筒体直径

钢丝绳的弯曲半径过小会降低额定载荷!

下列图示中展示了在用不同销子起吊货物时,其额定载荷的余留情况。

额定载荷(%)

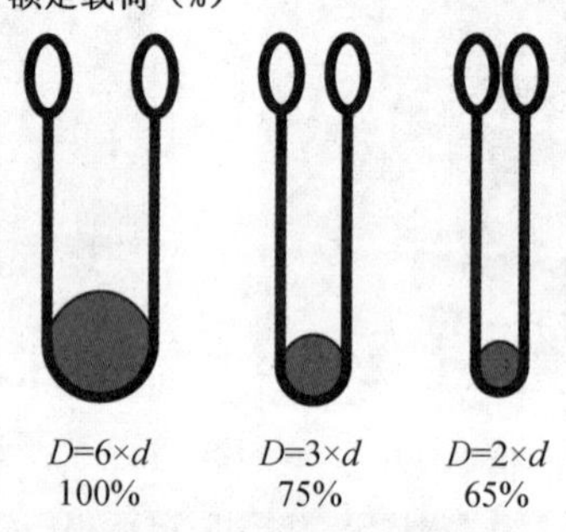

(D=销直径;d=钢丝绳直径)

必须注意起吊角即β角(垂线和吊腿之间的角度):起吊角越大,负载能力越小。起吊角不得大于60°。

用三腿或四腿索具起吊非几何形状物体时,应按两腿起吊计算每腿额定载荷。如果用双腿索具起吊物体,且吊脚不同时,应按单腿吊装计算每腿额定载荷。

以如下非匀称起吊角为例:

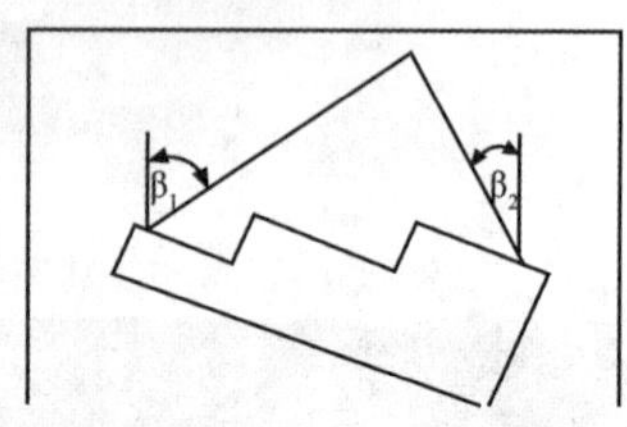

图 10-13 额定载荷的余留与起吊角

4. 吊链检查

吊链检查情况如图 10-14 所示。

1链环有裂缝
或变型

2.任何部位的链
环直径减少了
10%以上。

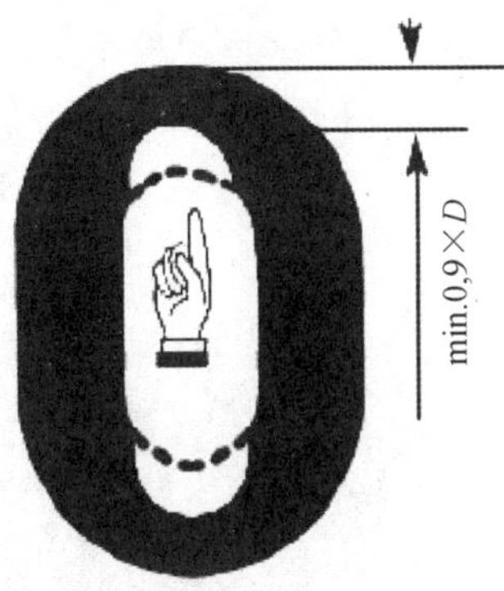

3.链条外部长度增
大了5%。链条外
部拉长3%就等于
链条内部拉长了
5%

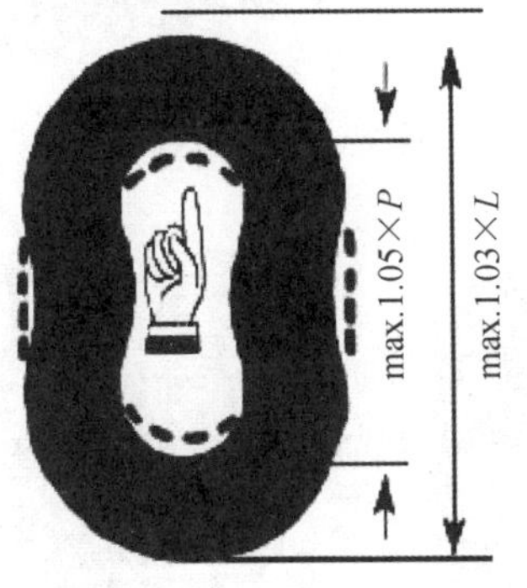

4.吊钩开口增大了
10%以上或其他
变型

max.
10%

图 10-14　吊链检查

三、焊接作业

（一）焊接设备与防护用品

1. 电焊机

电焊机如图 10-15 所示。

交流电焊机

直流电焊机

手工/氩弧焊机

图 10-15　电焊机

2. 焊接作业防护用品

如图 10-16、10-17、10-18 所示。

图 10-16 气焊防护眼镜

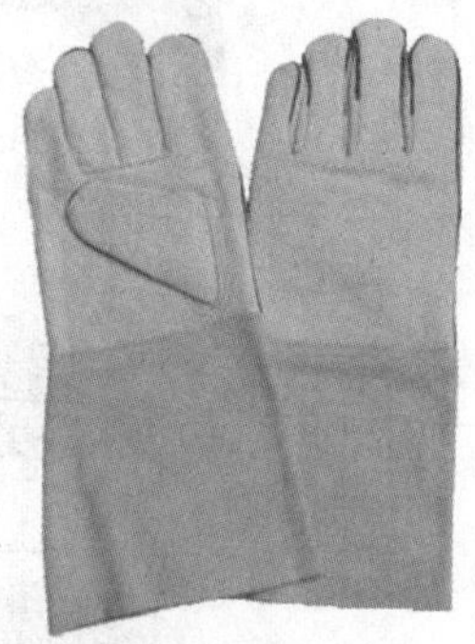

图 10-17 防护手套

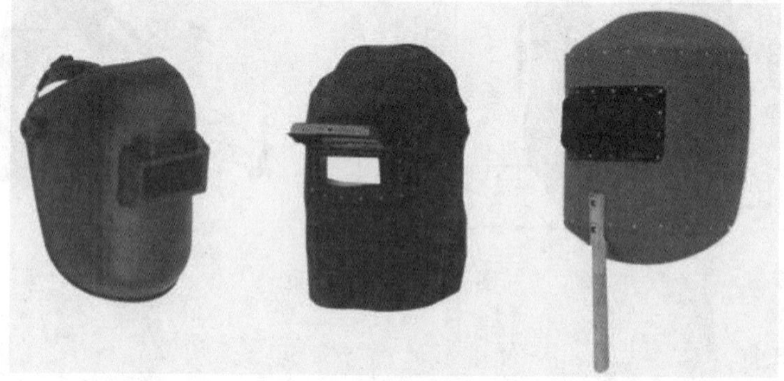

图 10-18 电焊面罩

3. 气焊设备

气焊设备如图 10-19 所示。

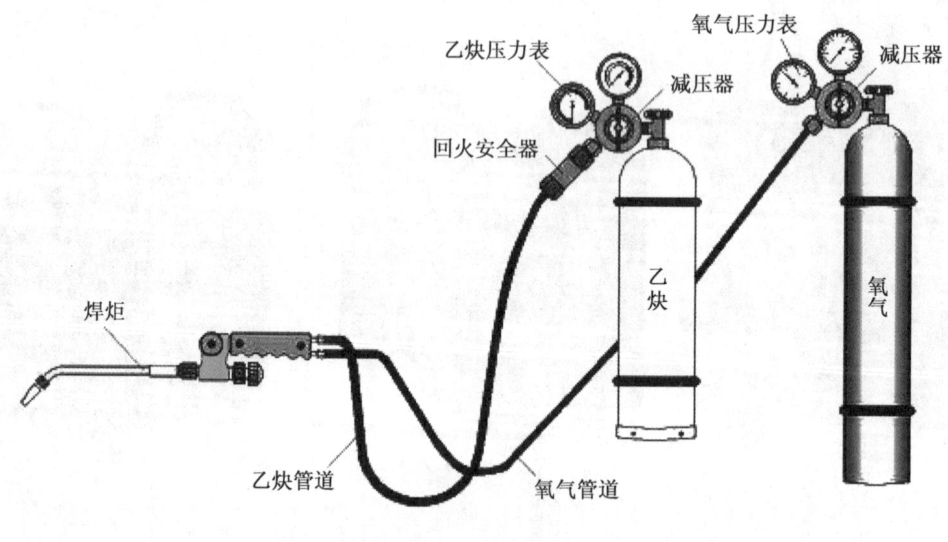

图 10-19 气焊设备

（二）焊接守则

1. 航行途中，在机舱以外范围施焊，轮机长须报告船长，征得同意后方可进行并报上级机关备案。除施焊间外，必须经轮机长或大管轮同意方可在机炉舱内实施焊接作业。在机炉舱外的其他部位施焊必须征得船长同意。船靠码头或在装卸作业期间如需进行焊接，必须遵守港方有关规定或征得港方同意方可进行。

2. 在任何部位施焊均必须先清理现场，现场不得有任何易燃物品，并注意周围环境有无易燃的物品和气体，必要时应予挪移和通风。根据不同环境备妥适当的灭火器材。

3. 施焊时必须有二人作业，一人操作，一人监守。作业人员应穿长袖衣裤，戴手套、眼镜，必要时应戴防护面具。电焊时必须使用面罩，不得用墨镜代替。

4. 严禁对存有压力的容器、未经清洁和通风的油柜、油管施焊。

5. 在狭窄舱、柜内或其他空气不够流通的部位施焊要特别注意通风，施焊持续时间不应太久。照明灯具应使用低压型并注意电线不能距离施焊处过近。

6. 焊件的焊处应清洁、干燥，防止焊后产生裂缝。焊接大件时，应先预热以消除内应力，必要时可用夹具。

7. 对有色金属或合金施焊时应注意通风，作业人员应在上风位置或戴防护面具，以防中毒。

8. 敲打焊渣时必须戴眼镜并注意角度，以防碎屑飞溅入眼。

9. 焊件未冷，作业人员不应离开现场，如属必要，应采取防范措施，防止误触烫伤。

10. 施焊完毕，应将工具整理好并复归原处，现场打扫清洁，仔细检查周围有无火种隐患，确认无患后方可离开。

11. 如由船厂工人施焊时，应征得主管部门同意，派专人备妥消防器材，并监督施焊以防止发生火灾；如认为施焊不安全时，有权停止其作业。施焊完毕后应仔细检查，特别应注意施焊物的背面有无隐患，待施焊物完全冷却后方可离去。

（三）明火作业“十不准烧”规定

1. 不是电气焊工或无操作证且又无持证焊割工在场指导的，不准烧；在容器或狭小舱室内无人监护，不准烧。

2. 未经船长、轮机长批准，未落实安全措施，不准烧。

3. 不了解焊割地点周围情况，不准烧。

4. 不了解焊割物内是否有易燃易爆的危险性，不准烧。

5. 盛装过易燃易爆液体、气体的容器或管子等未经彻底清洗的，不准烧。

6. 用可燃材料作保温层、冷却层、隔音、隔热的部位或火星能飞溅到的地方，未经采取切实可靠的安全措施的，不准烧。

7. 有压力或密封的容器、管子等，不准烧。

8. 焊割附近有易燃易爆物品，在未经清理或采取有效的安全措施之前，不准烧。

9. 在禁火区域内，未经船长、轮机长批准，未经采取有效的安全措施前，不准烧。

10. 附近有与明火作业相抵触的工种在作业时，不准烧。

四、检修作业

(一)检修作业一般要求

1. 作业实施前应做好安全风险评估,落实防范措施。

2. 工作场所应设置醒目的安全标志牌或警示牌。工作场所的光线应该充足,采光部分不要遮蔽,局部照明度应符合操作要求,光线不刺目。对易活动的物体要给予可靠的固定,尤其是在风浪天要绑扎牢固。

3. 工作场所应保持整齐清洁,废弃的棉纱头、破布等应放于指定的金属容器内,不得乱丢、乱放。潮湿、油污的棉、毛织品应及时收集到焚烧炉焚烧处理,禁止堆放以防自燃。

4. 机器、工作台、场地等应该便于船员安全操作。电工工作台、试验台必须铺有绝缘橡胶。

5. 进入工作场所必须穿戴适合作业的工作服和防护用品。

6. 机舱壁、通道栏杆、花铁板、梯子、梯子扶手应牢固可靠,在经常出入的走廊和台阶附近要喷涂防滑漆。

7. 在通道、梯口、门口等低矮处要贴、涂警告标志;在机舱、大舱等工作场所上下斜梯、直梯时应保持手握扶手上下,防止跌落致伤。

8. 机舱梯口、过道、机舱逃生孔和台阶附近严禁堆放杂物,保持通道畅通,并应有足够的照明。

9. 因工作需要临时打开的孔盖、开口、盖板、花铁板、道门等应予固定,并应在其周围设置栏杆护绳,夜间必要时应设置警示灯,以防坠落。

10. 电站、配电板、电源箱、分电箱、插座箱等高电压部位要标示高压警示标志。

11. 开启机舱各门时必须用开门挂钩扣牢,对没有挂钩的门应采取可靠的固定措施。

12. 禁止吸烟场所要有警示标志,允许吸烟场所应设水烟灰缸。

(二)检修作业警示标志

检修作业警示标志如图 10-20 所示。

五、压力容器

(一)定义

压力容器(Pressure Vessel),是指盛装气体或者液体,承载一定压力的密闭设备。贮运容器、反应容器、换热容器和分离容器均属压力容器。只有同时满足下列三个条件的容器,才称为压力容器,如图 10-21 所示。

(1)工作压力大于或者等于 0.1 MPa(工作压力是指压力容器在正常工作情况下,其顶部可能达到的最高表压力);

(2)内直径(对非圆形截面指宽度、高度或对角线,如矩形为对角线,椭圆为长轴)不小于 150 mm 的容器;

(3)工作介质为气体、液化气体或者温度高于标准沸点的液体。

(二)分类

压力容器的分类方法很多,从使用、制造和监检的角度分类,有以下几种:

1. 按承受压力的等级分,可分为低压容器、中压容器、高压容器和超高压容器。

2. 按盛装介质分,可分为非易燃、无毒;易燃或有毒;剧毒。

图 10-20　检修作业警示标志

图 10-21　压力容器

3. 按工艺过程中的作用不同分，可分为：

（1）反应容器，用于完成介质的物理、化学反应的容器。

(2)换热容器,用于完成介质的热量交换的容器。

(3)分离容器,用于完成介质的质量交换,气体净化,固、液、气分离的容器。

(4)贮运容器,用于盛装液体或气体物料、贮运介质或对压力起平衡缓冲作用的容器。

(三)操作条件

1. 压力

最高工作压力,多指在正常操作情况下,容器顶部可能出现的最高压力。

设计压力,是指在相应设计温度下用以确定容器壳体厚度的压力,亦即标注在铭牌上的容器设计压力,压力容器的设计压力值不得低于最高工作压力;当容器各部位或受压元件所承受的液柱静压力达到5%设计压力时,则应取设计压力和液柱静压力之和进行该部位或元件的设计计算;装有安全阀的压力容器,其设计压力不得低于安全阀的开启压力或爆破压力。

2. 温度

设计温度,是指容器在正常操作情况下,在相应设计压力下,壳壁或元件金属可能达到的最高或最低温度。设计温度值不得低于元件金属可能达到的最高金属温度;对于 0 ℃以下的金属温度,则设计温度不得高于元件金属可能达到的最低金属温度。容器设计温度(即标注在容器铭牌上的设计介质温度)是指壳体的设计温度。

3. 介质

按物质状态分类,有气体、液体、液化气体、单质和混合物等;按化学特性分类,则有可燃、易燃、惰性和助燃四种;按它们对人类毒害程度,又可分为极度危害(Ⅰ)、高度危害(Ⅱ)、中度危害(Ⅲ)、轻度危害(Ⅳ)四级。

(1)易燃介质:指与空气混合的爆炸下限小于10%,或爆炸上限和下限之差值≥20%的气体,如:甲胺、乙烷、乙烯等。

(2)毒性介质:《压力容器安全技术监察规程》对介质毒性程度分为四级。其最高容许浓度分别为:极度危害(Ⅰ级)$<0.1\ mg/m^3$;高度危害(Ⅱ级)$0.1\sim<1.0\ mg/m^3$;中度危害(Ⅲ级)$1.0\sim<10\ mg/m^3$;轻度危害(Ⅳ级)$\geq10\ mg/m^3$。

六、封闭处所作业

(一)定义

1. 封闭处所

封闭处所是指有下列特点之一的处所:

(1)开口,仅限于出入口;

(2)通风不足;

(3)非设计为连续有人工作的处所。

还包括但不限于:货舱、双层底、燃油舱、压载舱、货泵室、货物压缩机室、隔离空舱、锚链舱、空舱、箱形龙骨、保护层间处所、锅炉、发动机曲轴箱、发动机扫气箱、污水柜和相邻处所。

2. 相邻处所

相邻处所是指通常情况下,不用于放置货物的未通风舱室,但可能和封闭处所有相同的空气环境特征,例如但不限于货舱通道。

3. 适任人员

适任人员是指具备足够理论知识和实践经验,能够对处所内当前或随后出现危险空气的可能性做出合理评估的人员。

4. 责任人员

责任人员是指被授权允许进入封闭处所并对船上制定和需要遵守的、已确保可以安全进入此处的程序有充分了解的人员。

5. 协调员

协调员是指在安全管理系统内经过适当培训在进入封闭处所时进行守护，同进入处所的人员保持联系并在发生事故时启动紧急程序的人员。

(二)检测仪及呼吸器

1. 检测仪

便携式检测仪如图 10-22、10-23 所示。

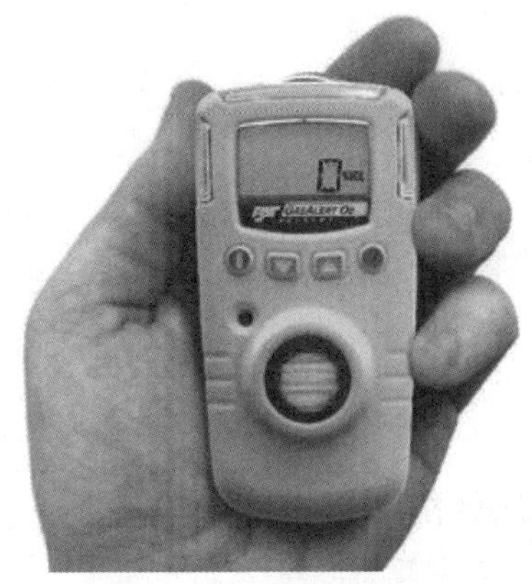

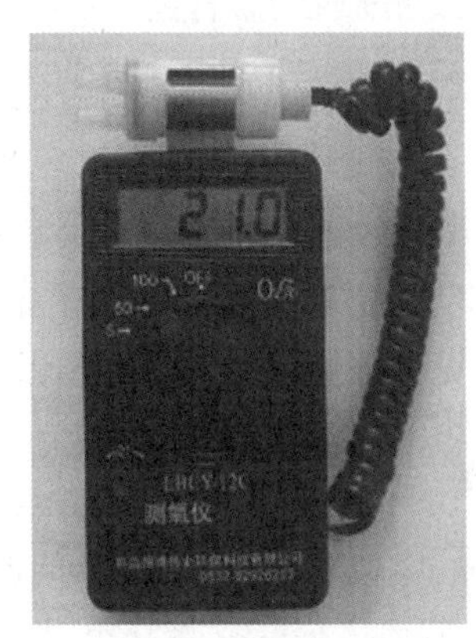

图 10-22　便携式氧气检测仪

2. 呼吸器

自给式空气呼吸器如图 10-24 所示。

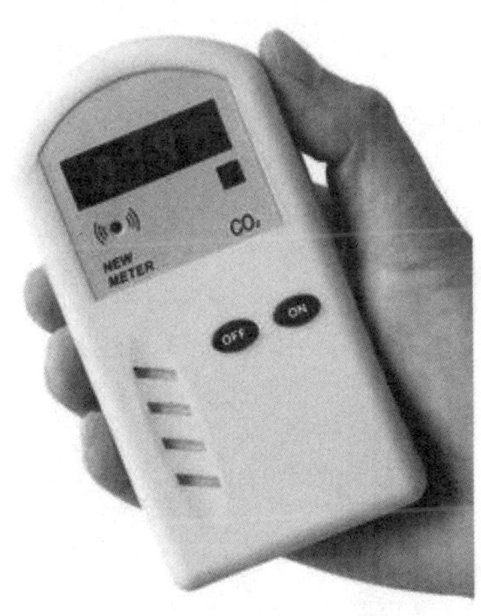

图 10-23　便携式二氧化碳检测仪

图 10-24　自给式空气呼吸器

(三)作业人员的教育

1. 一般作业人员的教育内容

(1)缺氧症的主要症状，预防舱内缺氧窒息事故的措施和安全作业注意事项；

(2)自给式空气呼吸器及其他安全防护用品的正确佩戴和使用的知识;
(3)事故现场的应急措施及现场抢救(人工心肺复苏术)知识。
2. 作业负责人的培训内容
(1)与缺氧作业有关的法规;
(2)缺氧窒息事故发生的原因,缺氧症的主要症状,预防舱内缺氧窒息事故的方法和措施;
(3)事故现场应急抢救措施及人工心肺复苏术;
(4)自给式空气呼吸器和其他安全防护用品的使用、检查和维修、保养技术;
(5)仪器的使用方法及氧气、二氧化碳的检测方法。

七、船舶机舱消防

(一)船舶常发生的火灾爆炸事故
1. 机械设备管理操作不当引起的火灾爆炸事故
(1)柴油机曲轴箱爆炸;
(2)柴油机扫气箱着火爆炸;
(3)锅炉炉膛爆炸;
(4)空压机曲轴箱爆炸;
(5)烟囱冒火引起火灾;
(6)燃油管破裂、油柜冒油使燃油喷到柴油机排气管和锅炉上引起火灾。
2. 电气设备管理操作不当引起的火灾爆炸事故
(1)导线超负荷或老化引起火灾;
(2)绝缘不良引起火灾;
(3)电气设备故障,因电流的热作用而产生火花。
3. 对易燃物质管理不严引起火灾
(1)地板上、舱底、机器周围漏油过多引起火灾;
(2)浸过油的破布、棉纱、木屑等因空气不流通而导致温度过高引起火灾。
4. 明火及明火作业引起火灾
(1)吸烟、划火柴、打打火机;
(2)焊接;
(3)锅炉与厨房炉灶。
5. 油舱柜的爆炸与火灾
(1)透气管处遇明火引起火灾与爆炸;
(2)油舱柜清洗产生静电引起火灾与爆炸;
(3)油舱柜附近有明火和明火作业引起爆炸。
6. 易燃易爆货物引起事故
(1)油船;
(2)货船装运易燃易爆货物或物资。
(二)船员日常防火防爆守则
1. 吸烟时,烟头火柴杆必须熄灭后投入烟缸,不能乱丢或向舷外乱扔,也不准扔在垃圾箱内。禁止在机舱、货舱、物料间、储藏室内吸烟，在卧室内禁止躺着吸烟。装卸货或加装燃油时禁止在甲板上吸烟。

2. 规定必须集中保管的易燃易爆物品不准私自存放，禁止任意烧纸或燃放烟花爆竹，严禁玩弄救生信号弹。

3. 离开房间时应随手关闭电灯和电扇，靠近窗口的台灯尤应关熄。风雨或风浪天气应将舷窗关闭严密。航行中不得锁门睡觉。

4. 禁止私自使用移动式明火电炉。使用电炉、电熨斗、电烙铁等电热器具或工具时必须有人看管，离开时必须拔掉插头或切断电源。

5. 不准擅自接拆电气线路或拉线装灯（插座）；不准用纸或布遮盖电灯；不准乱拉收音机或电视天线；不准在电热、蒸汽器具上烘烤衣服、鞋袜等。

6. 废弃的棉纱头、破布应放在指定的金属容器内，不得乱丢乱放。潮湿或油污的棉、毛织品应及时处理，不能堆放在闷热的地方，以防自燃。

7. 大舱货灯必须妥善保管。使用时要检查灯泡及护罩，如有损坏，应及时换新。货灯电缆要通畅，防止被他物压坏，用后应放在指定处所，妥善保管。

8. 进行明火作业前，经船长同意后须查清周围及上下邻近各舱有无易燃物，特别要查明焊接处是否通向油舱。当气焊作业时要严防"回火"，避免事故，并须派人备妥消防器材且在旁监护。港方如有规定，还应向海事局申请，经批准后方可施工。作业完毕后，要仔细检查有无残留火种。

9. 对于油船除应遵守交通运输部《油舱安全生产管理规则》外，其货油泵间必须保持清洁，不得堆放杂物，污油应经常清除。货油泵要定期检查，并应按规定进行注油。装卸期间，轮机部相关人员不得擅离职守；禁止闪光照相和在甲板阳光下戴用老花眼镜。

10. 严格遵守与防火防爆有关的安全操作规程和有关规定。当发现任何不安全因素时，每个船员均有责任及时报告领导；对违章行为，人人有责及时制止。

（三）测爆仪及灭火系统

1. 测爆仪

测爆仪如图 10-25、10-26 所示。

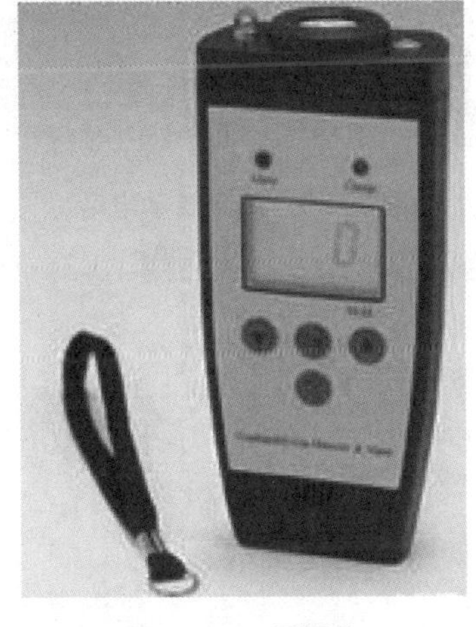

图 10-25　测爆仪

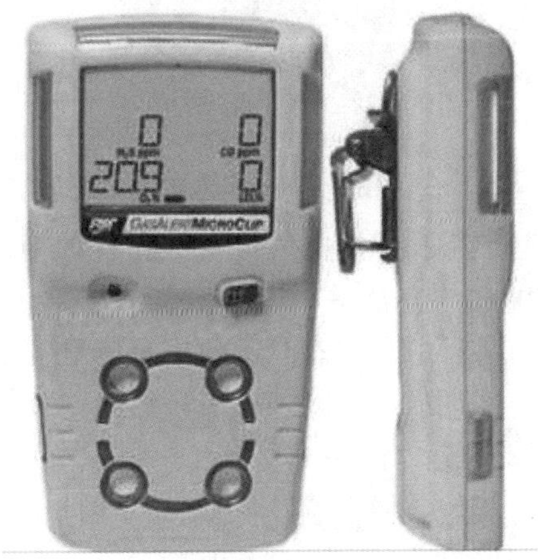

图 10-26　测氧测爆仪

2. 灭火系统

灭火系统如图 10-27、10-28 所示。

图 10-27 二氧化碳灭火系统

图 10-28 水雾灭火系统

八、船内通信系统的使用

(一)船内通信工具和信号装置的组成和作用

为了保证船舶安全营运,及时了解和掌握船舶机电设备的工作情况以及进行日常工作和生活的事务联系,船舶必须配备工作可靠、简单有效的船内通信系统。

1. 船用通信工具和信号装置

(1)各种不同方式和用途的电话通信设备,例如:声力电话(如图 10-29 所示)、共电式指挥电话系统和自动电话设备(如图 10-30 所示)。

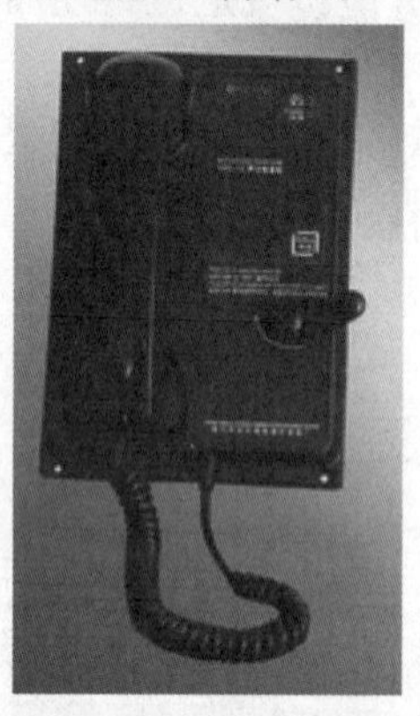

图 10-29 声力电话

图 10-30 船用自动电话

(2)船舶操纵用电气传令钟和各种指示仪表,例如:船用车钟(如图 10-31 所示)、舵角指示器和电动转速表等。

(3)各种应急状态时用的报警信号装置,例如:紧急动员警钟,测烟、测温式报警装置。

(4)船舶航行时的各种信号装置,例如:航行灯(如图 10-32 所示)、信号灯(如图 10-33 所示)、自动雾笛。

(5)船用广播音响设备,例如船用指挥扩音机(如图 10-34 所示)。

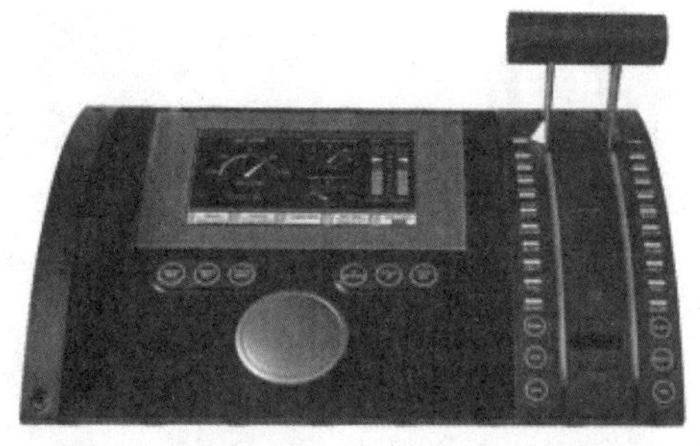

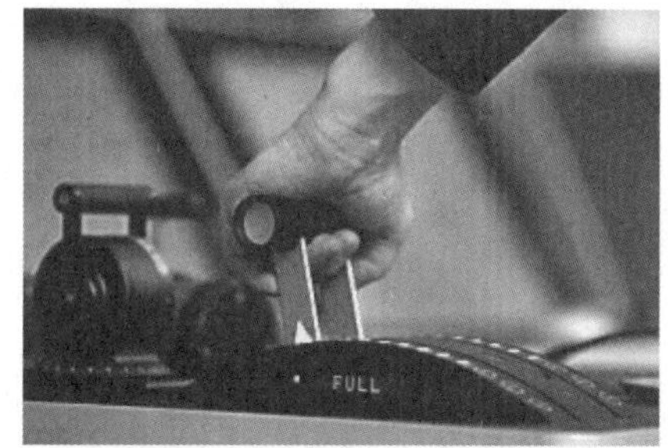

图 10-31　船用车钟

图 10-32　航行灯

图 10-33　信号灯

2. 船用电话

目前,船舶上使用的电话通信设备大体可分为声力电话、船用指挥电话、船用自动电话。声力电话和指挥电话设备主要用于航行驾驶和操纵各工作部位之间作为指挥和联络通信;而自动电话,则作为日常工作和生活联系之用。

图 10-34　船用指挥扩音机

3. 船用电气传令钟

电气传令钟又称电车钟或机舱传令钟,是用在驾驶室、机舱集中控制室和机旁操作部位之间传送主机运转情况的命令和回令的装置。电气传令钟按其传讯原理可分为 3 种:

(1)利用指示灯系统传讯原理的灯光传令钟;

(2)利用直流自动同步传讯原理的直流电动传令钟;

(3)利用自整角机同步传讯原理的交流电动传令钟。

4. 船用报警信号装置

(1)组成

①紧急动员警钟和应急状态下的各种铃组系统(如图 10-35 所示);

②火警探测和报警装置(如图 10-36 所示);

③主、辅机工况的自动监视报警系统(如图 10-37 所示)。

(2)使用

紧急动员警钟系统,用于在船舶发生火灾或重大海损事故等紧急情况下,对全体船员和旅客发布紧急动员信号。系统由关闭器、警钟、警灯及接线盒等组成。关闭器是系统的控制器,

图 10-35　铃组系统

图 10-36　火警报警装置

图 10-37　自动监视报警系统

装在驾驶室内,并有指示系统电路工作的指示灯。警钟安装在全船有人到达而又能听清音响信号的地点。警灯安装在无线电室等需要免除声音干扰的地方,机舱和舵机间等噪声大的舱室应同时安装警钟和警灯。在客船和客货船上,警钟系统设计成对旅客和船员相互独立的两大部分,以便在重大事故发生的情况下,可以分别也可以同时对船员和旅客进行紧急报警。

铃组系统是船上有关部位之间专用的通信联络信号。铃组系统的发讯器为按钮或关闭器,信号器为电铃或带信号灯的电铃。

应急情况下使用的铃组主要有:

①机舱铃组:用于驾驶室和机舱的双向联络,作为传令钟故障时应急车令和回令信号。

②冷藏库报警铃组:用于各冷藏库对厨房之间的单向联络,作为被误锁在冷库里的人对外呼救的信号装置。若冷库的门能从内部开启时,此装置可免于设置。

③二氧化碳灭火装置的施放预告铃组:用于施放控制部位与失火部位的单向联络,以通知该部位的一切人员迅速撤离。它一般与施放电磁阀连锁,以保证在发送前和施放中都能自动发出警报。在许多新船中这一铃组已采用电笛和转灯。

④水密门关闭和开启指示灯装置及预告水密门关闭的声响铃组:前者是光报警让人们有所准备;后者是声报警,要求人们迅速撤离,亦属单向联络。

除上述信号装置外,有的船还装有联络指挥用的铃组,如在配餐间装有呼叫服务员的铃组;在客船的医院或医生房间装有病房呼叫铃组;有跳板设备的船装有跳板放落时的警告铃组等。

（二）中国船级社对船内通信与信号设备的有关规定

中国船级社《钢质海船入级规范》对“船内通信与信号设备”做如下规定：

1. 一般要求

（1）各种不同用途的船内通信装置，其声响信号应有不同的音色，以利辨别。

（2）具有2个或以上的设备并联工作的船内通信装置，当其中1个（或几个）设备切断或发生故障时，应不影响其余设备的工作。

（3）各种自动声光警报器，应设有能切断声响信号而不切断发光信号的装置。

（4）各种自动报警和指示信号系统，均应设有检查其动作是否正常的试验装置。

（5）安装在驾驶室的重要指示器应有适当的照明并附有亮度调节器或遮光罩。

2. 传令钟

（1）在船上应设置把驾驶室的命令发送至机舱的主机传令钟，主机传令钟应具备复示装置。

（2）应于驾驶室内设置主机传令钟的失电听觉和视觉报警器，该报警器一般应由蓄电池供电。若采用船电时，则不应与传令钟接入同一电源线路上。

（3）主机传令钟系统一般应在主机操纵台附近设有主机错向报警装置。

（4）主机传令钟若有2个及以上的发信器时，则每个发信器之间应有机械或电气的联动或连锁装置。

3. 指挥电话和其他通信设备

（1）下列处所之间若以电话为主要通信工具时，则应为声力电话或蓄电池供电的指挥电话：

①驾驶室—机舱；

②驾驶室—应急操舵站及舵机站；

③驾驶室—火警信号站及消防设备集中控制站、船首、船尾；

④驾驶室—无线电室（若驾驶室与无线电室相毗邻，且能进行有效的通信联系时，可免除两者之间电话通信的要求）。

上述①、②应为直通电话。

（2）指挥电话应保证在船舶各种工况下通话清晰。

（3）安装在噪声较大的舱室内的电话，若影响通话时，则应装设在隔音室或隔音罩内。

（4）应设有固定式、可携式或两者兼备形式的应急通信设备，以供船上应急控制站、救生艇筏集合和登乘地点与驾驶室和消防控制站等要害部位之间进行双向通信。

4. 通用紧急报警系统

（1）船舶应设单向发信的通用紧急报警系统，在全船所有起居处所、通常船员工作的处所以及客船的开敞甲板均应能听到该系统的报警。报警器被触发后一直保持报警状态，直至人工将其关闭或由于广播系统工作而暂时中止。

（2）在客船上，该报警信号应通过两组独立的线路分别向船员和旅客发出。

（3）在主电源供电失效时，通用应急报警系统应能自动转换至应急电源供电。

（4）通用紧急报警系统应能在驾驶室、消防控制站控制。

（5）通用紧急报警系统的分电箱应设在舱壁甲板以上的适当处所，由分电箱引出的每一分路的绝缘板上均需设熔断器保护。

(6)在所有的门和通道都关闭的情况下，在居住舱室内睡眠位置和距离声源 1 m 处，音响报警信号的声压级至少应达到 75 dB(A)，并至少要比船舶在较好天气状况下航行时的正常设备操作的环境噪声级高出 10 dB(A)。声压级应在基频附近的 1/3 倍频带之内。在任何情况下，某一处所内的音响报警信号声压级应不得超过 120 dB(A)。

(7)除电铃外，各种听觉信号的频率应在 200~2 500 Hz 之间。

5. 有线广播系统

(1)应设有能将指令有效地发送到各居住处所、服务处所、控制站以及开敞甲板的有线广播系统。

(2)在主电源供电失效时，有线广播系统应自动转换至应急电源供电。

(3)如果有线广播系统能符合相应要求以及对通用紧急报警系统的要求，则可兼作通用紧急报警系统和发送火灾报警信号。

6. 其他警报装置

(1)在厨房内应设有听觉和视觉警报器，以保证工作人员偶然被闭锁在伙食冷藏库内时能发出求救信号，但冷藏库的门如能从内部开启时则可免予设置。

(2)水密门关闭和开启指示装置和预告水密门关闭的听觉报警器，应符合现行 SOLAS 公约的有关规定。对 1992 年 2 月 1 日或以后建造的客船规定：

①应设置一个与该区域内其他警报器不同的声响警报器。当该门用动力遥控关闭时，这种警报器应在门开始移动前至少 5 s 但不超过 10 s 发出声响，且连续发声报警直至该门完全关闭。在手动遥控操纵时，只要当门移动时音响警报器能发出声响即可。在乘客区域和高环境噪声区域，要求在门上的声响警报器增配一个间歇发光信号器。

②驾驶室内的集控台应设有标明每扇门位置的图，并附有发光指示器，以显示每扇门的开启或关闭状态。应使用红灯表示一扇门完全开启，而绿灯表示一扇门完全关闭。当遥控关闭门时，红灯应以闪烁表示门处于关闭过程中。

(3)灭火剂施放预告信号以及其他听觉和视觉报警装置应符合如下规定：

①对于任何经常有人员在内工作或出入的处所，应设有施放灭火剂的自动声响报警装置。该报警装置在灭火剂施放之前应至少工作 20 s。

②二氧化碳系统应设置 2 套独立的控制装置，以将二氧化碳施放至被保护处所，并确保报警装置的动作。其中一套控制装置应用于将气体从所储存的容器中排出；另一套应用于开启安装在将气体输送至被保护处所的管路上的阀门。

【课后作业】

1. 个人坠落防护系统包括哪几部分？
2. 预防高处坠落的安全要求有哪些？
3. 行车“十不吊”包括哪些内容？
4. 明火作业“十不准烧”包括哪些内容？
5. 检修作业一般要求有哪些？
6. 压力容器必须满足哪几个条件？
7. 封闭处所有哪些特点？
8. 船员日常防火防爆守则包括哪些内容？

9. 应急情况下使用的铃组主要有哪些？

【工作任务】

任务一　上高和多层作业时的安全管理

一、工作目标

1. 消除坠落隐患。
2. 防止发生坠落事故。
3. 消除或降低坠落发生后的伤害。
4. 落实坠落预防措施和控制方法。

二、材料用具

教学资料、任务书、评价表、多媒体、黑板、计算机、安全带、系索等。

三、工作过程

（一）作业前准备

1. 安全专业人员参与工作安全分析，制定详细的高处作业方案（包括救援、急救方案），并推荐合适的坠落保护措施和设备。

2. 尽可能采用脚手架、操作平台和升降机等作为作业安全平台（如图 10-38 所示）。

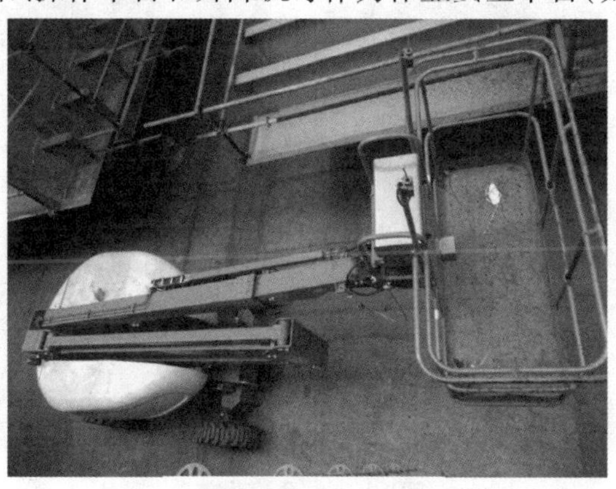

图 10-38　升降机

3. 属于高处临边作业的，应在临边处设置防护栏杆（如图 10-39 所示）。

4. 属于洞口边高处作业的，应在洞口设置盖板或防护栏杆（如图 10-40 所示）。

5. 属于攀登高处作业的，在登高设施的选择上应选择最合适的登高设施，如，固定梯子尽量使用斜梯代替直梯，如果只能使用直梯，则应在梯子中间设置隔断并相应设置平台，如采取移动梯子，梯子底部应坚实并有防滑措施（如图 10-41 所示）。

6. 立体交叉高处作业的，应协调好作业顺序，避免在同一垂直方向上下操作让上部与下部

图 10-39　防护栏杆

盖板　　防护栏杆

图 10-40　洞口盖板和防护栏杆

图 10-41　登高设施

作业人员位置错开，当不能满足这一条件时，要设置安全隔离层。上层工作时，应对物件采取稳固措施；当进行高处切割时，下方不应有人。

（二）作业时的安全措施

1. 高处作业人员必须系好安全带，戴好安全帽，衣着要灵便，禁止穿带钉易滑的鞋（如图 10-42 所示），安全带的各种部件不得任意拆除。

2. 高处作业禁止投掷工具、材料和杂物等，工具应有防掉绳，并放入工具袋（如图 10-43

图 10-42　个人安全防护用品的使用

所示)。

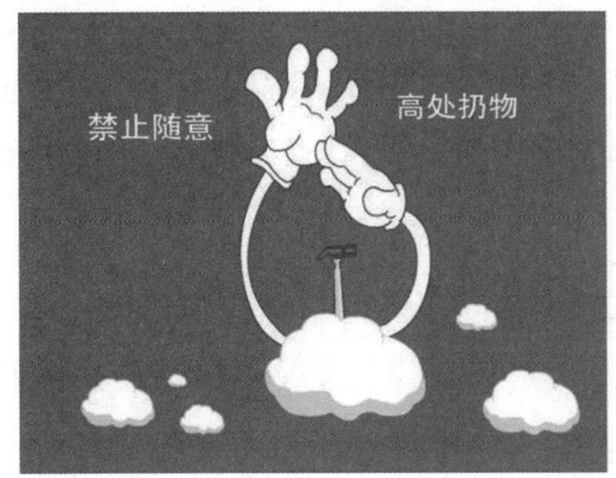

图 10-43　高处作业工具注意事项

3. 使用梯子时,梯子上端应突出登高处 600 mm 以上,并绑扎牢固,下端采取防滑措施(如图 10-44 所示)。

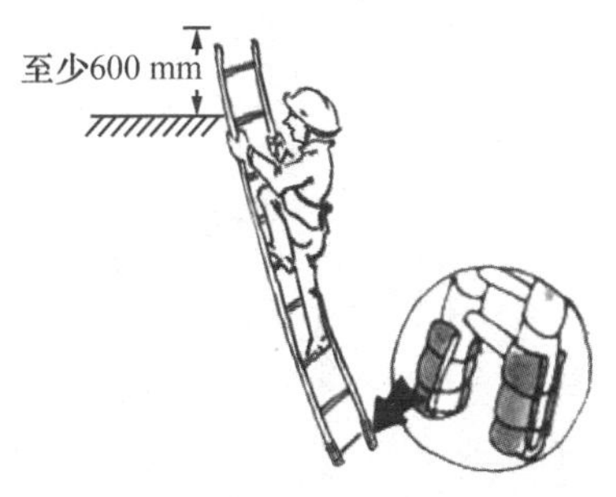

图 10-44　梯子的使用

4. 上、下直梯时应面向梯,双手扶牢,确保三点着梯,不准一手拿物,一手扶梯,如戴手套应带五指手套(如图 10-45 所示)。

5. 在脚手板上走动时,至少应用单手扶着扶手。

6. 高处传、接物件时,应切实做到从手交到手。上下传递物件时,应采取有效措施,防止掉落。

7. 同一块脚手板上不应超过 2 人站立。

8. 禁止两个人同时在同一梯上上、下,或两个人同时站在同一梯上作业;梯上有人时不应移位。

9. 共同作业时,应服从现场指挥,步调一致。当接到管理、监督人员发出暂停作业指令时,应绝对服从。

10. 严禁工作期间取笑、打闹、影响工作注意力。

(三)高处作业安全防护用品的使用

1. 佩戴和系挂安全带,如图 10-46、10-47 所示。

2. 安全使用梯子,如图 10-48、10-49、10-50、10-51 所示。

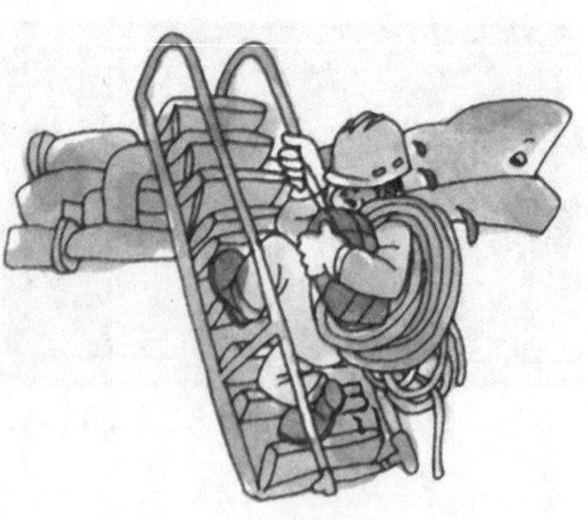

图 10-45 上、下直梯注意事项

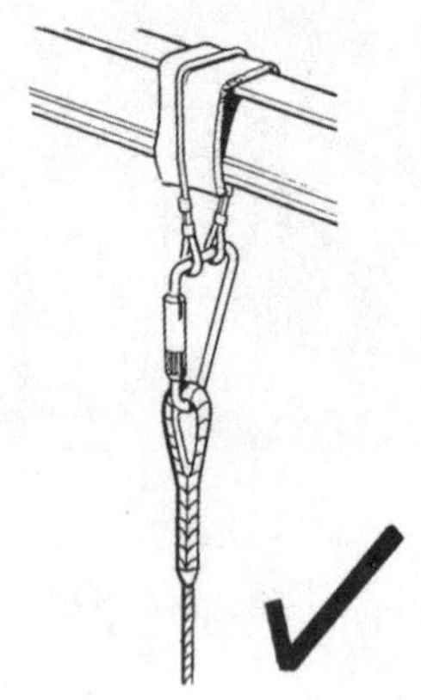
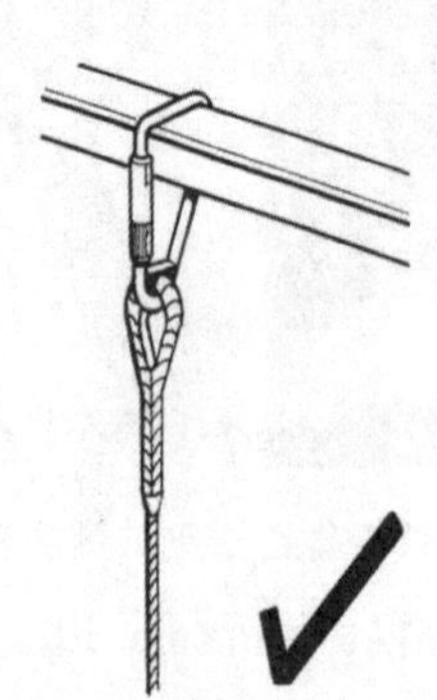
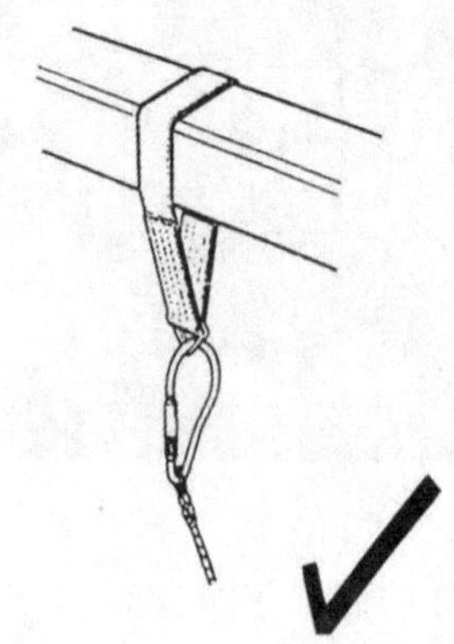

图 10-46 正确佩戴和系挂安全带

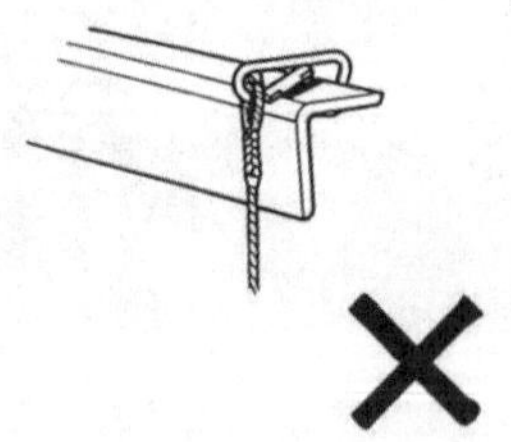
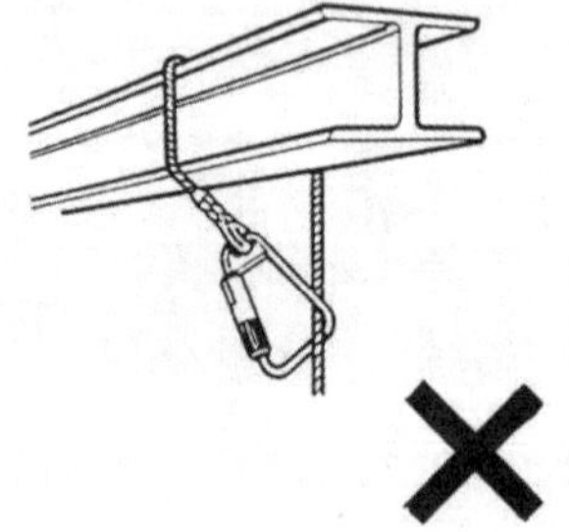

图 10-47 错误佩戴和系挂安全带

图 10-48　足够的长度

图 10-49　固定稳妥

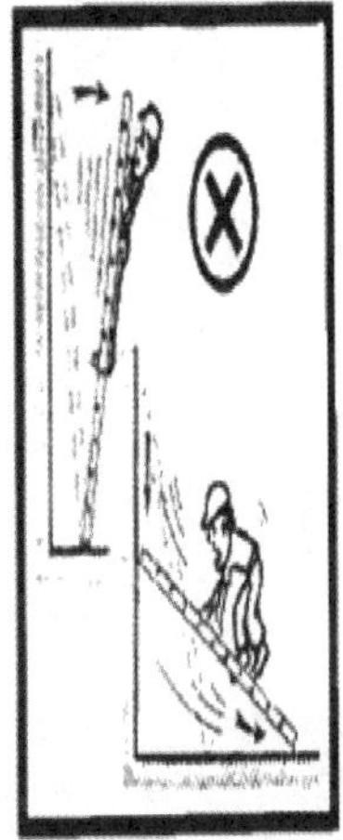

图 10-50　角度正确

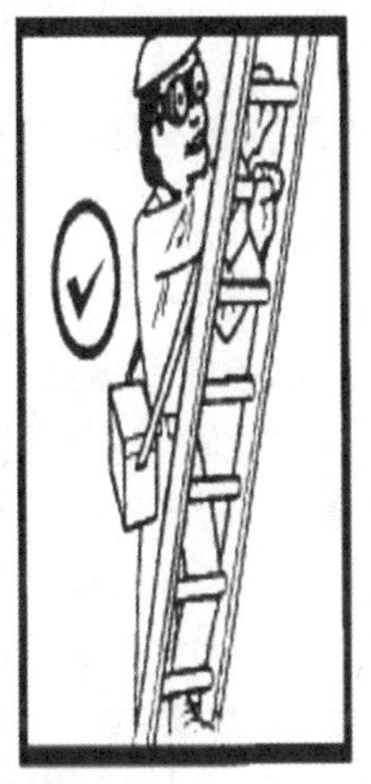

图 10-51　不拿工具

3. 安全使用脚手架，如图 10-52、10-53 所示。

图 10-52　正确使用

图 10-53　错误使用

4. 正确使用操作平台，如图 10-54、10-55 所示。

图 10-54　错误使用

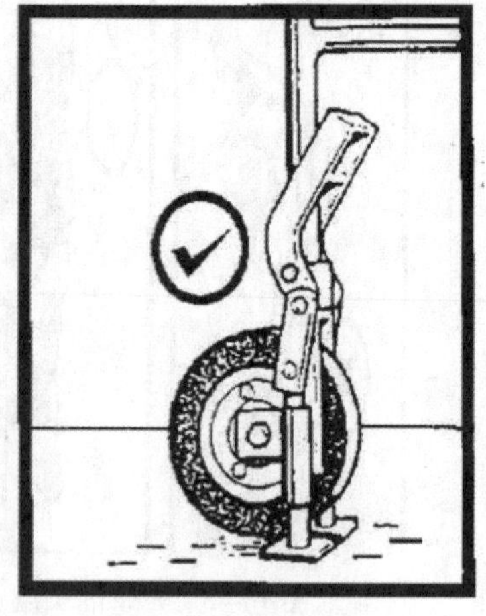

图 10-55　正确使用

四、考核内容与评分标准

（一）考核内容

1. 相关知识

（1）作业前准备；

（2）作业时的安全措施。

2. 操作技能

（1）高处作业安全防护用品的使用；

（2）识别作业中的违规之处。

（二）评分标准

该任务的成绩由相关知识成绩（40%）和操作技能成绩（60%）两部分构成。在相关知识部分，作业前准备和作业时的安全措施各占 20%；在操作技能部分，高处作业安全防护用品的使用和识别作业中的违规之处各占 30%。

任务二　吊运作业时的安全管理

一、工作目标

1. 明确作业过程的安全技术规范和作业人员的安全操作行为。

2. 减少和避免吊运伤害事故和设备事故的发生。

3. 加强吊装作业安全管理。

4. 落实吊运作业预防措施和控制方法。

二、材料用具

教学资料、任务书、评价表、多媒体、黑板、计算机、吊运工具、个人防护用品等。

三、工作过程

（一）作业前

1. 首先要检查行车、葫芦、钢丝绳、吊钩、制动器和行程开关等部件，进行升降、停车试验，确认无故障及周围无障碍物方可使用。必须统一指挥信号和盘车机的操纵信号。

2. 在起吊重物或大部件作业前，轮机长或轮机员必须到现场组织指挥，核对负荷，严禁超载，严格控制起吊速度。

3. 机舱的起重作业由于工作场所及回旋余地窄小，易发生碰撞、挤伤事故，参加人员必须穿戴安全帽、防滑鞋等个人防护用品（如图 10-56 所示）。

图 10-56　穿戴个人防护用品

（二）作业中

1. 起吊时钢丝应缓慢受力，垂直起吊，切勿突然受力和急顿、斜拉，不得突然改变吊运方向和速度。起吊后的物体下方严禁站人。

2. 重物悬吊时要有专人看管操纵器，无论任何人发出停车信号操纵者都应立即停车。

3. 船舶晃动、倾斜进行吊装作业时必须做好防护措施，所吊物体必须使用两条以上足够强度的止荡索（如图 10-57 所示）。

4. 在水平或斜拉葫芦时必须将工件与葫芦挂钩绑扎牢固，防止脱钩事件。

5. 用两个以上葫芦同时起吊一个物体时必须由专人指挥。各个葫芦的收放动作必须同步，保持负荷量分布均匀。

6. 使用千斤顶作业时，千斤顶的超重容量应大于载荷重量。两台千斤顶联合使用时，每台起重能力不得小于计算载荷的 1.2 倍，要统一指挥，保证千斤顶同步升降，防止倾斜翻倒。

7. 千斤顶要放置平稳，上下垫有无油污的坚韧木板，不得垫有铁板，以防滑动，起升时应稍稍顶起，检查无异常后再继续起升。

8. 不准超负荷使用和加长手柄长度，每次起升不得超过额定高度。当套筒出现红色警戒线时应立即停止起升。对额定高度不明的千斤顶，起升高度不得超过螺杆套筒或活塞高度的

图 10-57　止荡索的使用

3/4。

9. 千斤顶载荷应与千斤顶轴线垂直，严防由于基底偏沉载荷偏移发生千斤顶偏移危险。载荷的起顶点必须在载荷的坚实部分上。

10. 螺旋千斤顶螺纹磨损超过 20%应予报废，油压千斤顶放低时应缓慢放下，不能突然下放。

11. 使用拧入式吊环螺栓起吊机件时，应保证螺丝完好，螺栓要配一垫圈并拧至紧抵垫圈，螺纹内如有杂物应清除干净，螺纹损伤拧不到位者禁止使用。

（三）作业完毕

1. 将起重臂和吊钩收放到规定的位置，所有控制手柄均应放到零位，使用电气控制的起重机械，应断开电源开关。

2. 对在轨道上作业的起重机，应将起重机停放在指定位置，有效锚定。

3. 吊索、吊具应收回放置到规定的地方，并对其进行检查、维护、保养。

4. 对接替工作人员，应告知设备存在的异常情况及尚未消除的故障。

四、考核内容与评分标准

（一）考核内容

1. 相关知识

（1）作业前检查；

（2）作业中的安全措施；

（3）作业完毕后的措施。

2. 操作技能

（1）吊运作业个人防护用品的使用；

（2）识别作业中的违规之处。

（二）评分标准

该任务的成绩由相关知识成绩（40%）和操作技能成绩（60%）两部分构成。在相关知识部分，作业前检查和作业完毕后的措施各占 10%，作业中的安全措施占 20%；在操作技能部分，吊运作业个人防护用品的使用和识别作业中的违规之处各占30%。

任务三　焊接作业时的安全管理

一、工作目标

1. 明确焊接作业的安全注意事项和作业人员的安全操作行为。
2. 减少和避免焊接伤害事故和火灾事故的发生。
3. 加强焊接作业安全管理。

二、材料用具

教学资料、任务书、评价表、多媒体、黑板、计算机、焊接设备、个人防护用品等。

三、工作过程

1. 电焊注意事项

（1）船舶在中国港口内明火作业应提前24 h向海事管理机构书面报备；特殊情况下不能满足提前24 h报备要求的，船舶应不晚于作业前2 h向海事管理机构书面报备；作业完成后应及时向海事管理机构报告。船舶在国外港口明火作业要遵守当地港口当局的相关要求。

（2）电焊一定要坚持申报制度并填写“船舶明火作业申请表”（如表10-3所示），机舱内电焊作业需经轮机长同意批准；机舱外电焊作业需经船长同意批准。批准的“船舶明火作业申请表”应统一由机工长保管。

表10-3　船舶明火作业申请表

船名		航次		日期	
港口		申请人		施焊位置	
是否已按明火作业检查表进行检查					
参加明火作业的人员					
明火作业需要的时间					
批准人		批准时间			

（3）按“明火作业检查表”（如表10-4所示）进行检查，做好记录并由机工长保存；施焊前必须对电焊机、焊线、焊钳进行检查，严禁带隐患使用。

（4）作业前必须先将作业现场清理干净，现场不得有易燃易爆物品，并根据不同环境备妥灭火器材，作业必须两人以上参加，一人负责监护。

（5）对有残余易燃、易爆容器需要施焊时，应先清洁干净，通风后经测定确无可燃气体后方可动火施焊。

（6）在空气不流畅的部位进行施焊作业时要特别注意通风，施焊时间不宜过长，照明灯具必须使用低压安全灯具，并注意电线与施焊处留有安全距离。

(7)在对有色金属或合金施焊时,作业人员应注意通风,尽量在甲板上风位置进行,以防中毒。

(8)在敲打焊渣时必须戴防护眼镜,并注意角度以防碎屑飞溅伤人。

表10-4 明火作业检查表

船名: 航次: 港口: 日期:

序号	检查内容	状态	检查人
1	明火作业申请是否已填写,并得到船长、轮机长或港口批准		
2	动火现场是否已经清理?易燃、易爆物品是否移走或清除		
3	施工现场通风是否良好		
4	是否根据周围环境备妥适当的灭火器材		
5	动火部位是否通向油舱、压力容器等		
6	现场照明灯具、电线与工件的距离是否适当		
7	作业人员是否少于两人		
8	油舱、油柜、油管是否清洗、除气、测爆合格		
9	电焊电缆是否在运转的机电设备、起重用的钢丝绳或乙炔、氧气管或钢瓶上通过		
10	焊夹和焊条是否接地,是否在施焊时调节电流		
11	较长时间停焊时是否切断了焊机电源		
12	连接气焊各部分焊具应吹净阀口,检查各阀门是否漏气		
13	气焊胶管是否坚固,接口是否紧密?是否远离火焰和焊件		
14	气瓶内气体是否用尽?(氧气瓶至少保留 0.2 MPa,乙炔瓶余气 >0.05 MPa)		
15	气瓶、气阀、焊(割)炬及零件、减压器表面是否油污		
16	是否正确调整氧气、乙炔出口压力?(氧气 0.3~0.5 MPa,乙炔 0.01~0.05 MPa)		
17	焊(割)炬各阀的开启关闭顺序是否正确		
18	焊(割)炬在操作间歇时是否关闭气源		
19	氧气乙炔钢瓶装卸货搬运中是否跌滚、抛扔或碰撞		
20	压力钢瓶是否卧放使用?两瓶间距和瓶与焊件间距是否大于 3 m		
21	钢瓶是否在电焊间存放?是否暴晒或靠近锅炉、火焰等热源		
22	钢瓶因严寒结冻,不能明火烘烤,用蒸汽或热水适当加温		
23	施工工件未冷,作业人员不得离开现场		
24	施工完毕,应将工具整理好并复位,清理现场,仔细检查周围有无火种隐患		

(9)焊件未冷却,作业人员不得离开现场,如必要应采取防范措施防止他人误触烫伤。

(10)开机后,应逐步调高电压,施焊间隙应注意防止焊钳、焊条碰地,必须在绝缘物体上安放稳妥。施焊间隙过长应切断电源，严禁在施焊中调整电流。

(11)施焊完毕必须切断焊机电源；将焊钳、焊线、工具整理归位；检查工作现场无火种；施焊工件完全冷却方可离开。

2. 气焊注意事项

(1)船舶在港内及在港外锚地停泊未经港监批准不得进行明火作业。

(2)施焊前按“明火作业检查表”进行检查并填写“船舶明火作业申请表”，机舱内需经轮机长同意批准；机舱外需经船长同意批准，并对现场清理后方可进行。港内或锚地动火须向港口主管当局申请。

(3)氧气和乙炔空、满瓶应分别放置。连接胶管时（尤其应注意焊枪一端）要注意颜色标志，接氧气的应是蓝色或黑色，接乙炔的应是黄色或红色，不能接反，检查并确认各阀门无漏气。任何时候，气瓶阀口和焊枪喷嘴均不应对人。

(4)一般情况下，气瓶总阀的开度应不超过 1/2，以便应急关闭。气瓶内气体不得用尽，氧气瓶至少保留 0.2 MPa，乙炔瓶余气要大于 0.05 MPa。

(5)在氧气、乙炔阀均开启状态下，严禁用手或其他物体堵住阀嘴，以防氧气进入乙炔管倒流入乙炔瓶。割焊作业时间过长，发现过热时必须立即停止使用，并采取冷却措施防止回火。

(6)焊割炬在操作间歇时必须关闭气源并置于空气流通的地方，以免焊割炬漏泄的易燃混合气体滞留引起燃爆事故。

(7)气焊结束后，应先关掉焊枪上的控制阀，然后关闭气瓶总阀。焊割炬挂在空气流通的地方，严禁带气源的焊割炬放入工具箱、物料间内。

(8)点火、熄火、回火。

① 点火

打开钢瓶上的阀门，转动减压器的调节螺丝，将氧气和乙炔调到工作压力（氧气为 0.3~0.5 MPa，乙炔为 0.01~0.05 MPa），然后打开焊枪上的乙炔阀门，稍开氧气阀，在喷嘴的侧面点火，点着后慢慢开大氧气阀，将火焰调到中性焰（或碳化焰、氧化焰）：

中性焰的焰芯较圆且呈蓝白色，轮廓清楚，外焰中长呈淡橘红色，常被用来焊接低碳钢材料。碳化焰的焰芯较长且尖，呈绿白色，轮廓不清楚，外焰很长呈橘红色，常被用来焊接铸铁、高碳钢和硬质合金，氧化焰的焰芯短小且呈蓝白色，外焰看不清，同时发出急剧的“嗤嗤”声响，常被用来焊接黄铜材料。

② 熄火

先将氧气阀关小，再将乙炔阀关闭，火即熄灭，然后关闭氧气阀（如使用割炬时，应先关切割氧气阀，再关乙炔和预热氧气阀）。

③ 回火

施焊中有时会出现爆响，随之火熄灭，同时焊枪有吱吱响声，这种现象称为回火。如遇回火，应速将胶管曲折握紧，先关闭焊枪上的氧气阀，再关闭乙炔阀，回火即可免除。处理回火时，动作要迅速、准确，防止气瓶爆炸酿成重大事故。

四、考核内容与评分标准

(一)考核内容

1. 相关知识

(1)电焊注意事项;

(2)气焊注意事项。

2. 操作技能

(1)焊接作业个人防护用品的使用;

(2)识别作业中的违规之处;

(3)作业现场的安全管理。

(二)评分标准

该任务的成绩由相关知识成绩(40%)和操作技能成绩(60%)两部分构成。在相关知识部分,电焊注意事项和气焊注意事项各占20%;在操作技能部分,焊接作业个人防护用品的使用、识别作业中的违规之处以及作业现场的安全管理各占20%。

任务四　检修作业时的安全管理

一、工作目标

1. 明确检修作业的安全注意事项和作业人员的安全操作行为。
2. 减少和避免检修作业伤害事故的发生。
3. 加强检修作业安全管理。

二、材料用具

教学资料、任务书、评价表、多媒体、黑板、计算机、警示标志、个人防护用品等。

三、工作过程

1. 主机禁动。检修主机时,必须在主机操纵处悬挂“禁止动车”的警告牌,并应合上转车机,以防水流带动推进器。检修中如需转车,须征得驾驶员同意。应特别注意检查各有关部位是否有人或影响转车的物品和构件,并应发出信号或通知周围人员注意,以防伤人或损坏部件。

2. 副机禁动。检修副机和各种辅助机械及其附属设备时,应在各相应的操纵处或电源控制部位悬挂“禁止使用”或“禁止合闸”的警告牌。

3. 电气禁动。检修发电机或电动机时,应在配电板或分电箱的相应部位悬挂“禁止合闸”的警告牌。如有可能还应取出控制箱内的保险丝。

4. 检修管系。检修管路及阀门时,应事先按需要将有关阀门置于正确状态,并在这些阀门处悬挂“禁动”的警告牌,必要时用锁链或铁丝将阀门扎住。

5. 封闭场所。在锅炉、油水舱内部工作时,应打开两个导门并给予足够通风。作业期间应经常保持空气流通，并悬挂“有人工作”的警告牌；派专人守望配合，注意在内部工作的人员情况。

6. 封闭场所。在锅炉汽包等汽水空间内工作时，应参照上述 4、5 项执行。如在连通的其他部位仍有压力时，还应事先检查并确认阀门无泄漏，并派专人看守阀门。

7. 压力部件。检修空气瓶、压力柜及有压力的管道时，应先泄放压力，禁止在有压力时作业。

8. 安全灯具。在锅炉、机器和舱柜等内部工作时，应用可携式低压照明灯（如图 10-58 所示），但在油柜内应使用防爆式的（如图 10-59 所示），使用前必须认真检查并确保状态良好。

图 10-58　低压照明灯

图 10-59　防爆照明灯

9. 个人防护。拆装带热部件时，要穿长袖衣裤并戴帽及手套。

10. 冷冻器具。拆装冷冻液管时，一般应先抽空，拆装时必须戴手套、防护镜或面罩，以防冻伤和中毒。

11. 难入部位。检修汽门室、气缸、涡轮内部、减速齿轮以及其他较为隐蔽或不易接近的部位时，作业人员衣袋中不得携带任何零星杂物，以免落入机内造成事故。检查减速齿轮时，必须在主管检修的轮机员亲自监督指导下方可打开探视门，收工以前必须盖好；严禁在无人看守时敞开探视门。

12. 停机检修。柴油机在运转中如发现喷油器故障需立即更换时，应先停车，打开示功阀，泄放气缸内压力，禁止在运转中或气缸尚有残存压力时拆卸喷油器。

13. 高压射流。试验柴油机喷油器时，禁止用手探摸喷油器的油嘴或油雾。

14. 严防触电。裸露的高压带电部位必须悬挂危险警告牌或用油漆书写危险标记。除非绝对必要，严禁带电作业；确需带电作业时，必须使用绝缘良好的工具。禁止单人作业，只有一名电机人员时，轮机长应指派一名合适的人员进行协助。作业中注意防止工具、螺栓、螺帽等物掉入电器或控制箱内。看守人员应密切注意工作人员的操作情况，随时准备采取切断电源等安全措施；作业完毕后，应再认真检查。一切电气设备，除主管人员和电气人员外，任何人不得自行拆修。禁止使用超过额定电流的保险丝。

15. 挂牌卸牌。一切警告牌均由检修负责人挂、卸，其他任何人不得乱动。

16. 防跌防滑。因检修移走栏杆、花铁板或盖板后，应在周围用绳子拦住，以防人员不慎踏空而伤亡。

四、考核内容与评分标准

(一)考核内容

1. 相关知识

检修作业注意事项。

2. 操作技能

(1)检修作业个人防护用品的使用;

(2)识别作业中的违规之处;

(3)作业现场的安全管理。

(二)评分标准

该任务的成绩由相关知识成绩(40%)和操作技能成绩(60%)两部分构成。在相关知识部分,检修作业注意事项占40%;在操作技能部分,检修作业个人防护用品的使用、识别作业中的违规之处以及作业现场的安全管理各占20%。

任务五　压力容器的使用与管理

一、工作目标

1. 明确压力容器使用的安全注意事项和作业人员的安全操作行为。
2. 减少和避免压力容器伤害事故的发生。
3. 加强压力容器使用的安全管理。

二、材料用具

教学资料、任务书、评价表、多媒体、黑板、计算机、压力容器、个人防护用品等。

三、工作过程

1. 严防碰撞。氧气、乙炔和氟化物钢瓶是高压容器,而乙炔是易燃、易爆的危险性气体,故在装卸或搬运时不准跌落或抛扔,避免碰撞。插好瓶口钢帽,取下钢帽时不准敲击。

2. 钢瓶放置。压力钢瓶不准卧放使用,应直立安放在妥善处并用卡箍或绳子紧固。两瓶的间距和瓶与烧焊处的距离均应大于3 m。

3. 防火防热。钢瓶不准在电焊间存放,应放在阴凉处,禁止曝晒或靠近锅炉、火焰等热源。

4. 留气留压。钢瓶内气体绝不能全部用光,剩余压力应保持不小于0.1 MPa。

5. 严防混装。待灌的空瓶应做好明显标记并按原来气体充灌,不准互换使用或改灌其他气体。

6. 弄清阀门。钢瓶在开阀前应仔细检查,特别要注意阀门是否反螺牙。开阀时要缓慢开大。

7. 控制瓶温。钢瓶如因严寒结冻,不能用明火烘烤,但可用蒸汽或热水适当加温。一般瓶体温度不得超过30~40 ℃。

8. 危险停用。当容器超温、超压、过冷、严重泄漏,经处理无效时;主要受压元件发生裂缝、鼓毛、变形、泄漏,危及安全时;安全阀失效、接管端断裂,难以保证安全时应立即停止使用。

9. 应急处理。发生火灾、爆炸或相邻管道发生事故危及容器安全时,应迅速搬挪他处或泄压。

四、考核内容与评分标准

(一)考核内容

1. 相关知识

压力容器使用注意事项。

2. 操作技能

(1)识别作业中的违规之处;

(2)作业现场的安全管理。

(二)评分标准

该任务的成绩由相关知识成绩(40%)和操作技能成绩(60%)两部分构成。在相关知识部分,压力容器使用注意事项占 40%;在操作技能部分,识别作业中的违规之处、作业现场的安全管理各占 30%。

任务六　船上封闭处所作业的安全管理

一、工作目标

1. 明确船上封闭处所作业的安全注意事项和作业人员的安全操作行为。

2. 减少和避免封闭处所作业伤害事故的发生。

3. 加强封闭处所作业安全管理。

二、材料用具

教学资料、任务书、评价表、多媒体、黑板、计算机、检测仪、个人防护用品等。

三、工作过程

1. 危险评估

为确保安全,适任人员应在考虑到船舱以前载运的货物、处所的通风、处所的涂层和其他有关因素的情况下,首先对将要进入的处所的潜在危险做出初步评估。适任人员的初步评估应确定存在缺氧、富氧、易燃或有毒空气的可能性。

如果初步评估指出了对健康或生命具有最低危险或在处所工作期间有出现危险的可能性,应视情采取相应的预防措施。如果初步评估确定对健康或生命具有危险,若要进入该处所,还应采取额外防护措施。

2. 进入许可

未经船长或指定责任人许可并且未采取为本船设定的适当安全措施,不得打开或进入封闭处所。进入封闭处所应有计划,并建议采用进入许可制度,其中可能包括使用核对清单。进入封闭处所许可证,应由船长或指定负责人发放,并在进入之前由进入封闭处所的人员填写。

3. 空气检测

应由经专门训练使用该仪器的人员使用标有准确刻度的仪器对处所的空气进行适当的检测。制造厂家的使用说明应得到严格遵守。空气检测应在人员进入处所之前进行,并在人员进入后按固定的时间间隔继续直至所有工作完成。应在不同层面上对处所进行检测,从而得到处所中空气有代表性的抽样。

(1)空气质量要求

①舱内空气中的氧气浓度始终不得低于18%,一般氧气含量表显示氧气占21%的体积。

②舱内空气中的二氧化碳浓度始终不得高于1%。

③如初步评估已确定有易燃气体(或蒸汽)的可能性,敏感度恰当的易燃气体指示表的读数不超过可燃低限的1%。

如果不能满足上述这些条件,应对处所进行补充通风并且在适当的时间间隔后再对处所进行空气测试。为得到准确的读数,任何气体测试须在停止对封闭处所通风后进行。

(2)通风换气

①船舶应对装有易造成缺氧危险货物的货舱及其相关处(如人孔等)进行有效的通风换气,为进舱作业人员提供安全作业环境。

②因故暂停作业、封舱的货舱在重新作业前,必须重新进行有效的通风换气。

③对有多层货舱的船舶,在进入不同货舱作业时,必须分别进行通风换气。对于深层货舱尤其要进行充分的通风换气。

④进入自然通风换气效果不好的舱室或封闭时间较长的舱室(如空舱、水舱、锚链舱、边舱、双层底、油舱和浮筒舱等)必须采用机械通风。

⑤清舱作业前,应通风换气。

⑥严禁使用纯氧通风换气。对可能存在可燃、可爆气体的舱室使用机械通风时,应采用防爆通风机械。

⑦采用二氧化碳气体灭火的货舱,应进行有效的通风换气。

(3)空气检测

①检测方法类型

a. 现场检测可采用便携式氧气检测仪和二氧化碳检测仪进行检测;

b. 实验室检测应采用GB12301气相色谱分析法进行检测。

②对于装有原木、粮食等易造成缺氧窒息事故的货舱,在工人进舱前和工人在舱内作业期间,应检测舱内空气质量。

③船舱通风换气后,应检测舱内空气中氧气、二氧化碳的浓度。尤其要注意检测舱室底部、角落的氧气、二氧化碳的浓度,检测结果未达到标准的,严禁人员进舱作业。

④检测人员应尽量采用不下舱的检测方法,当必须进舱或进人孔内检测或采样时,检测人员必须佩戴自给式空气呼吸器进舱,严禁佩戴过滤式防毒面具。

⑤检测点的选择应根据船舱结构、货物装载状况等实际情况合理布点。

只有按照以上安全技术要求,即经过严格的危险评估、建立了进入许可制度以及空气测试合格以后,有关作业人员才能进入封闭处所作业,但是还应采取以下安全防护措施。

4. 一般安全防护措施

(1)港航单位应配备准确可靠的检测仪器,要明确专管部门和专管人员。仪器要定期检定和维护,保证检测数据准确可靠。

(2)作业单位应配备自给式空气呼吸器,要明确专管部门和专管人员。每次使用前应仔细检查空气呼吸器,发现异常应立即更换,不得使用。

(3)进入舱室的检测人员,应配备必要的自给式空气呼吸器和安全带、索等安全防护用品。每次使用前应认真检查,发现异常立即更换,不得使用。

5. 进入封闭处所期间的安全防护措施

(1)进入舱室作业或检测时,必须安排监护人员。作业人员与监护人员应事先规定明确的联络信号,监护人员始终不得离开工作点,随时按规定的联络信号与作业人员取得联系。

(2)对作业过程中易发生氧气、二氧化碳浓度变化的舱室和作业过程长的舱室应随时监视空气中的氧气、二氧化碳的浓度变化情况,应保持必要的检测次数或连续检测,并根据检测结果采取相应的通风换气措施。

(3)货舱内作业应严格遵守卸货程序规定。对必须定位分层拆卸作业的,要采取阶梯式拆卸方法,并检测每层每处作业点的氧气浓度。

(4)作业中不得以任何理由离开工作场所或擅自进入货舱深处。作业工具落入舱内不准私自下舱拾取,必须重新领取使用。

(5)当处所内有人和在暂时休息期间,应继续保持通风。在休息结束再次进入之前,应对处所内再次进行测试。万一通风系统失灵,处所内所有人员应立即离开。

(6)万一出现紧急情况,在救助人员尚未到达和尚未对情况做出评估(确保进入处所进行救助的人员安全)之前,照应的船员无论如何都不得进入处所内。

(7)作业人员进入舱室前和离开舱室时,应清点人数。

6. 发生事故的应急防护措施

(1)当发现舱内有异常情况或有缺氧危险可能性(如发生不明原因的突然晕倒、坠落等)或发生缺氧窒息事故时,必须立即停止作业,应组织作业人员迅速撤离现场,在安全处清点人数并迅速向有关机关报告。

(2)发生缺氧窒息事故时,港、船双方应积极营救遇险人员,对已患缺氧症的作业人员应立即在空气新鲜处施行现场抢救(人工心肺复苏术),并尽快与医疗单位联系,以便进一步抢救和治疗。

(3)进舱抢救人员必须佩戴自给式空气呼吸器等救生用具,不允许佩戴过滤式防毒面具下舱救人。

(4)舱内发生缺氧窒息事故时应封锁通道,在危险解除前非抢救人员以及未配备安全救护器的救护人员不得进入事故现场。

7. 如果已知或怀疑处所内空气危险时进入处所的额外防护措施

(1)如果怀疑或知道封闭处所内的空气危险,只有在别无其他可行的选择时才能进入处所。只有在进行进一步测试、绝对必要的操作、出于船上人员安全或船舶本身安全时,才应进入处所。进入处所人员的数量应为完成工作要求的最低数。

(2)应携带合适的呼吸器例如空气管或自给式呼吸器,而且只有在使用呼吸器方面经过训练的人员才准许进入封闭处所。由于空气过滤呼吸器不能提供封闭处所以外的清洁空气,因此不应使用这种呼吸器。

(3)应系配救助安全带,且除非不可行,还应使用救生索。

(4)应穿着适当的防护服,特别是在存在有毒物质或化学品可能接触进入人员皮肤或眼睛的危险情况下。

进入封闭处所,除了以上的安全技术要求和防护措施要严格遵守外,还要对作业人员和作业负责人员进行必要的安全教育和预防缺氧窒息事故的技术培训。

四、考核内容与评分标准

(一)考核内容

1. 相关知识

(1)空气检测;

(2)一般安全防护措施;

(3)进入封闭处所期间的安全防护措施;

(4)发生事故的应急防护措施。

2. 操作技能

(1)检测仪及自给式空气呼吸器的使用;

(2)发生事故的应急防护能力;

(3)作业现场的安全管理。

(二)评分标准

该任务的成绩由相关知识成绩(40%)和操作技能成绩(60%)两部分构成。在相关知识部分,空气检测、一般安全防护措施、进入封闭处所期间的安全防护措施、发生事故的应急防护措施各占10%;在操作技能部分,检测仪及自给式空气呼吸器的使用、发生事故的应急防护能力、作业现场的安全管理各占20%。

任务七　船舶机舱消防安全管理

一、工作目标

1. 明确船舶机舱消防安全注意事项。
2. 减少和避免机舱消防安全事故的发生。
3. 加强机舱消防安全管理。

二、材料用具

教学资料、任务书、评价表、多媒体、黑板、计算机、测爆仪、个人防护用品等。

三、工作过程

1. 防火防爆的安全措施

(1)定期检验机械的安全设备。

如锅炉、空气瓶、柴油机气缸盖上的安全阀由船检定期检验铅封。

(2)保持电路的绝缘良好。

(3)对油舱柜加强管理。

① 空油柜经清洗、除气、测爆后,才准予明火作业。

用测爆仪检测油气浓度。使用时要先检查仪器的准确度,并按说明书要求正确取样、操作、修正。测爆仪不能测量空气中的含氧量,为了保证测试的准确性,一般用两只仪表同时进行。国际及我国都规定:船舶油舱柜的油气浓度在爆炸下限的1%或以下时,才能进行热工作业,在爆炸下限的5%或以下时,才能进入某些区域。

② 清洗空油柜时,严禁污水再循环。

③ 空油柜附近,严禁拖动电焊用电缆。

④ 空油柜中应充满惰性气体,以防雷电。

(4)机炉舱内应保持清洁,严禁吸烟。

(5)自动探火及报警系统应保持正常工作。

(6)消防系统和各种消防器材应能随时在规定的位置上投入工作。

(7)加强船员防火防爆的安全教育和消防训练,做好应变部署。

2. 机舱火灾应急操作规程

(1)发现机舱火情,当值人员应迅速发出火警并及时灭火,控制火势蔓延。

(2)轮机部全体人员立即进入应变部署岗位,服从统一指挥。

(3)轮机长迅速进入机舱,做出正确判断,进行现场指挥。

(4)必要时:

① 切断火场电源或停止发电机运转,启动应急消防泵灭火;

② 通知船长减速、改变航向或主机停车;

③ 停止机舱通风机、燃油泵,关闭油柜速闭阀、机舱天窗和风道挡板。

(5)抢救人员三人一组,穿好消防衣,佩戴呼吸器,做好支援通信联络工作。

(6)确认机舱必须施行二氧化碳灭火,应按有关规定与船长商定后执行。在机舱施放二氧化碳前必须封闭机舱,按响警报通知人员撤离现场,确认无人后,通知船长施放。使用二氧化碳灭火所需的时间比较长,不可过早地开启机舱。

(7)火灾扑灭后,要查找隐火,严防死灰复燃。救护伤员,机舱通风,清理现场,检查机电设备状况,排除舱底水。

(8)查清火灾成因,起火、灭火准确时间,灭火过程,善后处理,火灾损失情况,需要修理项目,并记入轮机日志。将有关情况电告公司,为海事处理做好必要的准备。

四、考核内容与评分标准

(一)考核内容

1. 相关知识

(1)防火防爆的安全措施;

(2)机舱火灾应急操作规程。

2. 操作技能

(1)测爆仪的使用;

(2)发生机舱火灾时应急操作的能力;

(3)机舱消防安全管理。

(二)评分标准

该任务的成绩由相关知识成绩(40%)和操作技能成绩(60%)两部分构成。在相关知识部分,空气检测、一般安全防护措施、进入封闭处所期间的安全防护措施、发生事故的应急防护措施各占10%;在操作技能部分,测爆仪及自给式空气呼吸器的使用、发生事故的应急防护能力、作业现场的安全管理各占20%。

任务八　船内通信系统的使用与管理

一、工作目标

1. 学会船内通信系统的使用。
2. 明确船内通信系统使用注意事项。
3. 加强船内通信系统的安全管理。

二、材料用具

教学资料、任务书、评价表、多媒体、黑板、计算机、警示标志、个人防护用品等。

三、工作过程

1. 目前建造的大型船舶中,都有对讲(直通)电话系统、指挥电话系统和自动电话系统。平时维护重点应是前两种,因为它们结构简单、接通迅速、工作可靠,多作为船舶指挥联络之用,与船舶航行安全直接相关。

2. 电磁式送话器、受话器:由于它们结构相同,作用原理具有可逆性可以进行互换,这是因为送话器是把声波变为音频电流的设备,而受话器是把音频电流转变为声波设备的缘故;若送话器选用炭精式或受话器选用压电陶瓷式就不能互换。

3. 必须消除话机的侧音,以免影响指挥联络的效果,使受话方不能正确理解另一方的意图。

侧音是指从受话器中听到自己一方送话器送出的声音(包括自己的讲话声和同室的嘈杂声)。侧音的存在干扰甚至覆盖了对方的来话,使发话人也不敢大声说话(怕震耳),大大地影响了通话的质量。目前常用的消侧音电路有桥式与补偿式两种。

4. 自动电话拨号时从话机送出的是脉冲信号,不是拨号时越用力、速度越快越容易接通。

5. 及时排除指挥电话系统的故障。

①了解情况、熟悉系统、综合分析、认真检测、判明故障、修复试验。首先应知道指挥电话系统的类型:声力式;共电式;单个交换总机。

②了解故障现象进行具体分析:是信号通路问题还是通话电路问题;故障现象是发生在个别单机还是全部单机。

③根据故障确定故障源所在的电路。

④仔细检查该电路上的元器件，通常是先检查有触点元器件或运动件，再检查静止元件。

⑤找出故障进行修复，最后试验交付使用。

四、考核内容与评分标准

(一)考核内容

1. 相关知识

船内通信系统使用注意事项。

2. 操作技能

(1)船内通信系统的使用；

(2)识别使用中的违规之处；

(3)使用中的安全管理。

(二)评分标准

该任务的成绩由相关知识成绩(40%)和操作技能成绩(60%)两部分构成。在相关知识部分，船内通信系统使用注意事项占 40%；在操作技能部分，船内通信系统的使用、识别使用中的违规之处、使用中的安全管理各占 20%。

项目十一　应急工况处理

【知识目标】

通过学习，使学生掌握船舶应变部署的相关知识，掌握船舶搁浅、碰撞、恶劣海况、全船失电、舵机失灵、弃船、主机遥控系统故障等的基本概念和相关的安全知识。

【技能目标】

通过学习和训练，使学生具有救生、消防等技能，具有船舶搁浅、碰撞、恶劣海况、全船失电、舵机失灵、弃船、主机遥控系统故障等应急工况下的处理问题的能力；具有在上述应急工况下识别各种潜在风险的能力。

【必备知识】

一、船舶应变部署

（一）远洋运输船舶应变部署表的有关内容

2010 年 11 月 10 日，中华人民共和国国家质量监督检验检疫总局和中华人民共和国标准化管理委员会发布了中华人民共和国国家标准《海洋运输船舶应变部署表》GB17566—2010，并于 2011 年 05 月 01 日实施，代替了 GB17566—1998。本标准的全部技术内容为强制性。

1. 范围

本标准规定了海洋运输船舶应变部署表和应变部署卡的基本要求，货船和客船在弃船求生、消防灭火时，船上所有人员的分工部署、职责和技术动作，以及应变部署表和应变部署卡在船上的配备和填写要求。

本标准适用于航行于海上的以从事商业运输为目的，500 总吨及以上的货船、载客 12 人及以上的客船。其他船舶，如工程船、科学考察船、海洋测量船、渔船以及 500 总吨以下货船和载客 12 人以下的船舶等，可参照试用。

2. 术语和定义

（1）应变部署表（Muster List）：在船舶上用表格形式表述的符合《1974 年国际海上人命安全公约》（SOLAS1974）要求的船舶遇险时紧急报警信号及其全员的应变部署。

(2)短声(Short Blast):历时约 1 s 的笛声或铃声。

(3)长声(Long Blast):历时约 4~6 s 的笛声或铃声。

3. 应变部署表基本要求

(1)海洋运输船舶应变部署表分为货船应变部署表和客船应变部署表。

(2)应变部署表的基本尺寸:

①纸张外尺寸(长×宽)为:670 mm×490 mm;

②表格尺寸(长×宽)为:640 mm×460 mm。

(3)应变部署表的式样有统一的规定。

图 11-1　逃生

图 11-2　船舶失火

(4)应变部署表以船长为中心,全体船员分工配合,分成救生部署和消防部署两大部分,包括紧急报警信号,驾驶台、机舱,弃船,放救生艇筏,消防,救生设备位置,消防设备位置,人员编号表格和备注等九个栏目。

4. 货船应变部署表(MUSTER LIST FOR CARGO SHIP)

(1)驾驶台、机舱(Bridge and Engine Room)

①船长:总指挥。

②驾驶员:协助船长,瞭望,操纵车钟,管理火灾探测器。

③值班水手:联络传令,悬挂、释放信号,管理抛绳设备,抛投带自发烟雾信号的救生圈。操舵,协助瞭望。

④无线电操作员:管理 DSC/VHF/双向无线电话等通信设备,协助船长负责船内外通信联系,根据船长指示通知弃船集合地点。

⑤轮机员:管理操纵主机、辅机和应急发电机。

(2)紧急报警信号(Emergency Alarm Signal)

①根据船长命令,用汽笛或报警器发出如下紧急报警信号,如可能应伴随有线广播。船员听到报警信号后,应立即着装就位。

②消防报警主要内容如下:

(a)消防报警:· · · · · · · · · · ·(短声连放一分钟);

(b)船前部失火:· · · · · · · · · · · ·—(短声连放一分钟后一长声);

(c)船中部失火:· · · · · · · · · · · ·——(短声连放一分钟后二长声);

(d)船后部失火:· · · · · · · · · · · ·———(短声连放一分钟后三长声);

(e)机舱失火:· · · · · · · · · · · ·————(短声连放一分钟后四长声);

(f)上甲板失火:· · · · · · · · · · ·—————(短声连放一分钟后五长声)。

③弃船报警:· · · · · · · ·—(七短声一长声,重复连放一分钟)。

④人员落水报警主要内容如下:

(a)人员落水报警:———(连续三长声);

(b)人员右舷落水:———·(连续三长声后一短声);

(c)人员左舷落水:———· ·(连续三长声后二短声)。

⑤解除警报:—(一长声)。

(3)救生部署(Boat Stations)

①弃船动作(Actions for Abandoning Ship)

弃船时任务包括以下动作:

(a)发出 DSC/VHF 等遇险信号;

(b)关闭有关机器,操纵遥控阀门和开关;

(c)关闭水密门、泄水孔、舷窗、舷门和其他类似开口;

(d)携带、管理应急无线电示位标;

(e)携带双向无线电话;

(f)携带雷达应答器;

(g)携带船舶证书及重要文件;

(h)携带有关海图、航海日志、轮机日志、无线电记录簿、车钟记录簿或相关自动记录;

(i)携带食品和毛毯。

②放救生艇筏动作(Actions for Launching Survival Craft)

(a)开敞或部分开敞式救生艇(Unclosed or Partially Closed Lifeboat)

释放开敞或部分开敞式救生艇,如图 11-3 所示。主要包括以下动作与任务。

艇长:持有艇员名单,核对艇员,指挥放艇。

副艇长:

持有艇员名单,检查登乘人员着装和救生服救生衣穿着,操作放艇机;

管理集合地点应急照明、救生艇电气设备及舷边护栏;

解除救生艇前系固索及保险插销;

解除救生艇后系固索及保险插销;

管理救生艇前救生吊索,出艏缆、止晃索,脱前艇钩;

图 11-3　释放开敞式救生艇

管理救生艇后救生吊索,出艉缆、止晃索,脱后艇钩,操舵;

携带救生圈,塞艇底塞,出艇靠把,操作艇钩脱开装置,撑篙;

操纵救生艇机;

放妥登乘梯,带艏缆。

(b)全封闭救生艇

放全封闭救生艇,如图 11-4 所示。主要包括以下动作与任务。

图 11-4　释放全封闭式救生艇

艇长:持有艇员名单,核对艇员,指挥放艇,操纵放艇索;

副艇长:持有艇员名单,检查登乘人员着装和救生服救生衣穿着,操作放艇机;

管理集合地点应急照明、救生艇电气设备及舷边护栏;

解除救生艇系固索;

解除救生艇后系保险插销;

放妥登乘梯;

操纵救生艇艇钩脱开装置;

关闭好所有水密舱口和其他出口。

(c)救生筏

放救生筏如图 11-5 所示。主要包括以下动作与任务。

筏长:持有筏员名单,管理集合地点应急照明;

解除救生筏系固索,拉动艏缆将救生筏抛投水中;

救生筏扶正;

图 11-5　救生筏

放妥登乘梯,检查登乘人员救生服、救生衣穿着;

抛投救生浮环,救助落水人员登筏;

解除救生筏系缆,使筏脱离船舶;

管理海锚,控制救生筏漂流速度;

降落式救生筏起吊处于降落位置,使救生筏充气成型。

(d)救生艇兼用救助艇(Lifeboat Used as Rescue Boat)

救生艇兼用救助艇时,应明示兼用救助艇的救生艇编号。

(4)消防部署(Fire Station)

①消防队(Fire-fighting Squad)

消防队的部署如下:

(a)队长:现场指挥;

(b)副队长:协助队长工作;

(c)消防员:探火,抢险;

(d)切断所有电路,关闭风机;

(e)关闭防火门窗、舱口、孔道及通风筒;

(f)管理消火栓、水带及水枪;

(g)携带手提式灭火器;

(h)隔离火场附近易燃物;

(i)携带担架和急救药箱。

②技术队(Technical Squad)

技术队的部署如下:

(a)队长:现场指挥;

(b)副队长:协助队长工作;

(c)管理固定灭火系统,按船长命令施放;

(d)管理操纵应急消防泵;

(e)管理操纵机舱固定式灭火系统;

(f)管理操纵固定式局部灭火系统;

(g)关闭机舱防火门、天窗、孔道及通风筒;

图 11-6　消防演习

(h)切断有关油路;

(i)管理国际通岸接头。

(5)救生设备位置(Location of Life Saving Equipment)

应明示如下主要救生设备位置:

①救生艇(lifeboat);

②救生筏(liferaft);

③应急无线电示位标(EPRIB);

④双向无线电话(two-way radio telephone);

⑤雷达应答器(SART)。

(6)消防设备位置(Location of Fire-fighting Equipment)

应明示如下主要消防设备位置:

①消防员装备(fireman's outfit);

②紧急逃生呼吸装备(EEBD);

③手提式泡沫枪装置(portable foam application unit);

④应急消防泵(emergency fire pump);

⑤国际通岸接头(international shore connection);

⑥消防控制站(fire control station);

⑦固定式局部灭火系统(fixed local application fire-fighting system);

⑧固定式灭火系统(fixed fire-extinguishing system)。

(7)备注栏(Remarks)

备注栏主要包括以下内容:

①应变部署表应在船舶开航前制定。在应变部署表制定后,当船员有所变动而必须更改应变部署表时,船长应修订该表或制定新表。

②应变部署表中的任务可以一人多职,也可一职多人。

③船长的接替人为大副,轮机长接替人为大管轮,驾驶员互为替换人,轮机员互为替换人,艇长的接替人为持证人员。

④在航行途中发生人落水时,驾驶台固定人员为:船长、值班驾驶员、值班水手;机舱固定人员为:轮机长、值班轮机员、值班机工。

⑤表中"执行人"一栏应填船员编号。

⑥救助艇的降落参照救生艇的降落,由船长现场决定增加救助、救护和担架人员。

⑦救生、消防设备维护保养责任人为驾驶员和轮机员。大副和轮机长负责监督指导。

⑧本表格应根据船舶实际情况进行调整并如实填写,填写时字迹应清晰工整。平时应注意保持表格的整洁,不得随意涂改和污损。

5. 客船应变部署表(MUSTER LIST FOR PASSENGER SHIP)

(1)驾驶台、机舱(Bridge and Engine Room)

①船长:总指挥。

②驾驶员:协助船长,瞭望,操纵车钟,管理火灾探测器。

③值班水手:联络传令,悬挂、发信号,管理抛绳设备,抛投带自发烟雾信号的救生圈。操舵,协助瞭望。

④无线电操作员：管理DSC/VHF/双向无线电话等通信设备。协助船长负责船内外通信联系，根据船长指示通知弃船集合地点。

⑤播音员：负责广播通信，根据船长指示通知船员和旅客弃船集合地点。

⑥轮机员：管理操纵主机、辅机和应急发电机。

(2)紧急报警信号(Emergency Alarm Signal)

紧急报警信号的项目与货船的相同。

(3)救生部署(Boat Stations)

①弃船动作(Actions for Abandoning Ship)

弃船时任务除按4(3)①外，还包括以下动作：

(a)向旅客告警，指示旅客集合地点；

(b)检查旅客救生衣着装，召集并引领旅客至集合地点，并协助登乘；

(c)维持梯口及通道秩序，稳定旅客情绪，疏导旅客流向；

(d)携带旅客名单等旅客资料。

②放救生艇筏动作(Actions for Launching Survival Craft)

(a)全封闭救生艇(Totally Enclosed Lifeboat)

放全封闭式救生艇的动作与任务按4(3)②(b)。如配有开敞式或半开敞式救生艇，则按4(3)②(a)。

(b)救生筏(Liferaft)

放救生筏的动作与任务按4(3)②(c)。

(c)快速救助艇(Fast Speed Rescue Boat)

放快速救助艇的要求如下：

艇长：

登艇，操纵遥控索，艇至水面脱钩，操艇，指挥救人。当另一艇长登艇时，应在甲板上负责放艇机的操作。

登艇，负责带、解艏缆，负责救起落水者。当另一人登艇时，在甲板上负责解绑扎，控制艏缆的松紧，保持艇身的平衡。

登艇，负责发动艇机，管理艇上机器设备，协助救起落水者。当另一人登艇时，在甲板上负责管理甲板照明及吊艇机。

携带担架登艇，负责落水者的抢救工作。

(d)救生艇兼用救助艇(Lifeboat Used as Rescue Boat)

救生艇兼用救助艇要求按4(3)②(d)。

③放撤离滑梯动作(Actions for Launching Evacuation Slide)

放撤离滑梯的要求如下：

(a)指挥员：持有人员名单，指挥放妥撤离滑梯，人员撤离至滑梯平台，在甲板指导旅客从滑梯下滑；

(b)操作员：打开门，抽出安全销，扳下手柄，放下滑梯，然后放好遮盖布，用绞车调整滑梯位置。检查登乘口，从滑梯下至平台，打开平台出口，等候在平台处，接迎滑下的旅客。

④放救生漂浮平台动作(Actions for Launching Craft)

放救生漂浮平台的要求如下：

(a)操作降放装置；

(b)解除救生平台绑扎,打开上半盒盖,将吊杆吊钩与平台的吊装卸扣相连接；

(c)将平台吊出舷外,拉充气拉绳将平台充气；

(d)调整平台紧靠船边。

(4)消防部署(Fire Station)

①消防队(Fire-fighting Squad)

消防队的部署按4(4)①(a)~4(4)①(h)

②救护队(First Aid Squad)

(a)队长:现场指挥；

(b)副队长:协助队长工作；

(c)携带急救药箱,救护；

(d)携带担架；

(e)安全守卫；

(f)向旅客示警,稳定旅客情绪；

(g)维持秩序,疏导旅客流向；

(h)预备人员:待命。

③技术队(Technical Squad)

技术队的部署按4(4)②。

(5)救生设备位置(Location of Life Saving Equipment)

应明示如下主要救生设备位置:

①快速救生艇(Fast Speed Rescue Boat)；

②救生艇(Lifeboat)；

③救生筏(Liferaft)；

④应急无线电示位标(EPRIB)；

⑤双向无线电话(Two-way Radio Telephone)；

⑥雷达应答器(SART)；

⑦救生漂浮平台(Craft)；

⑧撤离滑道(Evacuation Slide)。

(6)消防设备位置(Location of Fire-fighting Equipment)

应明示的主要消防设备位置按4(6)。

(7)备注栏(Remarks)

备注栏主要包括以下内容:

①应变部署表应在船舶开航前制定。在应变部署表制定后,如船员有所变动而必须更改应变部署表时,船长应修订该表或制定新表。

②应变部署表中的任务可以一人多职,也可一职多人。

③船长的接替人为大副,轮机长接替人为大管轮,驾驶员互为替换人,轮机员互为替换人,客运主任接替人为服务组长,艇长的接替人为持证人员。

④弃船集合地点如与登乘地点不同,全体船员和旅客听到弃船救生信号后,应穿好救生衣先到集合地点集合。

⑤在航行途中发生人落水时,驾驶室固定人员为:船长、值班驾驶员、值班水手;机舱固定人员为:轮机长、值班轮机员、值班机工。

⑥表中“执行人”一栏应填船员编号。

⑦救助艇的降落参照救生艇的降落,由船长现场决定增加救助、救护和担架人员。

⑧救生、消防设备维护保养责任人应为驾驶员和轮机员。大副和轮机长负责监督指导。

⑨本表格应根据船舶实际情况进行调整并如实填写,填写时字迹应清晰工整。平时应注意保持表格的整洁,不得随意涂改和污损。

6. 应变部署卡

(1)应变部署卡样式

①船员用的应变部署卡样式,见表11-1。

表 11-1　船员用应变部署卡

<table>
<tr><td colspan="3">应变部署卡 EMERGENCY CARD
船名 M/V:________</td></tr>
<tr><td>编号 No:</td><td>姓名 Name:</td><td>职务 Rank:</td></tr>
<tr><td colspan="2">艇号 Boat No:</td><td>消防集合地点 Fire muster station:</td></tr>
<tr><td rowspan="2">消防
Fire control</td><td>信号
Signal</td><td>· · · · · · · · · · · 短声连放一分钟 short blasts continued for one minute. 随后:一长声(船前部失火),二长声(船中部失火),三长声(船后部失火),四长声(机舱失火),五长声(上甲板失火) Thereafter, one long blast stands for fore part, two for middle part, three for aft part, four for engine room, five for upper deck.</td></tr>
<tr><td>任务
Duty</td><td></td></tr>
<tr><td rowspan="2">弃船
Abandon ship</td><td>信号
Signal</td><td>· · · · · · · —七短声一长声,重复连放一分钟 Abandon ship alarm: seven short blasts with one long blast for one minute.</td></tr>
<tr><td>任务
Duty</td><td></td></tr>
<tr><td rowspan="2">人落水
Man overboard</td><td>信号
Signal</td><td>— — — 连续三长声 Man overboard alarm: three long blasts. 随后:一短声(右舷落水),二短声(左舷落水) Thereafter, one short blast stands for starboard, two for portside.</td></tr>
<tr><td>任务
Duty</td><td></td></tr>
<tr><td colspan="3">解除警报:—　一长声 Signal for dismissal: one long blast.</td></tr>
</table>

②旅客用的应变部署卡样式,见表 11-2。

表 11-2　旅客用应变部署卡

应变部署卡 EMERGENCY CARD 船名 M/V:________
艇号 Boat No:________________　　集合地点 Muster station:________________
火警信号:·········· 短声连放一分钟 Fire alarm:short blasts continued for one minute. 随后:一长声(船前部失火),二长声(船中部失火),三长声(船后部失火),四长声(机舱失火),五长声(上甲板失火) Thereafter,one long blast stands for fore part,two for middle part,three for aft part,four for engine room,five for upper deck. 注意事项 Notice:
弃船求生信号:········— 七短声一长声,重复连放一分钟 Abandon ship alarm:seven short blasts with one long blast for one minute. 注意事项 Notice:
人员落水信号:— — — 连续三长声 Man overboard alarm:three long blasts. 随后:一短声(右舷落水),二短声(左舷落水) Thereafter,one short blast stands for starboard,two for portside. 注意事项 Notice:
解除警报:—　一长声 Signal for dismissal:one long blast.

(2)应变部署卡尺寸

应变部署卡的基本尺寸(长×宽)为:120 mm×65 mm。

7. 配备与填写要求

(1)应变部署表

①每艘船舶应配备指明船员应变任务的应变部署表,并应特别指明每位船员应到达的岗位及应执行的任务。

②应变部署表应在开航前制定完毕,由船长签字后将其副本张贴在驾驶室、机舱、居住及公共处所。如遇船员变动或情况改变,应及时修订。

③对于国内航行船舶,在填写应变部署表时,船员姓名可以不填在应变部署表中,但应在应变部署卡中填写船员姓名,并采取有效手段,使船舶主要人员手中持有本航次船员姓名与编写号的对照表。

④应根据船舶实际情况进行调整并如实填写,填写时字迹应清晰工整。平时应注意保持表格的整洁,不得随意涂改和污损。

(2)应变部署卡

①船员用应变部署卡应每个船员一张,放置在船员房间内明显位置。

②旅客用应变部署卡应放置在每位旅客床头。

③船员用应变部署卡应由驾驶员按照应变部署表中对应任务,在开航前填妥并告知船员本人。遇有人员变动时,应重新填写。

④旅客用应变部署卡的注意事项应填写清楚。

（二）船舶操作须知的有关内容

1. 操作须知

在救生艇筏及其降落操纵器的上面或附近，应设置明显的告示或标志，说明其用途和操作程序，并提出有关须知和注意事项，以便紧急操作时不至于造成错误。

救生艇是救生应变的最主要设备，放艇必须经船长同意，除演习、操练和紧急救助之外，不准随意动用救生艇。在港内放艇，必须事先得到海事管理机构的批准。

2. 演习

（1）每位船员每月应至少参加一次弃船演习和一次消防演习；

（2）若有 25%以上的船员未参加本船上月的弃船演习和消防演习，应在该船离港后 24 h 内举行该两项演习；

（3）客船每周应举行一次弃船演习和消防演习；

（4）堵漏（抗沉）演习每 3 个月举行一次。

（三）船舶医疗急救的有关规定

IMO 和国际劳工组织（ILO）以及《2006 年海事劳工公约》均规定所有船舶应配备药品、医疗器具和《国际船舶医疗指南》，这些也是 PSC 检查的内容之一。根据 IMO 和 ILO 的规则，所有国际航行的船舶必须按推荐清单根据其航程的长短、目的港、船员数量和所运货物配备足量药品和医疗器具，且定期对其检查，使之保持良好和随时可用的状态。船舶医护上的配备主要考虑在船上可能发生的病情，所需的应急处理药品和器具，更主要考虑船舶的特点，在必要时可通过无线通信设备进行医疗咨询，指导船上做好医疗急救的工作。

1. 船上医护管理的基本准则

（1）责任：船长是主要责任人。

（2）记录：记录内容包括对通用药名的有效期、存放情况、存量以及对船员的医护处理和药品的使用情况。在一些国家需要这些记录。船长应保持有受控药物的登记记录，该记录应从最后一次记录起保存 2 年。

（3）药物的识别：每种药品的外包装应标明药品的通用名称、服用剂量及有效期。

（4）贮存：每个船上均有一个单独的医务室，用来存放药品和隔离病人。每种药品应保持良好的状态，防潮，保持合适的温度，一般 15～25 ℃。医务室应配备冰箱，用以贮存需冷藏的药品。

（5）过期日期：定期检查药品和一些医疗器具的有效期，确保其正常使用，有的港口的 PSC 对过期的药品也会处以罚款。

（6）应对症下药，避免发生误服，造成人体伤害。

2. 船舶用药使用须知

（1）船舶配备药品只限于船员在船工作期间临时患病时使用。慢性病用药，船员上船前应自备。

（2）有医生的船舶，船舶配备的药品由医生管理；没有医生的船舶由大副管理，并做好病人用药记录。

（3）外购药品要向公司门诊部提出书面申请，征得同意后方能购买。购药收据附药品明细表转公司统筹中心报销。

3. 船舶用药目录(常用部分)

(1)急救药类。

①抗休克药、止血药:肾上腺素、去甲肾上腺素、多巴胺、阿托品、山莨菪碱、止血敏、6-氨基己酸。

②抗心力衰竭药:西地兰、毒毛旋花子甙 K、狄高辛。

③治疗冠心病急救药:利血平、硝酸甘油、亚硝酸异戊酯、消心痛、潘生丁、心得安、异搏定。

(2)抗菌素类药物:安必仙、红霉素、欣美罗、CO 头孢氨苄、环丙沙星、氧氟沙星、土霉素、COSMZ、氟哌酸、黄连素、新雪丹、牛黄消炎片、庆大霉素。

(3)心血管系统常用药:CO 丹参片、地奥心血康、速效救心丸、复方丹参滴丸、消心痛、硝酸甘油、复方降压片、倍他乐克、心痛定、脂必妥、小剂量阿斯匹林、心得安、异搏定、急救盒。

(4)消化系统常用药:胃必治、雷尼替丁、快胃片、气滞胃痛冲剂、胃舒平、胃蛋白酶片、乳酸菌素片、酵母片、阿托品、莨菪片、普鲁本辛、果导片、泻叶、消炎利胆片、肝泰乐、三九胃泰、附子理中丸。

(5)呼吸系统及抗感冒药:速效伤风胶囊、病毒灵、VC 银翘片、羚翘解毒丸、板兰根、去痛片、扑热息痛、咳必清、氨茶碱、CO 甘草片、CO 桔梗片、安痛定。

(6)维生素类:维生素 C、复合维生素 B、维生素 B1、维生素 B2、维生素 B6、维生素 B12、维生素 A、维生素 K。

(7)中枢神经系常用药:安定片、利眼宁、谷维素、乘晕宁、养血安神片、珠珀安神丹。

(8)代谢病药。

①糖尿病:消渴丸、二甲双胍、迪化唐锭、胰岛素。

②痛风病及止痛药:炎痛喜康、消炎痛、双氯灭痛、芬必得、腰痛宁、沈阳红药、骨折挫伤散。

(9)眼科用药:氯霉素眼药水、润舒、环丙沙星眼药水、醋酸可的松眼药水、红霉素眼药膏、金霉素眼药膏。

(10)耳鼻喉科药物:新霉素滴耳液、滴耳油、过氧化氢溶液、鼻通药膏、滴鼻净、六神丸、西瓜霜、草珊瑚含片、咽特佳、牛黄解毒片、牛黄上清丸、牛黄消炎片、冰硼散。

(11)皮肤科用药。

①烫冻伤药:烫伤膏、京万红、万花油、绿药膏、冻伤膏、人丹㈩。

②皮肤病药:扑尔敏、息斯敏、强的松、肤轻松、皮炎平、红霉素软膏㈩。

③脚气用药:克霉唑癣药水、脚气膏、达克宁、足光粉㈩。

④外用药:风油精、红花油、清凉油、樟脑、伤湿膏、麝香壮骨膏、创可贴、鱼石脂软膏、防晒膏。

(12)外科用药。

①消毒防腐剂:来苏尔、新洁尔灭、漂白粉、器械消毒液。

②创面用药:高锰酸钾、过氧化氢、呋喃西林、利凡诺。

③表面消毒药:酒精、红汞、龙胆紫、碘酊。

(13)器械类:缝合针、线、止血钳、持针器、镊子、手术刀、手术剪、药棉、绷带、敷料、止血带、输液器、注射器 1 ml、注射器 2 ml、注射器 5 ml、注射器 20 ml、听诊器、血压计、体温计、小夹板、担架、药箱 4 个。

(14)抗生素:四环素、碘胺药类、链霉素等。

(15)常用杀虫灭鼠药:DDV(敌敌畏)、磷化锌、杀蟑螂用药、拜干。

4. 船舶急救药箱的配备

(1)每艘船舶至少配备4个急救药箱。这些急救药箱应放置在驾驶台、机舱集控室、生活区内的公共场所(如餐厅),若适用,病房和货物操作控制室也可放置。

(2)每个急救药箱应包含下列药品:急救盒、一次性注射器、听诊器、血压计、体温计、止血带、镊子、手术剪、创可贴、绷带、三角巾、一次性消毒敷料、酒精、碘酊、红汞、阿托品、冻疮膏、烫伤膏、防晒膏、清凉油、风油精、土霉素、氟哌酸、芬必得、去痛片、庆大霉素、安痛定、生理盐水。

5. 船舶医疗垃圾及过期药品管理

(1)船舶医疗垃圾由船医或负责医疗卫生人员收集保管,按规定分装并妥善保存。

(2)船舶过期报废药品由船医或负责医疗卫生人员向公司门诊部申请报废,报废后的药品同船舶医疗垃圾同样管理。

(3)船舶靠泊后向港口国医疗垃圾回收部门移交医疗垃圾并取得签字认可。

(4)少量的医疗垃圾通过集中保管封存,待船舶到国内港口后交付门诊部按规定统一处理。

(5)船舶分装医疗垃圾的用具由门诊部提供。

二、船舶搁浅

(一)定义

所谓船舶搁浅,指的是船舶进入浅水域航行时,船体底部落在水底称为搁浅,如图11-7所示。当船体底部部分落在水底时称为部分搁浅;当船体的底部全部落在水底时称为全部搁浅。

(二)对船舶及相关设备的损害

根据搁浅的程度,对船舶及其相关设备可能造成的损害包括:

(1)海水系统吸进泥沙或堵塞;

(2)船舶底部破损,使相应的舱柜进水;

(3)船体变形,使运转设备的对中性改变。

图11-7 船舶搁浅

图11-8 船舶碰撞

三、船舶碰撞

（一）定义

船舶碰撞是指船舶与船舶或船舶与海上固定物或漂浮物之间发生受力接触，使船体破损进水，并引起船身倾斜，甚至沉船等后果的情况称为船舶碰撞，如图 11-8 所示。

（二）对船舶及相关设备的损害

根据船舶碰撞的程度，对船体及其相关设备可能造成的损害包括：

（1）使船体破损进水，引起船身倾斜，甚至沉船；

（2）如果碰撞发生在船体燃油舱部位，会造成燃油的泄漏，给海洋环境造成污染；

（3）有时会伴有火情产生，危及船舶及人员生命的安全。

四、恶劣海况

（一）恶劣海况的种类

恶劣海况是指下面几种情况，如图 11-9 所示。

图 11-9　船舶在大风浪、雾天和冰区航行

（1）海面受台风或季节风的袭击或影响，导致海面上风浪较大，即大风浪天气；

（2）海面上雾大，能见度不良；

（3）在冰区航行，如冬季航行在北冰洋海域。

五、全船失电

（一）定义

船舶电站突然中断对船舶主要设备及系统的电力供应，导致其无法正常运行的故障情况，称为全船失电。

（二）全船失电可导致的故障

根据船舶类型、主机及其系统的特点，全船失电可导致故障包括：

（1）主机停车；

（2）舵机失灵；

（3）助航设备失灵。

（三）全船失电的主要原因

发电机跳闸造成全船失电的原因十分复杂，常见的有：

（1）电站本身故障，如空气开关故障、相复励变压器故障等；

（2）大电流、过负荷，如大功率泵的启动或电气短路等；

（3）大功率电动辅机故障或启动控制箱的延时发生变化；

（4）发电机及其原动机本身的故障，如调速器故障和滑油低压、冷却水低压、燃油供油中断等；

（5）操作失误。

（四）防止船舶失电的安全措施

（1）做好配电板、控制箱等的维护保养工作；

（2）做好各电机及其拖动设备的维护保养工作，及时修理与更换有关部件；

（3）做好发电机及其原动机的维护保养工作；

（4）在狭窄水道、进出港航行时，增开一台发电机并联运行以策安全；

（5）在装卸货物期间，如增加开工头数（开工头数一般是指装卸货使用船吊的数量），值班驾驶员应提前通知机舱；

（6）在狭窄水道、进出港等机动航行时应做到：尽量避免配电板操作，尽量避免同时使用几台大功率设备，如起货机等。

六、舵机失灵

（一）定义

船舶在定速或机动航行过程中，舵机无舵效或虽然有舵效但不能达到设计舵效要求时的舵机故障称为舵机失灵。

（二）舵机失灵对船舶操纵产生的影响

根据舵机失灵的程度，对船舶的操纵可能产生以下影响：

（1）船舶无法完成规定的转向动作；

（2）船舶的转向速度无法满足要求。

船舶在海上或港内航行时，舵机失灵将导致船舶失控，此时驾驶台与轮机部应密切配合，采取正确有效的应急措施以避免造成其他重大事故。

（三）航行中舵机失灵的主要原因

(1)船舶失电导致舵机无法正常工作；

(2)液压动力系统故障导致舵机无法正常工作；

(3)轴承故障导致舵机无法正常转动；

(4)船舶擦底或搁浅等导致舵机舵叶损坏故障。

七、弃船

当发生重大机损、海损事故，抢救失败，经确认不弃船就无法保证船上人命安全时，船长或公司应果断下令弃船。当船长下弃船命令后，除“固定值班人员”外，全体船员应立即穿着救生衣，按应变部署表的分工完成各自的弃船准备工作。

（一）弃船时轮机部人员的职责

1. 轮机长职责

(1)在机舱进行指挥、督促、指导和检查轮机部全体人员对应变部署表各自职责的执行情况，对突发的事件给予指导和决定；

(2)负责与船长保持联系，及时掌握船舶的具体情况，确保轮机部人员安全撤离；

(3)负责携带轮机部的相关文件最后撤离机舱。

2. 大管轮职责

(1)停主机及为其服务的辅助设备，同时切断其电源；

(2)关闭海底阀及应急遥控阀；

(3)关闭机舱水密门；

(4)启动机舱风油切断装置。

3. 二管轮职责

(1)停发电机及切断为其服务的辅助设备的电源；

(2)如条件许可应尽可能开启应急发电机和应急电源保持供电。

4. 三管轮职责

(1)停锅炉并放气，切断电源；

(2)关闭机舱各污油、污水柜的进出口阀门及测量孔等。

八、主机遥控系统

（一）主机遥控系统简介

船舶主机遥控（Marine main engine remote control）是离开机旁在驾驶台或集中控制室对主机进行远距离操纵的一种方式。在这种操纵方式中，不可能直接利用主机操纵机构本身的手柄或手轮来操纵主机，而必须在操纵部位（驾驶台或集中控制室）发出的操车信号与主机的执行机构之间设置一套综合的逻辑与控制回路。该回路包括组合逻辑回路、时序逻辑回路、反馈控制回路，以及各种安全保护回路。主机遥控系统是轮机自动化的重要组成部分，是实现无人机舱（Unmanned machinery space）的必备条件之一。主机遥控不仅能改善轮机管理人员的工作条件，改善船舶的操纵性能，而且还能提高船舶航行的安全性，以及主机工作的可靠性和经济性。

主机遥控系统是轮机自动化的重要组成部分，是轮机人员管理和使用自动化设备的重点和难点。在主机遥控系统中,驾驶台遥控主机必须是全自动的;集中控制室遥控主机可以是全自动的,也允许是半自动的。

在设有主机遥控系统的船舶中,可在驾驶台、集中控制室和机旁三个部位操纵主机。为保证在同一时间只能在一个部位操纵主机,要设有操纵部位转换装置。机旁要设一个操纵部位转换阀,它有两个位置,即“手动”(或“应急”)位和“自动”位。在正常情况下,该阀处在“自动”,允许驾驶台或集中控制室遥控主机。但是,在这两处遥控系统均出现故障的应急情况下,轮机人员必须到机旁,首先把这个转换阀扳到“手动”(应急)位,这时两处遥控系统均不起作用,然后,根据驾驶台下达的车令,利用机旁的手柄或手轮操纵主机,在集中控制室的操纵台上,还要设一个操纵部位转换阀,它也有两个位置,即“驾控”(BC)位和“机控”(EC)位。当该阀处于“机控”位时,驾驶台只能向集中控制室下达车令,轮机人员利用操纵台上的手柄来遥控主机。当把该阀扳到“驾控”位时,集中控制室遥控系统不起作用,驾驶员可利用车钟手柄直接遥控主机。

(二)主机遥控系统发生故障对船舶产生的影响

当船舶在航行过程中,主机遥控系统出现故障时,可能产生如下后果:

(1)在驾驶台和(或)集中控制室无法控制主机的转速和转向;

(2)船舶的速度和运行状态无法控制。

船舶在海上或港内航行时,主机遥控系统故障将导致船舶失控,此时驾驶台与轮机部应密切配合,采取正确有效的应急措施以避免造成其他重大事故。

【课后作业】

1. 货船弃船时任务包括哪些动作?
2. 应变部署表有哪些填写要求?
3. 船舶用药使用须知有哪些?
4. 船舶医疗垃圾及过期药品管理规定有哪些?
5. 船舶搁浅对船舶及其相关设备可能造成的损害有哪些?
6. 船舶碰撞对船舶及其相关设备可能造成的损害有哪些?
7. 全船失电的主要原因有哪些?
8. 防止船舶失电的安全措施有哪些?
9. 舵机失灵可对船舶操纵产生什么影响?
10. 航行中舵机失灵的主要原因有哪些?
11. 弃船时轮机部人员各自的职责是什么?

【工作任务】

任务一　船舶应变部署

一、工作目标

1. 熟悉船舶应变部署的程序。
2. 熟悉船舶应变情况下各自的职责。
3. 能够识别船舶应变部署时的各种潜在风险。

二、材料用具

教学资料、任务书、评价表、多媒体、黑板、计算机等。

三、工作过程

（一）船舶消防演习与应急反应

1. SOLAS 公约的消防演习规定

（1）演习应尽可能按实际应变情况进行。

（2）每位船员每月应至少参加 1 次弃船演习和消防演习。若有 25%以上的船员未参加该特定船上的上个月弃船和消防演习，应在该船离港后 24 h 内举行该两项船员演习。当船舶是第一次投入营运时或经重大修理，或有新船员时，应在开航前举行这些演习。客船每周应举行一次弃船演习和消防演习。

（3）每次消防演习计划应根据船舶类型和货物种类及实际可能发生的各种应急情况制定。

（4）每次消防演习应包括：

①向集合地点报到，并准备执行应变部署表规定的任务；

②启动消防泵，要求至少使用 2 支所要求的水枪，以显示该系统处于正常的工作状态；

③检查消防员装备及其他个人救助设备；

④检查有关的通信设备；

⑤检查演习区域内水密门、防火门、挡火风闸和通风系统的主要进口和出口的操作；

⑥检查供随后弃船用的必要装置。

（5）演习中使用过的设备应立即放回，保持其完整的操作状态，如在演习中发现有任何故障和缺陷，应尽快修补。

2. 消防演习的组织

（1）消防演习应按应变部署表中的消防部署进行。大副任消防演习的现场指挥，负责指挥消防队、隔离队和救护队。

（2）演习要求。消防演习时，应假想船上某处发生火警，组织船员扑救。假想的火警性质及发生的地点应经常改变，以便船员熟悉各种情况。全体船员必须严肃对待演习，听到警报

图 11-10　船舶消防演习图片

后，应按照消防应变部署的规定，在 2 min 内携带指定器具到达指定地点，听从指挥，认真操演。机舱应在 5 min 内开泵供水。

(3)演习评估。消防演习后，由现场指挥进行讲评，并检查和处理现场，还要对器材进行检查和清理，使其恢复至可用状态。必要时，船长可召开全体船员大会，进行总结。

(4)演习记录。演习结束后，应将每次演习的起止时间、地点、演习内容和情况，如实记入航海日志。

3. 火灾应急反应及人员安全

(1)船员发现火灾应立即发出消防警报，就近使用灭火器材进行灭火。

(2)全体船员听到警报后，应立即就位并按应变部署表的分工进行灭火。

(3)探火人员应在大副(机舱为轮机长)的指挥下，迅速查明火源，掌握燃烧物名称、特性、火烧面积、火势蔓延方向等，并报告船长。

图 11-11　探火

(4)如有人在火场受威胁，应立即采取抢救措施，如确定火场无人应关闭通风口和其他开口，停止通风并切断火场电源，然后控制火势。

(5)在港外或航行时，应注意操纵船舶使火区处于下风方向，并按规定显示号灯、号型。

(6)在港池发生火灾，应立即停止装卸作业，视情况做好拖带出港准备，备车待命。

图 11-12　演习总结

(7)船长应根据具体情况决定灭火方案,并对是否可能引起爆炸做出判断;消防人员应根据应变部署表的分工和船长的指示全力扑救。

(8)如火势严重,有外援帮助救火时,应提供防火控制图,详细介绍火场情况,并予以配合。

(9)如采用封闭窒息方法灭火,必须经过相当长的时间,并组织足够的消防力量做好扑灭复燃的准备,才能逐步打开封闭设施,再视情况缓慢予以通风。

(10)如火灾引起爆炸,经抢救确属无效时,船长应宣布弃船。

(二)船舶救生与应急反应

船舶救生包括弃船求生和人落水救助两种应变。

1. SOLAS 公约的弃船求生演习规定

(1)每次弃船求生演习应包括:

①利用有线广播或其他通信系统通知演习,将乘客和船员召集到集合地点,并确保他们了解弃船命令;

②向集合地点报到,并准备执行应变部署表规定的任务;

③查看乘客和船员的穿着是否合适;

④查看是否正确地穿好救生衣;

⑤在完成任何必要的降落准备工作后,至少降下 1 艘救生艇;

⑥启动并操作救生艇发动机;

⑦操作降落救生筏所用的吊筏架;

⑧模拟搜救几位被困于客舱中的乘客;

⑨介绍无线电救生设备的使用。

(2)每艘救生艇一般应每 3 个月在弃船演习时乘载被指派的操作船员降落下水一次,并在水上进行操纵。

(3)在合理可行的情况下,专用救助艇应乘载被指派的船员每个月降落下水一次,并在水中进行操纵。在任何情况下,至少应每 3 个月进行一次。

(4)如救生艇与救助艇的降落下水演习是在船舶航行中进行折,因为涉及危险,该项演习应在遮蔽水域,并在有此项演习经验的驾驶员监督下进行。

(5)在每次弃船演习时应试验供集合和弃船所用的应急照明系统。

(6)如船上配备海上撤离系统,演习应包括:在实际布防这一系统前对该系统布防所要求的演练程序达到能立即使用的程度。

(7)对于从事短程国际航行的船舶,如果由于港口泊位的安排及运输方式不允许救生艇在某一舷降落下水者,主管机关可准许救生艇不在该舷降落下水。但无论如何,所有这些救生艇应至少每3个月下降一次并每年至少降落下水一次。

2. 弃船求生演习的组织

(1)集合地点

弃船求生或其演习的集合地点应设在紧靠登乘地点。集合与登乘地点一般在艇甲板。通往集合与登乘地点的通道、梯口和出口应有能用应急电源供电的照明灯。

客船应有旅客容易到达登乘的集合地点,并且是一个能集结和指挥旅客用的宽敞场地。

(2)演习组织

①听到弃船警报信号后,全体船员应在2 min内穿好救生衣并到达集合地点。

②艇长检查人数,检查各艇员是否携带规定应携带的物品,检查每人的穿着和救生衣是否合适,并加以督促、指挥,然后向船长汇报。

③船长宣布演习及操练内容。

④由两名艇员在(船长发出放艇命令后)5 min内完成登乘和降落准备工作;其他船员按分工各就各位。

图11-13　救生演习

⑤在完成所有必要的降落准备工作后,至少降下一艘救生艇;启动并操纵救生艇发动机。

⑥操作降落救生筏所用的吊筏架。

⑦模拟搜救几位被困于客舱中的乘客。

⑧介绍无线电救生设备的使用。

⑨试验集合与弃船所用的应急照明系统。

⑩演习结束,船长发出解除警报信号;收回救生艇。清理好索具,由艇长进行讲评后解散,并向船长汇报。

(3)记录

弃船求生演习的起止时间,演习及操练的细节由大副和大管轮分别记录于航海日志和轮机日志。

3. 弃船求生应急反应及人员安全

(1)当确认不弃船就无法保全船上人命安全时,船长应果断下令弃船。

(2)船长下达弃船命令后,除“途中固定值班人员”外,全体船员应立即穿着救生衣,按应变部署表的分工完成各自的弃船准备工作。

(3)无线电员须在电台值守,按规定发送遇险电文,直至通知撤离。

(4)机舱固定值班人员在听到警报信号后仍应坚守岗位按令操作;在得到完车通知后,在轮机长的领导下,抓紧做好锅炉熄火放汽、关机、停电等弃船安全防护工作;如果接到两次完车信号或船长利用其他方法的通知后,应立刻携带规定物品撤离机舱登艇。

(5)船长应督促检查下列工作(国旗和航海日志应亲自携带):

①降下国旗并携旗下艇;

②销毁秘密文件;

③锅炉熄火放汽;

④关停发电机和机舱内正在运转中的其他一切设备;

⑤关闭海底阀及各个应急遥控油阀等;

⑥是否已发出遇险求救电报并已投放(卫星)应急无线电示位标;

⑦油舱在甲板上的透气口是否封死;

⑧检查艇长的放艇准备工作。

(6)船长应检查按应急计划规定须携带的物品,如:国旗、航海日志、VHF 和雷达应答器(若艇筏上没有)以及足够的食品、淡水、毛毯等物品。

(7)在登艇前,船长应布置(艇长应请示)如下事项:本船遇难地点;发出遇难求救信号是否有回答;可能遇救的时间及地点;驶往最近陆地或交通线的航向、距离;各艇筏间的通信约定及其他有关指示。

(8)按船长命令放下救生艇和救生筏,有序地登艇、筏。

(9)最后,船长应通知坚守岗位的无线电员和机舱值班人员撤离,在确信全船无任何人员后方可离船登艇。

(10)各艇应迅速在离开难船数百米以外集合,以防船舶沉没时产生浪涌的袭击。

(11)离船后,船长对全体船员和旅客仍保持完全的职权。

四、考核内容与评分标准

(一)考核内容

1. 相关知识

(1)船舶消防演习与应急反应的有关内容;

(2)船舶救生与应急反应的有关内容。

2. 操作技能

(1)熟悉船舶应变部署的程序和各自职责;

(2)能够正确使用船舶消防演习与应急反应时各种器材;

(3)能够正确使用船舶救生与应急反应时各种器材。

(二)评分标准

该任务的成绩由相关知识成绩(40%)和操作技能成绩(60%)两部分构成。相关知识部分,船舶消防演习与应急反应的有关内容、船舶救生与应急反应的有关内容各占20%;在操作技能部分,熟悉船舶应变部署的程序和各自职责、船舶消防演习与应急反应时各种器材的正确使用、船舶救生与应急反应时各种器材的正确使用各占20%。

任务二　船舶搁浅后的应急安全措施

一、工作目标

1. 保证船舶设备的安全运行。
2. 减少因船舶搁浅造成的损害。
3. 能够识别船舶搁浅时应急处置过程中的各种潜在风险。

二、材料用具

教学资料、任务书、评价表、多媒体、黑板、计算机等。

图 11-14　船舶搁浅

三、工作过程

(一)应急措施

船舶发生搁浅或擦底时,轮机部应采取下列应急处理措施:

(1)轮机长迅速进入机舱。

(2)转换主机的操纵方式为集控室操纵,指挥值班轮机员迅速进行相应的操作,使机舱的相应设备处于备车状态。

(3)根据主机的负荷情况,及时与驾驶台联系,询问情况,以便及时地采取相应的降速措施。

(4)使用机动操纵转速操纵主机。搁浅后,无论驾驶台采取冲滩或退滩措施,机舱所给车速都应使用机动操纵转速或系泊试验转速,防止主机超负荷。

（5）换用高位海底门。搁浅时值班轮机员应立即将低位海底门换为高位海底门，防止海水泵吸入泥沙，堵塞海水滤器。

（二）主机运转时的检查或处理措施

1. 推进装置及其附属系统

（1）持续检查主海水系统的工作情况，如果发现海水压力较低，应立即换用另一舷的高位海底阀，同时尽快清洗海水滤器，清除积存的泥沙；避免因发生海水低压报警，出现主机不能正常运行、发电机因高温停止工作等情况。

（2）连续检查滑油循环柜的液位，关注主机滑油压力和主机滑油冷却器的滑油进出口温度。

（3）检查曲轴箱的温度。

（4）检查中间轴承和艉轴的温度，观察艉轴在回转运动中是否有跳动现象，地脚螺栓是否有松动情况。

（5）倾听齿轮箱（如果适用）的声音是否正常。

（6）检查舵机工作电流及转动声音是否正常。

2. 其他设备及系统

（1）搁浅时双层底舱柜可能变形破裂，要注意检查和测量各舱柜的液位变化，注意海面有无油花漂浮等，并做好机舱排水准备工作。

（2）停止非必须运行的海水冷却系统的工作，避免由于船舶搁浅而吸入的泥沙造成大范围的海水系统堵塞。

（三）主机停止运转后的检查

搁浅可能引起船体变形，造成柴油机轴系中心线的弯曲，影响柴油机运转，所以船舶搁浅后必须检查轴系的情况。判断轴系状态可用下列方法：

（1）盘车检查。停车后为判断轴系是否正常，船尾部搁浅时可用盘车机盘车检查，检查轴系运转是否受阻，查看盘车机电流的变化情况是否正常。

（2）柴油机曲轴臂距差的测量。搁浅后应尽快创造条件测量曲轴臂距差，通过曲轴臂距差来判断曲轴中心线的变化和船体的变形，决定脱险后主机是否正常运行或减速运行。

（3）舵系的检查。搁浅时舵系有可能被擦伤和碰坏，因此搁浅后必须对舵系进行仔细检查：

①进行操舵试验，检查转舵是否受阻；

②检查舵机负荷是否增加，如电机电流和舵机油压是否正常；

③检查转舵时间是否符合要求（从任一舷的35°转至另一舷的30°不超过28 s）；

④检查舵柱有无移位，转舵时舵柱是否振动。

（4）做好事故记录。

记录搁浅发生的时间和脱浅的时间；记录所采取的各项应急措施；记录所造成的直接损失和间接损失等，以便为海事处理提供正确和必要的法律依据。

图 11-15 测量主机曲轴臂距差

四、考核内容与评分标准

（一）考核内容

1. 相关知识

（1）船舶搁浅对船舶及相关设备的损害；

（2）船舶搁浅时对船舶及主机的检查内容。

2. 操作技能

（1）船舶搁浅时能够及时采取正确的应急措施；

（2）主机运转时能够对主机进行正确的检查和处理；

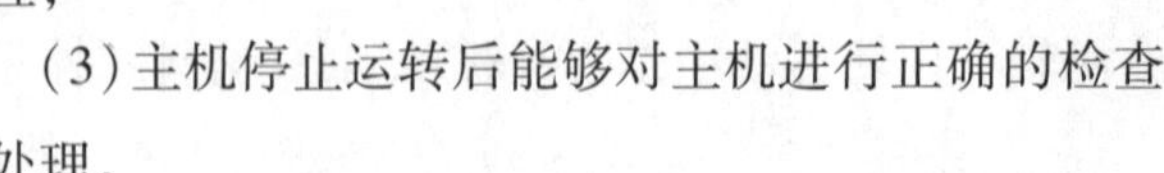

（3）主机停止运转后能够对主机进行正确的检查和处理。

（二）评分标准

该任务的成绩由相关知识成绩（40%）和操作技能成绩（60%）两部分构成。其中相关知识部分，船舶搁浅对船舶及相关设备的损害、船舶搁浅时对船舶及主机的检查内容各占 20%；在操作技能部分，船舶搁浅时的应急措施、主机运转时的检查或处理措施、主机停止运转后的检查各占 20%。

任务三　船舶碰撞后的应急安全措施

一、工作目标

1. 保证船舶设备的安全运行。
2. 减少因船舶碰撞造成的损害。
3. 能够识别船舶碰撞后应急处置过程的各种潜在风险。

二、材料用具

教学资料、任务书、评价表、多媒体、黑板、计算机等。

三、工作过程

（一）应急措施

（1）轮机长迅速进入机舱。

（2）如为航行状态，指挥当值人员做好备车工作，使主机处于随时可操纵状态，按照船长命令操纵主机。

（3）如为停泊状态，停止甲板作业（装卸货中），或加开一部发电机（锚泊中）。

（4）其他人员应到指定地点（航行中到机舱）集合听候分配。

（5）做好轮机日志、车钟记录簿的记录。

图 11-16　碰撞部位在机舱以外

（二）碰撞部位在机舱外的进一步安全措施

（1）碰撞部位在机舱外，如图 11-16 所示。视情切断碰撞部位的油、水、电、气、汽源，关闭有关油水柜的进出口阀，尽量减轻油水污染并为抢救工作创造一个安全的现场。

图 11-17　船舶堵漏

（2）如有火情、进水现象发生，各职责人员应按应变部署表的规定迅速进入各自应变岗位。

（3）反复测量受损部位及其附近油水舱的液位高度（水舱由甲板部负责）变化情况。如发现有进水现象，应关闭该油水舱的进出口阀以切断舱柜之间的通道。对于油舱还应设法封闭该舱的透气管，尽量减少污染。

（4）碰撞发生在非机舱部位，除值班人员外应一律参加由甲板部组织的抢救工作。

（三）碰撞部位在机舱内的进一步安全措施

若碰撞发生在机舱内的部位，且有进水现象，则应按机舱进水应急操作程序处理。

1. 机舱进水时的应急排水措施

（1）一旦发现机舱进水，值班人员应立即发出警报并报告值班轮机员或轮机长，同时应迅速采取紧急措施，不得擅离机舱。

(2)轮机长或值班轮机员接到报告后,应立即进入机舱现场检查并按应急部署组织抢救。

(3)尽力保持船舶电站正常供电,必要时启动应急发电机。

(4)根据进水情况使用舱底水系统或应急排水系统,若机舱大量进水时,应做好应急吸入阀及其海水泵系的应急操作。

(5)根据进水部位、进水速率判断排水措施的有效性,进一步采取相应措施。

2. 机舱进水时的应急堵漏措施

(1)执行机舱进水时的应急排水措施,同时船长和轮机长立即组织人员摸清破损部位、进水流量,拟定有效的堵漏措施。

(2)风浪天应关好水密门窗及通风口。

(3)艉轴管及其密封装置破损,应酌情关闭轴隧水密门。

(4)如海底阀及阀箱、出海阀或应急吸入阀等破损,则应关闭相应的阀,并选用有效的堵漏器材封堵。

(5)冷却器、海水滤器或管路等破损,应关闭相应的阀,组织修复或堵漏。

3. 机舱进水事故报告

(1)值班人员立即将现场情况报告轮机长,轮机长立即报告船长。报告内容:

①破损的部位、程度与原因;

②已经采取的应急措施;

③机舱水位与排水情况。

(2)轮机长将抢修、抢救情况报告船长。报告内容:

①人员安排情况;

②堵漏措施及堵漏效果;

③机舱进、排水量;

④所需要的支援与要求。

(3)船长向海事局(港口国主管机关)和公司报告的内容:

①机舱进水的时间、船位与海况;

②破损的部位、程度与原因;

③应急排水和堵漏的效果;

④所需要的支援与要求。

(4)事后应向海事局(港口国主管机关)和公司报告的内容:

①进水的原因与性质;

②采取的应急措施及效果;

③进水对船舶营运的影响、损失估计。

4. 做好事故记录

(1)对轮机部所辖范围进行检查,将损坏部位和损坏情况记入轮机日志。

(2)详细记录机电设备的损失或损失的估计、发生的时间和抢救措施,为海事处理提供必要和准确的法律依据。

四、考核内容与评分标准

(一)考核内容

1. 相关知识

(1)船舶碰撞可能对船舶及相关设备的损害；

(2)船舶碰撞后的各种应急措施和进一步的安全措施。

2. 操作技能

(1)船舶碰撞后能够及时采取正确的应急措施；

(2)碰撞部位在机舱外或机舱内时能够正确采取进一步安全措施。

(二)评分标准

该任务的成绩由相关知识成绩(50%)和操作技能成绩(50%)两部分构成。其中相关知识部分,船舶碰撞可能对船舶及相关设备的损害、船舶碰撞后的各种应急措施和进一步的安全措施各占25%;在操作技能部分,船舶碰撞后的应急措施、碰撞部位在机舱外或机舱内的进一步安全措施各占25%。

任务四　船舶在恶劣海况下轮机部安全管理措施

一、工作目标

1. 保证船舶设备的安全运行。
2. 减少船舶处于恶劣海况时造成的损害。
3. 能够识别恶劣海况下应急处置过程中的各种潜在风险。

二、材料用具

教学资料、任务书、评价表、多媒体、黑板、计算机等。

三、工作过程

(一)在大风浪中航行时轮机部安全管理措施

大风浪中航行时,在条件允许的情况下,尽可能找一避风处避风,待海况变为适于航行时再继续航行,如无法避开,应按照公司SMS体系的相关程序文件的规定执行。轮机部应做好如下安全管理措施:

1. 轮机长

(1)应经常到机舱督促和检测轮机部全体人员的工作,防止主机、副机和舵机发生故障;

(2)如果是无人值班机舱,可根据具体情况,调整无人值班机舱为机舱有人值班;

(3)在安全范围内,主机转速应尽可能配合驾驶台的需求;

(4)根据海上风浪、船体摇摆情况以及主机飞车和负荷变化情况,轮机长应适当降低主机负荷,并调整好主机限速装置。

图 11-18　大风浪中航行时加强机舱值班

2. 机舱值班人员

(1)值班轮机员不得远离操纵室,应注意主机转速变化,防止主机飞车,减轻或避免主机增压器喘振,认真执行船长和轮机长的命令;

(2)做好行车、工具、备件和可移动的物料、油桶等绑扎事宜,关闭好机舱管辖范围的门窗和通风道;

(3)尽量将分散在各燃油舱柜里的燃油驳到几个或少数燃油舱柜中,以减少自由液面,并保持左、右舷存油平均,防止船体倾斜;

(4)燃油的日用柜和沉淀柜要及时放残水,并保持较高的油位和适当的油温;

(5)主机滑油循环油柜的油量应保持正常,不可过少;特别是船在摇晃时出现低油位警报时应及时补油;

(6)注意主机、副机燃油系统的压力,酌情缩短清洗燃油滤器的时间,以免燃油滤器被堵而影响供油;

(7)密切注意辅助锅炉和废气锅炉的工况,特别是辅助锅炉的水位,防止出现假水位;

(8)机舱舱底水要及时处理;

(9)必要时增开一台发电机。

(二)船舶在大风浪中锚泊时轮机部安全管理措施

(1)按航行要求保持有效的轮机值班;

(2)影响备车和航行的各项维修检查工作必须立即完成,并使之保持良好的工作状态;

(3)仔细检查所有运转和备用的机器设备;

(4)按驾驶台命令使主机、副机保持备用状态;

(5)采取措施,防止本船污染周围环境并遵守各项防污规则;

(6)所有应急设备、安全设备和消防系统均处于备用状态;

(7)注意做好大风浪中航行的各项准备工作。

(三)能见度不良时航行轮机部安全管理措施

(1)轮机部加强值班,集控室不能无人值班,保持主机、发电机、锅炉及空压机等机器设备处在正常使用状态;

(2)保证汽笛的工作空气正常使用;

(3)保持船内通信畅通;

(4)随时听从驾驶台的命令;

(5)必要时增开一部发电机。

(四)船舶在冰区航行时轮机部安全管理措施

在冰区航行时,除做好必要的防冻工作外,还要做到:

(1)轮机值班人员加强监视主机、辅机等机电设备的运行工况。

(2)指定专人照顾主机、副海水泵的工作,及时换用低位海底阀,防止冰块卡住或堵塞,以致海水系统因缺水而无法正常工作。

(3)特别注意舵机的运转情况。

(4)注意船体与舷外冰块的摩擦声响、船体的动态及推进器搅动冰块的声响。空载、轻载船舶应增加艉部吃水,使推进器全部浸入水中。

(5)发现异常动态,要做好记录并及时通知轮机长和船长。

四、考核内容与评分标准

(一)考核内容

1. 相关知识

(1)在大风浪中航行时轮机部安全管理的相关知识;

(2)船舶在大风浪中锚泊时轮机部安全管理的相关知识;

(3)能见度不良航行时轮机部安全管理的相关知识;

(4)船舶在冰区航行时轮机部安全管理的相关知识。

2. 操作技能

(1)在大风浪中航行时能够采取正确的安全管理措施,以保证船舶的安全航行和轮机设备的安全运行;

(2)船舶在大风浪中锚泊时能够采取正确的轮机部安全管理措施;

(3)能见度不良航行时能够采取正确的轮机部安全管理措施;

(4)船舶在冰区航行时能够采取正确的轮机部安全管理措施。

(二)评分标准

该任务的成绩由相关知识成绩(50%)和操作技能成绩(50%)两部分构成。其中相关知识部分,在大风浪中航行时轮机部安全管理的相关知识、船舶在大风浪中锚泊时轮机部安全管理的相关知识、能见度不良航行时轮机部安全管理的相关知识、船舶在冰区航行时轮机部安全管理的相关知识各占12.5%;在操作技能部分,在大风浪中航行时能够采取正确的安全管理措施,以保证船舶的安全航行和轮机设备的安全运行,船舶在大风浪中锚泊时能够采取正确的轮机部安全管理措施,能见度不良航行时能够采取正确的轮机部安全管理措施,船舶在冰区航行时能够采取正确的轮机部安全管理措施各占12.5%。

任务五 全船失电时的应急措施

一、工作目标

1. 保证船舶设备的安全运行。
2. 防止由于全船失电对船舶可能造成的损害。
3. 仔细分析、查找全船失电故障的原因,及时排除。

二、材料用具

教学资料、任务书、评价表、多媒体、黑板、计算机等。

三、工作过程

(一)船舶在正常航行中全船失电时的应急安全措施

1. 立即通知驾驶台,并通知轮机长下机舱。
2. 同时启动备用发电机,合上电闸并以最短时间恢复供电。
3. 若另一备用发电机自动启动,则应立即合闸供电。
4. 恢复保证正常航行必需的各主要设备供电。
5. 重新启动主机,恢复正常航行。
6. 如情况特殊,船舶因避碰急需用车,只要主机有可能短期运转则应执行驾驶台命令。
7. 若备用发电机组不能启动供电,则应启动应急发电机。现代化船舶的应急发电机是自动启动、自动供电的,保证机舱关键设备和助航设备的供电。
8. 待发电机恢复正常供电后,再启动各辅助设备,启动主机,保持正常航行。

(二)船舶在狭窄水道或进出港航行中全船失电应采取的安全措施

1. 立即通知驾驶台;
2. 同时启动备用发电机,合上电闸并以最短时间恢复供电;
3. 若另一备用发电机自动启动,则应立即合闸供电;
4. 尽最大可能以最短时间恢复主机所需的转速;
5. 主机操纵应有专人看护,并随时同驾驶台取得联系;
6. 如果情况紧急,船长必须用车,可按车令强制启动主机而不考虑主机后果。

(三)船舶在锚泊中或靠泊装卸货中船舶失电应采取的安全措施

1. 启动备用发电机,合上电闸并以最短时间恢复供电;
2. 若另一备用发电机自动启动,则应立即合闸供电;
3. 切除非重要负载,如起货机、通风机等;
4. 待确认正常后恢复供电。

以上几种情况的船舶失电,均应在恢复正常供电后,仔细分析、检查故障原因,及时排除。

四、考核内容与评分标准

（一）考核内容

1. 相关知识

船舶在正常航行、狭窄水道或进出港航行、锚泊中或靠泊装卸货中发生全船失电时的应急安全管理的相关知识。

2. 操作技能

(1)船舶在正常航行、狭窄水道或进出港航行、锚泊中或靠泊装卸货中发生全船失电时能够采取正确的应急安全措施；

(2)能够分析全船失电的主要原因；

(3)能够采取安全措施防止船舶失电。

（二）评分标准

该任务的成绩由相关知识成绩(30%)和操作技能成绩(70%)两部分构成。在操作技能部分，船舶在正常航行、狭窄水道或进出港航行、锚泊中或靠泊装卸货中发生全船失电时能够采取正确的应急安全措施占30%，能够分析全船失电的主要原因、能够采取安全措施防止船舶失电各占20%。

任务六　船舶在航行中舵机失灵时的应急措施

一、工作目标

1. 保证船舶设备的安全运行。

2. 防止由于舵机失灵对船舶可能造成的损害。

3. 仔细分析、查找舵机失灵的故障原因，及时排除。

二、材料用具

教学资料、任务书、评价表、多媒体、黑板、计算机等。

三、工作过程

（一）一般应急措施

1. 航行中发现舵机失灵，驾驶台应先转换为辅助操舵系统，并通知船长和机舱值班人员；

2. 机舱值班人员应立即启动辅助或应急操舵装置，同时通知轮机长；

3. 轮机长迅速到舵机房，组织机舱人员进行相应的操作和抢修；

4. 船长到驾驶台，按照舵机的损坏情况指挥船舶的应急操纵。

（二）当舵机因控制系统故障而失灵时采取的应急措施

舵机的控制系统故障，是指驾驶台不能有效地通过主、辅操舵装置操纵舵机的紧急状态，此时应采取如下应急措施：

1. 在舵机应急操纵过程中，值班轮机员不能远离操纵台，按车令操纵主机，执行船长和轮机长的命令；

2. 船长应安排一名驾驶员和水手到舵机房，负责接听驾驶台的舵令，配合轮机员操纵舵机；

3. 轮机员应指导值班水手的操舵，尽快使其能独立操作应急操舵装置；

4. 机舱人员应加强轮机值班，尽全力抢修驾驶室主、辅操舵装置，使其尽快恢复功能；

5. 向公司汇报驾驶室主、辅操舵装置失灵的经过，并请求驶向最近海岸有能力修复主、辅操舵装置的有关港口进行修复；

图 11-19　悬挂船舶失控信号

6. 轮机长做详细的事故报告：发生故障的时间、海况、地点、原因、抢修经过和采取的措施及可能需要的支援。

（三）当舵机因电源故障而失灵时采取的应急措施

1. 船长应上驾驶台亲自指挥，并召集甲板部人员采取应急措施。

（1）若船舶在海上航行，则：

①值班驾驶员应按《国际信号规则》和《国际海上避碰规则》规定显示号灯、号型；

②加强瞭望，并用 VHF 发布通告；

③可利用主机操纵船舶，安全离开航线，若水深合适，应随时准备抛锚；

④应换用任何备用转舵装置。

（2）若船舶正在进出港或在狭窄水道航行，则应：

①立即备锚、尽快选择合适地点抛锚；

②按《国际信号规则》和《国际海上避碰规则》规定显示号灯、号型；

③加强瞭望并用 VHF 发布通告，提醒来往船只注意安全；

④必要时要求港方派拖船协助拖航。

2. 如果轮机部自行抢修困难或无效时，轮机长应立即报告船长，说明舵机失灵的原因，已经进行的抢修措施，需提供的支援和准备进一步采取的措施。

四、考核内容与评分标准

(一)考核内容

1. 相关知识

(1)一般应急管理知识;

(2)当舵机因控制系统故障而失灵时采取的应急管理知识;

(3)当舵机因电源故障而失灵时采取的应急管理知识。

2. 操作技能

(1)舵机失灵时能够根据舵机失灵的原因及时正确地采取应急措施;

(2)能够仔细分析、查找舵机失灵的故障原因并及时排除。

(二)评分标准

该任务的成绩由相关知识成绩(60%)和操作技能成绩(40%)两部分构成。相关知识部分,一般应急管理知识、当舵机因控制系统故障而失灵时采取的应急管理知识、当舵机因电源故障而失灵时采取的应急管理知识各占20%;操作技能部分,舵机失灵时能够根据舵机失灵的原因及时正确地采取应急措施,能够仔细分析、查找舵机失灵的故障原因并及时排除各占20%。

任务七 弃船时轮机部应急安全措施

一、工作目标

1. 能够完成弃船时机舱各设备的正确操作。
2. 防止或减少可能造成的海洋污染。
3. 能够识别弃船过程中的各种潜在风险。

二、材料用具

教学资料、任务书、评价表、多媒体、黑板、计算机等。

三、工作过程

1. 轮机长应该立即下机舱,现场督促、指导机舱人员的各项操作;
2. 机舱固定值班人员在听到警报信号后仍应坚守岗位按命令完成各项操作;
3. 各轮机员按照应变部署的要求进行弃船的各项操作;
4. 如果接到两次完车信号或船长利用其他方法的通知后,应立刻告诉轮机部全部人员撤离机舱,并待全部人员离开机舱后,轮机长才能携带轮机日志、副机日志、车钟记录簿、电气日志及其他重要文件,最后撤离机舱并立刻携带规定物品撤离机舱登艇。

四、考核内容与评分标准

（一）考核内容

1. 相关知识

弃船时轮机部人员的职责。

2. 操作技能

弃船时能够采取正确的轮机部应急安全措施。

（二）评分标准

该任务的成绩由相关知识成绩（40%）和操作技能成绩（60%）两部分构成。

任务八　主机遥控系统故障时的应急安全措施

一、工作目标

1. 保证船舶设备的安全运行。

2. 防止由于主机遥控系统故障对船舶可能造成的损害。

3. 仔细分析、查找主机遥控系统的故障原因，及时排除。

二、材料用具

教学资料、任务书、评价表、多媒体、黑板、计算机等。

三、工作过程

（一）在海上正常航行时的应急措施

1. 值班轮机员接到驾驶台主机遥控系统故障的通知后，在集中控制室的操纵台上，立即将主机的操纵部位从“驾控”（BC）位无扰动转换至“机控”（EC）位，并试验是否正常。若不正常，值班轮机员必须到机旁，将操纵部位转换阀扳到“手动”（应急）位，使主机处于机旁控制。

2. 通知轮机长及轮机部其他相关人员。

3. 轮机长立即到机舱，现场督促、指导机舱人员的各项操作。

4. 初步检查分析故障原因。

5. 根据轮机长和船长协商后的决定，在合适的时机停车，修复故障。

（二）机动航行时的应急措施

1. 值班轮机员接到驾驶台主机遥控系统故障的通知后，立即到机旁，将操纵部位转换阀扳到“手动”（应急）位，使主机处于机旁控制。

2. 同时立即通知轮机长及轮机部其他相关人员。

3. 轮机长立即到机舱，现场督促、指导机舱人员的各项操作。

4. 根据驾驶台的指令正确操纵主机，提供必要的水、气、汽、电，使船舶安全靠好码头、抛锚或到达开阔水域。

5. 检查分析故障原因并修复。

四、考核内容与评分标准

(一)考核内容

1. 相关知识

主机遥控系统发生故障时的应急管理知识。

2. 操作技能

(1)在海上正常航行状态下主机遥控系统发生故障时能够采取正确的应急处理措施;

(2)机动航行状态下主机遥控系统发生故障时能够采取正确的应急处理措施。

(二)评分标准

该任务的成绩由相关知识成绩(40%)和操作技能成绩(60%)两部分构成。在操作技能部分,在海上正常航行时的应急措施、机动航行时的应急措施各占30%。

项目十二　机舱应急设备的使用和管理

【知识目标】

通过学习，掌握机舱应急动力设备的使用与管理、应急消防设备的使用与管理、应急救生设备的使用与管理知识。

【技能目标】

通过学习，熟练操作机舱各种应急设备、掌握各设备的维护管理要点。

【必备知识】

一、机舱应急设备的种类

（1）应急动力设备：应急电源、应急空气压缩机和应急操舵装置等；

（2）应急消防设备：应急消防泵、燃油速闭阀、风油应急切断开关、通风筒防火板和机舱天窗应急关闭装置等；

（3）应急救生设备：救生艇发动机和脱险通道（逃生孔）等；

（4）其他应急设备：应急舱底水吸口及吸入阀、水密门等。

二、应急动力设备

（一）应急电源

1. 应急电源要求

（1）一切客船和 500 总吨及以上的货船均应设独立的应急电源。

（2）应急电源应布置于经主管机关/船级社认可的最高一层连续甲板以上和机舱棚以外的处所，使其确保当船舶发生火灾或其他灾难致使主电源装置失效时能起作用。整个应急电源的布置，应能在船舶横倾 22.5°和/或纵倾 10°时仍起作用。

（3）应急电源可以是发电机，如图 12-1 所示。由一台具有独立的冷却系统、燃油系统和启动装置的柴油机驱动。原动机的自动启动系统和原动机的特性均应能使应急发电机在安全而实际可行的前提下尽快地承载额定负载（最长不超过 45 s）。

(4)应急电源也可以是蓄电池组，如图12-2所示：当主电源供电失效时，蓄电池组自动连接至应急配电板。它应能承载应急负载而无须再充电，并在整个放电期间保持其电压在额定电压的±12%以内。

(5)应急电源的功率和供电时间应满足SOLAS公约和船级社对不同类型船舶的规定。

图12-1　应急发电机

图12-2　应急蓄电池组

2. SOLAS公约对应急发电机(机械方面)的有关规定

(1)应急发电机应能保证对公约规定的设备持续供电18 h。

(2)应急发电机应有自己独立的燃油柜和燃油供给系统，燃油的闪点不得低于42 ℃。

(3)应急发电机应能在主电源发生故障时能在45 s之内自动启动、接通应急配电板并且能自动接通公约规定的能够使用应急电源的设备。

(4)为了保证应急发电机的迅速可用，应急配电板应和应急发电机设置在同一处所，如图12-3所示。

(5)应急发电机在船舶正浮和横倾达22.5°，或艏、艉纵倾达10°，或在这些范围内出现的任何组合的倾斜角度时，保证它们仍能以全额功率供电。

(6)对整个应急系统进行定期试验，并应包括自动和手动启动装置的试验，如图12-4所示。

图12-3　应急发电机间

图12-4　应急发电机系统手动模拟测试

(7)应急发电机应能在温度为 0 ℃的冷态下迅速启动。如不可行或者可能遇到更低的温度时,则应采取主管机关能够接受的保持一定温度的加热措施,以保证发电机能够迅速启动。

(8)应急发电机的启动装置应储备至少供三次连续启动的能源。还应设有在 30 min 内另加 3 次启动的第二能源,除非人工启动被证明是有效的。

(9)储备的能源应一直保持如下:

①电力和液压启动系统的电源应由应急配电板来供给。

②压缩空气启动系统,可用装有合适的止回阀的主或辅压缩空气瓶或应急空气压缩机来保持,该空气压缩机如是电力驱动的,则应由应急配电板供电。

③所有这些启动、充电和能源储备设备均应设置在应急发电机处所内,这些设备除操作应急发电机外不应作他用。

(10)如果不要求自动启动时,可允许人工启动,例如人工曲柄、惯性启动器、人工充液液压蓄能器或火药填充桶,如它们能被证明是有效的。

(二)应急空气压缩机

1. 应急空气压缩机要求

(1)应急空压机,如图 12-5、12-6 所示。应采用手动起动的柴油机或其他有效的装置驱动,以保证对空气瓶的初始充气。

图 12-5　柴油机驱动应急空压机

图 12-6　电机驱动应急空压机

(2)应急空压机是船舶以"瘫船"状态恢复运转的原始动力。所谓"瘫船状态"是指包括动力源在内的整个船舶动力装置停止工作,而且使主推进装置运转和恢复主动力源的辅助用途的压缩空气和起动蓄电池等都不起作用。

2. SOLAS 公约对应急空压机及应急空气瓶的有关规定

(1)使主、辅机械进入运转的配置应有足够的容量,以使瘫船后 30 min 内得到为恢复发动机运行所需的起动能源和任何动力供应系统。

(2)应急空压机 15 min 能充满应急气瓶。

(三)应急操舵装置

1. 应急操舵装置的要求

(1)每艘船舶应配备主操舵装置和辅助操舵装置,如图 12-7 所示,并且两者之一发生故障时不会导致另一装置不能工作。

(2)辅助操舵装置应能于紧急时迅速投入工作,并能在船舶最深航海吃水和以最大营运前进航速的一半或 7 kn(取大者)前进时,在 60 s 内将舵自一舷 15°转至另一舷 15°。

(3)对于辅助操舵装置,其操作在舵机室进行,如系动力操纵也应能在驾驶室进行,并应独立于主操舵装置的控制系统。

(4)驾驶室与舵机室之间应备有通信设施,如图 12-8 所示。

图 12-7　辅助操舵装置

图 12-8　通信设施

三、应急消防设备

(一)应急消防泵

1. 应急消防泵要求

(1)2 000 总吨以下船舶的应急消防泵可为便携式,如图 12-9 所示。常用汽油机驱动的离心泵;2000 总吨及以上船舶应设固定式动力泵。固定式应急消防泵,如图 12-10 所示,应设在机舱以外,其原动机为柴油机或电动机。电动应急消防泵需由主配电板和应急配电板供电。

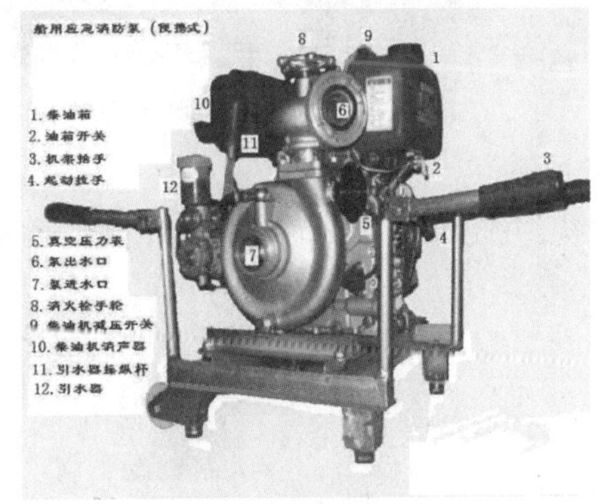

图 12-9　便携式应急消防泵

图 12-10　固定式应急消防泵

(2)应急消防泵的排量应不少于所要求的消防泵总排量的 40%,且任何情况下不得少于 25 m^3/h。应急消防泵按要求的排量排出时,在任何消火栓处的压力应不少于规范规定的最低压力。

(3)作为驱动应急消防泵的柴油机,应在温度降至 0 ℃时的冷态下能用人工手摇曲柄随时启动。若不能做到，或可能遇到更低气温时，则应设置经主管机关认可的加热装置，以确保随时启动。如人工启动不可行，可采用其他启动装置。这些启动装置应能在 30 min 内至少使动力源驱动柴油机启动 6 次，并在前 10 min 内至少启动 2 次。任何燃油供给柜所装盛的燃油，应能使该泵在全负荷下至少运行 3 h，在主机舱以外可供使用的储备燃油，应能使该泵在全负荷下再运行 15 h。

（二）燃油速闭阀

如图 12-11 所示，在燃油舱（柜）出口管路，当该处失火时能从有关处所的外部加以关闭。弃船时，也要关闭此阀。

（三）风油应急切断开关

如图 12-12 所示，强力送风机或抽风机、燃油驳运泵和燃油装置泵以及其他类似的燃油驱动机械，应在有关处所的外部装设风油应急切断装置，以便于在这些处所失火时可将其工作停止。

图 12-11 燃油速闭阀

图 12-12 风油应急切断开关

（四）通风筒防火板和机舱天窗应急关闭装置

此项设施在失火时一般能从各处所的外面操纵，关闭通往该处所的一切门道、通风筒、烟囱周围的环状空间，如图 12-13、12-14 所示。

四、应急救生设备

（一）救生艇发动机

救生艇发动机如图 12-15 所示：

（1）救生艇发动机应是压燃式发动机；

（2）发动机应设有手动启动系统，或设有两个独立的可再次充电的电源启动系统；

（3）发动机启动系统和辅助启动设施应在温度为-15 ℃，启动操作程序开始后 2 min 内启动发动机；

（4）使用的燃油其闪点不得低于 42 ℃；

（5）滑油的使用应有耐寒性，在低温下不能结冻，通常情况下，救生艇发动机的滑油都有与其对应的滑油品牌；

（6）救生艇发动机应有独立的冷却系统，现在的救生艇发动机都采用风冷；

（7）发动机应能在救生艇没入水的情况下冷态运行 5 min；

（8）用于启动发动机的电池和用于探照灯的电池应有再充电的设备；

（9）救生艇艇机的油箱内应储存足够艇机运行 24 h 的燃料。

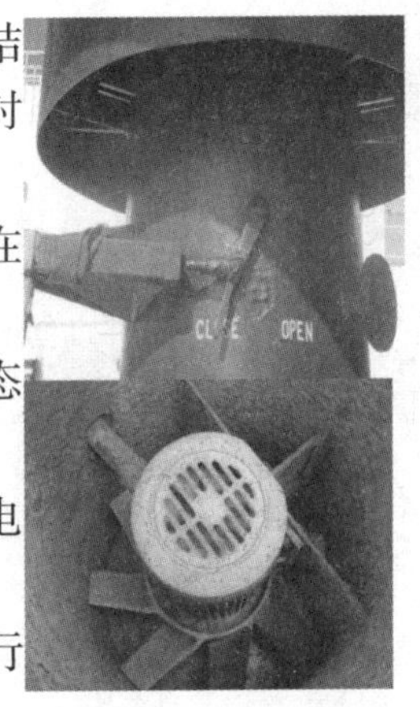

图 12-13　通风筒防火板

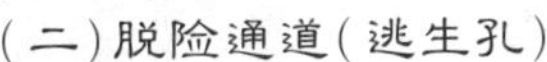

脱险通道如图 12-16 所示。

图 12-14　机舱天窗应急关闭装置

（1）货船和载客不超过 36 人的国际航行客船，机器处所内，每一机舱、轴隧和锅炉舱应设有两个脱险通道，其中一个可为水密门。在专设水密门的机器处所内，两个脱险通道应为两组尽可能远离的钢梯，通至舱棚上同样远离的门，从该处至艇甲板应设有通路。

（2）从机舱处所的下部起至该处所外面的一个安全地点，应能提供连续的防火遮蔽。

五、其他应急设备

（一）应急舱底水吸口及吸入阀

1. 应急舱底水吸口和吸入阀要求

如图 12-17 所示，机舱应设一个应急舱底水吸口。应急吸口应与排量最大的一台海水泵相连，如主海水泵、压载泵、通用泵等。少数船舶的应急吸口还与舱底水泵相通，其管路直径应不小于所连接泵的进口直径。应急吸口与泵的连接管路上装设截止止回阀，阀杆应适当延伸，使阀的开关手轮在花铁板以上的高度至少为 460 mm（《2006 年钢质海船入级规范》规定为 450 mm）。这种规定有两个好处：一是机舱舱底水只能出不能进；二是当机舱舱底水浸过花铁板时，仍能清楚此阀的位置，便于应急操作。

图 12-15　救生艇发动机

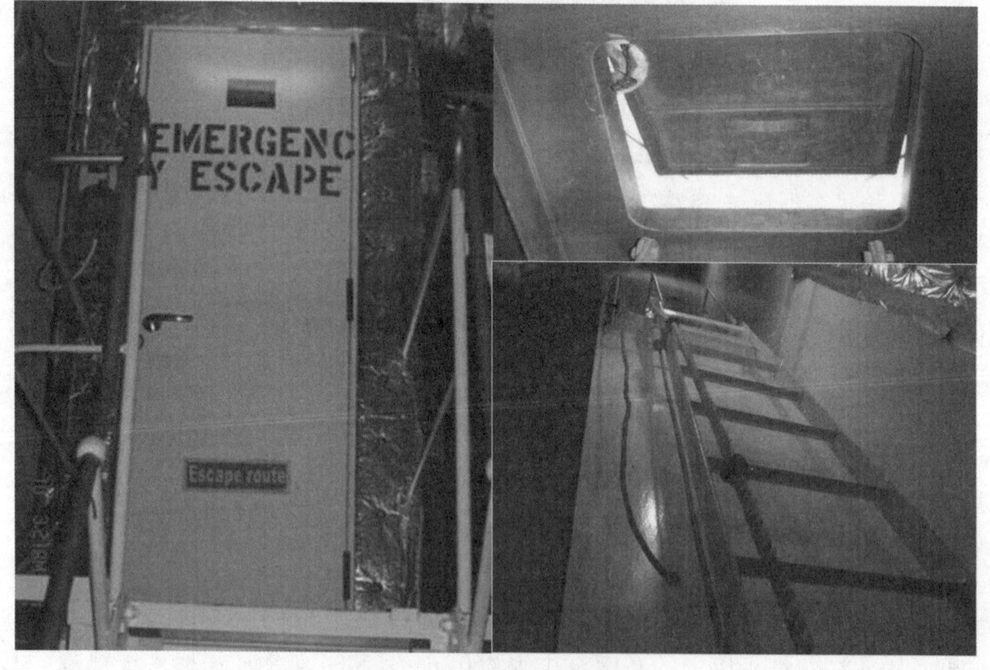

图 12-16　脱险通道(逃生孔)

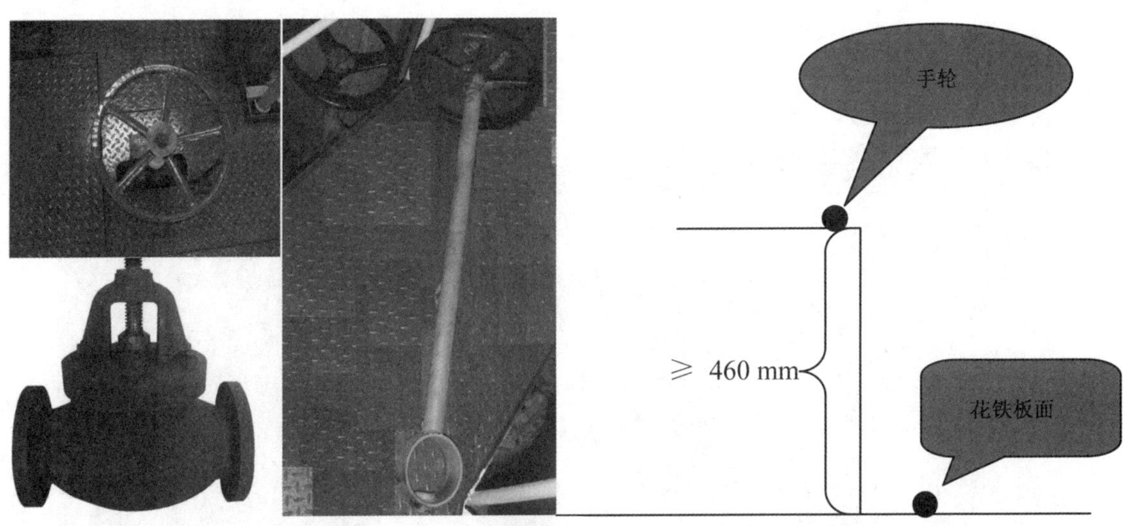

图 12-17　应急舱底水吸口及吸入阀

2. 应急舱底水吸口和吸入阀使用管理

应急舱底水吸口及吸入阀应按 ISM 体系和 PMS 定期检查，每季度应清洁应急舱底水吸口，防止污物堵塞；清洁截止止回阀加油活络，防止锈死。

（二）水密门

1. 水密门的要求

（1）水密门应为滑动门或铰链门，如图 12-18 所示，或其他等效形式的门。任何水密门操作装置，无论是否为动力操作，均须于船舶横倾 15°时能将水密门关闭。

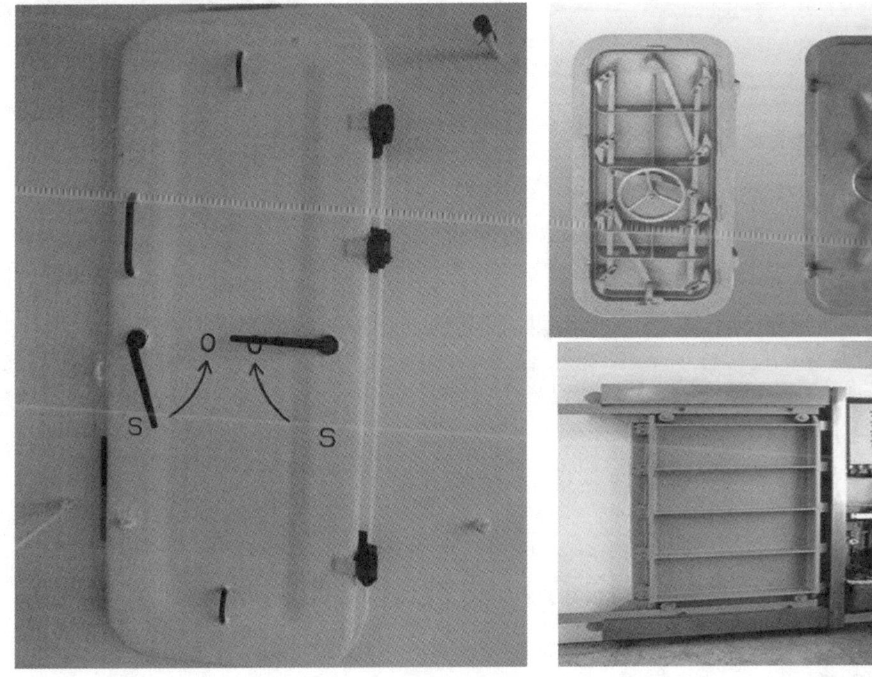

图 12-18　水密门

（2）机舱与轴隧间舱壁上应设有滑动式水密门，水密门的关闭装置应能就地两面操纵和远距离操纵。在远距离操纵处应设有水密门开关状态的指示器。

2. 水密门使用管理

水密门应按 ISM 体系和 PMS 定期检查，活络，加注润滑油，如图 12-19 所示。

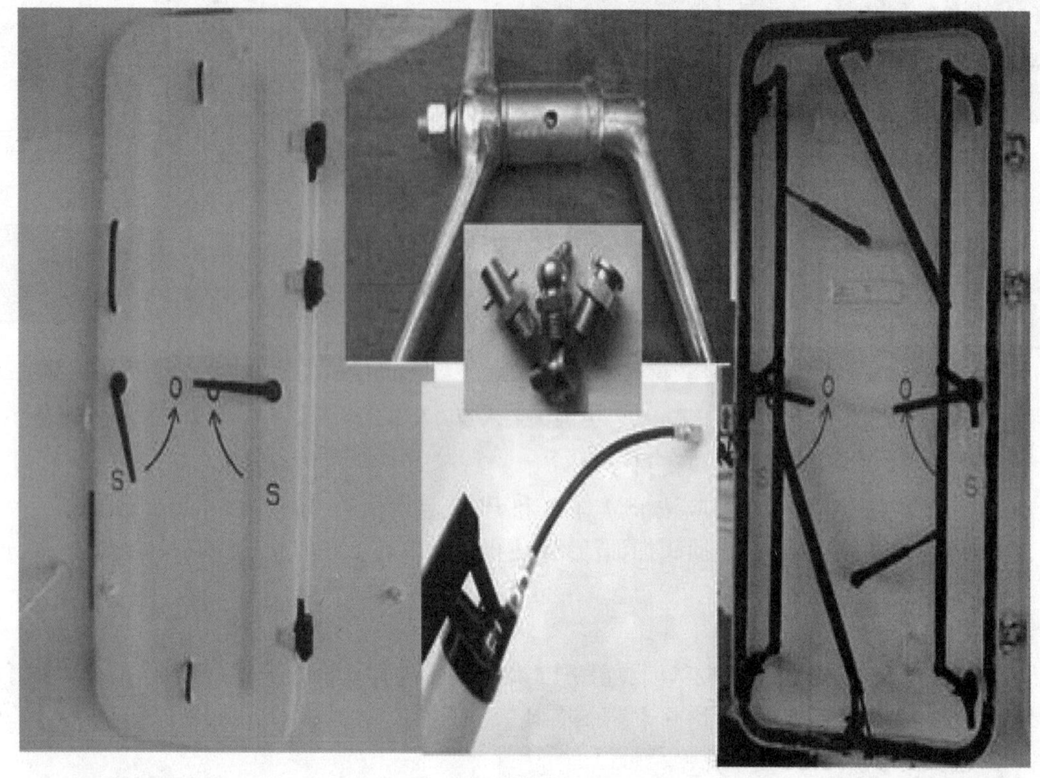

图 12-19 水密门加注牛油

【课后作业】

1. 船上机舱应急设备的分类有哪些？
2. 应急操舵装置有哪些要求？
3. 应急舱底水吸口有哪些作用？
4. 燃油速闭阀、风油应急切断开关、通风筒防火板和机舱天窗应急关闭装置的作用是什么？

【工作任务】

任务一 应急动力设备的使用与管理

一、工作目标

1. 正确熟练操作各应急动力设备。

2. 明确应急动力设备的日常维护管理要点。

二、材料用具

教学资料、任务书、评价表、多媒体、黑板、计算机、应急电源、应急空气压缩机和应急操舵装置等。

三、工作过程

（一）应急电源的操作与管理

1. 应急发电机的组成(图 12-20)

(1)燃油柜;(2)柴油发电机;(3)柴油发电机控制板;(4)应急变电箱;(5)电池充电器;(6)应急配电板。

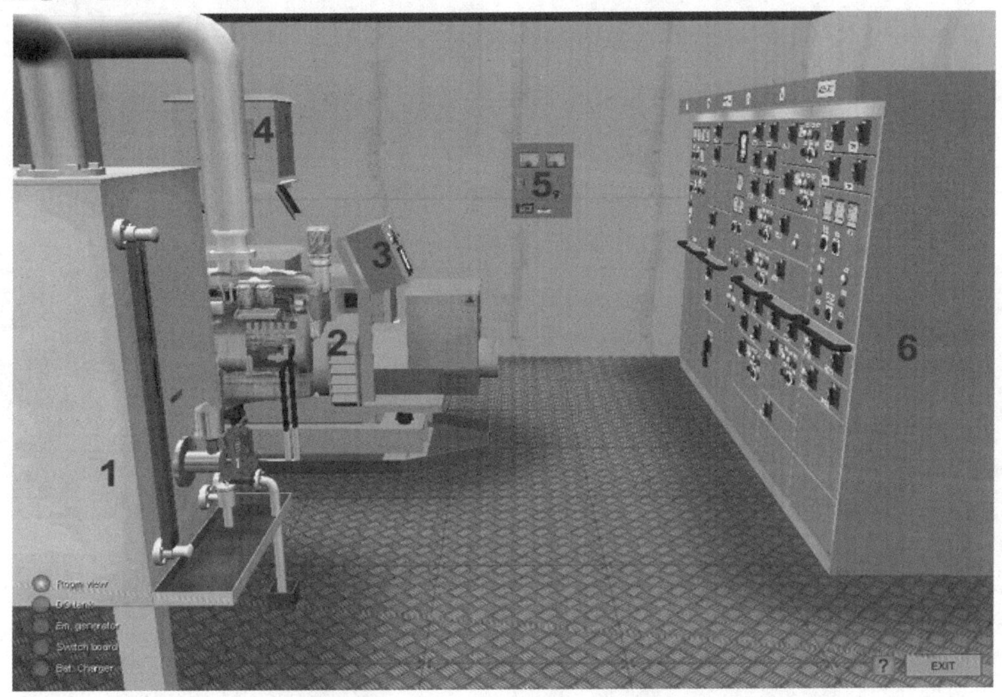

图 12-20　应急柴油发电机总视图

2. 应急发电机的启动操作程序

(1)手动启动应急发电机（液压启动器),如图 12-21 所示。

①在柴油发电机控制板上将应急发电机操作开关由“AUTO”位转换到“MANUAL”位;

②确保液压油的压力在 30 MPa,如果压力不足则手动泵油至要求的压力值;

③迅速按下启动操纵杆,当柴油机启动后松开操纵杆。

(2)手动启动应急发电机(启动马达),如图 12- 22 所示。

①在柴油发电机控制板上将应急发电机操作开关由“AUTO”位转换到“MANUAL”位;

②确保机旁控制面板的“发光二极管”、“电源”灯是亮的,复位警报;

③按下机旁控制面板上的“启动/停止”按钮约 3~10 s(持续按),发光二极管“LED”(启动时)会一直闪光直到电机驱动柴油机达到发火速度。转速达到发火转速时启动马达会自动

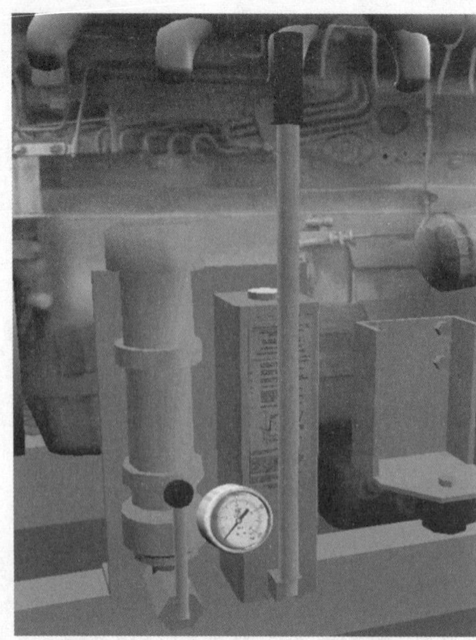

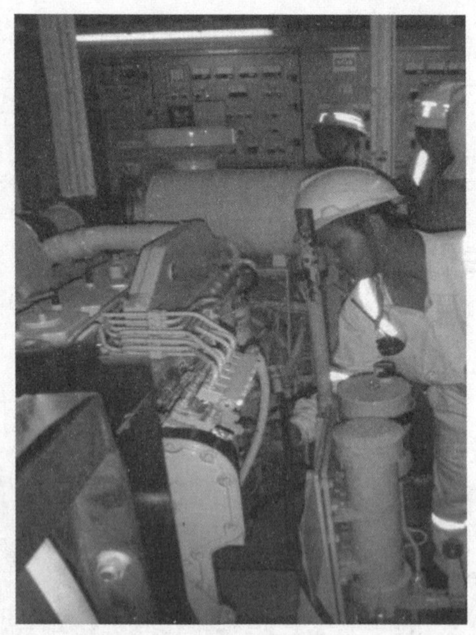

图 12-21　液压启动器

脱开,这时发光二极管“LED”灯就会持续亮,这就显示柴油机已经运转。

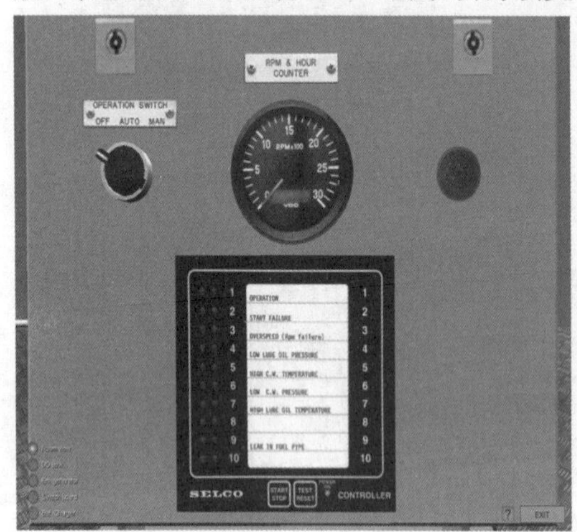

图 12-22　启动马达

3. 手动停止应急发电机

在发电机控制板上按下“启动/停止”直到“LED”指示灯缓慢闪亮直到柴油机转速低于柴油机发火转速,这时停车电磁阀继续动作 20 s 以上,直至“LED”指示灯停止闪亮,这时柴油机可以重新启动。

4. 应急电源的日常维护管理要点

(1)应急发电机:在船舶布置上位于救生艇甲板层,为船舶应急照明、空压机、消防泵、舵机、助航设备等提供电源,在日常管理上由二管轮负责。应急发电机应按 ISM 体系文件和 PMS 规定做定期检查、维护和试验。

①检查应急发电机间的整体环境是否洁净,发电机周围是否有妨碍发电机启动、运行的

物品。

②机油要定期检查更换。如果一年中原动机工作时间不足 200 h,最少一年也要更换一次机油。

③检查冷却水箱的水位是否正常,如果是寒冷地带应将系统冷却水放掉或更换防冻液。

④检查应急发电机燃油柜中存油是否充足,燃油柜油位指示器功能是否正常,油柜速闭阀、放残阀动作是否正常,如图 12-23 所示。

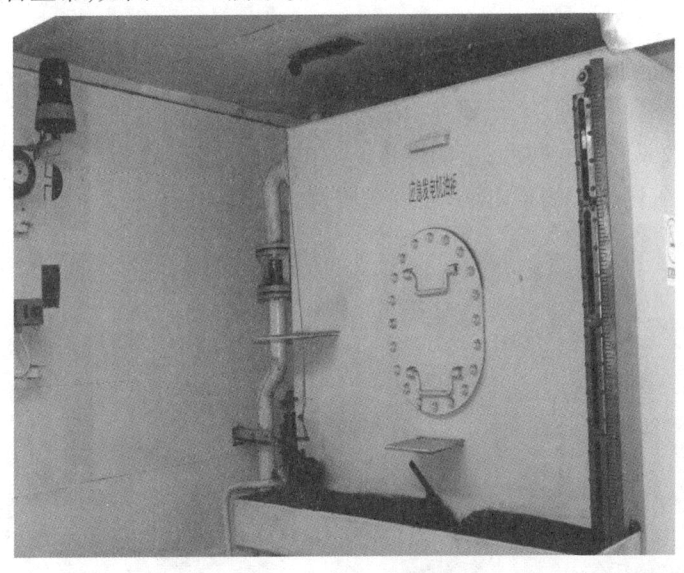

图 12-23　应急发电机燃油柜

⑤如果应急发电机设有皮带传动设施,应定期检查皮带的松紧度和皮带的状态。

⑥对各系统滤器定时清洗。

⑦按照公约规定对应急发电机的各种启动方式进行启动试验,如图 12-24 所示,每种启动方式应能在 30 min 内连续启动三次。

图 12-24　应急发电机启动试验

⑧电瓶要定期放电和大电流充电,一般一个月一次,充电后电解液相对密度要达到 1.285 ~1.31,注意定期检查电解液的液位及测量电解液的相对密度。现代化的船舶上大都采用密闭的蓄电池,应定期更换。

⑨启动马达应每 2 年检查一次,每 5 年解体检查一次。

⑩应急发电机启动试验至少 1 个月进行一次,并找机会对其进行带负荷运行试验。

⑪定期对应急发电机进行模拟自动启动试验,如图 12-25 所示。

⑫应急发电机运行期间,检查各表是否准确。

(2)应急蓄电池:在船舶布置上位于救生艇甲板层,日常管理上由三管轮负责。应按 ISM 体系文件和 PMS 规定做定期检查、维护和试验;主要检查电解液的相对密度,如图 12-26 所示,及时补充蒸馏水或对应的酸液;定期进行充放电;蓄电池室禁止烟火,并保持通风良好。现代化的船舶上大都采用密闭的蓄电池,应定期更换。

图 12-25　模拟自动启动试验

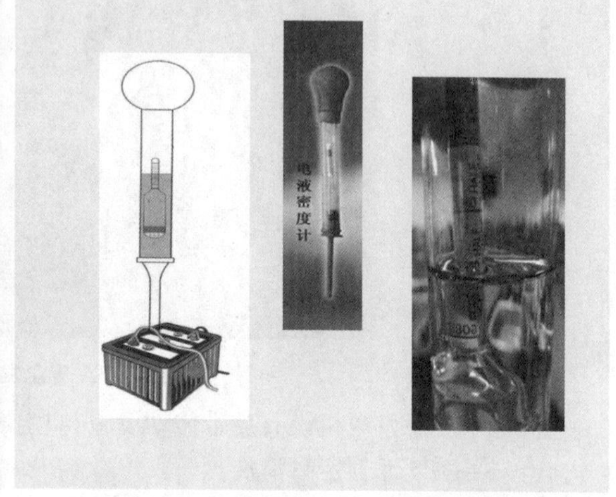

图 12-26　应急蓄电池电解液相对密度检查

(二)应急空压机的操作与管理

1. 应急空压机的操作程序

(1)在应急空压机控制箱上将操作开关由“AUTO”位转换到“MANUAL”位。

(2)检查周围确保无障碍物,相关阀门(空压机出口阀、应急空气瓶进口阀等)打开。

(3)打开卸载启动阀,按下“START”按钮启动应急空压机后关闭卸载启动阀对应急空气瓶进行充气。

(4)充气至额定压力后,打开卸载启动阀,按下“STOP”将应急空压机停掉。

2. 应急空压机的日常维护管理要点

(1)按期保养检修,保证随时可用。

(2)每月启动一次,检查工况良好。

(3)定期内部检查,更换曲轴箱机油,清洁进、排气阀,如图 12-27 所示。

(4)应急空气瓶定期放残及充放气。

(5)按检验周期对空气瓶安全阀及压力表进行效能试验。

(6)对应急空气瓶各阀件定期活络、保养,以防卡死。

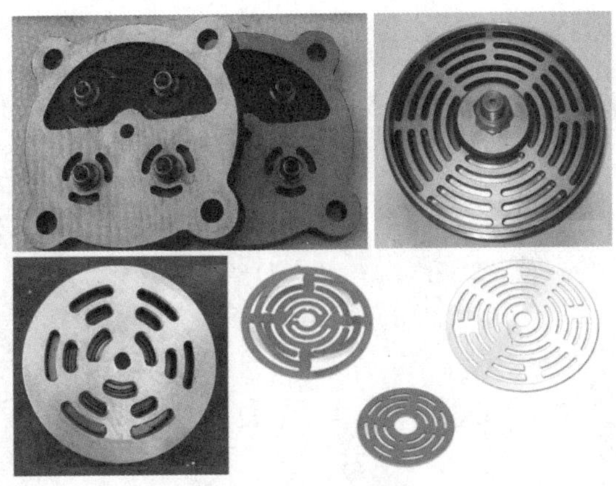

图 12-27　进、排气阀

(7)每年进行充气试验一次,年度充气试验应记录应急气瓶充气压力和所需时间。应急空压机 15 min 能充满应急气瓶。

(三)应急操舵装置的操作与管理

1. 应急操舵装置的操作程序

(1)将舵机间 2 台(No. 1 和 No. 2)舵机油泵控制箱,如图 12-28 所示,控制位置由“AUTO”位转换到“0”位。选择其中的一台(No. 1 或者 No. 2)转换到“MANUAL”位置,启动该台舵机油泵。

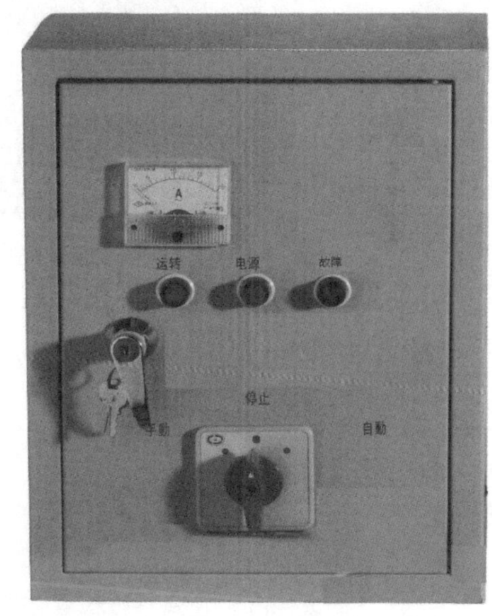

图 12-28　舵机油泵控制箱

(2)拉开应急移动插销,操作应急手动压油泵,如图 12-29 所示。

(3)电话与驾驶台联系,按照驾驶台指令操纵人力液压舵机。

2. 应急操舵装置的日常维护管理要点

(1)定期进行检查和进行效用试验,并做好记录,如图 12-30 所示。

(2)应急操舵演习时间间隔:至少每 3 个月进行一次;应急操舵演习的日期和详细内容应记入航海日志中。

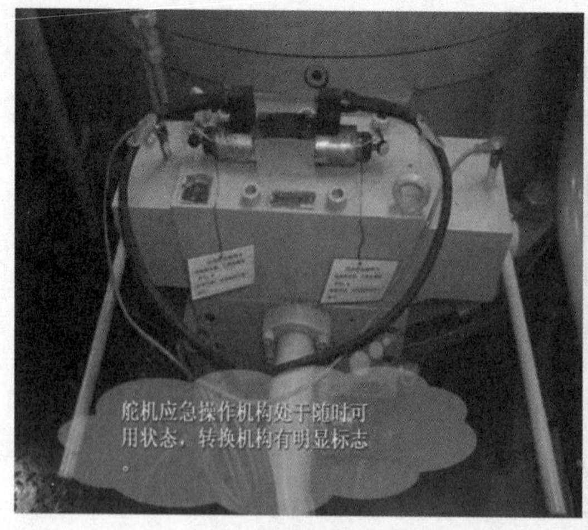

图 12-29　手动应急操舵

图 12-30　应急操舵效用试验记录

(3)应急操作程序应能永久显示。

(4)驾驶室与舵机室之间通信设施良好,如图 12-31 所示。

四、考核内容与评分标准

(一)考核内容

1. 相关知识

(1)应急动力设备的操作程序;

(2)应急动力设备的日常维护管理要点。

2. 操作技能

(1)按照正确的操作步骤对各应急动力设备进行熟练使用;

(2)熟知各应急动力设备的维护管理要点并能进行维护保养。

(二)评分标准

该任务的成绩由相关知识成绩(40%)和操作技能成绩(60%)两部分构成。在相关知识部分,设备的操作程序与日常维护管理要点各占 20%;在操作技能部分,设备的操作熟练程度

图 12-31　驾驶台与舵机室通信设施

和维护保养技能各占 30%。

任务二　应急消防设备的使用与管理

一、工作目标

1. 正确熟练操作各应急消防设备。
2. 明确应急消防设备的日常维护管理要点。

二、材料用具

教学资料、任务书、评价表、多媒体、黑板、计算机、应急消防泵、燃油速闭阀、风油应急切断开关、通风筒防火板和机舱天窗应急关闭装置等。

三、工作过程

（一）应急消防泵的操作与管理

1. 应急消防泵的操作程序

（1）将消防隔离阀以及锚链冲洗阀等关闭。

（2）接好消防皮龙，确认管路阀门（消防泵进出口阀、消火栓等）打开。

（3）应急消防泵启动控制箱上按下“START”按钮，启动应急消防泵。使用完毕，在控制箱上按下“STOP”按钮，应急消防泵停止。

2. 应急消防泵的日常维护管理要点

（1）检查泵的进出口阀、消防隔离阀以及锚链冲洗阀的开关是否活络。

（2）应急消防泵应做启动和泵水试验，检查排水压力，如图 12-32 所示，试验应能保证船首和驾驶台各一根皮龙出水,射程达 12 m 以上。试车后关闭海底阀和进口阀,放空消防管中残水,冬季防止冰冻。

图 12-32 泵水试验

(3)泵在运行期间检查进出口压力表是否正常,停泵期间各压力表是否回零。

(4)泵盘根状态是否正常。

(5)真空泵离合器动作是否灵活,真空泵水箱水位是否正常。

(6)应急消防泵如是柴油机驱动的应检查柴油机底壳油和柴油箱油位等相关参数。

(7)应保持应急消防泵及泵间干净,泵壳、底座、真空泵水箱无锈蚀。

(8)应保持应急消防泵间抽风机的正常运行(如有)。

(9)应保持应急消防泵间照明正常,如图 12-33 所示,特别是应急消防泵在船舶中部的船舶。

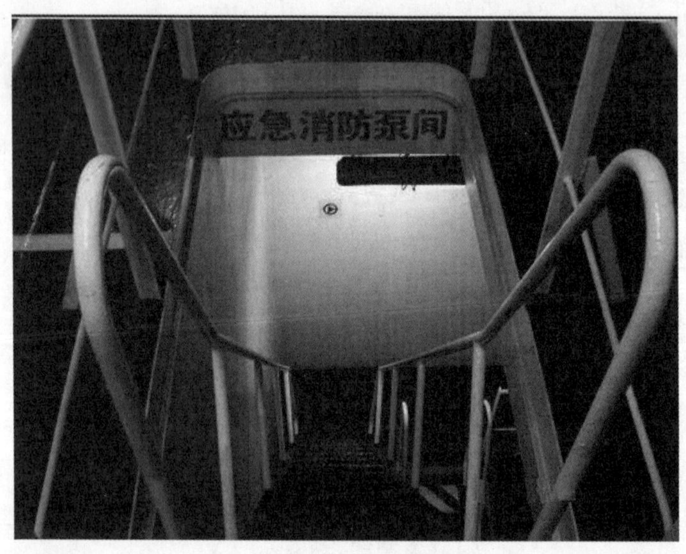

图 12-33 应急消防泵间

（二）燃油速闭阀的操作与管理

1. 燃油速闭的操作程序

（1）对于手拉钢丝绳控制的燃油速闭阀装置，如图 12-34 所示，直接拉动遥控位置手拉环来关闭对应的油柜燃油速闭阀。

（2）气动控制燃油速闭阀装置，如图 12-35 所示。首先将速闭阀控制箱内空气瓶出口阀打开，再打开空气分配器对应支路上的阀门，这样气瓶内的空气就会到达相应速闭阀的活塞，使其迅速关闭。

（3）要恢复正常使用状态，首先需要将空气分配器对应支路上的阀门关闭，泄放掉管路内的空气；然后顺时针转动手轮将燃油速闭阀关闭，按下手柄，将活塞推杆复位；再逆时针转动手轮将燃油速闭阀打开（注意：阀全开后转回 1/3 或 1/2 圈较合适）。

图 12-34　手拉钢丝绳燃油速闭阀装置

2. 燃油速闭阀的日常维护管理要点

（1）每 6 个月就地、遥控关闭试验。

（2）平时检查各滑轮要转动并加油脂活络，拉绳也要上油。

（3）阀不要开尽，转回 1/3 或 1/2 圈较合适。

（4）整个拉绳长度要合适，过松易使拉绳滑出滑轮；过紧时拉又费力，阀复位困难。

（三）风油应急切断开关的操作与管理

风油应急切断开关的日常维护管理要点：

（1）每 6 个月进行切断电源试验，试验完后要接着复位有关空气开关。

（2）防止油漆保养时开关表面被粘上油漆，或开关本身锈蚀，致按钮周围间隙变小或全无，开关按下去费很大力或根本按不下，风机油泵无法停止。

（3）平时注意检查，防止空气开关长期处于合电状态，按下去后，空气开关不起跳。

图 12-35　气动控制燃油速闭阀装置

（四）通风筒防火板、机舱天窗应急关闭装置的操作与管理

1. 通风筒防火板、机舱天窗应急关闭装置的操作程序

遥控关闭试验与气动控制燃油速闭阀装置操作类似。就地试验，如图 12-36 所示，通过图示开关进行测试。

图 12-36　就地试验

2. 通风筒防火板、机舱天窗应急关闭装置的日常维护管理要点

(1) 一般每季试验检查一次，加油活络、开关试验；

(2) 各转动地方要加油脂活络；

(3) 天窗四周密封胶槽边易锈蚀、烟囱处关不严，清洁去除铁锈。

四、考核内容与评分标准

(一) 考核内容

1. 相关知识

(1) 应急消防设备的操作程序；

(2) 应急消防设备的日常维护管理要点。

2. 操作技能

(1) 按照正确的操作步骤对各应急消防设备进行熟练使用；

(2) 熟知各应急消防设备的维护管理要点并能进行维护保养。

(二) 评分标准

该任务的成绩由相关知识成绩(40%)和操作技能成绩(60%)两部分构成。在相关知识部分，设备的操作程序与日常维护管理要点各占 20%；在操作技能部分，设备的操作熟练程度和维护保养技能各占 30%。

任务三　应急救生设备的使用与管理

一、工作目标

1. 正确熟练操作各应急救生设备。

2. 明确应急救生设备的日常维护管理要点。

二、材料用具

教学资料、任务书、评价表、多媒体、黑板、计算机、救生艇发动机和脱险通道(逃生孔)等。

三、工作过程

(一) 救生艇发动机的操作与管理

1. 救生艇发动机的操作程序

(1) 检查燃油、滑油、冷却水等液位是否正常。

(2) 电池选择开关置于“BOTH”(No. 1 and No. 2)位置。

(3) 在操纵台(图 12-37)上启动预供滑油泵后按下“START”按钮，启动救生艇发动机。推动操纵手柄进行正倒车运转。

(4) 运转试验结束，一直按住“STOP”按钮，直到发动机彻底停下后松开停车按钮。关掉预供滑油泵，电池选择开关置于“OFF”位。

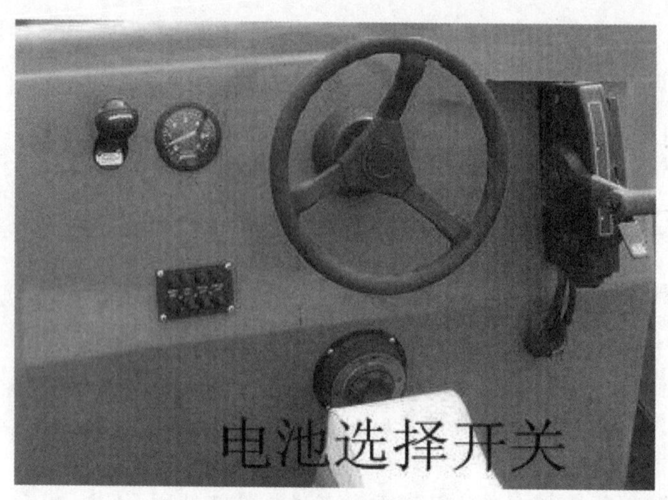

图 12-37　发动机操纵台

2. 救生艇发动机的日常维护管理要点

按照 SOLAS 公约要求，每周都要对所有救生艇和救助艇的发动机进行正车和倒车运转试验，目的是使救生艇艇机每时每刻都处于可用状态。在检查试验中应注意如下几点：

(1) 检查用于启动艇机的电瓶的充电量，确保其正常有效，检查探照灯、指示灯的功能是否正常。

(2) 检查艇机油底壳油位及油质是否正常。

(3) 检查艇机燃油储存量，应保持常满的状态。

(4) 检查粘贴在船内的《救生艇机操作规程》是否完好无损。

(5) 对于闭式循环冷却的艇机，检查冷却水箱水量，不足的补充并查明减少的原因，如在寒冷区域，应更换为防冻液。对于开式循环冷却的艇机，在救生艇下水试验完成后，及时将冷却空间的海水放掉，以免以后在艇架上多次试验时海水被加热蒸发，盐分堵塞冷却通道。

(6) 检查艇内手动排水泵的功能是否正常，如有问题及时解决。

(7) 检查液压、手动及遥控操舵机构的功能是否正常。

(8) 试验所有启动系统的功能，确保各种启动系统的功能正常。

(9) 启动艇机后操作离合器进行正、倒车和加、减速试验，艇机启动运行时间应不少于 3 min。

(10) 检查工具箱中工具是否备足，相关重要备件是否配备。

(二) 脱险通道的操作与管理

脱险通道的日常维护管理要点：

对应急通道(逃生孔)应标明显著的标志及逃生方向路线指示；水密门经常检查密封胶的有效性，标明开、关方向，加油活络各转动销及手柄，保持其活动和密封；保持通道清洁无障碍，清除出、入口旁影响进出的杂物，道内不得堆放任何杂物；照明良好，经常检查 AC 220 V 和 DC 24 V 两路照明灯是否正常；上下扶梯安全可靠。

四、考核内容与评分标准

（一）考核内容

1. 相关知识

(1)应急救生设备的操作程序；

(2)应急救生设备的日常维护管理要点。

2. 操作技能

(1)按照正确的操作步骤对各应急救生设备进行熟练使用；

(2)熟知各应急救生设备的维护管理要点并能进行维护保养。

（二）评分标准

该任务的成绩由相关知识成绩(40%)和操作技能成绩(60%)两部分构成。在相关知识部分,设备的操作程序与日常维护管理要点各占20%;在操作技能部分,设备的操作熟练程度和维护保养技能各占30%。